웹&모바일 기획자로 길러주는 실무 지침서

디지털 콘텐츠 기획 2판

김성은 지음

한빛아카데미
Hanbit Academy, Inc.

지은이 **김성은** sean@kaywon.ac.kr

홍익대학교 멀티미디어디자인학과와 광고디자인학과에서 석사 과정, 영상학과에서 박사 과정을 수료했습니다. 디지털 에이전시와 IT 기업을 거치면서 다양한 프로젝트에 참여했으며 홍익대학교, 단국대학교, 성신여자대학교 등에 출강하였습니다. 현재는 계원예술대학교 디지털미디어디자인학과 교수로 재직 중입니다. 청와대 홍보관 가상체험형 전시물 기획 및 UX/UI 디자인, 포스코 스틸갤러리 키오스크 콘텐츠 기획 및 UX/UI 디자인, 두산동아 디지털교과서 UX/UI 기획, KT QOOK UI 가이드라인 개발, 코리아넷과 CJ 웹 사이트 개발 등 다양한 공공기관과 기업의 콘텐츠를 기획하고 개발하는 프로젝트에 참여하였습니다. 저서로는 『국가직무능력표준(NCS) 디지털디자인 학습모듈』(교육부, 2014), 『Homepage Remodeling(전문가의 손길로 다시 태어나는)』(영진닷컴, 2011) 등이 있습니다.

디지털 콘텐츠 기획 2판

초판발행 2021년 6월 30일
3쇄발행 2025년 1월 31일
지은이 김성은 / **펴낸이** 전태호
펴낸곳 한빛아카데미(주) / **주소** 서울시 서대문구 연희로2길 62 한빛아카데미(주)
전화 02-336-7112 / **팩스** 02-336-7199
등록 2013년 1월 14일 제2017-000063호 / **ISBN** 979-11-5664-535-1 93000

총괄 박현진 / **책임편집** 김성무 / **진행** 정지윤
디자인 박정우 / **전산편집** 박하영 / **제작** 박성우, 김정우
영업 김태진, 김성삼, 이정훈, 임현기, 이성훈, 김주성 / **마케팅** 김호철, 심지연

이 책에 대한 의견이나 오탈자 및 잘못된 내용에 대한 수정 정보는 아래 이메일로 알려주십시오.
잘못된 책은 구입하신 서점에서 교환해 드립니다. 책값은 뒤표지에 표시되어 있습니다.
홈페이지 www.hanbit.co.kr / 이메일 question@hanbit.co.kr

Published by HANBIT Academy, Inc. Printed in Korea

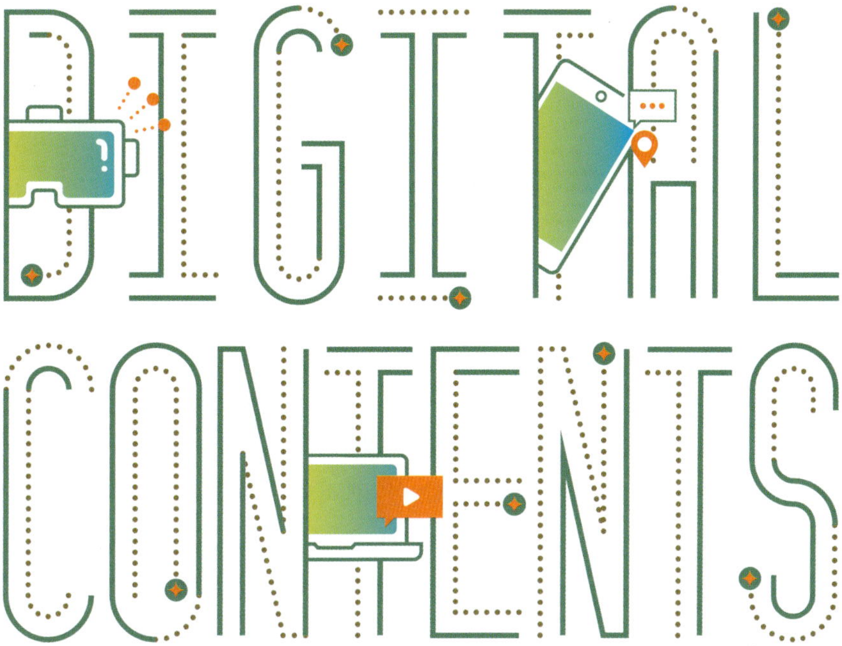

웹&모바일 기획자로 길러주는 실무 지침서

디지털 콘텐츠 기획 2판

김성은 지음

한빛아카데미
Hanbit Academy, Inc.

디지털 콘텐츠 기획자로 길러주는 실무 지침서

이 책은 디지털 미디어 디자인학과 학생뿐만 아니라 컴퓨터공학과, 멀티미디어과, 특성화 고등학교 및 IT 전문학원에서 디지털 콘텐츠 기획 및 UX/UI 관련 내용을 배우려고 하는 예비 기획자 및 UX 디자이너를 대상으로 합니다. 특히, 현업에서 바로 활용 가능한 현장 중심의 역량 기반으로 교육과정을 운영하는 대학이나 IT 전문학원 등의 교육기관에서 실무 위주의 프로세스를 학습하는 데 필요한 커리큘럼을 제공합니다. 아울러 다양한 프로젝트 결과물 사례와 예제를 제시하고 기획자에게 필요한 여러 서식들과 이를 익히는 데 필요한 다양한 수행활동 프로그램들을 수록하였습니다.

기획은 웹, 앱, 영상, 디지털 사이니지 등 디지털 미디어 서비스를 사용자에게 제공하기 위한 가장 첫 번째 과정으로 건축에 비유하자면 가장 기초가 되는 설계 단계라고 볼 수 있으며, 사용자에게 서비스를 제공하기 위한 구체적인 계획을 의미합니다.

출판, 음반, 게임, 방송 등의 전통적인 미디어 콘텐츠들이 인터넷과 스마트폰을 통해 언제 어디서나 웹, 모바일, 소셜 미디어, VR, AR 등과 연결되면서 디지털 콘텐츠의 영역과 경쟁력은 매체의 경계를 넘나들며 지속적으로 확장되고 있습니다. 『디지털 콘텐츠 기획(2판)』은 이러한 최신 트렌드 및 변화하는 환경의 이해를 바탕으로 인터넷, 모바일, 가상현실 등 다양한 매체에 활용 가능한 디지털 콘텐츠 기획 입문서입니다.

이 책은 총 7부 20장으로 구성되어 있습니다.

1부에서는 디지털 콘텐츠의 개념과 기획 프로세스를 학습하고 기획자에게 필요한 능력 및 주요 직무에 대해 알아봅니다. 또한 변화하는 디지털 미디어 서비스 환경과 매체에 따른 커뮤니케이션 방식을 학습합니다.

2부에서는 프로젝트의 핵심 목표와 클라이언트의 요구사항을 파악하고 아이디어를 도출하여 페르소나 모형을 통해 사용자를 명확하게 정의해 봅니다.

3부에서는 사용자를 이해하며 공감하는 능력을 배양하기 위해 필요한 기본적인 정보를 수집하고, 시장 환경과 프로젝트 환경 분석을 통해 조사 보고서를 작성하는 방법을 학습합니다.

4부에서는 수집된 정보와 리서치, 그리고 정의된 사용자 모델을 바탕으로 마인드 맵핑, 벤치마킹, 포지셔닝 등 차별화된 콘셉트 수립을 위한 다양한 방법을 통해 핵심 키워드를 도출하고 디자인 방향성을 정의합니다.

5부에서는 시나리오를 작성한 후 정보구조를 설계하고 정보에 집근하기 위해 필요한 내비게이션 시스템에 대해 학습합니다.

6부에서는 기획자에게 필요한 매우 중요한 역량 중 하나인 와이어프레임에 기반을 둔 스토리보드 작성을 통해 아이디어를 구체적인 콘텐츠로 만들어 가는 과정을 학습합니다.

7부에서는 프로토타입을 제작하고 사용성 테스트를 통해 얻은 결과를 분석하여 개선안을 도출해 나가는 UX 플래닝의 전체 프로세스를 체계적으로 학습합니다.

기획은 결국 문제를 발견하고 해결해 나가는 과정이며, 이러한 과정에서 수많은 시행착오와 실패를 통해 지혜를 얻게 됩니다. 이 책을 통해 독자 여러분들이 새롭고 다양한 문제를 발견하고 해결해 나갈 수 있는 지혜를 얻기를 바라며 아울러 기획자로서 비판적이며 논리적인 사고를 가지는 데 작은 도움이 될 수 있기를 희망합니다.

저자 **김성은**

이 책의 사용 설명서

강의 보조 자료

한빛아카데미 홈페이지에서 '교수회원'으로 가입하신 분은 인증 후 교수용 강의 보조 자료를 제공받으실 수 있습니다. 한빛아카데미 홈페이지 상단의 〈교수전용공간〉 메뉴를 클릭하세요.

http://www.hanbit.co.kr/academy

실습과제 자료

다음 사이트에서 실습과제에 필요한 예제 파일을 내려받을 수 있습니다. 단, 대학 강의용 교재로 개발되었으므로 실습과제 해답은 제공하지 않습니다.

http://www.hanbit.co.kr/src/4535

본문 구성

❶ **디지털 콘텐츠와 디지털 매체(1~3장)** 기획의 정의와 기획자의 직무 및 업무 범위, 주요 역할, 직무 수행 요건 등을 알아봅니다. 또한, 웹뿐만 아니라 변화하는 모바일 서비스 환경과 다양한 매체에 따른 기획의 차별화 방법을 학습합니다.

❷ **요구 분석 및 사용자 정의(4~6장)** 프로젝트의 내용과 클라이언트와 협의한 요구사항을 정리하여 우선순위를 분석하고, 타깃 대중에 대한 인구통계학적·심리학적·지리학적 요소와 라이프 스타일에 근거하여 사용자를 정의하는 방법을 학습합니다.

❸ **환경 분석(7~9장)** 제품이나 서비스의 마케팅 목표와 전략을 수립할 수 있도록 정보를 수집하고, 거시/미시 환경 분석, 클라이언트 니즈 분석, 프로젝트 예산 및 일정 수립 등 조사 보고서 작성을 위해 고려해야 할 요인을 학습합니다.

❹ **디자인 방향성 정의(10~12장)** 차별화 전략을 기획하기 위해 콘셉트를 수립하는 방법과 이러한 콘셉트를 어떻게 시각화 하는지를 학습합니다.

❺ **시나리오 작성 및 정보구조 설계(13~14장)** 사용자에게 제공할 서비스의 구체적인 골격을 세우는 방법에 대해 알아보고, 사용 시나리오 작성을 위한 조사 방법과 시나리오 작성 및 정보구조 설계에 대해 학습합니다.

❻ **스토리보드 제작(15~16장)** 화면 설계에 가장 기초가 되는 작업인 와이어프레임에 대해 알아보고, 와이어프레임 제작을 통한 화면 레이아웃 구성과 스토리보드 제작을 학습합니다.

❼ **프로토타이핑&사용성 테스트(17~20장)** 프로토타이핑 제작 방법 및 사용성 테스트의 개념을 알아보고 사용성 테스트를 진행하고 평가하는 방법을 학습합니다.

구성 요소

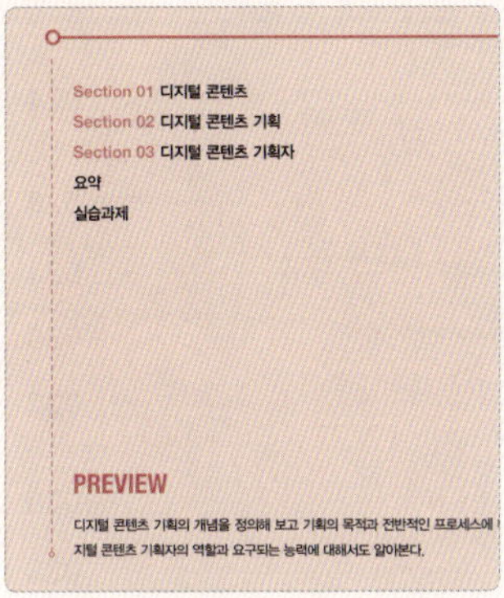

Preview

각 장의 내용을 본격적으로 접하기 전에 해당 장에서 다루는 내용을 간략히 소개합니다.

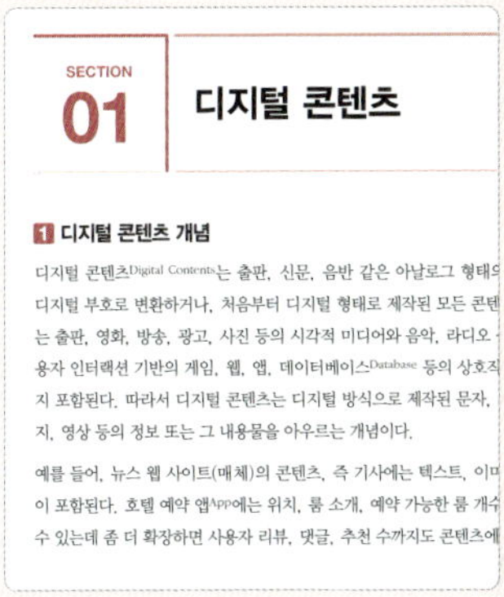

이론

주요 개념과 사례를 살펴봅니다.

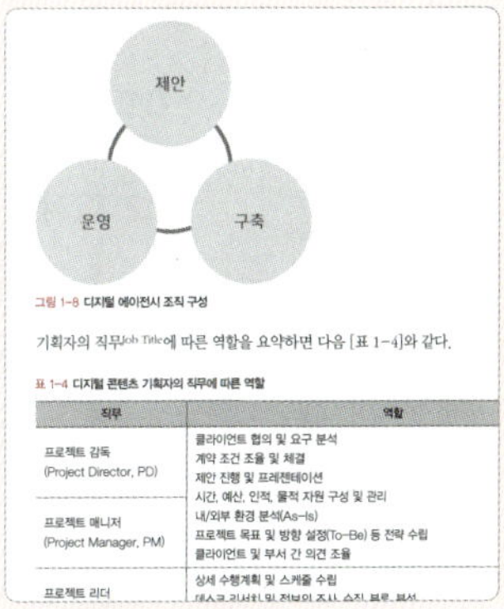

그림과 표

개념 간의 관계를 명확히 보여주고, 핵심 개념을 일목요연하게 정리합니다.

여기서 잠깐

본문 내용의 보충 설명이나 강의에 필요한 유용한 지식을 담고 있습니다.

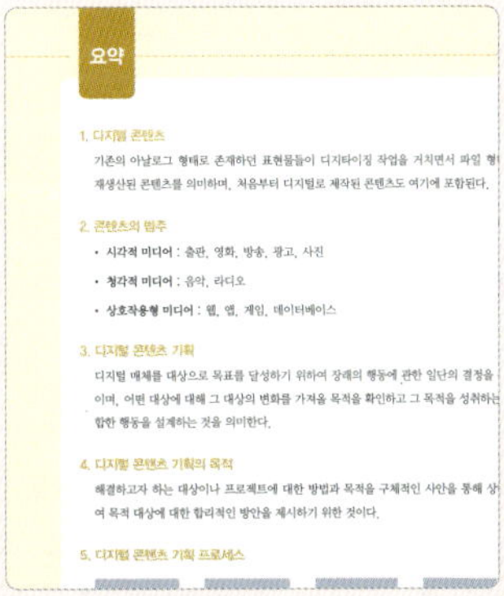

요약

각 장이 끝날 때마다 핵심 내용을 요약하여 정리합니다. 본문에서 익힌 세분화된 지식을 다시 조립하여 전체적으로 완성해볼 수 있습니다.

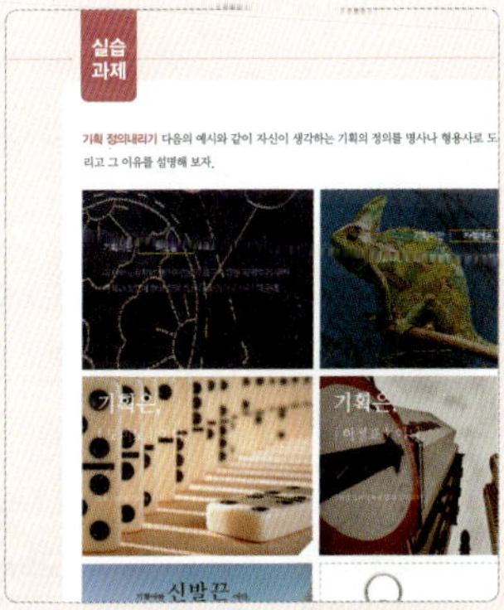

실습과제

본문의 내용을 직접 실습해 볼 수 있는 수행활동 프로그램을 제시합니다.

차례

PART 01 디지털 콘텐츠와 디지털 매체

CHAPTER 01 디지털 콘텐츠 기획의 개요

CHAPTER 02 디지털 매체의 진화

CHAPTER 03 디지털 사회와 커뮤니케이션

차례

PART 02 요구 분석 및 사용자 정의

CHAPTER 04 요구 분석

CHAPTER 05 의견 조율

CHAPTER 06 사용자 정의

차례

PART 03 환경 분석

CHAPTER 07 정보 수집

CHAPTER 08 시장 환경 분석

CHAPTER 09 프로젝트 환경 분석 및 조사 보고서 작성

차례

PART 04 디자인 방향성 정의

CHAPTER 10 콘셉트 수립 및 차별화 전략

CHAPTER 11 콘셉트 시각화

CHAPTER 12 톤&매너 설정

차례

PART 05 시나리오 작성 및 정보구조 설계

CHAPTER 13 시나리오 기획 및 작성

CHAPTER 14 정보구조 설계

PART 06 스토리보드 제작

CHAPTER 15 와이어프레임 작성

CHAPTER 16 스토리보드 작성

차례

PART 07 프로토타이핑&사용성 테스트

CHAPTER 17 프로토타이핑

CHAPTER 18 사용성 테스트 개요

CHAPTER 19 사용성 테스트 수행

차례

CHAPTER 20 사용성 테스트 결과 분석

PART 01

디지털 콘텐츠와 디지털 매체

PART 01

기획의 정의와 기획자의 직무 및 업무 범위, 주요 역할, 직무 수행 요건 등을 알아본다. 또한, 웹뿐만 아니라 모바일 앱, 키오스크, 디지털 사이니지, 소셜 네트워크 서비스, 영상 기반 스트리밍 플랫폼 등 변화하는 모바일 및 서비스 환경과 매체에 따른 기획의 차별화 방법 및 커뮤니케이션의 변화에 대해 학습한다.

CHAPTER 01

디지털 콘텐츠 기획의 개요

PREVIEW

디지털 콘텐츠 기획의 개념을 정의해 보고 기획의 목적과 전반적인 프로세스에 대해 학습한다. 또한, 디지털 콘텐츠 기획자의 역할과 요구되는 능력에 대해서도 알아본다.

SECTION 01

디지털 콘텐츠

1 디지털 콘텐츠 개념

디지털 콘텐츠Digital Contents는 출판, 신문, 음반 같은 아날로그 형태의 표현물을 0과 1로 된 디지털 부호로 변환하거나, 처음부터 디지털 형태로 제작된 모든 콘텐츠를 의미한다. 콘텐츠는 출판, 영화, 방송, 광고, 사진 등의 시각적 미디어와 음악, 라디오 등의 청각적 미디어, 사용자 인터랙션 기반의 게임, 웹, 앱, 데이터베이스Database 등의 상호작용Interactive형 미디어까지 포함한다. 따라서 디지털 콘텐츠는 디지털 방식으로 제작된 문자, 부호, 음성, 음향, 이미지, 영상 등의 정보 또는 그 내용물을 아우르는 개념이다.

예를 들어, 뉴스 웹 사이트(매체)의 콘텐츠인 기사에는 텍스트, 이미지, 일러스트, 영상 등이 포함된다. 호텔 예약 앱App에는 위치, 룸 소개, 예약 가능한 룸 개수 등의 콘텐츠를 포함할 수 있는데 좀 더 확장하면 사용자 리뷰, 댓글, 추천 수까지도 콘텐츠에 포함할 수 있다.

2 디지털 콘텐츠 산업 분류

디지털 콘텐츠 산업은 디지털 부호로 인코딩하거나 제작하여 유통 및 소비하는 산업을 모두 포함한다. 콘텐츠 산업은 OECD의 '신성장 산업으로서의 콘텐츠Content as a new growth industry'(1998)에서 디지털 기술로 인한 네트워크 기반 콘텐츠 환경의 변화를 언급하면서 처음 소개되었다. 이후, 2006년에는 콘텐츠 산업의 하위 분야로 디지털 콘텐츠의 급성장과 그 중요성이 강조되면서 콘텐츠 및 미디어 산업을 '콘텐츠 상품의 생산, 발간 또는 전자적 유통에 관련된 산업'으로 정의하였다. [01]

인터넷과 스마트폰의 등장에 따라 출판, 음반과 같은 전통적인 미디어들이 전자 출판, 디지털 음원 서비스로 변모하여 산업의 경계가 모호해지고 있다. 또한, 애플의 앱 스토어나 구글 플레이 스토어와 같은 새로운 모바일 플랫폼 서비스가 등장하면서 게임, 모바일, 소셜 미디어 등 ICT 기술이 융합된 컨버전스Convergence 형태의 디지털 콘텐츠 산업 영역이 지속적으로 확장되고 있다. [표 1-1]은 이처럼 다양해진 디지털 콘텐츠 산업을 분류한 체계표다.

표 1-1 디지털 콘텐츠 산업 분류 체계 [01]

<table>
<tr><th>분야</th><th colspan="2">세분류</th><th>정의</th></tr>
<tr><td rowspan="4">디지털 출판</td><td rowspan="2">e-book</td><td>일반</td><td>단행본, 간행물, 전자 출판물을 별도의 뷰어를 설치 또는 프로그램을 실행하여 볼 수 있도록 제작 및 서비스된 디지털 출판 콘텐츠(e-book, 앱북, 이펍, PDF 등)</td></tr>
<tr><td>실감형</td><td>증강현실 등 실감형 기술을 이용한 전자책 콘텐츠</td></tr>
<tr><td colspan="2">웹 소설</td><td>텍스트 기반의 디지털 소설로 온라인 및 모바일에서 연재와 같은 형태로 볼 수 있도록 제작, 서비스 된 디지털 출판 콘텐츠</td></tr>
<tr><td colspan="2">기타</td><td>상위에서 열거한 항목 이외에 온라인 및 모바일에 특화되어 제작된 디지털 출판 콘텐츠</td></tr>
<tr><td rowspan="2">디지털 만화</td><td colspan="2">일반</td><td>판형이 있는 만화/만화잡지 등을 온라인 및 모바일에서 볼 수 있도록 제작, 서비스 된 디지털 만화</td></tr>
<tr><td colspan="2">웹툰</td><td>판형이 없는 형태로 온라인 및 모바일에서만 볼 수 있도록 제작, 서비스 된 디지털 만화</td></tr>
<tr><td rowspan="3">디지털 음악</td><td colspan="2">다운로드 및 스트리밍</td><td>음원을 제작하여 온라인/모바일 음악서비스 업체에 제공하는 사업체, 제공받은 음원을 온라인/모바일로 서비스하는 사업체</td></tr>
<tr><td colspan="2">기타</td><td>벨소리, 통화 연결음 등</td></tr>
<tr><td colspan="2">모바일 TV</td><td>모바일 전용 방송망 또는 이동통신을 통해 제공하는 비디오 서비스</td></tr>
<tr><td rowspan="2">디지털 방송</td><td colspan="2">일반</td><td>PC, 케이블, 위성, 지상파, 무선통신 등 네트워크를 통해 실행되는 방송 서비스(D-TV 방송, 모바일 방송, 인터넷 방송, 이동멀티미디어 방송 등)</td></tr>
<tr><td colspan="2">실감형</td><td>다차원 실감미디어를 이용하여 사용자에게 몰입감을 줄 수 있는 차세대 방송 서비스, 3DTV와 UHDTV 등의 방송 서비스로 인간의 오감을 통해서 생생한 현장감을 보고, 듣고, 느낄 수 있는 서비스</td></tr>
<tr><td rowspan="2">디지털 영화</td><td colspan="2">일반</td><td>영화를 디지털 파일 형태로 가공·처리하여 배급하고 고화질의 디지털 영상을 제공하는 사업체</td></tr>
<tr><td colspan="2">실감형</td><td>3D, 4DX, ScreenX 등 실감형 기술과 결합한 영화 콘텐츠 및 제공 서비스</td></tr>
</table>

분야	세분류		정의
디지털 광고	온라인/모바일 광고		DA 광고, 검색 광고, 리워드 앱 광고 등의 유형을 포함한 온라인 및 모바일을 통한 광고
	디지털 사이니지		네트워크를 통해 원격제어가 가능한 디지털 디스플레이(LCD, LED 등)를 공공장소나 상업공간에 설치하여 정보, 엔터테인먼트, 광고 등을 제공하는 디지털 미디어
디지털 게임	온라인 게임		게임 회사나 ISP의 서버에 게임을 장착하여 접속한 이용자들이 동시에 진행하는 게임
	모바일 게임		모바일 게임, 온라인 게임 등 휴대폰, 태블릿 PC 등 모바일 기기를 통해 서비스 하는 게임
	실감형 게임		VR 게임, 스마트 TV 게임, AI 게임 등 가상현실 기술과 결합한 차세대 게임
디지털 애니메이션			3차원적인 이미지를 CG 특수 효과로 캐릭터와 셀 애니메이션을 실사 영화처럼 표현하는 애니메이션 제작 및 서비스(디지털캐릭터, 디지털·합성·플래시 애니메이션 등)
디지털 정보 콘텐츠	종합 정보		텍스트 기반 정보로 온라인에서 기사가 업데이트되어 제공되는 모든 인터넷 간행물(디지털 신문/웹진 및 온라인 잡지 서비스 및 MCN 등)
	전문 정보		금융/경제, 의료(건강), 법률 등 전문 지식 관련 정보 제공 서비스
	생활 정보		여성, 육아, 패션/뷰티, 컴퓨터, 종교, 여행, 이민, 취업, 날씨, 심리테스트 등 실생활에 관련된 정보 제공 서비스
	엔터테인먼트(오락 정보)		영화/연예/공연/문화, 스포츠, 퀴즈/경품/복권, 운세, 유머, 취미 등 흥미 및 오락성 정보 제공 서비스
e-learning	일반	교과 교육	초·중·고·대학 대상 교과 교육용 온라인/모바일 교육 및 스토리지 저장형 학습 프로그램, 교과 교육용 콘텐츠 제작 및 서비스
		직무 훈련	교과 교육 이외에 전문적인 직무 훈련용 온라인/모바일 교육 및 스토리지 저장형 학습 프로그램, 직무 훈련용 콘텐츠 제작 및 서비스
		기타	상위에서 열거한 항목 이외에 온라인/모바일 교육 및 스토리지 저장형 학습 프로그램, 교육용 콘텐츠 제작 및 서비스
	실감형	교과 교육	증강현실 등 실감형 기술이 적용된 초·중·고·대학 대상 교과교육용 온라인/모바일 교육 및 스토리지 저장형 학습 프로그램, 교과 교육용 콘텐츠 제작 및 서비스
		직무 훈련	증강현실 등 실감형 기술이 적용된 전문적인 직무 훈련용 온라인/모바일 교육 및 스토리지 저장형 학습 프로그램, 전문 지식 교육, 직무 훈련용 콘텐츠 제작 및 서비스
		기타	상위에서 열거한 항목 이외에 증강현실 등 실감형 기술이 적용된 온라인/모바일 교육 및 스토리지 저장형 학습 프로그램, 교육용 콘텐츠 제작 및 서비스

분야	세분류	정의
디지털 콘텐츠 솔루션	저작툴	각종 디지털 콘텐츠를 제작/편집하기 위해 사용되는 솔루션(CG/영상, 게임, LMS)
	콘텐츠 보호	유무선 네트워크상에서 디지털 콘텐츠의 무단 사용을 막고 유통 과정 중 발생하는 콘텐츠의 불법 사용을 추적하기 위한 솔루션
	모바일 솔루션	모바일 네트워크에서 제공되는 콘텐츠 서비스를 위한 모든 서비스 및 플랫폼(MMS/SMS의 문자 서비스, 모바일 멀티미디어 전송 관련 서비스 및 모바일 플랫폼 등)
	과금/결제	웹이나 모바일 네트워크에서 콘텐츠 이용 요금을 부과하고 징수하기 위해 사용되는 모든 솔루션(신용카드 결제, 휴대폰 소액결제, PG 등)
	CMS	온라인상의 모든 콘텐츠를 대상으로 생산, 유통, 삭제, 업데이트 등을 자동으로 관리해주는 솔루션
	CDN	네트워크에 여러 대의 캐시서버(임시저장장치)를 설치하고, CP가 제공하는 영화, 음악, 게임 등의 콘텐츠를 이 캐시서버에 미리 옮겨 놓고 수요가 있을 때, 사용자들에게 전달함으로써 전송 속도를 향상시키고 데이터 손실을 막아주는 솔루션
	기타	디지털 콘텐츠 저장 솔루션으로 네트워크 기반의 저장 기능을 제공하는 서비스(클라우드 스토리지, Iaas, Saas, Paas 등)
디지털 커뮤니케이션		메시지(SMS, MMS, e-mail 등), 모바일 커뮤니티, 모바일 블로그 등 콘텐츠 서비스(mVOIP, SNS, 메신저, 영상통화 등)
디지털 콘텐츠 유통 플랫폼		생산자·중개인·소비자가 디지털 통신망을 이용하여 제품 및 서비스 거래를 가능하도록 하는 콘텐츠 플랫폼 제공 서비스(오픈마켓, 온라인 쇼핑몰, 모바일 쇼핑, O2O 등)
기타 디지털 콘텐츠	디지털 공연 전시 콘텐츠	VR, CG, 홀로그램 등 디지털 기술과 결합된 공연·전시 콘텐츠
	기타 실감형 콘텐츠	e-book, e-learning, 게임, 영화, 방송, 디지털 광고, 디지털 애니메이션 등을 제외한 나머지 실감형 콘텐츠(VR, AR, CG, 홀로그램 콘텐츠 등)

SECTION

02 디지털 콘텐츠 기획

1 디지털 콘텐츠 기획의 개념

기획(企劃)이란 보다 나은 수단으로 목표를 달성하기 위하여 장래의 행동에 관한 일단의 결정을 준비하는 과정이며, 어떤 대상에 대해 그 대상의 변화를 가져올 목적을 확인하고 그 목적을 성취하는 데에 가장 적합한 행동을 설계하는 것을 의미한다.

企
(꾀할 기)

1. 꾀하다
2. 도모하다
3. 발돋움하다
4. 계획하다
5. 기대하다

\+

劃
(그을 획)

1. 긋다, 구획하다
2. 계획하다, 꾀하다
3. 쪼개다
4. 나누다
5. 구별하다

=

企劃
(기획)

일을 꾀하여 계획함

그림 1-1 기획의 한자 풀이

집을 짓는 과정을 예로 들어보자. 집을 짓기 위해서는 우선 설계 과정이 필요한데 집을 설계하기 위해서는 주변 환경의 조건, 건물 배치, 도로, 이웃 건물과의 관계와 같이 집을 짓는 데 영향을 받는 다양한 요소들과 변수에 대해 꼼꼼히 체크하고 계획해야 한다. 그 외에 집에 거주할 집주인의 직업, 성격, 가족원, 라이프 스타일 등 고려해야 할 요인들은 무궁무진하다.

그림 1-2 집을 짓는 과정 : 집을 짓기 위해 고려해야 할 요인들은 무궁무진하다.

또한 기획은 빙산에 비유하여 설명할 수도 있다. 수면 위에 떠 있는 얼음 조각처럼 우리 눈으로 가시화될 수 있는 부분이 서비스나 디자인이라면, 수면 아래 빙산이 떠오를 수 있도록 지탱하고 있는 거대한 덩어리가 바로 기획이라고 할 수 있다.

그림 1-3 빙산을 지탱하고 있는 거대한 덩어리, 기획

이렇게 어떤 대상에 대한 문제를 발견하고 구체적이며 명확한 목표를 설정하여 수행해야 할 업무를 계획한 후 그 목적을 달성하기 위한 모든 절차와 과정을 기획이라고 정의할 수 있으며 그 내용이 디지털 매체를 대상으로 하는 경우를 바로 디지털 콘텐츠 기획이라고 한다.

2 디지털 콘텐츠 기획의 목적

기획은 왜 하는 것일까? 기획의 목적은 해결하고자 하는 대상이나 프로젝트에 대한 방법과 목적을 구체적인 사안을 통해 상대방을 설득하여 목적 대상에 대한 합리적인 방안을 제시하기 위한 것이다. 오랜 준비와 리서치Research를 통해 얻은 자료를 온갖 미사여구나 아름다운 도표 및 차트로 표현한 수백 페이지짜리의 두꺼운 기획서라고 하더라도 프로젝트의 목적이 명확히 드러나지 않는다면 간결한 한 장짜리의 요약본보다 가치가 없다.

그림 1-4 기획의 목적

2015년부터 지상파 채널 MBC에서 방영되고 있는 주말 장수 예능 프로그램 《복면가왕》의 기획 목적은 무엇일까? 이 프로그램은 다양한 분야에서 활동하고 있는 스타들이 나이, 신분, 직종을 숨긴 채 오직 목소리만으로 실력을 드러내는 음악 버라이어티 프로그램이다. 특수 제작한 가면을 쓰고 노래를 부르기 때문에 출연자에 대한 선입견이 아닌 오로지 노래를 통해 시청자에게 감동을 전달한다는 명확한 목적이 있었고 그 결과 2020년 12월 기준 11.3%라는 높은 시청률을 꾸준히 기록하고 있다. 급기야 국내 인기를 뛰어넘어 미국 폭스 채널에 포맷을 수출하여 할리우드판 복면가왕 《THE MASKED SINGER》로 재탄생했다. 미국 수출을 발판삼아 독일, 네덜란드, 호주, 멕시코 등 전 세계 40여 개국에 포맷을 수출하는 등 언어와 문화 장벽을 극복하고 글로벌 시장에 진출하게 된 좋은 기획 사례로 꼽히고 있다.

그림 1-5 MBC 미스터리 음악쇼 《복면가왕》 [02]

그림 1-6 FOX TV 《THE MASKED SINGER : Season 4》 [03]

광고의 최종 목적이 제품 구매에 있듯이 기획의 최종 목적은 사용자가 제공받는 서비스나 콘텐츠를 통해 사용자의 생각이나 행동을 변화시키는 것이다. 기획자는 무엇을, 왜, 누구를 위해, 어떻게 할 것인지에 대한 명확한 목적 의식을 가지는 것이 무엇보다 중요하다. 디지털 콘텐츠를 기획할 때에도 서비스나 콘텐츠를 이용할 사용자에 대해 명확히 이해하고 분명한 서비스의 목적을 가지는 것이 필요하다.

3 디지털 콘텐츠 기획 프로세스

기획의 범위는 기획안을 수립하고 제안하는 개발 전반에 이르는 단계와 더불어 서비스 출시 및 안정화, 사후 관리까지의 모든 과정이 포함된다. 좀 더 실무적 측면으로 나누어 보면 프로젝트 수행을 위한 클라이언트 요구 분석 및 환경 분석을 통해 프로젝트의 목표를 설정하고Setting Goal, 서비스의 대상인 사용자를 정의하며, 벤치마킹과 시장조사를 바탕으로 프로젝트 방향을 제시한다. 이후, 시나리오 작성을 통해 사용자의 행위를 파악하고 콘셉트를 도출하여 정보구조 및 화면 설계, 와이어프레임Wireframe 및 스토리보드 제작, 프로토타입 제작Prototyping, 구현, 테스트, 출시, 최종 산출물의 가이드라인 제작 등의 프로세스를 거친다.

디지털 콘텐츠 기획 프로세스를 요구 분석부터 사후 관리까지 총 7단계로 나누어 좀 더 자세히 살펴보자.

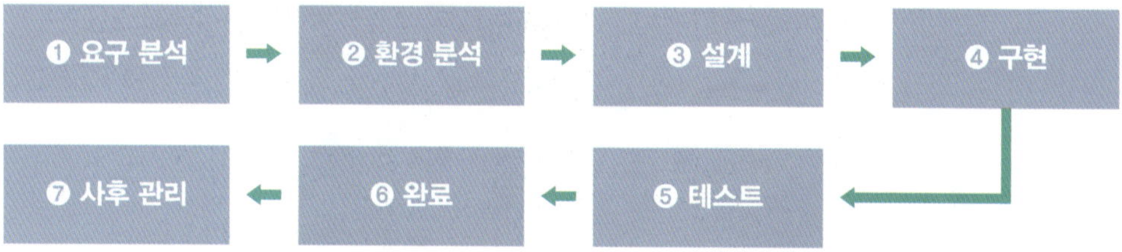

그림 1-7 디지털 콘텐츠 기획 프로세스

❶ 요구 분석

기획의 목적이 상대방을 설득하여 목적 대상(클라이언트와 사용자)에게 합리적인 방안을 제시하기 위한 것이라면, 요구 분석은 클라이언트나 사용자의 요구에 대한 명확한 교차점을 찾는 작업이라 할 수 있다. 클라이언트가 제시한 제안 요청서Request for Proposal, RFP 분석, 클라이언트 프로젝트 담당자 또는 실무 관계자와의 프로젝트 프로파일Project Profile 분석을 통한 프로젝트 목표 설정, 업무 분장 및 일정 계획 수립 등의 작업이 해당된다.

❷ 환경 분석

클라이언트와의 요구 분석을 통한 프로젝트의 목표가 설정되었다면 본격적인 기획에 들어가게 된다. 환경 분석은 시장 환경 및 자사, 경쟁사에 대한 리서치를 바탕으로 기회 요인을 파악하고 사용자에 대한 정의와 예상되는 사용 시나리오를 분석하여 서비스 콘셉트를 도출하고 전략을 수립하는 단계다. 방법적으로는 시장 환경 조사, 경쟁사 리서치, SWOT 분석, 벤치마킹, 타깃 사용자 세그먼테이션Target User Segmentation, 페르소나Persona 분석, 사용 시나리오Use Scenario 작성 등이 있다.

❸ 설계

프로젝트 전략이 수립되었다면 상세 설계 단계로 진입하게 되는데, 설계가 잘못되면 이후 모든 과정이 어려워지기에 서비스 및 콘텐츠에 대한 구성 요소를 설계하는 과정이 매우 중요하다. 설계의 과정은 서비스 및 콘텐츠 설계, 정보구조Information Architecture, IA 설계, 레이블링Labeling, 와이어프레임Wireframe, 스토리보드Storyboard 등의 단계를 거치게 된다. 특히 화면 설계에 해당하는 스토리보드 제작은 다음 단계인 구현 단계에서 디자이너나 개발자들의 작업지침서 역할을 하며 상세 작업을 위한 커뮤니케이션 도구로 이용되기 때문에 해당 화면의 용도, 콘텐츠, 기능, 페이지 이동 등의 내용이 모두 상세히 기술되어야 한다.

❹ 구현

설계된 콘텐츠를 비주얼 화면 디자인, 요소 디자인Element Design, 모션 디자인Motion Design 등의 과정을 거쳐 재가공하고 디자인된 화면에 기능을 구현하기 위해 프로그래밍을 하는 구축 단계다. 이때 기획자는 설계 단계에서 계획된 내용이 잘 구현되고 있는지 디자인 및 개발 부서와 지속적으로 확인하여 조율하는 역할을 해야 한다.

❺ 테스트

구현이 끝나고 나면 기능상의 오류나 버그는 없는지 단위 테스트, 통합 테스트, 사용성 테스트, 브라우저 환경, 네트워크 환경, 디바이스 환경에 따라 다양한 테스트를 시행하여 출시Launching한 후에 발생할 수 있는 위험 요소를 제거한다.

❻ 완료

마지막 완료 단계로 클라이언트의 최종 검수가 끝나게 되면 검수 확인서와 완료 보고서를 작성하고 서비스를 출시한다. 출시 후에도 발생할 수 있는 오류에 대해서는 빠르고 신속한 대처가 이루어져야 하기 때문에 완료 단계에서도 긴장을 늦추어서는 안 된다.

❼ 사후 관리

지속적인 모니터링, 서비스 활성화를 위한 각종 마케팅 및 이벤트 계획과 같이 효과적인 서비스 운영을 위한 유지보수Maintenance 단계에 들어서게 되는데 사용자 및 관리자 매뉴얼 제작, 화면 및 요소 디자인Element Design에 대한 속성 정의가 포함된 스타일 가이드 제작 등을 통해 사후 관리에 대한 체계와 계획을 수립한다. 안정된 서비스를 위해서는 프로젝트 성격에 따라 개발보다 사후 관리가 더 중요할 수도 있다.

기획의 세부 과정을 파악하기 전에 먼저 프로젝트 개발에 필요한 전체 프로세스를 이해해야 한다. 성공적인 프로젝트 수행을 위한 각 기업만의 고유 방법론이 있으며 매체에 따라 조금씩 달라질 수도 있지만 일반적인 웹Web이나 앱App 등의 개발에 통용되는 전체 프로세스별 주요 업무 및 산출물은 [표 1-2]와 같다.

표 1-2 **프로세스별 목표, 방법, 주요 산출물**

단계	목표	방법	주요 산출물
요구 분석	프로젝트 개요 및 목표 정의, 수행 팀 간의 논의 및 협의를 통한 수행 전략 수립	• 클라이언트 요구 분석 • 사용자 요구 분석 • 일정 계획 수립 • 업무 분장 • 프로젝트 목표 설정	• 제안서 • 수행계획서(착수 보고서) • WBS(업무분류체계)
환경 분석	리서치를 통한 기회 요인 파악 및 서비스 콘셉트 도출	• 시장 환경 조사 • 경쟁사 리서치 • SWOT 분석 • 벤치마킹 • 사용자 정의 • 타깃 사용자 세그먼테이션 • 인터뷰 • 페르소나 분석 • 사용 시나리오 작성 • 서비스 콘셉트 정의	• 조사 분석 보고서 • 페르소나 분석 • 사용자 정의 • 사용 시나리오
설계	도출된 콘셉트의 효과적인 구현을 위한 상세 설계	• 콘텐츠 설계 • 정보구조 설계 • 레이블링 • 와이어프레임 • 스토리보드	• 콘텐츠 내역서 • 정보구조 설계도 • 스토리보드 • 기능 정의서(Function List) • 파일 네이밍 가이드(File Naming Guide)
구현	비주얼 디자인 및 프로그래밍을 통한 기능 요소 제작	• 콘텐츠 재가공 • 프로토타입 제작 • 비주얼 화면 디자인 • 비주얼 요소 디자인 • 모션 디자인 • 프로그래밍	• 디자인 산출물(레이아웃 및 요소 디자인 등 디자인 제작 소스, psd, ai 등) • 프로그래밍 소스
테스트	테스트를 통한 오류 수정 및 발생할 수 있는 위험 요소 제거	• 단위 테스트 • 통합 테스트 • 사용성 테스트	• 단위 테스트 결과 보고서 • 통합 테스트 결과 보고서 • 사용성 테스트 보고서
완료	서비스 출시 및 프로모션	• 최종 검수 • 출시 • 이벤트 및 마케팅 프로모션	• 완료 보고서 • 검수 확인서 • 프로모션 계획서
사후 관리	안정적이고 효과적인 서비스 운영을 위한 유지보수	• 관리자 교육 • 유/무상 유지보수	• 사용자 및 관리자 매뉴얼 • 스타일 가이드 • 유지보수 계획서

SECTION 03

디지털 콘텐츠 기획자

1 디지털 콘텐츠 기획자의 역할

기획의 전체적인 방향을 잡으며 뼈대를 만드는 기획자는 정보의 획득이 빠른 트렌드 리더 Trend Leader이면서 전략을 설정할 수 있는 전략가이기 때문에 전체 일정을 조율할 수 있는 이성적, 논리적 판단이 필요하다. 또한, 제안 요청서Request for Proposal, RFP에 대한 분석, 전체 프로젝트의 방향과 목표 설정, 제안서 작성, 일정 계획 수립, 화면 설계, 클라이언트와의 커뮤니케이션, 각 팀별 의견 조율을 위한 설득, 최종 산출물 정리 등 프로젝트의 시작과 끝의 역할을 담당한다.

표 1-3 **디지털 콘텐츠 기획자의 역할과 역량**

역할	역량
신규 콘텐츠 및 서비스 기획	• 다양한 서비스 벤치마킹 및 모니터링 • 매체에 대한 이해 및 활용 기술 • 기술의 변화 및 트렌드 분석 능력 • 새로운 것에 대한 창조적 열정
UX를 기반으로 한 UI 설계	• 사용자에 대한 이해, 사용자 조사 진행 기술, 인터뷰 기술 • 사용자 조사 내용 분석 기술, UI 문서화 기술, 사용성 테스트 기술 • 사용성 평가 분석 기술 • 좋은 서비스와 나쁜 서비스에 대한 판단 기술 • 불편한 구조 및 서비스를 구체적으로 개선하고자 하는 의지
문서 작성	• 회의록, 프로젝트 브리프, 분석 리포트 문서화 능력 • 문서 작성 소프트웨어 활용 기술, 문서 시각화 기술 • 정보구조 설계 • 스토리보드 작성 능력, 다양한 이야기 구조화 기술
업무 조율, 의견 수렴 및 의사결정, 협업	• 공감 능력, 수평적 커뮤니케이션 능력, 의사소통 능력 • 일정 수립, 업무분장, 효율적인 회의 진행 기술 • 원활한 협의 조율 태도 • 디자인, 프로그래밍 용어와 지식

역할	역량
기획안 작성	• 정보 수집, 동향 파악, 트렌드 분석, 동향 조사 기술 • 인터넷 및 소셜 미디어 활용 기술, 다양한 매체 정보 검색 기술 • 정보 분류 분석 기술, 분석 정보의 시각화 표현 기술 • 자료 검색 기술, 문서작성 소프트웨어 활용 기술 • 논리적 사고력, 일정 관리, 자원 관리
프레젠테이션	• 발표력, 설득력, 호소력, 표현력, 전달력, 연출력 • 스토리텔링 기술, 프레젠테이션 소프트웨어 활용 기술
서비스 런칭 및 관리	• 이벤트 기획력, 광고 매체 집행 기술 • 사용자 세그먼테이션 기술, 사용자 응대 기술 • 웹, 소셜 미디어 등 다양한 매체 활용 기술
유지보수 개선 작업	• 서비스 평가단 참여를 통한 피드백 • 자료 보안 유지관리 기술 • 체계적 파일 정리 및 관리 기술 • 데이터의 버전 관리 기술
프로젝트 매니징	• 제안 요청서 해석 지식, 제안서 작성법, 견적서 작성법 • 일정 관리, 자원 관리 능력 • 프로젝트 참여 인력 배분 방법 • 인력 · 참여율에 따른 인건비 책정 방법 • 계약 체결 절차, 계약서 작성법 • 계약 내용에 대한 법리적 기본 지식 • 프로젝트 관리 기술, 클라이언트 협의 기술 • 구성원의 역할을 구분하여 이끌어 가는 리더십

2 디지털 콘텐츠 기획자의 직무

주로 기업의 온라인 마케팅, 컨설팅, 디자인, 퍼블리싱, 개발 등 웹/앱 서비스 및 비즈니스를 대행하는 디지털 에이전시에서의 기획 관련 조직은 크게 제안, 구축, 운영으로 구분된다. 제안 파트는 신규 프로젝트 수주 및 입찰Bidding에 필요한 RFP 분석, 전략 수립, 컨설팅, 프레젠테이션 등을 담당하고 구축 파트는 제안을 통해 수주한 신규 및 리뉴얼 프로젝트를 상세 기획에서 최종 서비스 오픈까지 담당한다. 마지막 운영 파트는 구축 후 서비스 안정화 및 유지보수 업무가 주를 이루는데 이 세 파트는 상호 유기적으로 연결되어 운영이 끝나면 다시 제안으로 순환되는 구조로 조직화되어 있다.

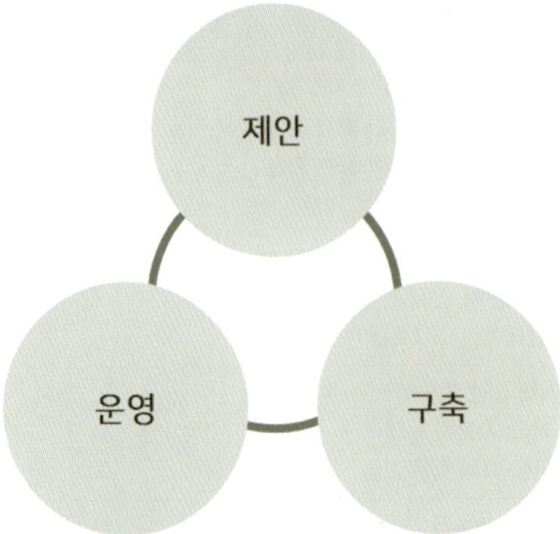

그림 1-8 디지털 에이전시 조직 구성

기획자의 직무Job Title에 따른 역할을 요약하면 다음 [표 1-4]와 같다.

표 1-4 디지털 콘텐츠 기획자의 직무에 따른 역할

<table>
<tr><th>직무</th><th>역할</th></tr>
<tr><td>프로젝트 감독
(Project Director, PD)</td><td rowspan="2">• 클라이언트 협의 및 요구 분석
• 계약 조건 조율 및 체결
• 제안 진행 및 프레젠테이션
• 시간, 예산, 인적, 물적 자원 구성 및 관리
• 내/외부 환경 분석(As-Is)
• 프로젝트 목표 및 방향 설정(To-Be) 등 전략 수립
• 클라이언트 및 부서 간 의견 조율</td></tr>
<tr><td>프로젝트 매니저
(Project Manager, PM)</td></tr>
<tr><td>프로젝트 리더
(Project Leader, PL)</td><td rowspan="2">• 상세 수행계획 및 스케줄 수립
• 데스크 리서치 및 정보의 조사, 수집, 분류, 분석
• 시장 동향 및 이슈 파악
• 사용자 조사 및 분석
• 조사 보고서, 회의록 등 문서 작성
• 정보구조 설계(Information Architecture, IA)
• 화면 설계(SB:Story Board, SD:Screen Definition)</td></tr>
<tr><td>프로젝트 어시스턴트
(Project Assistant, PA)</td></tr>
</table>

3 디지털 콘텐츠 기획자의 능력

기획자는 클라이언트를 설득하기 위한 컨설턴트Consultant이자, 업무 분장과 프로젝트 일정 계획을 수립할 수 있는 스케줄러Scheduler, 프로젝트의 방향과 목표를 설정하는 내비게이터

Navigator, 정보와 화면을 설계하는 설계자Architect, 타 부서 간 의견을 조율할 수 있는 커뮤니케이터Communicator 등의 역할을 수행한다. 따라서 디지털 콘텐츠 기획자에게는 [그림 1-9]와 같은 능력이 필요하다.

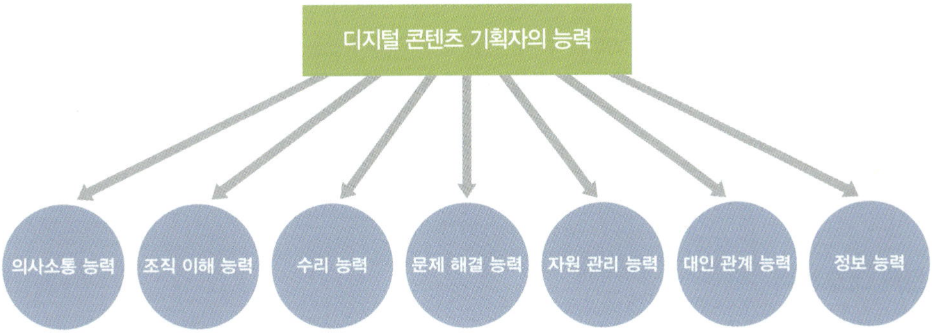

그림 1-9 **디지털 콘텐츠 기획자에게 필요한 능력**

■ 의사소통 능력

기획자에게 가장 필요한 능력은 클라이언트 및 다른 부서와의 효율적 업무 협업을 위한 의사소통 능력이라고 해도 과언이 아니다. 의사소통의 가장 근본적인 목표는 상대방을 설득하는 것이다. 상대방의 이야기를 주의 깊게 듣고 적절한 반응을 보이는 능동적인 태도와 읽고, 쓰고, 발표하는 프레젠테이션 스킬 외에도 이해하기 쉽게 문서를 작성하는 능력 또한 의사소통 능력에 포함된다. 기획자의 주요 산출물이라고 할 수 있는 정보구조 설계, 화면 설계 및 스토리보드 등도 디자이너와 개발자들과의 효율적 협업을 위한 의사소통 도구이기 때문에 그만큼 의사소통 능력이 중요하다.

■ 조직 이해 능력

기획자는 혼자 프로젝트를 진행하지 않으며, 각 부서별 역할과 관련성 업무에 대한 이해를 가지고 있어야 프로젝트를 효율적으로 관리할 수 있다. 프로젝트 매니징Managing도 기획자의 영역이며 자신 또한 조직 구성원의 일원이라는 생각을 간과해서는 안 된다. 대부분 기획자로 시작해서 전체 프로젝트를 관리하는 프로젝트 매니저Project Manager, PM로 업무의 영역이 넓어지는 경우가 많은데, 이러한 경우 기획자는 디자이너와 개발자와의 협업뿐만 아니라 예산과 일정 조정도 동시에 진행하기 때문에 올바른 정보에 의한 빠른 판단력이 필요하다.

■ 수리 능력

수집된 정보의 분석이나 도표의 활용 및 자료의 특성과 경향을 파악하기 위해 연산, 평균, 백분율, 빈도와 같은 기초적인 통계에 대한 이해가 필요하다. 예를 들어 서울 인구의 생계비, 한국의 쌀 생산량 추이, 추출 검사한 제품 중 불량품의 개수 등 집단 현상에 대한 구체적인 양적 기술을 어떠한 기준에 맞추어 적절한 통계 방법을 활용할 것인지 알아야 한다. 표본을 통해 연구 대상 집단의 특성을 유추할 수 있는 분석 자료를 논리적으로 결론을 내림과 동시에 도표(그림, 표, 그래프 등)를 통해 내용을 종합·분석하는 능력도 수리 능력에 해당된다.

■ 문제 해결 능력

'어떤 방법으로 접근할 수 있는지', '서로 다른 관점은 무엇인지', '무엇이 더 적합한 해결책인지', '왜 이러한 일이 벌어졌는지', '해결책은 무엇인지'와 같은 업무를 수행할 때 문제 상황이 발생하면 창조적, 논리적, 비판적 사고를 통해 이를 올바르게 인식하고 적절히 해결하는 능력은 기획자에게 필수적으로 요구되는 능력이다. 문제 해결 능력은 해결하고자 하는 문제와 해당 업무에 대한 지식과 경험을 통해 배양되며 문제를 해결하여 성과를 도출하고자 하는 문제 해결자의 개선 의식, 도전 의식과 끈기를 필요로 한다. 특히 아이디어를 창출할 수 있는 창의적 감각도 문제 해결 과정의 결과이며 현상에 대한 도전 의식과 새로운 것을 추구하려는 자세, 난관에 봉착했을 때 헤쳐 나가려는 태도 등이 발산적 사고를 이끌어내는 것과 동시에 문제 해결 능력을 배양하는 데 밑바탕이 된다.

■ 자원 관리 능력

자원 관리 능력은 확보한 자원을 효율적으로 활용하고 관리하는 능력이다. 즉 시간, 예산, 물적 자원, 인적 자원 등의 자원이 얼마나 필요한지 확인하고, 사용할 수 있는 자원을 최대한 확보하여 실제 업무에 어떻게 활용할 것인지 계획을 수립한 후, 이에 따라 활용하는 능력이다. 프로젝트를 진행할 때, 시간이 곧 돈이기 때문에 한정된 시간에 얼마나 많은 일을 할 수 있는지에 대한 부분은 매우 중요하다. 일정이 늘어나게 되면 당연히 프로젝트 비용도 증가하게 되고, 필요한 자원의 적절한 인력 분배 역시 프로젝트 비용에 영향을 미치는 요소다. 또한, 프로젝트를 진행할 때 필요한 컴퓨터, 장소, 각종 하드웨어 등의 물적 자원 관리 능력 또한 기획자에게 있어 매우 중요한 능력이다.

■ 대인 관계 능력

기획자는 클라이언트나 회사 내부의 다른 구성원들과 원만한 관계를 유지하고 프로젝트의 비전과 목표를 공유하여 조직 구성원들의 업무 향상 및 동기 부여에 도움을 줄 수 있어야 한다. 클라이언트나 팀원들과 항상 신뢰를 바탕으로 협조적인 관계를 유지하고 팀원 하나하나가 유용한 자원이라는 인식하에 도움을 줄 수 있어야 하며, 팀 내부 및 외부의 갈등을 원만히 해결하고 클라이언트의 요구도 충족시켜줄 수 있어야 한다. 이를 위해 기획자는 클라이언트나 팀원들과의 원만한 관계를 바탕으로 팀워크Team Work를 위한 상호관계성을 가지고 협력하며 자신의 역할을 충실히 수행해야 한다.

■ 정보 능력

기획자는 무엇보다도 정보를 수집하는 데에 누구보다 정확하고 빨라야 한다. 습득한 정보는 통찰력Insight이 되어 클라이언트와 사용자를 위한 결과물로 나타난다. 정보 수집의 목적은 동향을 파악하고 예측을 잘하기 위해서다. 무엇을What, 어디에서Where, 언제까지When, 왜Why, 누가Who, 어떻게How, 얼마나How Much 등 구체적인 정보를 수집, 분석하여 정확한 사실Fact과 데이터Data를 기반으로 한 주장이 설득력이 있다. 정보의 조사, 수집, 분류, 분석은 습관이 중요한데 평소 해당 분야 및 서비스에 대해 배경지식을 습득하기 위한 인터넷 검색과 관련 시장 동향 및 이슈를 파악하기 위해 트렌드 분석에 관한 이메일 뉴스레터를 구독, SNS를 활용한 정보 스크랩 등의 방법을 이용하는 습관을 갖는 것이 좋다.

여기서 잠깐 **디지털 콘텐츠 기획자가 버려야 할 요소**

디지털 콘텐츠 기획자에게 필요한 능력과는 반대로 기획자가 버려야 할 가장 중요한 요소는 바로 오만과 편견이다. 자신이 기획한 콘텐츠, 자신이 기획한 서비스가 모든 사용자에게 유용할 것이라는 생각은 기획자가 빠지기 쉬운 오만한 생각이다. 또한 사용자는 분명히 이렇게 행동할 것이라는 섣부른 예측 또한 매우 큰 편견에 속한다. 새로운 서비스는 매일 쏟아지고 있고 매체 또한 다변화되고 있는 환경에서 기획자는 항상 사실에 기반한 논리적 사고와 사용자에 대해 항상 객관적이고 겸손한 자세를 유지해야 한다.

요약

1. 디지털 콘텐츠

기존의 아날로그 형태로 존재하던 표현물들이 디지타이징 작업을 거치면서 파일 형태로 변환되어 재생산된 콘텐츠를 의미하며, 처음부터 디지털로 제작된 콘텐츠도 여기에 포함된다.

2. 콘텐츠의 범주

- **시각적 미디어** : 출판, 영화, 방송, 광고, 사진
- **청각적 미디어** : 음악, 라디오
- **상호작용형 미디어** : 웹, 앱, 게임, 데이터베이스

3. 디지털 콘텐츠 기획

디지털 매체를 대상으로 목표를 달성하기 위하여 장래의 행동에 관한 일단의 결정을 준비하는 과정이며, 어떤 대상에 대해 그 대상의 변화를 가져올 목적을 확인하고 그 목적을 성취하는 데에 가장 적합한 행동을 설계하는 것을 의미한다.

4. 디지털 콘텐츠 기획의 목적

해결하고자 하는 대상이나 프로젝트에 대한 방법과 목적을 구체적인 사안을 통해 상대방을 설득하여 목적 대상에 대한 합리적인 방안을 제시하기 위한 것이다.

5. 디지털 콘텐츠 기획 프로세스

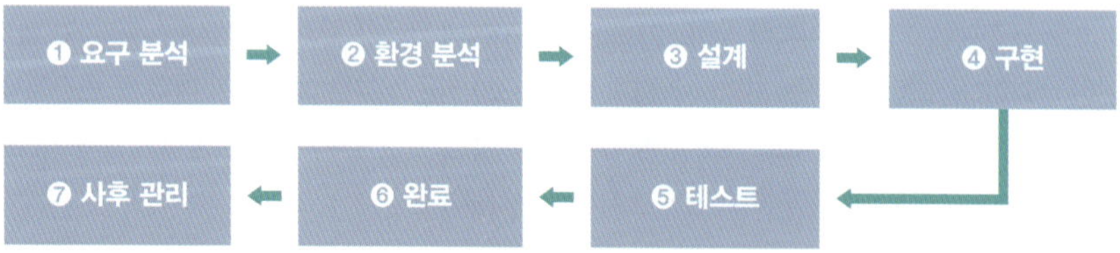

요약

6. 디지털 콘텐츠 기획자

- **역할** : 제안 요청서에 대한 분석, 전체 프로젝트의 방향과 목표 설정, 제안서 작성, 일정 계획 수립, 화면 설계, 클라이언트와의 커뮤니케이션, 각 팀별 의견 조율을 위한 설득, 최종 산출물 정리 등 프로젝트의 시작과 끝의 역할을 담당한다.
- **직무** : 디지털 콘텐츠 기획 관련 조직은 크게 제안, 구축, 운영으로 구분된다. 기획자의 직무에 따라 PD(Project Director), PM(Project Manager), PL(Project Leader), PA(Project Assistant) 등의 역할을 맡는다.
- **능력** : 의사소통 능력, 조직 이해 능력, 수리 능력, 문제 해결 능력, 자원 관리 능력, 대인 관계 능력, 정보 능력 등이 필요하다.

실습 과제

기획 정의내리기 다음의 예시와 같이 자신이 생각하는 기획의 정의를 명사나 형용사로 도출하여 정의내리고 그 이유를 설명해 보자.

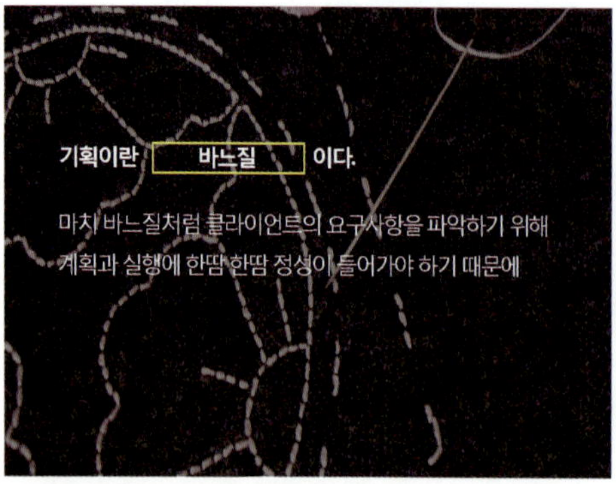

실습 과제

기획자의 역할 및 필요 능력에 대한 체크리스트 작성하기 기획자의 역할과 필요 능력에 대해 체크리스트를 작성하고 토론해 보자.

평가 영역	평가 문항	매우 미흡	미흡	보통	우수	매우 우수
의사소통 능력	나는 필요한 문서를 작성하고 작성된 문서의 내용을 이해할 수 있다.	①	②	③	④	⑤
	나는 목적과 상황에 적합한 아이디어와 정보를 전달하는 문서를 작성할 수 있다.	①	②	③	④	⑤
	나는 다른 사람의 말을 주의 깊게 듣고 능동적으로 반응할 수 있다.	①	②	③	④	⑤
	나는 목적과 상황에 맞는 말로 아이디어와 정보를 효과적으로 전달할 수 있다.	①	②	③	④	⑤
조직 이해 능력	나는 새로운 부서의 구성원으로 나에게 주어진 업무를 성실히 수행할 수 있다.	①	②	③	④	⑤
	나는 타 부서 업무와의 관련성을 이해하고 역할에 따른 업무를 수행할 수 있다.	①	②	③	④	⑤
수리 능력	나는 기초적인 사칙연산과 계산 방법을 이해하고 있다.	①	②	③	④	⑤
	나는 평균, 합계, 빈도와 같은 기초적인 통계 기법을 활용하여 자료의 특성과 경향성을 파악할 수 있다.	①	②	③	④	⑤
	나는 그림, 도표, 그래프 등을 통해 내용을 분석 및 종합할 수 있다.	①	②	③	④	⑤
문제 해결 능력	나는 발생한 문제를 해결하기 위해서 창의적, 논리적, 비판적으로 생각할 수 있다.	①	②	③	④	⑤
	나는 발생한 문제를 적절한 해결책을 적용하여 해결할 수 있다.	①	②	③	④	⑤
자원 관리 능력	나는 필요한 시간을 확인하고, 확보하여 업무 수행에 이를 할당할 수 있다.	①	②	③	④	⑤
	나는 필요한 예산을 확인하고, 확보하여 업무 수행에 이를 할당할 수 있다.	①	②	③	④	⑤
	나는 필요한 물적 자원을 확인하고, 확보하여 업무 수행에 이를 할당할 수 있다.	①	②	③	④	⑤
	나는 필요한 인적 자원을 확인하여 업무 분장에 따라 적절히 배치하고, 제반 사항을 지원 및 관리할 수 있다.	①	②	③	④	⑤

실습 과제

평가 영역	평가 문항	매우 미흡	미흡	보통	우수	매우 우수
대인 관계 능력	나는 다른 구성원들과 목표를 공유하고 원만한 관계를 유지하며, 책임감 있게 업무를 수행할 수 있다.	①	②	③	④	⑤
	나는 조직 구성원들의 업무 향상에 도움을 주며 동기화시킬 수 있고, 조직의 목표 및 비전을 제시할 수 있다.	①	②	③	④	⑤
	나는 클라이언트의 요구사항을 적절히 대응하여 서비스 만족도를 높일 수 있다.	①	②	③	④	⑤
정보 능력	나는 정보 수집을 위해 인터넷 및 다양한 소프트웨어를 활용할 수 있다.	①	②	③	④	⑤
	나는 필요한 정보를 찾아내고, 업무 수행에 적합하게 구성하여 활용할 수 있다.	①	②	③	④	⑤

[평가 결과]

영역	점수
의사소통 능력	
조직 이해 능력	
수리 능력	
문제 해결 능력	
자원 관리 능력	
대인 관계 능력	
정보 능력	
합계	

* 90점~100점 : 매우 우수, 80점~90점 : 우수, 70점~80점 : 보통, 60점~70점 : 미흡, 50점~60점 : 매우 미흡

CHAPTER 02

디지털 매체의 진화

SECTION 01 월드와이드웹
SECTION 02 데스크톱 컴퓨터
SECTION 03 스마트폰
SECTION 04 키오스크
SECTION 05 디지털 사이니지
요약
실습과제

PREVIEW

인류의 역사는 인간의 역할을 확대하기 위한 도구나 기술, 즉 매체의 발달사(史)라고 말할 수 있다. 인간은 감각의 확장을 위해 새로운 매체(도구)를 창조해왔고 더불어 인간의 감각과 작용하여 상호 영향을 미치며, 새로운 매체가 나타나면 인간의 감각에도 새로운 균형이 형성되었다. 이번 장에서는 본격적인 디지털 콘텐츠 기획에 들어가기에 앞서 우리의 환경을 둘러싸고 있는 다양한 디지털 매체의 종류와 특징에 대해 알아본다.

SECTION 01 월드와이드웹

1 월드와이드웹의 등장

웹Web이라는 개념은 1989년 스위스의 유럽입자물리학연구소(통칭 CERN)의 팀 버너스 리Tim Berners-Lee가 처음 제안한 광역 정보 시스템으로, 월드와이드웹World Wide Web이라고도 부른다. 네트워크(특히 인터넷)상에 하이퍼텍스트Hypertext를 구축하여 모든 정보를 매끄럽게 접속하는 것을 목적으로 한다.

그림 2-1 팀 버너스 리 [01]

2 월드와이드웹의 개념

월드와이드웹은 전 세계에 복잡하게 퍼져있는 정보의 네트워크로 문자, 이미지, 사운드, 동영상 등 다양한 정보 검색 서비스를 지원한다. 또한, 월드와이드웹은 하이퍼텍스트 개념을 도입하여 원하는 정보를 쉽게 찾을 수 있다는 특징이 있다.

그림 2-2 정보의 네트워크, 월드와이드웹

서버와의 통신 프로토콜인 HTTP[Hyper Text Transfer Protocol]를 이용하고 하이퍼텍스트를 구축하기 위해서는 웹 서버가 웹 브라우저의 요청에 따라 보내게 되는 HTML[Hyper Text Mark-up Language]이라는 기록 언어를 이용한다. HTML의 마크업은 태그[Tag]로 표시하는데 마크업[Markup] 태그는 항상 시작 태그와 마감 태그가 있다. 태그는 시작 〈 〉과 끝 〈/〉이 있어야 하며 항상 열어주면 마지막에는 닫아주어야 한다.

```
〈HTML〉 ──────────────── ❶ 〈HTML〉~〈/HTML〉 : 문서의 시작과 끝
  〈HEAD〉 ────────────── ❷ 〈HEAD〉~〈/HEAD〉 : 웹 문서의 정보를 담은 머리말
    〈TITLE〉제목〈/TITLE〉 ── ❸ 〈TITLE〉~〈/TITLE〉 : 문서의 제목
  〈/HEAD〉
  〈BODY〉 ────────────── ❹ 〈BODY〉~〈/BODY〉 : 문서의 내용
    본문
  〈/BODY〉
〈/HTML〉
```

그림 2-3 HTML의 구조

데이터의 위치를 지정할 때에는 URL[Uniform Resource Locator]이라는 표기법을 이용하는데, 이는 인터넷상에서의 정보 위치를 뜻하며 서버 자신이 가진 데이터 외에 다른 서버의 특정 페이지에 링크를 설치할 수 있다.

http://book.naver.com/bookshelf/index.nhn

- http:// → 접속 방법
- book.naver.com → 서버의 위치
- /bookshelf/index.nhn → 문서의 경로

그림 2-4 URL 체계

3 웹 브라우저의 종류

흔히 인터넷을 '정보의 바다'라고 부르는데, '정보의 바다'를 항해하기 위해 내비게이터의 기능을 담당하는 것이 바로 웹 브라우저Web Browser이다. 웹 브라우저는 인터넷망에서 정보를 검색Search하거나 보여주기View 위해 사용하는 응용 프로그램을 말하며 브라우저라고도 부른다. 이러한 웹 브라우저를 통해 사용자들은 정보를 검색·저장·전송할 수 있으며 텍스트는 물론, 이미지, 사운드, 영상, 게임 등 다양한 멀티미디어 정보의 활용이 가능하다. 대표적인 웹 브라우저로는 구글Google의 크롬Chrome, 애플Apple의 사파리Safari, 모질라Mozilla의 파이어폭스Firefox, 마이크로소프트Microsoft의 인터넷 익스플로러Internet Explorer, 삼성 인터넷Samsung Internet 그리고 최근 출시된 마이크로소프트의 엣지Edge, 네이버 웨일Whale 등이 있다.

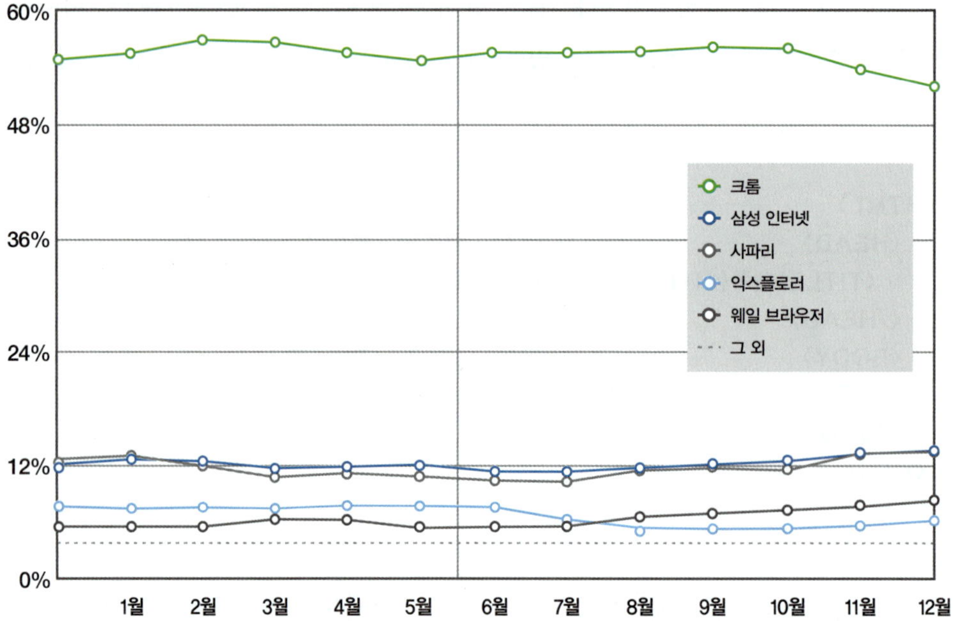

그림 2-5 국내의 웹 브라우저 점유율(2020년)

국내의 웹 브라우저 점유율을 살펴보면 구글 크롬이 51.66%로 단연 독보적인 사용률을 보이고 있는데, 불과 5년 전 27%로 엄청난 성장이 두드러진다. 반면 마이크로소프트 인터넷 익스플로러는 같은 시기 68% 점유율이라는 절대강자의 자리에서 불과 5년 만에(2020년 12월 기준) 5.82%로 그 위상이 급격히 추락했다.

이는 iOS와 안드로이드로 구분된 모바일 시장의 양분화, HTML5 미준수, 취약한 보안 등의 문제가 그 원인으로 지적되고 있다. 그 뒤로 애플 사파리가 13.18%로 꾸준한 이용률을 보여주고 있으며, 마이크로소프트 엣지의 점유율이 5.08%로 익스플로러를 대처하고 있는 양상을 보여주고 있다. 주목할만한 점은 국내 포털 강자인 네이버가 야심 차게 출시한 웨일의 등장 및 공격적인 마케팅 결과 8.02%로 급격한 성장세를 나타내고 있다.

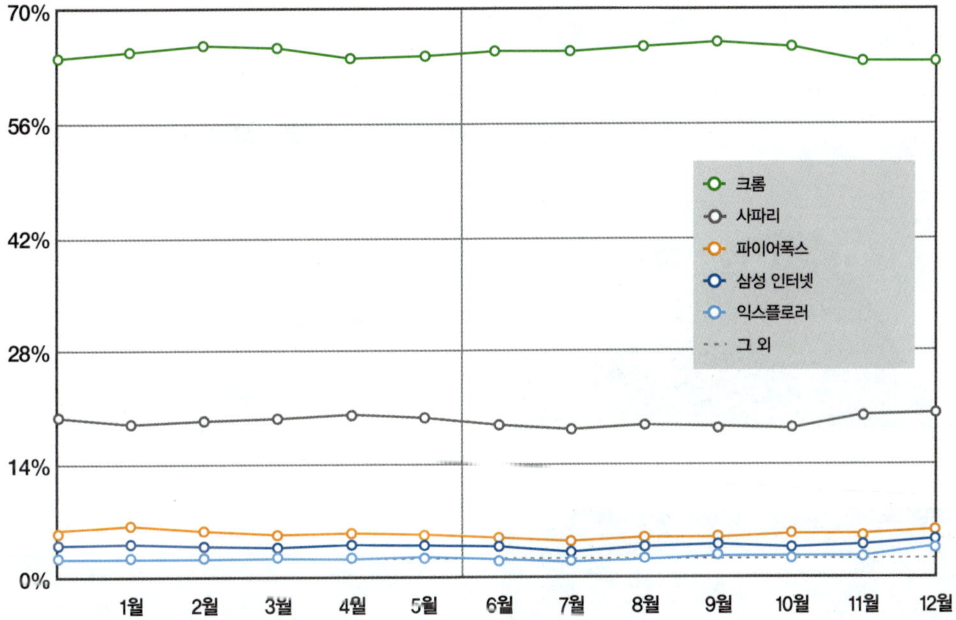

그림 2-6 전 세계의 웹 브라우저 점유율

전 세계 웹 브라우저 점유율을 살펴보면, 역시 국내와 마찬가지로 구글 크롬이 63.38%로 가장 높은 점유율을 보이고 있는 반면, 마이크로소프트 익스플로러는 1.05%로 점유율이 현저히 저조하다. 반면 애플 사파리는 19.25%로 꾸준한 약진이 돋보이고 있고, 그 뒤로 파이어폭스는 3.47%로 다소 적은 점유율을 유지하고 있다. 주목할만한 점은 마이크로소프트 엣지가 3.08%로 급격히 추격하고 있다는 점인데 이는 윈도우 10에 기본 브라우저로 엣지가 탑재되어있는 영향으로 분석된다.

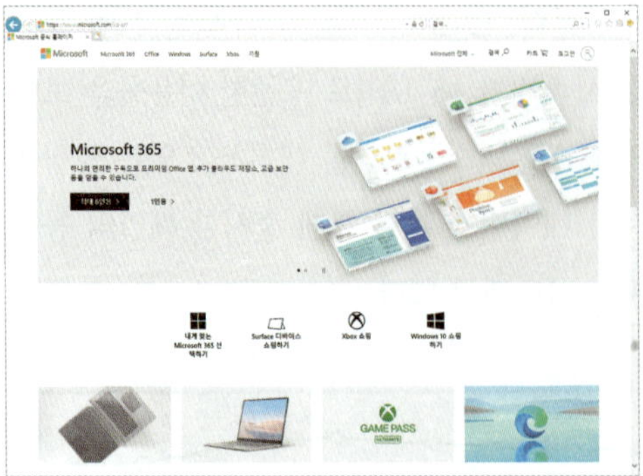

(a) 마이크로소프트의 인터넷 익스플로러

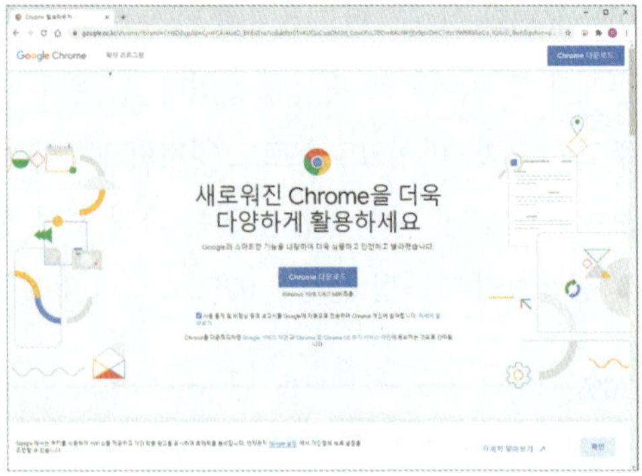

(b) 구글의 크롬

(c) 애플의 사파리

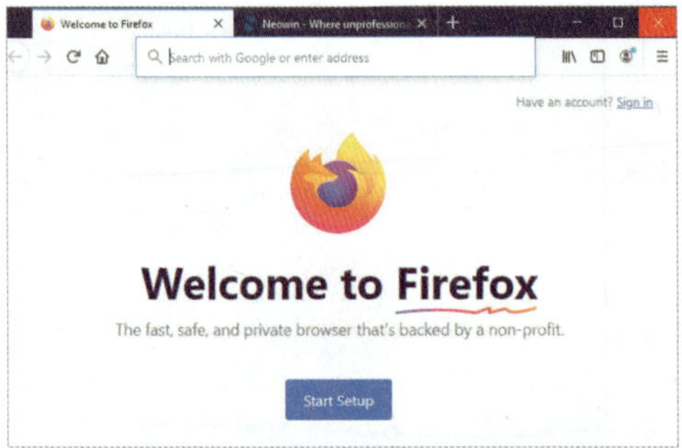

(d) 모질라의 파이어폭스

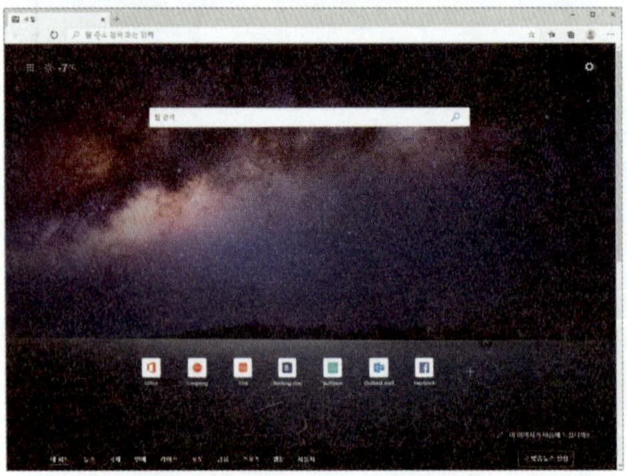

(e) 마이크로소프트의 엣지

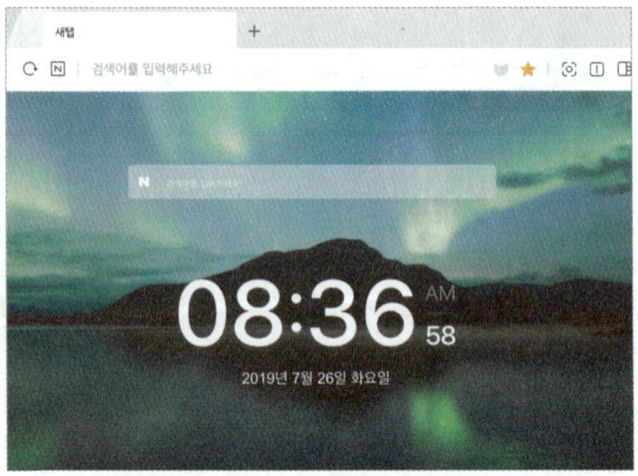

(f) 네이버의 웨일

그림 2-7 다양한 웹 브라우저

4 모바일 웹과 모바일 앱

정보통신 분야를 선도하고 있는 우리나라는 '1인 1 스마트폰' 시대로 무선통신 가입자 수가 5천만 명을 넘어선지 오래다. 실제 데스크톱 보유율 대비 스마트폰 보유율이 더 높아짐에 따라 게임, 음악, 전자상거래, 영화, 동영상 스트리밍 등 많은 콘텐츠가 PC에서 모바일로 옮겨가고 있다. 급기야 대부분의 정보 소비 및 처리가 모바일로 이동되는 모바일 퍼스트Mobile First에서 일상생활과 비즈니스까지 모두 모바일로만 처리하는 모바일 온리Mobile Only 시대로의 패러다임 전환의 중심에 서있다.

모바일 웹은 모바일 디바이스에 직접 설치된 앱App이 아니라 모바일을 사용하는 인터넷 환경으로 풀 브라우징을 지원하는 모바일용 웹 사이트를 말한다. HTML을 기반으로 제작되고 디바이스, OS와 관계없이 스마트폰이나 태블릿 PC 등 모바일 디바이스 화면 크기에 맞게 브라우저를 축소하여 나타내며, 화면 레이아웃이나 정보 및 인터페이스 구조는 모바일 환경에 따라 데스크톱과 차이를 가진다.

모바일 웹은 HTML5, CSS, JavaScript, JSP, PHP 등 일반적인 웹 프로그래밍 언어로 개발되어 별도의 응용 소프트웨어 없이 웹 브라우저가 내장된 모든 모바일 디바이스에서 이용할 수 있다. 일반 앱에 비해 상대적으로 개발 비용이 저렴하고 제작 기간이 비교적 짧으며 업데이트 또한 용이하다는 장점을 가지고 있는 반면, 모바일 디바이스에 내장되어 있는 다양한 기능을 활용하거나 하드웨어를 제어하기 어렵다는 단점이 있다.

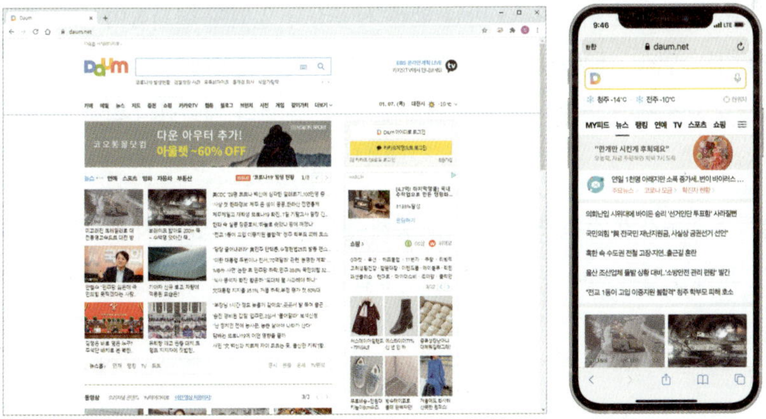

(a) 데스크톱 접속 화면 (b) 모바일 접속 화면

그림 2-8 다음 웹 사이트의 데스크톱 접속 화면과 모바일 접속 화면

모바일 웹에 접속하는 방식은 스마트폰이나 태블릿 PC 등 이동 단말기에 설치되어 있는 크롬, 사파리와 같은 인터넷 브라우저를 통해 접속하는 방식과 앱을 통해 접속하는 방식으로 구분된다. 두 가지 방식 모두 와이파이Wi-Fi와 같은 무선 네트워크를 통해 접속하게 되며 동일한 서비스라도 접속하는 방식에 따라 보이는 화면은 서로 다르게 제공된다.

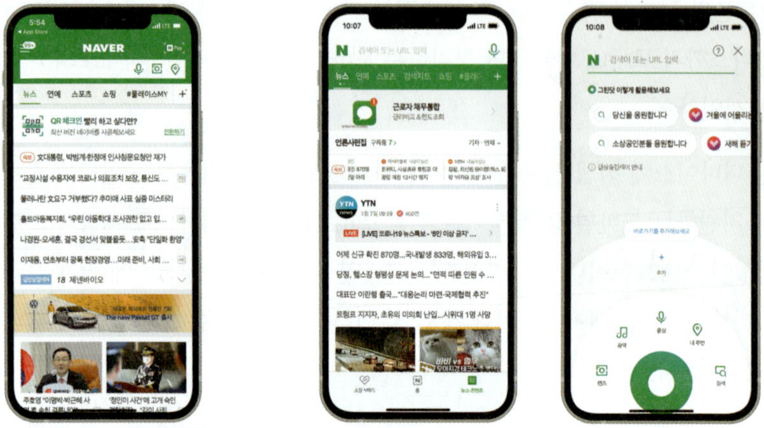

(a) 네이버 모바일 웹 접속 화면 (b) 네이버 모바일 앱 접속 화면

그림 2-9 네이버 모바일 웹 접속 화면과 모바일 앱 접속 화면

모바일 앱은 스마트폰, 태블릿 PC 등 모바일 디바이스에서 실행되는 응용 소프트웨어로 OS에 따라 애플의 앱 스토어나 구글 플레이 스토어에서 다운로드 및 설치하여 사용하는 프로그램이다. 제공되는 방식에 따라 모바일 웹과 모바일 앱, 하이브리드 앱, 네이티브 앱 등으로 구분되며 OS마다 개발 언어 또한 다르다. 모바일 앱은 사용자가 일일이 설치하여 사용해야 하지만 GPS, 카메라, 블루투스, 생체인식 등 모바일 디바이스 하드웨어에 내장된 다양한 기능을 활용할 수 있고, 모바일 웹에 비해 빠른 속도와 푸시 알림 등 보다 개인화된 맞춤 서비스를 제공받을 수 있다.

이러한 이유로 스마트폰 이용자의 경우, 모바일 앱을 통해 정보를 취하고 있는 사용 패턴이 점점 더 늘어나고 있다. 모바일 웹과 모바일 앱의 특징 및 장단점을 비교하면 [표 2-1]과 같다.

표 2-1 모바일 웹과 모바일 앱 비교

구분	모바일 웹	모바일 앱
개념	• 모바일 디바이스의 브라우저를 통해 접속	• 모바일 디바이스에서 실행되는 응용 소프트웨어
구현 방법	• HTML5, CSS, JavaScript, JSP, PHP	• 웹 앱, 하이브리드 앱, 네이티브 앱
속도	• 네트워크 환경에 영향을 받음	• 빠른 반응 및 실행 속도
성능	• 모바일 앱에 비해 상대적으로 느린 속도 • 디바이스의 하드웨어를 제어하지 못하는 한계 존재	• 모바일 웹에 비해 쉽고 빠른 구동 • GPS, 카메라, 블루투스, 생체인식 등 모바일 디바이스 하드웨어에 내장된 다양한 기능 활용 • 하드웨어 성능에 따라 화려한 퍼포먼스 제공
접근성	• 별도 프로그램 설치 없이 모바일 디바이스의 브라우저를 통한 빠른 접속 • LTE, 와이파이(Wi-Fi)와 같은 무선 네트워크를 통해 연결 • QR Code, SMS, NFC 등으로 다이렉트 접속 가능	• 사용자가 디바이스에 직접 설치 후 접속 • 플랫폼 별(앱 스토어, 플레이 스토어) 각기 다른 배포 • 네트워크 연결 없이도 이용 가능한 서비스
호환성	• 하나의 웹 사이트를 N개의 디바이스 및 브라우저로 접속 가능	• OS별(안드로이드, iOS 등) 별도 제작
개인화	• 웹을 통한 정보의 개인화는 ID기반이므로 로그인 과정을 거치면 가능하나 그 외 디바이스 자체의 속성을 제어하지는 못함	• 푸시 알림 등 타깃 광고 가능 • 개별 사용자 특성에 부합하는 최적화된 정보 제공
업데이트	• 웹 표준을 준수한 하나의 웹 사이트만 수정하면 되므로 업데이트 및 유지보수 용이	• OS별(안드로이드, iOS 등) 업데이트 및 다소 복잡한 승인 절차
개발 비용	• 모바일 앱에 비해 상대적으로 낮은 비용	• OS별 제작에 따른 리소스 투입으로 모바일 웹에 비해 상대적으로 높은 비용

5 반응형 웹과 적응형 웹

반응형 웹Responsive Web은 하나의 웹 사이트가 PC, 태블릿 PC, 스마트폰 등 각종 엔스크린N-Screen 디바이스의 디스플레이 화면 크기에 맞게 유동적으로 호환 및 리사이징 되어 사용자 환경에 적합한 형태로 반응하므로 사용자의 디바이스에 최적화된 화면을 제공한다. 반응형 웹은 사용자가 동일한 URL로 손쉽게 공통된 콘텐츠를 이용할 수 있고, 하나의 소스로 관리되기 때문에 통합 운영할 수 있어 관리의 편의성이 높고 유지보수도 용이하다는 장점이 있다. 하지만 반응형 웹의 퍼블리싱은 픽셀과 같은 고정값이 아닌 백분율(%) 단위를 사용하기 때문에 디바이스의 화면 크기에 따라 유동적으로 변하므로 제공되는 콘텐츠나 디자인 오브젝트의 크기가 커지거나 줄어들어 디자인 요소가 다소 제한적일 수 있다는 단점이 있다.

적응형 웹Adaptive Web은 동일한 콘텐츠이지만 PC용, 모바일용 웹 사이트를 정해진 화면 크기와 해상도에 맞도록 각각 따로 제작하여 각 환경에 대응하는 화면을 구현한다. 따라서 적응형 웹은 하나의 웹 사이트에서 디바이스별로 레이아웃이 변하게 되므로 서로 다른 UI와 사용자 경험을 제공해 주는 효과가 있다. 적응형 웹의 퍼블리싱은 픽셀Pixel 단위를 사용하기 때문에 퍼블리싱을 할 때, CSS를 사용하여 해당 브라우저의 범위에 속하게 되면 그에 따라 정의된 스타일을 보여주고 화면 크기별 레이아웃에 맞는 디자인을 제공한다. 하지만 모바일 디바이스의 스크린 사이즈가 다양해짐에 따라 모든 환경에 최적화시키기에는 다소 정교함이 부족하다.

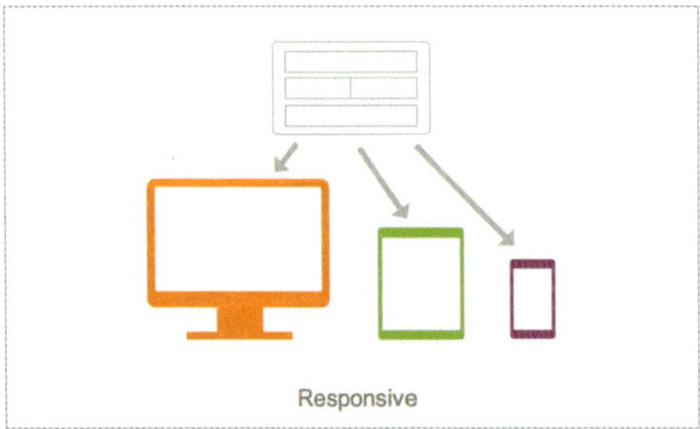

(a) 반응형 웹

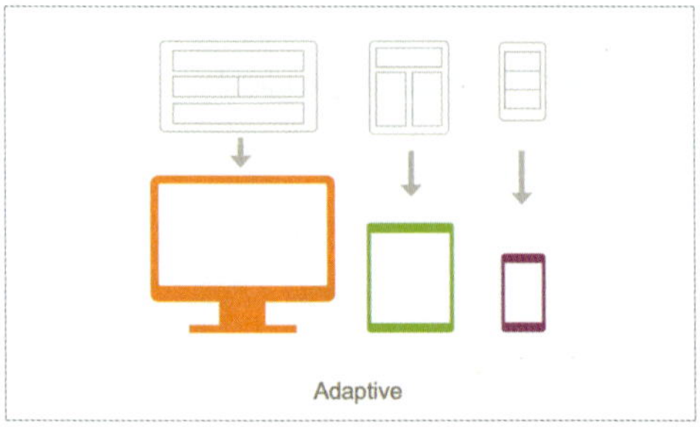

(b) 적응형 웹

그림 2-10 **반응형 웹과 적응형 웹**

SECTION

02 데스크톱 컴퓨터

오늘날 일상생활에서 접하는 정보의 형태 대부분이 디지털화됨에 따라 컴퓨터가 차지하는 위상은 나날이 높아지고 있다. 무엇보다 유비쿼터스Ubiquitous 시대에 발생했던 '정보의 홍수'로 인하여 컴퓨터를 배제한 생활은 더욱 상상하기 힘들어졌다.

1 데스크톱 컴퓨터의 역사

그렇다면 인류 최초의 컴퓨터는 과연 어떠한 모습이었을까? 최초의 컴퓨터인 에니악에서부터 데스크톱 컴퓨터의 발전 과정에 대해 알아보자.

에니악

1946년 최초의 전자식 데스크톱 컴퓨터로 알려진 에니악ENIAC, Electronic Numerical Integrator And Calculator은 미국 펜실베이니아대학교에서 존 모클리John William Mauchly와 프레스퍼 에커트Presper Eckert의 공동 설계로 완성되었다. 에니악은 17,468개의 진공관과 길이 26m, 높이 2.6m, 무게 30톤에 달하는 거대한 크기로, 처음에는 제2차 세계대전에서 미국 육군의 탄도를 계산하는 것이 목적이었다. 데이터를 부호 형식으로 바꾸어 천공 카드Punched Card에 기록하며, 메모리 없이 진공관으로 구성된 20개의 레지스터로 구성되었다. 처리 속도는 사람이 7시간 정도 걸리는 계산을 3초 만에 해낼 정도로 우수하였다.

그림 2-11 **에니악** [02] [03]

에드삭, 유니박

1949년 영국 케임브리지대학교의 모리스 윌크스Maurice Wilkes가 최초의 프로그램 내장 방식을 도입한 에드삭EDSAC을 완성하면서 데스크톱 컴퓨터는 더욱 더 진화하게 된다. 이어 1951년 미국에서 출시된 최초의 상업용 컴퓨터 유니박UNIVAC-1은 주기억장치 용량이 무려 2,000어(語)로, 수은지연회로의 기억장치를 가지고 있었고 수치 정보와 텍스트 정보를 모두 처리하였으며, 보조기억장치로 자기테이프를 사용하여 미국 국세청에 설치되었다.

(a) 에드삭 (b) 유니박

그림 2-12 **에드삭과 유니박** [04] [05]

지속적인 발전과 HCI의 변화

이후 데스크톱 컴퓨터는 지속적으로 발전하게 되는데 1956년 최초의 트랜지스터 컴퓨터 TX-O, 1958년 IBM에서 출시한 트랜지스터 컴퓨터 7090, 1960년 DEC에서 출시하여 오늘날 우리가 사용하고 있는 PC의 형태인 최초의 미니 컴퓨터 PDP-1까지 그 기능과 크기는 진화하게 된다. 1961년 최초의 상호작용Interactive형 드로잉 프로그램인 스케치패드Sketch Pad의 등장으로 팝업Pop-Up 메뉴, 드로잉, 모델링 등 상호작용이 강화되었으며, 1963년 더글라스 엥겔바트Douglas Engelbart가 개발한 마우스Mouse의 등장은 HCIHuman Computer Interface에 커다란 변화를 가져온다.

(a) 스케치패드

(b) 더글라스 엥겔바트의 마우스

그림 2-13 **HCI의 변화** [06] [07]

마이크로소프트와 애플

1975년, 빌 게이츠Bill Gates는 폴 앨런Paul Allen과 함께 컴퓨터 기기용 소프트웨어와 하드웨어를 개발하고 판매하는 기업인 마이크로소프트Microsoft를 설립한다. 1년 뒤인 1976년에는 스티브 잡스Steve Jobs와 스티브 워즈니악Steve Wozniak이 애플Apple을 설립하여 1978년에 개인용 컴퓨터인 Apple I을 출시하였다.

IBM은 1981년 오늘날 데스크톱 컴퓨터의 전형으로 볼 수 있는 IBM PC^Personal Computer^를 출시하면서 컴퓨터의 개인화 시대를 열었으며, 같은 해에 마이크로소프트의 도스^DOS^를 탑재한 IBM 5150을 출시한다.

(a) 스티브 잡스와 스티브 워즈니악 (b) Apple I

그림 2-14 **애플의 등장** [08] [09]

GUI 시대

1983년에 애플에서 최초의 GUI^Graphic User Interface^가 탑재된 Apple LISA를 출시하여 그래픽 사용자 인터페이스 시대의 개막을 알렸으며, 같은 해에 마이크로소프트에서 GUI 방식의 컴퓨터 운영체제인 윈도우 1.0^Windows 1.0^을 출시하여 현재까지 경쟁 체제를 유지하고 있다.

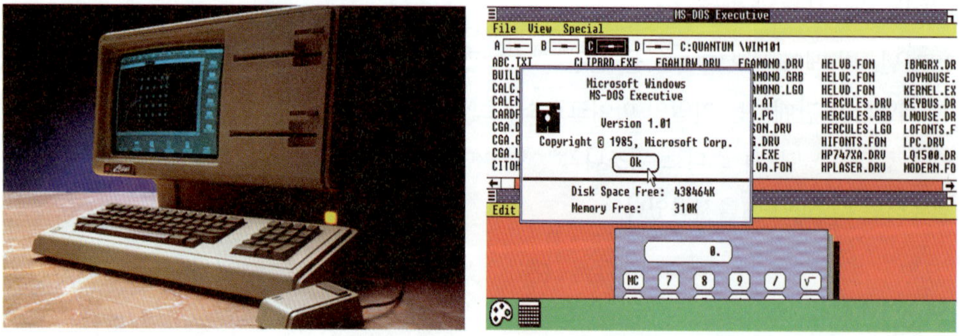

(a) Apple LISA (b) 윈도우 1.0

그림 2-15 **GUI 탑재 컴퓨터** [10] [11]

2 데스크톱 컴퓨터의 변화

데스크톱 컴퓨터는 일반적으로 PC의 주요 구성 요소인 전원 공급 장치, 중앙 처리 장치Central Processing Unit, CPU, 하드디스크 드라이브, 본체, 모니터, 키보드, 마우스 등으로 구성되어 있다. 하지만 수많은 케이블과 큰 부피로 인하여 공간을 많이 차지한다는 단점이 있던 기존의 데스크톱 컴퓨터는 휴대용 개인 컴퓨터인 랩톱 컴퓨터Laptop Computer의 등장으로 다시 한번 변화를 겪게 된다. 랩톱은 AC 어댑터를 통해 충전 배터리를 이용하기 때문에 이동성이 용이하고, 웹캠, 마이크, 스피커, USB 포트가 내장되어 보다 편리한 컴퓨팅 환경을 제공한다.

이후 컴퓨터는 이동성Mobility을 갖춘 모바일 컴퓨팅 기기로 점차 진화하게 되었고, 이후에도 PDA, UMPC, 넷북, 태블릿 PC 등 고정형에서 탈피하여 이동성이 강조된 형태의 다양한 디바이스가 등장했다.

무엇보다도 인터넷과 통신기기의 패러다임을 바꾸며 '손안의 컴퓨터'로 불리는 스마트폰의 등장으로 인간은 이제 장소의 한계를 뛰어넘어 언제 어디서나 접속 가능한 연결된 세상에서 디지털 시대의 유목민인 디지털 노마드Digital Nomad로의 진화를 꿈꾸고 있다.

(a) 마이크로소프트 서피스 (b) 애플의 아이패드

그림 2-16 **이동성을 갖춘 모바일 컴퓨팅 기기의 등장** [12] [13]

SECTION
03 스마트폰

1 스마트폰의 등장

이른 아침, 머리맡에 놓인 스마트폰 알람에 의해 눈뜨게 되고 일어나자마자 오늘의 날씨를 검색하며 어젯밤 인스타그램에 업로드했던 자신의 사진에 달린 댓글을 확인한다. 식사 중 웹툰을 보거나 메신저로 친구와 대화를 나누고 간밤에 일어난 뉴스나 지인이 SNS에 올려놓은 재미있는 영상을 감상하며 화장실 갈 때에도 스마트폰을 손에서 놓지 않는다. 이 스토리가 현대인의 삶에서 필수품이 된 스마트폰의 이야기라는 것을 모르는 사람은 거의 없을 것이다. 스마트폰은 전화기의 기능에서 벗어나 뮤직 플레이어, 카메라, GPS, 메신저 등과 같은 융복합 컨버전스Convergence 디바이스로 발전하여 현대인의 생활 패턴과 라이프 스타일Life Style에 영향을 미치고 있다.

2 스마트폰 사용 현황

과학기술정보통신부의 '무선통신서비스 가입자 통계'에 의하면 2020년 11월 국내 이동전화 가입자 수는 약 5,600만 명으로 '1인 1 스마트폰 시대'를 넘어선지 이미 오래 전이다. 개인 매체 보유에서는 스마트폰이 독주체제를 이어가고 있고 그 외 태블릿 PC, 웨어러블, 사물인터넷 등 또한 꾸준히 늘고 있어 스마트폰에 국한되었던 모바일 디바이스도 보다 다양하게 확장되고 있다.

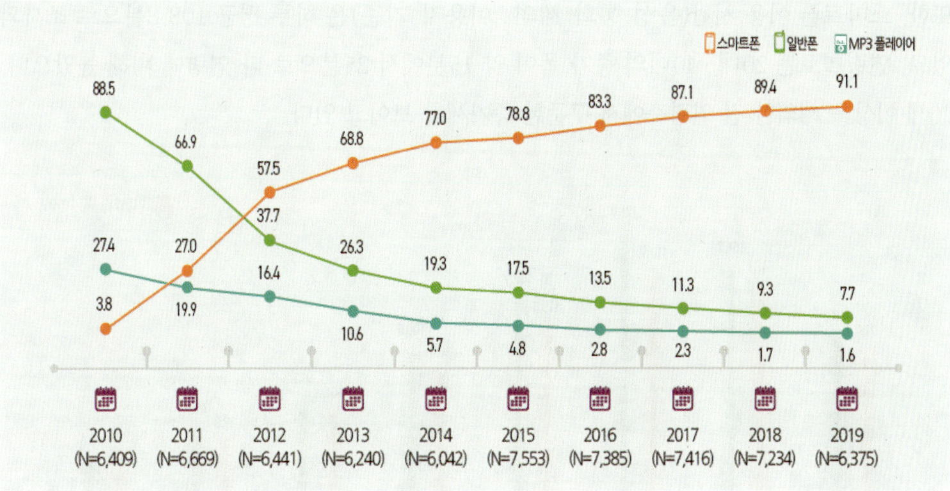

그림 2-17 **스마트폰 보유율 변화 추이(2010~2019)** [14]

또한 방송통신위원회의 '2019년 방송매체 이용행태 조사' 보고서에 따르면 스마트폰 보유율은 도입 초기인 2010년 3.8%에서 2019년 91.1%로 크게 증가했는데 특히, 고연령층의 스마트폰 보유율은 빠르게 증가하고 있는 양상을 보인다. 연령별 스마트폰 보유율의 변화를 살펴보면, 10대~40대의 큰 변화는 보이지 않는 반면, 50대 이상 보유율은 크게 증가 추세를 보이고 있다. 특히 60대는 60.3%에서 85.4%로, 70세 이상은 17.6%에서 39.7%로 실버세대의 스마트폰 보유율이 크게 증가했다.

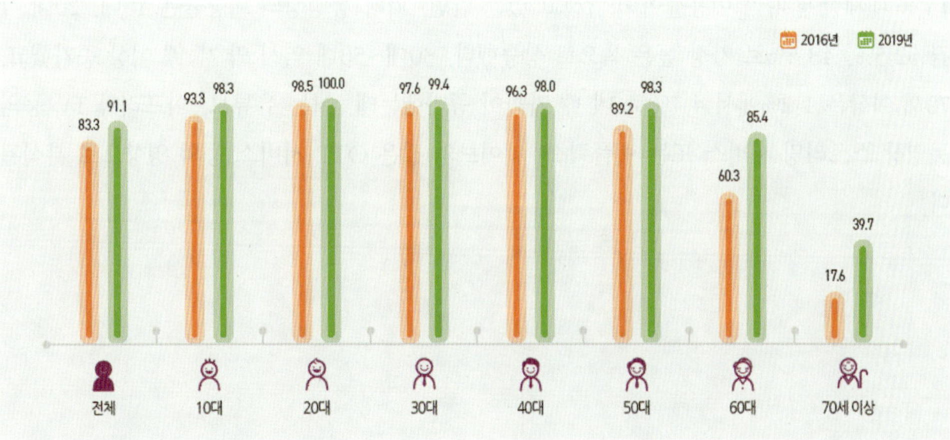

그림 2-18 **연령별 스마트폰 보유율 변화** [15]

또한, 스마트폰 이용 시간(음성 통화 제외, 이용자 기준)은 하루 평균 108.8분으로 조사되었고, 연령별로는 20대~40대의 증가 폭이 약 15분에서 25분으로 타 연령에 비해 높았으며, 70세 이상을 제외한 전 연령층에서 꾸준한 증가세를 보이고 있다.

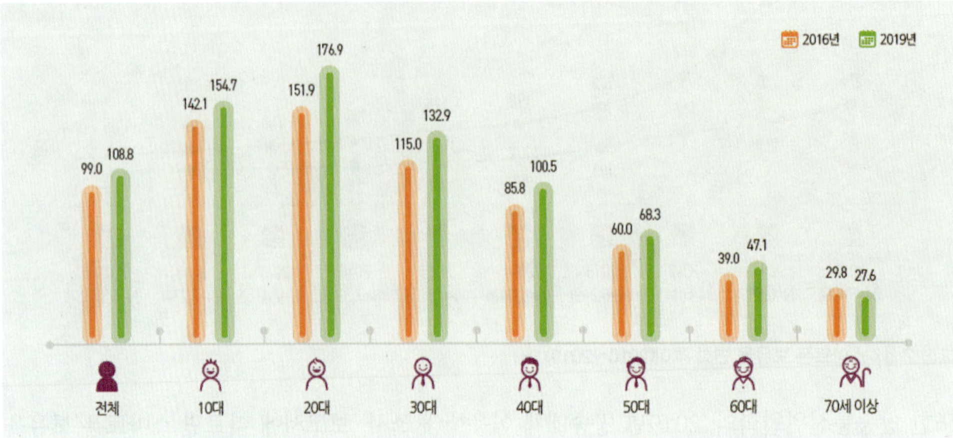

그림 2-19 **연령별 하루 평균 스마트폰 이용 시간** [16]

스마트폰을 통해 주로 이용하는 콘텐츠로는 전 연령층에서 기사 검색이 높은 비율을 차지하고 있다. 음성 통화를 제외한 음악, 게임, SNS 등은 모두 꾸준히 증가하고 있으며, 특히 동영상(TV 프로그램 시청, 영화 포함) 이용 시간이 해마다 평균 가장 큰 폭으로 증가세를 보인다. 과거에 비해 10대~20대에서는 TV 프로그램에 대한 관심이 크게 낮아지거나 스마트폰이 TV를 대체함에 따라 이용률이 하락하고 있는 반면, 기타 동영상의 이용률은 10대, 20대 각각 52.5%, 48.5%로 가장 높은 폭으로 상승했다. 30대~50대 역시 약 세 배 이상 증가했고, 70세 이상은 1.2%에서 4.7%로 네 배 가까이 증가했는데, 이는 유튜브, 아프리카 TV 등의 동영상 스트리밍 서비스 또는 넷플릭스, 웨이브와 같은 OTT 서비스 등의 영향으로 분석된다.

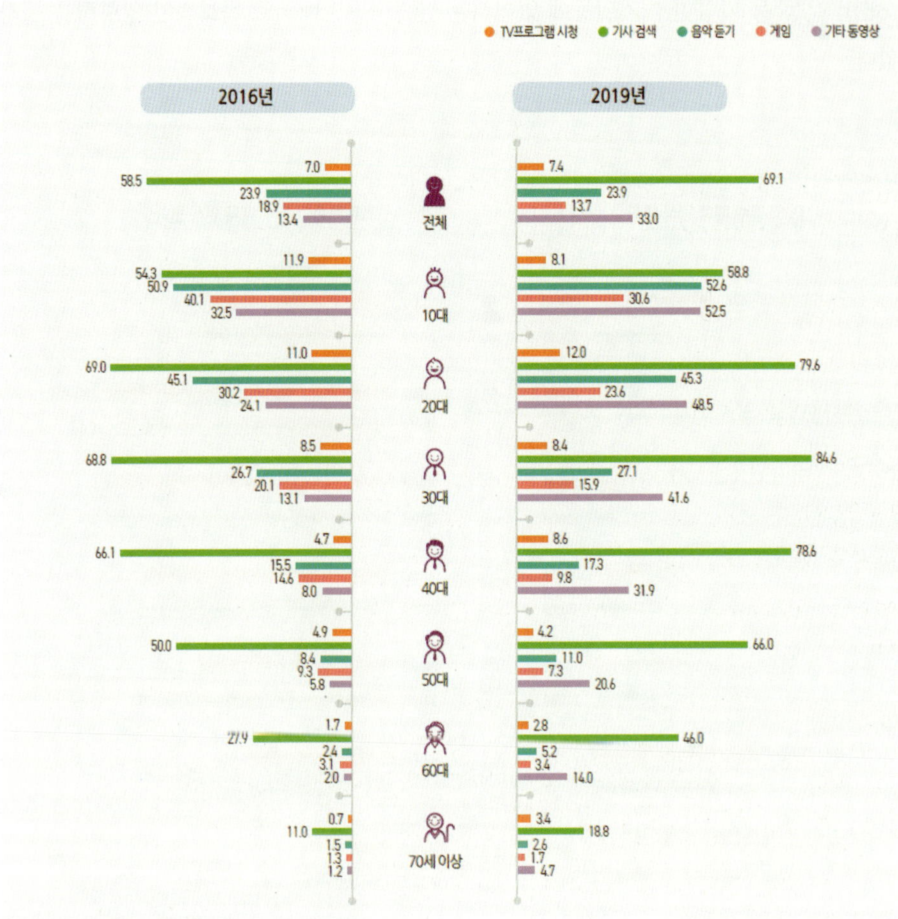

그림 2-20 **스마트폰을 통한 콘텐츠 이용** [17]

과거 각 가정에서 일상생활에 필요한 매체로는 TV가 꼽혔겠지만 스마트폰 등장에 의해 이러한 인식 자체도 점차 변화하고 있다. 스마트폰을 일상생활의 필수 매체로 선택한 응답자가 63%로 크게 증가한 반면, TV는 점차 감소세를 나타낸다. 이러한 인식은 10대(87.0%), 20대(87.4%), 30대(80.8%), 40대(71.9%)처럼 주로 젊은층과 중년층까지 두드러지게 나타난다. 50대의 경우 과거 TV가 필수 매체로 여겨졌던 것이 지금은 스마트폰으로 인식 변화가 역전되었고, 60대와 70세 이상의 경우 스마트폰을 필수 매체로 선택한 비율이 두 배 가량 증가하여 노년층 역시 인식 변화가 일어나고 있음을 알 수 있다. 스마트폰 사용 현황에서도 알 수 있듯이 스마트폰이 가져온 변화는 TV와 같은 전통 매체의 역할을 대체하고 검색, 게임, 채팅,

음악, 사진, 운동 등 다양한 여가활동에 없어서는 안 될 필수 매체로 독보적인 영향력을 행사하고 있다.

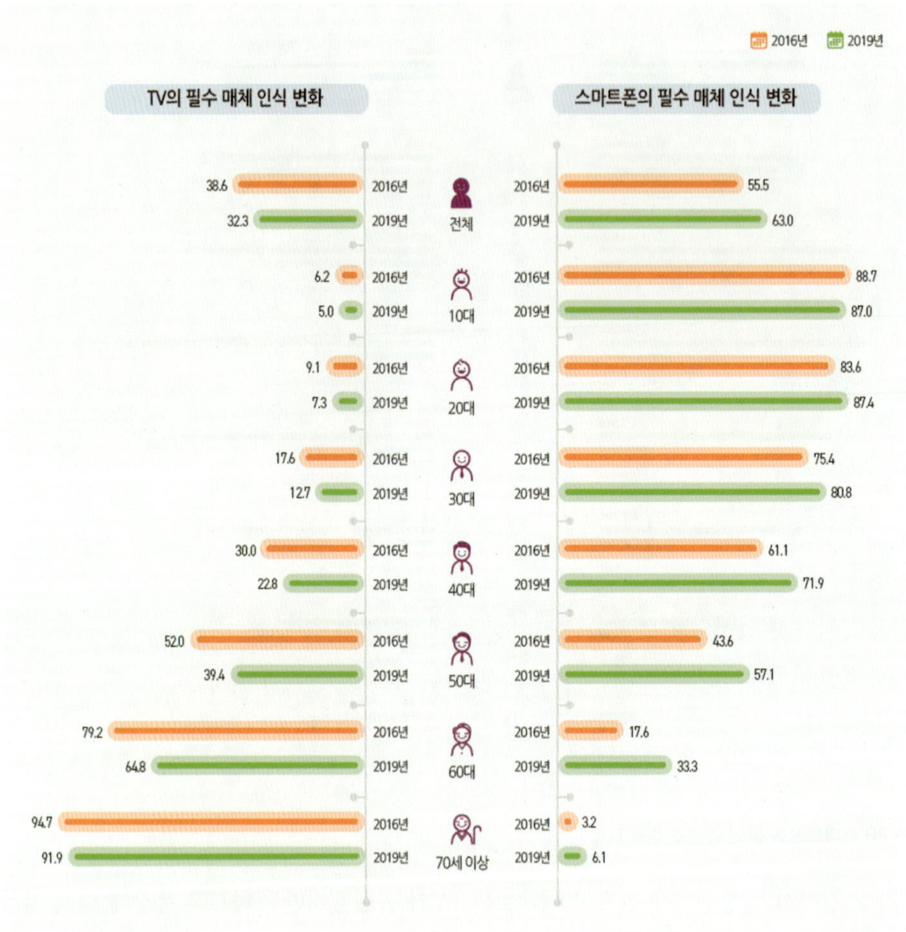

구분	연도	TV	스마트폰
전체	2016년	38.6	55.5
	2019년	32.3	63.0
10대	2016년	6.2	88.7
	2019년	5.0	87.0
20대	2016년	9.1	83.6
	2019년	7.3	87.4
30대	2016년	17.6	75.4
	2019년	12.7	80.8
40대	2016년	30.0	61.1
	2019년	22.8	71.9
50대	2016년	52.0	43.6
	2019년	39.4	57.1
60대	2016년	79.2	17.6
	2019년	64.8	33.3
70세 이상	2016년	94.7	3.2
	2019년	91.9	6.1

그림 2-21 **일상생활의 필수 매체 인식 변화** [18]

3 스마트폰의 특징

스마트폰은 멀티 터치스크린Touch Screen 사용자 인터페이스를 가지고 있으며, 카메라가 내장된 PC의 OS 기능을 결합한 '모바일 운영체제 휴대전화'라고 할 수 있다. 2009년 11월 애플이 아이폰iPhone을 처음 출시하였고 이듬해 6월에는 삼성전자에서 갤럭시S를 출시하면서 본격적인 '스마트폰 시대'를 열었다. 이후 현재까지 고속 모바일 광대역 5G, 4G LTE 인터넷, 자이로 센서, 모션 센서, 고해상도 카메라 및 디스플레이, AR, VR, 생체인식 등 다양한 기능을 포함하고 있는 새로운 스마트폰이 출시될 때마다 전 세계가 주목하고 있다. 또한, 스마트폰에 내장된 카메라 화소 수의 증가로 디지털 카메라 판매량이 감소되고, MP3 플레이어, 신문, 사전, 번역기, 시계 등은 점점 스마트폰에 그 자리를 내주면서 사용량이 급감하고 있다.

(a) 아이폰 12　　(b) 갤럭시 Z 플립

그림 2-22 **스마트폰** [19] [20]

컴퓨터가 작동하기 위해서는 마이크로소프트의 윈도우Windows나 애플의 macOS와 같은 운영체제OS가 필요한 것처럼 스마트폰 역시 시스템 구동을 위한 운영체제가 필요하다. 스마트폰의 대표적인 운영체제는 구글의 안드로이드와 애플의 iOS다.

그림 2-23 **대표적인 스마트폰 운영체제, iOS와 안드로이드** [21]

2020년 하반기를 기준으로 전 세계 스마트폰 시장의 운영체제별 점유율을 살펴보면 안드로이드(74%) 운영체제가 가장 높은 점유율을 차지하고 그 뒤로 iOS(25%)의 양강 구도가 유지되고 있다.

그림 2-24 **스마트폰 운영체제의 점유율** [22]

4 앱

스마트폰의 등장으로 인한 가장 큰 변화는 앱App의 발전이다. 앱이란 응용 프로그램, 응용 소프트웨어를 뜻한다. 우리가 일반 컴퓨터에서 웹 브라우저, 파워포인트, 포토샵 등의 응용 프로그램을 사용하는 것처럼 스마트폰에서도 각 운영체제에서 구동 가능한 응용 프로그램을 설치하여 활용이 가능하다. 예를 들어 스마트폰에 내장된 GPS를 이용한 지도 안내 앱이나 날씨, 금융, 쇼핑 등 다양한 앱 서비스를 이용할 수 있다.

이러한 앱은 앱 스토어나 플레이 스토어를 통해 사용자와 개발자가 직접 소프트웨어를 개발하여 판매할 수 있다. 수많은 개발사와 개인의 앱 개발 참여만큼 앱 스토어나 마켓에 등록된 소프트웨어가 많아지는 자발적인 선순환 구조의 플랫폼을 만들어 내어 소프트웨어 유통 구조의 변화를 가져왔다.

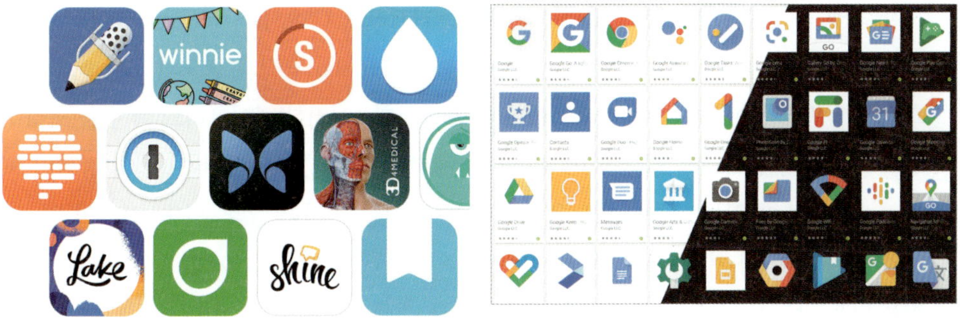

그림 2-25 **앱의 발전** [23] [24]

앱은 모바일 디바이스의 스크린 크기, 브라우저, 상호작용Interaction 등 서비스 제공 환경이나 사용하는 디바이스가 다양해지면서 매체에 따른 서비스의 제공 방식도 변화하고 있다. 대표적으로 가장 많이 사용하는 앱 방식은 크게 네이티브 앱Native App, 모바일 웹Mobile Web과 모바일 앱Mobile App, 하이브리드 앱Hybrid App으로 구분된다.

■ 네이티브 앱

네이티브 앱은 흔히 말하는 앱을 지칭하며, 모바일 디바이스에 플레이 스토어나 앱 스토어를 이용하여 직접 다운로드 받아 설치하여 작동되는 내부분의 진용 앱을 말한다. 안드로이드, iOS와 같이 각 플랫폼에 맞는 프로그래밍 언어(C, C++, C# 등)와 SDKSoftware Development Kit를 이용하여 개발하며, 스마트폰 및 태블릿 PC에 직접 설치되기 때문에 실행 속도가 빠르고 안정적이다. 높은 사양의 그래픽 성능을 바탕으로 한 게임, 카메라, 스피커, GPS, SNS 연동, 결제, 자이로 센서를 활용한 다양한 기능들이 각 모바일 디바이스에 활용이 가능하다는 장점이 있다.

■ 모바일 웹과 모바일 앱

모바일 웹과 모바일 앱은 모바일 디바이스에 직접 설치된 앱이 아니라 모바일을 사용하는 인터넷 환경으로 풀 브라우징을 지원하는 모바일용 웹 사이트를 말한다.

■ 하이브리드 앱

하이브리드 앱은 네이티브 앱과 모바일 앱의 장점을 결합한 형태다. 모바일 앱을 네이티브 앱으로 감싼 구조로, 겉으로 보여지는 형태는 네이티브 앱이지만 실제 내부는 모바일 웹과 모바일 앱으로 실행된다. 따라서 내부 콘텐츠는 HTML5, CSS, JavaScript, JSP 등 일반적인 웹 프로그래밍 언어로 개발되지만 PhoneGap, Sencha와 같은 별도의 오픈소스 크로스 프레임워크를 이용하여 네이티브 앱 형태로 만든다. 이러한 하이브리드 앱은 풀 브라우징을 지원하여 한 번의 개발로 여러 디바이스에 적용할 수 있고 네이티브 앱의 장점인 모바일 디바이스에 있는 다양한 기능을 활용할 수 있다는 장점이 있다. 반면, 모바일 웹, 모바일 앱과 같이 웹 기반으로 구동되기 때문에 인터넷이나 와이파이와 같은 네트워크의 영향을 받는 단점이 있다.

표 2-2 제공 서비스 매체에 따른 종류

구분	네이티브 앱	모바일 웹과 모바일 앱	하이브리드 앱
앱 설치 여부	○	X	○
스토어 등록 및 판매	○	X	○
디바이스 기능 이용	○	X	○
오프라인 사용 여부	○	X	○
퍼포먼스	높음	낮음	중간
업데이트	높음	낮음	중간
그래픽 성능	높음	중간	중간
개발 언어	네이티브	웹	네이티브/웹
개발 비용	높음	낮음	중간
개발 기간	높음	낮음	중간

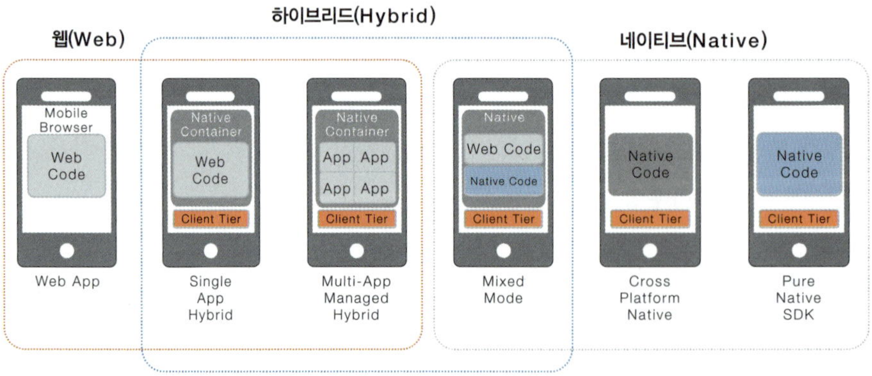

그림 2-26 모바일 웹과 모바일 앱, 하이브리드 앱, 네이티브 앱 [25]

5 스마트폰의 문제점

스마트폰의 등장으로 생활이 점점 모바일 라이프Mobile Life화 됨에 따라 전반적으로 편리해진 반면, 더 이상 지하철에서 책 읽는 사람을 찾아볼 수 없게 되었으며 심도 있고 의미 있는 대화는 사라지고 있다. 무엇보다 이제는 카페에 마주앉아 있음에도 불구하고 각자의 스마트폰을 꺼내어 서로 채팅을 하고 있는 모습도 더 이상 낯설지 않다. 언제 어디서나 연결되어 있다는 사실에 모든 정보는 검색에 의존하게 되고, 스마트폰이 없을 때 생기는 불안 증상과 같은 스마트폰의 눈부신 발전 뒤에 드리워진 그림자는 스마트폰 중독, 디지털 침해 등의 형태로 나타나고 있어 앞으로는 스마트폰의 역기능에 대한 문제도 주목해야 할 것이다.

그림 2-27 스마트폰의 문제점 [26]

SECTION 04

키오스크

1 키오스크의 개념

키오스크Kiosk는 정부 기관이나 지방자치단체, 은행, 백화점, 전시장 등 공공장소에 설치된 무인 정보 단말기로, 동적 교통정보 및 대중교통정보, 경로 안내, 요금 카드 배포, 예약 업무, 각종 전화번호 및 주소 안내 정보 제공, 행정절차나 상품 정보, 시설물의 이용 방법 등을 제공한다. 터치스크린과 사운드, 그래픽, 통신 카드 등 첨단 멀티미디어 기기를 활용하여 음성 서비스, 동영상 구현과 같이 이용자에게 효율적인 정보를 제공하는 무인 종합정보 안내시스템이다. [27]

그림 2-28 키오스크 [28]

키오스크는 공항 안내, 백화점 층별 안내, 관광정보 안내, 도서관 도서정보 안내와 같은 기본적인 정보 제공 형태에서부터 은행 현금자동입출금기ATM, 기차 및 고속버스 승차권 발권, 공공기관에서의 각종 증명이나 민원서류 발급 등의 특정 기능을 제공하는 형태가 있다. 더 나아가 카메라, 스피커, 제스처 인터페이스Gesture Interface, 동작 감지 센서 등 주변 환경을 파악하여 맞춤형 정보를 제공하거나 증강현실Augmented Reality, AR을 이용한 상호작용Interactive형 체험 형태의 다양한 키오스크가 등장하고 있다. 주로 유동 인구가 많고 개방된 장소에 설치되어 운영되므로 사용자 접근이 용이하고 광고 효과가 높다는 장점이 있다.

2 키오스크의 사례

키오스크는 무인 탑승 수속, 무인 주문, 무료 배달 서비스, 체험형 전시 콘텐츠 등 다양한 곳에서 사용되고 있다. 다음 몇 가지 키오스크의 사례에 대해 살펴보자.

■ 무인 탑승 수속

공항에 설치된 무인 탑승 수속 키오스크를 이용해 승객 스스로 탑승 수속을 마칠 수 있는 서비스가 있다. 이는 사용자가 직접 체크인을 하면서 선호하는 좌석을 직접 선택하고 탑승권을 출력하는 데까지 평균 2분여 정도밖에 걸리지 않으며, 최대 9명까지 동시에 수속이 가능하다. 탑승 수속을 위해 혼잡한 체크인 카운터의 긴 대기 줄에서 차례를 기다릴 필요가 없으며 수하물의 경우 셀프 체크인을 한 후 키오스크 바로 옆에 위치한 수하물 전용 카운터를 이용하면 된다.

그림 2-29 **키오스크를 이용한 대한항공의 무인 탑승 수속** [29]

■ 무인 주문, 티켓 발매

롯데리아, 버거킹, 맥도널드 등 패스트푸드점이나 프랜차이즈 음식점, 백화점 주차장 등을 중심으로 빠르게 확산되고 있는 무인 키오스크는 점원과의 대화나 접촉 없이 주문, 결제, 셀프 티켓팅, 정산 등이 가능한 비대면 서비스를 제공한다. 이러한 서비스는 인건비 절감, 자사 제품 광고, 소비자 마케팅 자료 수집 등의 장점이 있는 반면, 일자리 감소, 디지털 기기 이용에 취약한 노인층의 사용이 어려운 점 등의 단점도 부각되고 있다.

(a) 메가박스 영화 티켓팅 키오스크 (b) 맥도널드 주문 키오스크

그림 2-30 **키오스크를 이용한 티켓팅 및 주문** [30] [31]

■ 무료 배달 서비스

홈플러스의 키오스크 무료 배달 서비스는 매장에 비치된 키오스크를 통해 상품 검색 및 주문 결제가 가능하기 때문에 누구나 쉽고 간단하게 쇼핑할 수 있다. 주문한 상품을 집까지 무료로 배송해주기 때문에 더 이상 무거운 장바구니를 들고 다닐 필요가 없어졌다.

그림 2-31 키오스크를 이용한 홈플러스의 무료 배달 서비스 [32]

여기서 잠깐 옴니채널

홈플러스의 무료 배달 서비스는 최근 급부상하고 있는 옴니채널(Omni-Channel) 서비스의 한 형태이다. 옴니채널은 '모든 것'을 의미하는 '옴니(Omni)'와 오프라인, 모바일, 인터넷, 홈쇼핑 등 다양한 유통 경로를 의미하는 '채널(Channel)'의 합성어로, 소비자가 온/오프라인, 모바일, TV, 키오스크 등 다양한 경로를 넘나들며 상품을 검색하고 구매할 수 있도록 한 서비스 방식이다.

예를 들어, 매장에서 물건을 직접 보고 결정한 후 결제는 매장보다 좀 더 저렴한 인터넷으로 손쉽게 제품을 검색하고, 결제는 모바일로 한 후 퇴근길에 매장에 들러 직접 물건을 픽업할 수 있다. 각 유통 채널의 특성을 결합해 어떤 채널에서든 같은 매장을 이용하는 것처럼 느낄 수 있도록 하는 환경을 제공하기 때문에 소비자에게는 유통 경로가 지속적으로 연결된 사용자 중심의 쇼핑 경험을 제공한다.

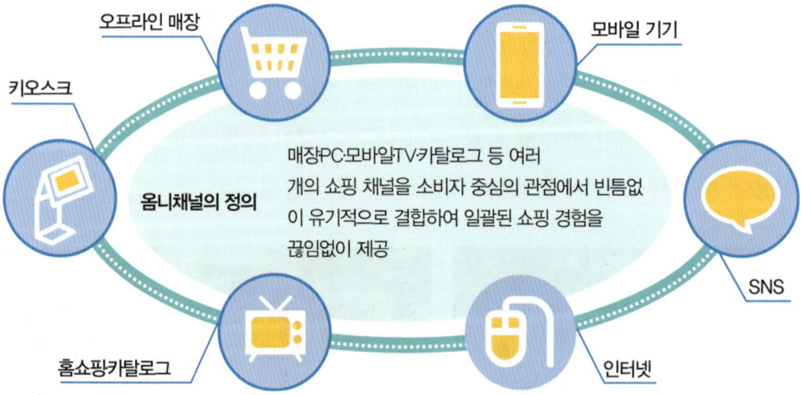

그림 2-32 옴니채널

■ 체험형 전시 콘텐츠

최근 전시 공간에서의 관람 트렌드는 '보기만 하는 관람'에서 '직접 참여하고 체험하는 관람' 행태로 변화하고 있으며, 이렇게 관람자의 참여를 유도하기 위한 키오스크 형태의 체험형 전시 콘텐츠가 많이 소개되고 있다. 체험형 전시 콘텐츠의 구성 또한 게임의 형식을 갖추고 관람자에게 미션을 부여하여 도전 의식을 가지게 한다거나 관람자의 움직임과 상호작용하는 인터페이스를 복합 활용하여 제공하면 관람자에게 더욱 증가된 몰입 경험을 유도할 수 있다.

(a) 포스코 스틸갤러리 키오스크 (b) 청와대 사랑채 체험형 전시 콘텐츠

그림 2-33 키오스크를 이용한 체험형 전시 콘텐츠

그 외 예술, 의료, 교육, 생활, 문화 전반에 걸친 다양한 분야에서 활용 가능한 새로운 형태의 키오스크 콘텐츠가 계속해서 소개되고 있으며 유동 인구가 많은 공간에 노출이 되는 매체의 특성을 살려 사용자가 없을 때에는 디지털 사이니지 영상을 활용한 광고 매체로도 주목받고 있다. 디지털 사이니지에 대해서는 다음 절에서 알아보겠다.

SECTION

05 디지털 사이니지

1 디지털 사이니지의 개념

현재 TV, 컴퓨터, 스마트폰에 이어 제4의 미디어라고 부르고 있는 디지털 사이니지Digital Signage는 이미지, 비디오, 엔터테인먼트 등의 콘텐츠를 특정 공간에 위치시켜 사용자에게 메시지를 직접 전달하거나 사용자의 참여를 통한 사용자 경험을 유도하기 위해 LCD, LED와 같은 디지털 정보 디스플레이Digital Information Display, DID의 형태로 제공되는 디지털 영상 장치다. 가장 기본적인 커뮤니케이션 기능 외에 카메라를 통한 이미지 캡쳐, 모션 감지 등의 외부장치 및 내장된 소프트웨어와 연동하여 사용자에게 새로운 상호작용Interactive형 경험을 제공하기도 한다. 글로벌 리서치 기관 '리서치앤마켓'이 조사한 결과에 의하면, 글로벌 디스플레이 산업은 2019년부터 2023년까지 약 8%의 연평균 성장률로 2023년에는 약 1,866억 8천만 달러 규모를 기록할 것으로 예측된다.

그림 2-34 디지털 사이니지의 세상 [33] [34]

2 디지털 사이니지의 사례

디지털 사이니지는 다양한 곳에서 사용되고 있다. 다음 몇 가지 디지털 사이니지의 사례에 대해 살펴보자.

■ 강남대로 U-Street의 미디어 폴

2009년 7월 서울 강남대로 U-Street에 설치된 미디어 폴Media Pole은 대표적인 디지털 사이니지 사례다. 폭 1m, 두께 55cm의 기둥에 1:8 비율의 세로형 터치스크린 22개가 35m 간격으로 설치되어 있다. 운영 시간은 오전 6시부터 밤 12시까지 하루에 18시간 운영되며 미디어아트 및 각종 이벤트, 게임, 설문 조사 등 다양한 콘텐츠를 담을 수 있다. 광고 효과적인 측면에서 본다면 15초를 기준으로 하루 평균 100회 이상의 노출 효과를 볼 수 있다.

그림 2-35 강남대로 U-Street의 미디어 폴 [35]

■ 증강현실을 활용한 얼굴 및 동작 인지

최근 디지털 사이니지 기술을 기반으로 다양한 콘텐츠들이 소개되고 있는데, 특정 공간에 스크린과 키넥트Kinect 등을 설치하고 증강현실Augmented Reality, AR을 활용하여 사용자의 얼굴이나 동작을 인지해 입체적으로 보여주기도 한다.

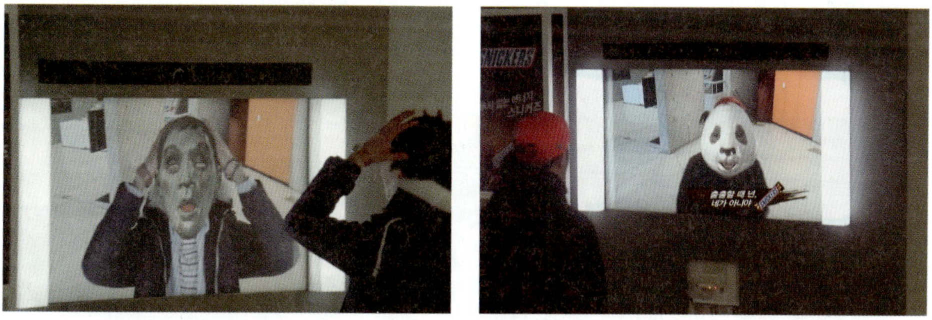

그림 2-36 스니커즈 얼굴 합성 이벤트 [36]

■ 이동 광고 : 삼성 안전 트럭

키오스크와 마찬가지로 디지털 사이니지는 새로운 형태의 뉴미디어 광고 매체로도 활용되고 있다. 대표적인 사례로 삼성전자와 미국의 광고대행사 레오 버넷Leo Burnett이 교통사고 예방 캠페인 형태로 제작한 '삼성 안전 트럭Samsung Safety Truck'이다. 트럭의 후면에 대형 스크린을 장착하고 전방의 트럭 운전자가 보는 영상을 블랙박스 형태의 카메라를 통해 실시간으로 후면 스크린에 보여주어 뒤따라오는 차량들이 트럭 앞의 시야를 쉽게 확인하여 보다 안전하게 추월할 수 있도록 유도한 광고 캠페인이다.

그림 2-37 **삼성 안전 트럭** [37]

■ 스크린 광고 : The Social Swipe

독일의 비영리단체 미제레오르Misereor에서 제작한 'The Social Swipe'는 사용자가 직접 기부에 동참할 수 있는 상호작용Interactive형 광고 캠페인을 선보였다. 유동인구가 많은 공항에 설치되어 빵을 나누거나 손목에 묶여 있는 밧줄을 자르는 영상이 스크린에 재생되는데, 중앙 부분에 신용카드를 긁게 되면 2유로가 결제되도록 제작됐다. 캠페인 한 달 만에 3,000유로의 기부금이 적립되었고 2014년 칸 국제광고제 아웃도어 부문에서 금상을 차지하였다.

그림 2-38 **The Social Swipe** [38]

■ 미디어 아트 : Wave

Wave는 서울 삼성동 SM 타운 건물 외벽 농구 경기장 4배(1,620㎡) 크기의 발광 다이오드[LED] 사이니지에 설치된 파도 영상 미디어 아트 작품으로 디지털 미디어 콘텐츠 제작사 '디스트릭트'에서 제작하였다. 디지털 사이니지 속 일렁이는 파도는 착시현상을 통해 실제와 같은 입체감과 압도적인 긴장감을 전달한다. 이후 유튜브를 통해 관련 영상이 급속히 확산되면서 대중들의 관심이 집중되었고 CNN 등 여러 외신 또한 보도를 통해 관심을 표하기도 했다.

그림 2-39 Wave [39]

여기서 잠깐 디지털 사이니지의 보편화

모션 인식이나 NFC(근거리 무선통신) 등 다양한 IT 기술과 결합된 디지털 사이니지는 일반 가정은 물론 교육, 교통, 쇼핑, 의료, 금융, 옥외 광고 등 다양한 장소와 산업 분야에 적용되어 새로운 디스플레이 세상을 위한 지속적인 변화를 시도하고 있다.

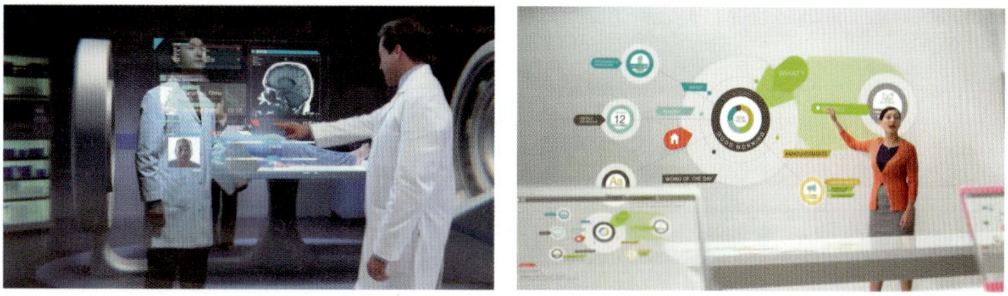

그림 2-40 새로운 디스플레이 세상 [40]

요약

1. 월드와이드웹

1989년 팀 버너스 리가 처음 제안한 광역 정보 시스템으로 월드와이드웹 또는 웹이라고 부르며 네트워크(특히 인터넷)상에 하이퍼텍스트를 구축해 모든 정보를 매끄럽게 접속하는 것을 목적으로 한다.

2. 웹 브라우저의 종류

크롬, 사파리, 인터넷 익스플로러, 파이어폭스, 마이크로소프트 엣지, 네이버 웨일 등이 있다.

- **반응형 웹** : 하나의 웹 사이트가 PC, 태블릿 PC, 스마트폰 등 각종 엔스크린(N-Screen) 디바이스의 디스플레이 화면 크기에 맞게 유동적으로 호환 및 리사이징 되어 사용자 환경에 적합한 형태로 반응하여 사용자가 이용하는 디바이스에 최적화된 화면을 제공한다.
- **적응형 웹** : 동일한 콘텐츠이지만 PC용, 모바일용 웹 사이트를 정해진 화면 크기와 해상도에 맞도록 각각 따로 제작하여 각 환경에 대응하는 화면을 구현한다.

3. 데스크톱 컴퓨터의 역사

구분	내용
에니악	1946년 1만 7,468개의 진공관과 길이 26m, 높이 2.6m, 무게 30톤에 달하는 거대한 크기로, 제2차 세계대전에서 미국 육군의 탄도를 계산하는 것이 목적이었다.
에드삭	최초의 프로그램 내장 방식이 도입되었다.
유니박	최초의 상업용 컴퓨터로, 수은지연회로의 기억장치를 가지고 있었고 수치 정보와 텍스트 정보를 모두 처리했다.
TX-O, 7090, PDP-1	1956년 최초의 트랜지스터 컴퓨터 TX-O, 1958년 IBM에서 출시한 트랜지스터 컴퓨터 7090, 1960년 오늘날 우리가 사용하고 있는 PC의 형태인 DEC에서 출시한 최초의 미니컴퓨터 PDP-1까지 그 기능과 크기가 진화하였다.
HCI의 변화	최초의 상호작용형 드로잉 프로그램인 스케치패드와 더글라스 엥겔바트가 개발한 마우스가 등장하여 HCI의 커다란 변화를 주게 된다.
마이크로소프트와 애플	1975년 빌 게이츠에 의해 마이크로소프트가 설립되고, 1976년에는 스티브 잡스와 스티브 워즈니악이 애플을 설립했다.
GUI 시대	1983년에 애플에서 최초의 GUI가 탑재된 Apple LISA를 출시하여 그래픽 사용자 인터페이스 시대의 개막을 알렸으며, 같은 해에 마이크로소프트에서 GUI 방식의 컴퓨터 운영체제인 윈도우 1.0(Windows 1.0)을 출시하며 현재까지 경쟁 체제를 유지하고 있다.

요약

4. 스마트폰

멀티 터치스크린 사용자 인터페이스를 가지고 있고 카메라가 내장된 PC의 OS 기능을 결합한 '모바일 운영체제 휴대전화'라고 할 수 있다. 앱이란 응용 프로그램, 응용 소프트웨어를 말하며 스마트폰에서도 각 운영체제에서 구동 가능한 응용 프로그램을 설치하여 활용이 가능하며, 네이티브 앱, 모바일 웹과 모바일 앱, 하이브리드 앱으로 구분된다.

5. 키오스크

정부 기관이나 지방자치단체, 은행, 백화점, 전시장 등 공공장소에 설치된 무인 정보 단말기로, 동적 교통정보 및 대중교통정보, 경로 안내, 요금 카드 배포, 예약 업무, 각종 전화번호 및 주소 안내 정보 제공, 행정절차나 상품 정보, 시설물의 이용 방법 등을 제공한다. 터치스크린과 사운드, 그래픽 통신 카드 등 첨단 멀티미디어 기기를 활용하여 음성 서비스, 동영상 구현 등 이용자에게 효율적인 정보를 제공하는 무인 종합정보 안내시스템이다.

6. 디지털 사이니지

이미지, 비디오, 엔터테인먼트 등의 콘텐츠를 특정 공간에 위치시켜 사용자에게 메시지를 전달하거나 참여를 통한 사용자 경험을 유도하기 위해 LCD, LED와 같은 디지털 정보 디스플레이(DID)의 형태로 제공되는 디지털 영상 장치다.

실습 과제

매체별 주요 기능과 사례 조사하기 다양한 매체별 특성 및 주요 기능과 콘텐츠는 어떤 것들이 있는지 사례 조사를 통해 알아보자.

매체별 주요 기능과 사례 조사하기			
작성자		작성일	년 월 일

매체	서비스 및 콘텐츠 사례

CHAPTER 03

디지털 사회와 커뮤니케이션

PREVIEW

디지털 매체가 점차 진화하면서 온라인 공간은 또 하나의 사회로 변화되었다. 또한 변화된 커뮤니케이션 방법으로 사람들은 원거리에 있어도 마치 같은 공간에 실재하는 원격현존을 경험할 수 있게 되었다. 이번 장에서는 관계 중심의 소셜 네트워크 서비스와 영상 기반의 스트리밍 플랫폼을 통해 생산, 소비, 유통되는 커뮤니케이션 변화에 대해 알아본다.

SECTION 01

소셜 네트워크 서비스

1 소셜 네트워크 서비스의 "개념

소셜 네트워크 서비스Social Network Service, SNS는 '사회관계망 서비스', '인맥 구축', '사회연결망', '지인 네트워크' 등으로 불리며, 비슷한 관심사나 활동 또는 실제 연결을 공유하는 사람들 사이에서 사회적 관계를 구축할 수 있는 플랫폼을 말한다. 새로운 미디어의 등장과 다양한 네트워크 기술 발달로 인하여 서로 대면Face to Face하는 상황에서만 소통이 이루어지는 것이 아닌 사이버 공간에서의 관계 형성도 가능하게 되었다. 전통적인 미디어의 콘텐츠는 사용자에게 일방적으로 제공되는 '브로드캐스트Broadcast'의 형태인 반면, 소셜 네트워크 서비스는 쌍방향 소통의 특징을 가진다. 온라인에서 이루어지는 관계는 시공간적 제약을 넘어 텍스트, 이미지, 영상 등 인터넷과 컴퓨터에 의해 생성되는 데이터에 의존한다. 무엇보다 가상의 존재를 대상으로 휴먼 네트워크를 형성한다는 점에서 사용자들은 소셜 네트워크 서비스를 또 다른 사회적 공간으로 인식하게 되었다.

2 소셜 네트워크 서비스의 종류

페이스북, 트위터, 인스타그램, 카카오톡 등과 같은 대표적인 소셜 네트워크 서비스와 그 특징에 대해 알아보자.

페이스북

2004년 2월, 하버드대학교 학생이었던 마크 주커버그Mark Zuckerberg는 대학교 기숙사에서 같은 대학교 학생들만 이용할 수 있는 제한된 웹 사이트 서비스인 '페이스 매쉬Facemash'를 시작하게 되는데, 이는 페이스북Facebook의 전신이 된다.

그림 3-1 **마크 주커버그** [01]

이후 페이스북은 2004년 12월 이용자 수 100만 명을 시작으로, 2006년 모바일 앱 출시 이후 급속히 이용자 수가 증가하여 2010년 7월에는 5억 명을 돌파했다. 2015년에는 전 세계 이용자 14억 명, 대한민국 이용자 1,500만 명 이상이 페이스북을 이용하고 있다. 페이스북의 특징은 자신과 친구를 맺은 사람들이 무엇을 하고 무엇에 관심이 있는지 알 수 있도록 친구의 일상을 실시간으로 보여주고, 그 친구가 누구와 관계를 맺고 있는지도 알 수 있게 해준다는 데 있다.

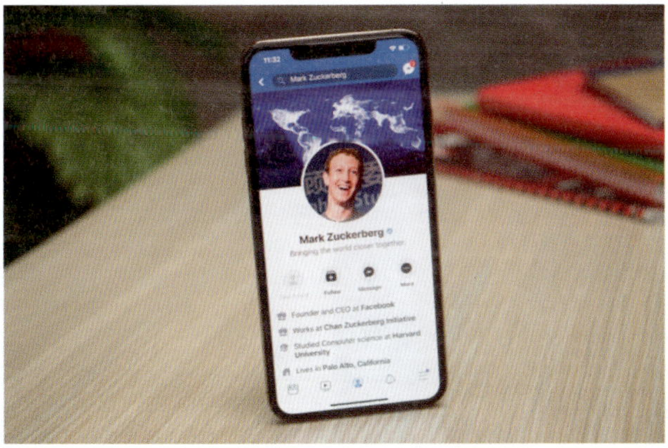

그림 3-2 **페이스북 모바일 앱** [02]

트위터

2006년 7월에 등장한 트위터Twitter는 마이크로 블로그 또는 미니 블로그로, 한번에 쓸 수 있는 글자 수가 최대 140자로 제한된 단문 메시지 공유 서비스다. 트윗Tweet이란 '짧게 재잘거리는 새소리', '지저귀다'라는 의미로 개인의 의견이나 하고 싶은 이야기를 마치 새가 재잘거리듯이 짧게 인스턴트 메시지로 공유할 수 있으며 사용자의 트위터 주소는 '@아이디'로 표기된다. 트위터에서는 관심 있는 상대방에게 '팔로우Follow'를 신청하고 교류할 수 있는데, 이때 팔로우는 상대방의 승인 없이도 등록이 가능하다. 이를 통해 정치인, 연예인 등 공유받고 싶은 상대방을 자유롭게 팔로우하면서 그들의 정보나 의견 및 동정을 실시간으로 파악할 수 있게 되었다.

그림 3-3 **트위터** [03]

트위터의 가장 큰 장점은 바로 공유의 속도다. 스마트폰을 통한 단문 서비스 형태이기 때문에 언제 어디서나 관련 이슈에 대해 즉각적인 반응을 유도하거나 '리트윗'을 통해 다른 사용자들에게 신속히 퍼뜨릴 수 있다. 이러한 특징 때문에 재난 발생에 대한 전파나 다양한 마케팅 도구로 활용할 수 있는데, 실제로 2010년 아이티 지진 당시 시민들과 구호 단체들의 트위터를 통한 실시간 제보에 힘입어 구호 활동 지휘를 용이하게 할 수 있었다. 2011년 1월, 트위터 한국어 서비스가 시작되었고 유명 인사들의 사용으로 인하여 일반 이용자들의 관심이 높아져 도널드 트럼프 등 정치인들의 선거 유세 및 의정 활동에도 활발히 이용되었다.

그림 3-4 **도널드 트럼프 트위터 모바일 앱 페이지** [04]

인스타그램

2010년 10월에 출시된 인스타그램Instagram은 '즉석'이라는 의미의 '인스턴트Instant'와 '전보를 보낸다'는 의미의 '텔레그램Telegram'의 합성어로 텍스트가 아닌 사진과 짧은 동영상 공유를 기반으로 하는 소셜 네트워크 서비스다. 출시 당시 하루 만에 이용자 수가 2만 5,000명에 달하였고 한 달 만에 100만 명을 돌파한 후, 매달 100만 명씩 가입자가 늘면서 큰 인기를 모으기 시작했다. 2012년 10억 달러에 페이스북으로 인수 합병된 후 그 성장세는 더욱 빨라졌으며, 2014년 12월 전 세계 월간 이용자 수 3억 명을 돌파하면서 트위터의 이용자 수(2억 8,400만 명)를 뛰어넘게 된다.

그림 3-5 인스타그램 [05]

인스타그램 모바일 앱을 이용하면 일반적인 16:9의 비율이 아닌 폴라로이드 사진과 같은 1:1 비율의 사진을 촬영할 수 있으며, 동시에 다양한 필터 효과를 적용하여 즉시 공유할 수 있다. 이때 '#' 해시태그를 이용하면 특정 검색어에 필터링이 되어 같은 관심사를 가지고 있는 사용자와 소통할 수 있다. 인스타그램은 페이스북이나 트위터에 비해 젊은층의 선호도가 높다는 특징이 있다. 한국의 경우 2017년 월 이용자 수 1,000만 명을 돌파하며, 다른 소셜 네트워크 서비스에 비해 매우 높은 강세를 보이고 있다.

그림 3-6 **인스타그램 모바일 앱** [06]

틱톡

틱톡TikTok은 2016년 9월 중국 인터넷 기업 바이트 댄스Byte Dance가 150개 국가 및 지역에서 75개의 언어로 서비스를 시작한 이래, 한국에서는 2017년 11월부터 서비스 하고 있는 15초에서 1분 이내 숏 폼Short-form 형식의 동영상 공유 소셜 네트워크 서비스다. 틱톡은 출시 이후 4년이 채 되지 않은 2020년 기준 전 세계 8억 명에 가까운 이용자를 기록했으며 짧은 음악, 립싱크, 댄스, 코미디, 탤런트, 챌린지와 같은 영상과 3초에서 1분 이내의 짧은 루핑 영상을 제작 및 공유할 수 있다.

그림 3-7 **틱톡** [07]

특히 태어날 때부터 디지털 문화를 경험하고 자신의 창의력을 동원하여 콘텐츠를 생산하며 SNS를 즐기고 있는 10~20대의 Z세대에서 가장 인기가 높다.

그림 3-8 틱톡 모바일 앱 [08]

카카오톡

대한민국 국민 메신저로 불리는 대표적인 소셜 네트워크 서비스 카카오톡Kakao Talk은 2010년 3월 출시 당시 기획자 1명, 개발자 2명, 디자이너 1명으로 시작하였다. 총 4명의 인원이 2개월이라는 짧은 기간 동안 카카오톡을 개발하였으나, 현재는 ㈜다음카카오가 서비스하는 글로벌 무료 모바일 인스턴트 메시지 서비스가 되었다. 가입 절차나 로그인을 없애 사용을 단순화하고 전화번호만 있으면 서비스 이용이 가능하며, 자신의 스마트폰 전화번호부에 저장된 인맥을 초대하여 대화 및 이미지·동영상·파일 전송, 그룹 채팅, 보이스톡, 라이브 방송 등 다양한 기능을 이용할 수 있다. 2020년 기준 4,500만 명의 가입자를 보유하고 있으며 이를 활용해 서비스를 점차 확장하고 있다.

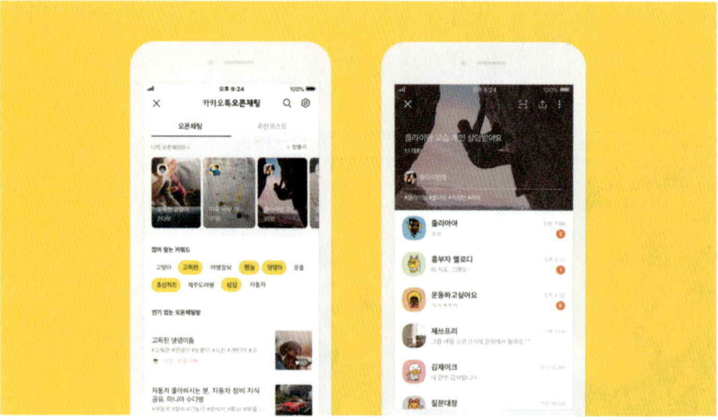

그림 3-9 **카카오톡** [09]

시작은 채팅 앱이었지만 메신저에서 사용되는 이모티콘을 캐릭터화한 '카카오 프렌즈' 상품을 판매하는 오프라인 상설 매장이 개설되었으며, '카카오 택시', '카카오 페이', '카카오T 대리', '카카오 내비', '카카오 게임즈' 등 다양한 사업으로 서비스를 확장하고 있다.

최근에는 카카오 커머스 서비스를 통해 약 6,000개가 넘는 기업 제품을 판매하고 있고, 스토어에서 발생하는 거래액은 2020년 기준, 약 4조 원을 뛰어넘을 것으로 예상된다. 이제는 카카오 스토어에서 구찌, 프라다, 입생로랑 등 해외 값비싼 명품을 구입하고 친구 리스트에서 알려주는 지인의 생일에 향수나 스타벅스 기프트콘을 선물하는 것이 자연스러운 문화 소비로 여겨지고 있다.

그림 3-10 **카카오프렌즈** [10]

3 소셜 네트워크 서비스의 문제점

소셜 네트워크 서비스는 서로 정보를 공유하거나 인맥이 구축되는 체계가 거미줄처럼 서로 연결된 네트워크로 동시다발적인 모습을 보인다. 하지만 타인이 무엇을 하고 있는지에 대해 알고자 하는 욕구와 타인의 일상에 대해 관찰하고 싶어 하는 호기심, 누군가 자신을 지켜보고 있다는 느낌, 나의 일상을 타인이 봐줬으면 하는 심리로 인해 자신의 일상을 과장하여 연출하는 현상으로 인한 사회적 문제도 간과해서는 안 된다.

SECTION 02

영상 기반의 스트리밍 플랫폼

1 영상 기반의 커뮤니케이션 변화

최근 개인 간 디지털 커뮤니케이션 방식은 과거 텍스트를 이용한 인스턴트 메시지나 음성 중심의 방식에서 영상으로 전환되는 큰 변화를 맞이하고 있다. 디지털 콘텐츠 소비 행태의 중심 키워드는 '영상'으로, 전 연령대에서 영상 미디어 이용은 계속해서 증가하고 있지만 태어날 때부터 디지털 미디어 콘텐츠 소비를 경험한 MZ세대에서 더욱 뚜렷이 나타난다. 이들은 검색, 교육, 방송, 라이브 스트리밍, 쇼핑 등 대부분의 콘텐츠를 유튜브와 같은 영상 기반 스트리밍 플랫폼을 통해 생산, 소비, 유통하고 있다.

2020년 글로벌 팬데믹을 겪으면서 커뮤니케이션 환경에 있어서 급격한 변화를 맞이하게 되었다. 특히 초, 중, 고, 대학의 온라인 수업을 필요로 하는 교육기관 및 기업의 업무 환경에서 화상 커뮤니케이션 방식은 선택이 아닌 필수가 되었다. 실례로 2020년 3분기 한국에서 가장 많이 다운로드 된 앱 순위 1위를 '줌ZOOM'이 차지했다. 줌은 스마트폰이나 PC에 설치하여 사용할 수 있는 쌍방향 소통이 가능한 원거리 화상 커뮤니케이션 도구로 무료로 최대 100명까지 참여하는 화상 회의실을 개설할 수 있다. 그 외 자료화면 공유, 채팅, 소회의실 생성 등 다양한 기능을 제공하는 장점이 있는 반면, 보안에 대한 우려도 제기되고 있다. 그 외 구글 '미트', 마이크로소프트 '팀즈' 등 다양한 화상 커뮤니케이션 도구들이 사용되고 있다.

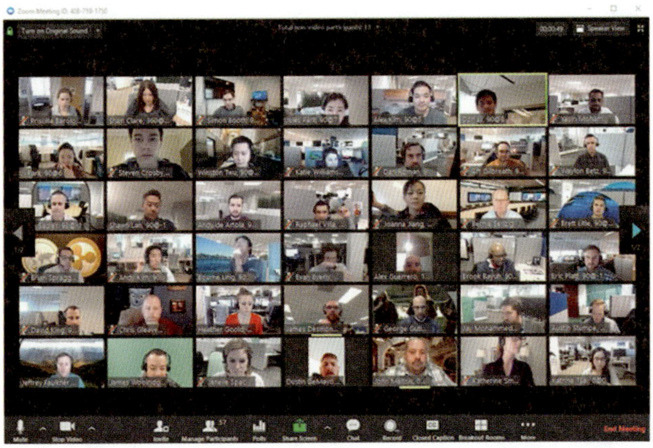

(a) 줌

(b) 구글 미트

(c) 마이크로소프트 팀즈

그림 3-11 **화상 커뮤니케이션 도구** [11] [12] [13]

2 영상 기반의 스트리밍 플랫폼

영상 콘텐츠가 미디어 이용 행태의 핵심 키워드로 부각되면서 사용자의 니즈를 충족시키기 위한 서비스 또한 다양해지고 있다. 다음 몇 가지 현재 서비스 되고 있는 영상 기반의 스트리밍 플랫폼의 종류와 사례에 대해 살펴보자.

■ 유튜브

유튜브는 2005년 구글에서 서비스하기 시작한 글로벌 최대 규모의 영상 플랫폼으로 한국에서 83% 이상의 인터넷 사용자가 일주일에 최소 한 번 이상 방문할 정도로 영상 기반 스트리밍 플랫폼으로는 현재까지 부동의 1위를 차지하고 있다. 모바일 빅데이터 분석 업체 아이지에이웍스에 의하면 2020년 9월 중 유튜브 이용자 1명의 평균 이용시간은 29.5시간으로 조사되었고 이용자 연령이 낮을수록 이용 일수는 더욱 많았다. 1인당 월 평균 사용일수는 16.9일로 전 연령대에서 유튜브를 통한 영상 콘텐츠 소비가 꾸준히 증가하고 있다. 이 중 10대가 20일로 가장 많은 사용 일수를 나타냈고 20대가 19.1일로 뒤를 이었다.

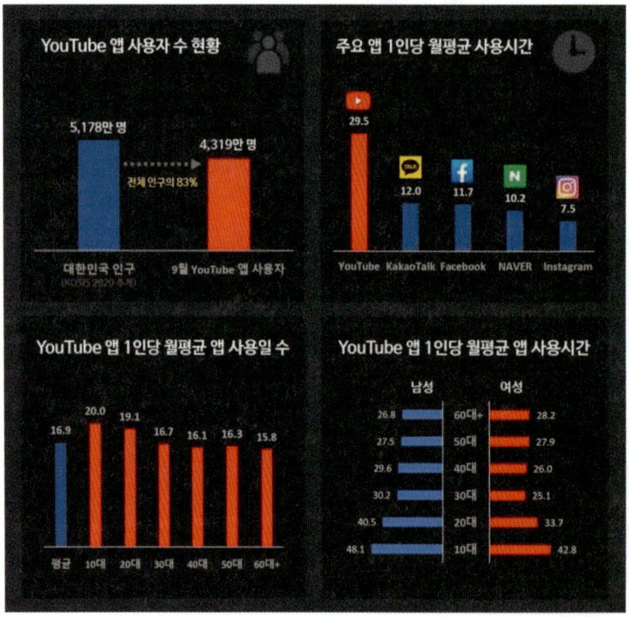

그림 3-12 유튜브 사용률 [14]

■ 아프리카 TV

한국의 유튜브로 불리는 아프리카 TV는 BJ[Broadcasting Jockey](1인 방송진행자)가 주축이 되어 언제 어디서나 시간과 장소에 구애받지 않고 시청자와 소통할 수 있는 1인 미디어 방송 서비스로 국내 개인방송 시장에서 독보적인 입지를 확보하고 있다. 주로 방송되는 분야는 '배틀그라운드'나 '리그 오브 레전드'와 같은 e스포츠 방송, 보이는 라디오, 먹방, 일상 등 다양하며 이 외 최근 대학교수, 의사, 변호사 등 전문 직종의 BJ가 일반 시청자는 다소 어려워할 수 있는 공학, 의학, 창업 콘텐츠 등 전문적인 정보를 방송하기도 한다.

아프리카 TV에는 BJ 후원 아이템인 별풍선이 있는데, 별풍선을 후원하면 등급에 따라 아프리카 TV에 소정의 수수료를 제외한 나머지를 현금으로 전환할 수 있으므로 BJ는 큰 수익을 얻을 수 있다. 또한 시청자는 후원한 금액에 따라 팬 등수가 매겨지고 상위 20등 안에 든 시청자들은 '열혈팬'으로 분류되어 BJ에게 미션을 제시하거나 소위 VIP로 우대되어 BJ와 보다 친밀한 관계를 형성하게 된다. 하지만 실시간 스트리밍이라는 형식적 요소로 인해 일부 BJ들의 다소 선정적이거나 자극적인 소재의 방송 문제점은 아프리카 TV에 자주 등장하는 단골 이슈로 항상 논란의 중심으로 부각되고 있다. 최근 라이브 방송과 쇼핑이 결합된 '라이브 커머스'라는 새로운 형태의 쇼핑 방식을 통해 실시간 동영상 스트리밍으로 상품을 소개하고 판매한다. 이는 TV홈쇼핑처럼 일방적인 방송의 형태가 아니라 실시간 질의응답 등 채팅창을 통해 양방향 소통이 가능하다는 장점이 있다.

그림 3-13 아프리카 TV [15]

■ 비메오

2004년 서비스를 시작한 비메오는 비디오video와 미me를 합친 단어로 사용자가 직접 만드는 영상물을 업로드 및 공유하는 영상 기반의 스트리밍 플랫폼이다. 타 플랫폼에 비해 비메오는 광고가 없다는 것이 가장 큰 장점인데, 광고 영상, 게임 영상 등 상업적이거나 음란 동영상, 사용자가 직접 제작하지 않은 영상물은 사이트에 업로드 할 수 없다는 정책을 고수하고 있다.

그림 3-14 **비메오** [16]

■ 트위치

트위치는 2011년 미 샌프란시스코에서 예일대 동창생 두 명에 의해 시작된 인터넷 방송 서비스였으나 이후, 아마존이 영상 기반의 스트리밍 플랫폼 시장 진입을 위해 9억 7,000만 달러(한화 1조 1,400억 원)에 인수했다. 가장 인기 있는 채널은 게임이며, 게임 스트리머가 자신이 게임에 몰입하고 있는 영상을 실시간으로 스트리밍 하고 시청자들은 채팅창을 통해 참여한다. 트위치의 장점은 실시간 스트리밍으로, 전 세계 스트리밍 방송 시청 시간의 약 72.2%를 차지하고 있다. 편집 영상은 단연 유튜브지만 실시간 스트리밍 영상은 주로 트위치로 시청한다. 이러한 실시간 스트리밍이라는 장점으로 실제 도널드 트럼프 미 대통령이 트위치에 가입한 지 2주 만에 구독자가 10만 명 가량 늘어나는 등 정치인들의 온라인 유세나 유권자와 소통을 위한 도구로 많이 사용되고 있다.

그림 3-15 **트위치** [17]

3 1인 미디어 창작자 : 크리에이터, 스트리머

커뮤니케이션 방식이 영상을 중심으로 변화됨에 따라 영상 기반의 스트리밍 플랫폼을 통해 다양한 콘텐츠가 소비되고 있다. 이를 충족시키기 위해 영상 콘텐츠 생산에 대한 역할 역시 주목받고 있는데 크리에이터, 스트리머로 대표되는 1인 미디어 창작자이다. 기존 방송의 개념이 연출자, 카메라맨, 사운드 엔지니어 등 다양한 직종의 사람들이 프로그램 기획, 제작, 편집을 통해 일방적으로 전파를 송출하거나 중계하는 형태였다면, 1인 미디어 창작은 온라인을 통해 개인이 직접 방송을 제작하는 형태다.

무엇보다도 시청자가 방송에 참여할 수 있는 양방향성을 지니고 있다는 점이 가장 큰 특징인데 이는 시청자에 의해 방송의 방향, 구성, 내용이 달라질 수 있다는 것을 의미한다. 한때 초등학교 학생들로 하여금 장래 직업 선호도 1위에 오를 정도로 1인 미디어 창작자에 대한 관심이 급증하였는데 일부 유튜버, BJ들이 연예인 급의 인기를 누리며 고수익을 올리고 있는 단편적인 부분만 부각된 결과로 보인다. 반면, 일부 유튜버들이 광고임에도 광고로 밝히지 않고 마치 자신이 구매한 후기처럼 제작한 콘텐츠, 이른바 '뒷광고' 논란은 유명 유튜버들이 사과 방송 및 채널을 중단하는 사태에 이르러 시청자로 하여금 매우 큰 배신감을 준 사건으로 기억되고 있다.

한편, 1인 미디어 창작자가 되기 위해서는 프로그램 기획력, 촬영, 조명, 음향, 편집 등 여러 가지 방송장비 및 제작에 필요한 지식도 중요하겠지만, 무엇보다도 방송이라는 미디어가 가지고 있는 영향력, 공공성, 사회적 책임 등을 고려했을 때 이에 따르는 1인 미디어 창작자로서의 높은 수준의 윤리 의식이 가장 필요하다고 할 수 있다.

그림 3-16 **1인 미디어 창작자** [18]

SECTION 03

OTT 서비스

1 인터넷 TV의 등장

과거 TV 매체가 가지는 영향력은 대단했다. 사람들은 TV에서 보도되는 이야기는 다 믿었고 특히, 9시 뉴스에 보도되면 모두 사실로 여기는 TV 매체의 전성기가 있었다. 이후 케이블 TV, 위성방송, IPTV 등과 다양한 종합편성채널들이 쏟아지며 뉴스, 드라마, 예능, 스포츠 등 다양한 장르의 프로그램을 지상파 TV가 독점하지 못하게 되면서 TV는 사람들의 관심에서 점점 멀어지게 됐다.

또한, 인터넷만 연결되어 있으면 간단한 리모컨 조작으로 국내 드라마는 물론, 미국, 일본, 영국 등의 해외 각종 시리즈물과 다양한 장르의 영화들을 얼마든지 선택해서 볼 수 있게 되어 TV와 같은 전통적인 레거시 미디어의 권위는 점차 무너지고 있다.

그림 3-17 방송통신 사업자 [19]

인터넷 TV는 오버 더 톱으로 불리는 OTTOver The Top 서비스가 대표적이라 할 수 있다. OTT 서비스는 TV뿐만 아니라 데스크톱 PC, 아이패드와 같은 태블릿 PC, 스마트폰 등 인터넷이 연결되어있는 디바이스에서 다양한 영상 콘텐츠를 시청할 수 있는 서비스다. 대표적인 OTT 서비스로 넷플릭스, 워너브라더스의 HBO Max, 아마존의 프라임 비디오, 디즈니의 디즈니+, 왓챠, 웨이브 등이 있다.

그림 3-18 OTT 서비스 [20]

2 구독서비스

매일 아침 갓 구운 빵과 신선한 샐러드를 배송 받고 현관 앞에 세탁물을 놓아두면 수거, 세탁, 배송까지 알아서 챙겨주며, 저녁엔 내 취향에 맞게 추천 받은 와인을 즐기는 바야흐로 구독경제의 시대다. 이러한 구독경제가 확산되는데 결정적인 역할 중 하나가 바로 OTT 서비스라 할 수 있다. 방송통신위원회가 발표한 '2019 방송매체 이용행태조사'에 따르면, 한국인의 OTT 이용률은 52%로 국민 2명 중 1명은 OTT 구독서비스를 이용하고 있다. 국내 OTT 시장 규모는 2020년 기준 약 7,801억 원까지 커질 것으로 예상하고 있고 글로벌 OTT 시장 규모 또한 2023년에는 무려 86조 원까지 성장할 것으로 전망했다.

그림 3-19 **넷플릭스 구독서비스** [21]

구독서비스의 높은 성장세는 정기적인 지출이 가지는 파급력과 양질의 해외 콘텐츠, 영화 등 지속적인 콘텐츠 업데이트를 통해 사용자를 묶어두면 웬만해서는 구독 해지가 쉽지 않다는 사용자의 심리적 특징을 서비스 이용 방식에 잘 반영한 결과라 할 수 있다. 한편, 월 구독료에 부담을 느끼는 사용자의 경우 한 계정을 여러 사람이 나누어 부담하는 방식으로 서비스를 이용할 수 있다. 공유 구독 방식은 대학생들을 중심으로 점차 확산되고 있고 심지어는 유료방송을 해지하고 OTT 서비스를 구독하는 '코드 커팅'이라는 신조어까지 등장하게 된다.

3 OTT 서비스의 사례

빨라진 인터넷 속도와 스마트 TV 보급의 대중화로 더욱 급성장하고 있는 글로벌 및 국내 OTT 서비스의 종류와 사례에 대해 살펴보자.

■ 넷플릭스

대표적인 OTT 서비스인 넷플릭스는 2015년 국내 진출 5년 만에 유료 구독자 수가 362만 명으로, 서비스 첫 해 8만 명 수준에서 대략 45배 증가하는 기염을 토하며 그야말로 엄청난 성공을 이루었다.

넷플릭스는 영화, 다큐멘터리, 해외 및 국내 드라마 및 시리즈물, 지상파 방송의 예능 프로그램 등 모든 분야의 다양한 영상 콘텐츠를 제공함과 동시에 직접 오리지널 콘텐츠 제작에도 참여하는 콘텐츠 제작사이기도 하다. 2017년 600억 원을 투자한 봉준호 감독의 영화 '옥자'를 시작으로 2019 K-좀비라는 신조어가 생길 정도의 히트를 기록한 '킹덤'(200억 원), 그리고 이어 제작된 '스위트홈'(300억 원), '승리호(200억 원)' 등 넷플릭스만의 오리지널 콘텐츠를 잇달아 선보이고 있고, 한국 시장에서 넷플릭스의 독주는 당분간 계속 이어질 것으로 전망된다.

(a) 옥자

(b) 킹덤

(c) 스위트홈

그림 3-20 넷플릭스 오리지널 콘텐츠 [22]

■ HBO Max

HBO Max는 미 할리우드의 대표적인 메이저 영화사로 알려진 워너브라더스에서 제공하는 OTT 서비스로 2020년 5월에 북미에서 처음으로 출시되었다. 2020년 10월 가입자 수 800만 명을 확보하였고 2025년까지 5,000만 명의 미국 가입자를 목표로 하고 있고 최근에는 극장 개봉과 HBO Max를 통해 동시에 공개하여 극장 관객 및 스트리밍 서비스 사용자 두 마리 토끼를 모두 잡기 위한 노력에 박차를 가하고 있다.

그림 3-21 HBO Max [23]

■ 프라임 비디오

프라임 비디오는 글로벌 최대 인터넷 전자상거래 기업인 아마존에서 2016년 출시한 OTT 서비스로 프라임 비디오 앱을 이용해 비디오를 다운로드하면 오프라인에서도 감상할 수 있고, 무엇보다도 월 구독료가 5.99달러로 타 OTT 서비스에 비해 비교적 저렴한 장점이 있다.

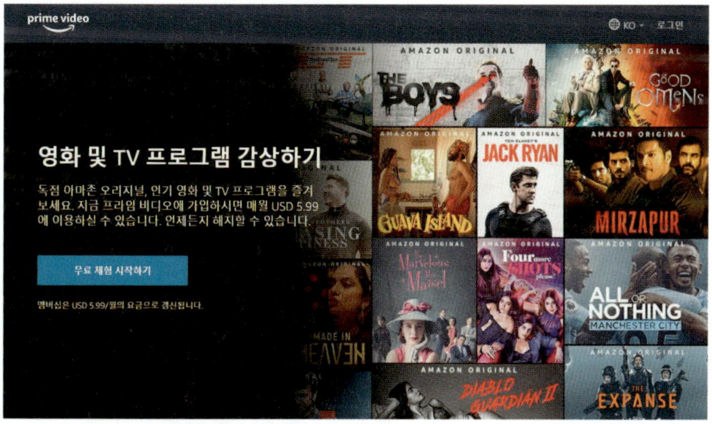

그림 3-22 아마존 프라임 비디오 [24]

■ 디즈니+

디즈니가 2019년 출시한 OTT 서비스로 인기 애니메이션 '심슨가족'을 비롯한 7,500편 이상의 TV 시리즈와 500편 이상의 영화, 그리고 디즈니 플러스에서만 볼 수 있는 다양한 오리지널 작품들을 제공한다. 백설공주, 미키마우스, 겨울왕국 등 다양한 디즈니 애니메이션과 픽사, 마블, 스타워즈 등 주로 팬들의 충성도가 높고 대부분의 연령대를 커버할 수 있는 압도적인 자체 콘텐츠 보유가 가장 큰 장점으로, 한국에서도 곧 서비스를 런칭할 계획을 공식 발표했다.

그림 3-23 디즈니+ [25]

■ 왓챠

왓챠는 사용자의 취향을 분석하는 고유 알고리즘을 통해 영화에 대한 예상 별점과 좋아할 만한 영화를 추천해주는 스타트업 회사로 출발하였다. 2016년 대규모 투자 유치 이후 기존 영화 중심의 콘텐츠를 드라마 예능 프로그램 등으로 확장하여 본격적인 OTT 서비스를 출시했고, 2020년 보유 콘텐츠 8만 편을 돌파하며 한국의 대표적인 OTT 서비스로 성장했다. 넷플릭스가 주로 서양권 콘텐츠의 강점이 있다면, 왓챠는 주로 국내 단편영화나 예능 프로그램, 일본과 중국 영화 및 드라마의 팬 사용자가 많이 이용하는 특징이 있다.

그림 3-24 **왓챠** [26]

■ 웨이브

웨이브는 SK텔레콤과 KBS, MBC, SBS 국내 지상파 3사가 합작해 만든 OTT 서비스로 2019년 9월 공식 출시되었다. 주로 지상파 3사에서 방영되는 드라마나 예능 프로그램의 독점 제공을 통해 다시보기 위주의 콘텐츠가 주를 이룬다. 본방송 시작 이후 바로 해당 콘텐츠가 업로드 될 수 있는 장점으로 다시보기를 원하는 시청자는 언제든지 처음부터 다시 시청할 수 있다. 하지만 최근 20~30대 시청자 층이 tvN이나 JTBC 등 타 방송으로 이동함에 따라 지상파 3사 외 타 방송사의 콘텐츠는 제공받기 어려운 점과 아직 넷플릭스처럼 웨이브만의 오리지널 콘텐츠는 제공되지 않는 단점이 있다.

그림 3-25 **웨이브** [27]

■ **쿠팡플레이**

아마존의 프라임 비디오처럼 한국의 아마존을 꿈꾸는 쿠팡에서도 2020년 12월 '쿠팡플레이'라는 OTT 서비스를 출시하였다. 월 2,900원에 로켓배송, 회원특가, 캐시적립 등의 기존 쿠팡 와우 멤버십 서비스와 동영상 스트리밍 콘텐츠까지 제공받을 수 있는 쿠팡플레이가 추가된다. 2020년 12월 말 기준, 와우 멤버십 가입자가 500만 명을 넘어선 것으로 추산돼 앞으로 국내 OTT 서비스 이용자들로 하여금 쿠팡 플레이로의 유입 확대가 더욱 기대되고 있다. 이렇듯 저렴한 요금제에 계정 생성 5개, 동시접속이 4명까지 가능하다는 점은 사용자에게 매우 매력적인 요소로 다가올 수 있지만 아직까지 다소 부족해 보이는 콘텐츠가 최대 단점으로 지적되고 있다. 이러한 단점을 보완하기 위해 최근 다양한 콘텐츠 공급 계약 및 유통 제휴를 통해 콘텐츠 라인업을 점차 확장하고 있고 또한, 자체적인 오리지널 콘텐츠를 만들기 위해 상표권 등록 및 사용자의 취향을 만족시키기 위한 노력에 매진하고 있다.

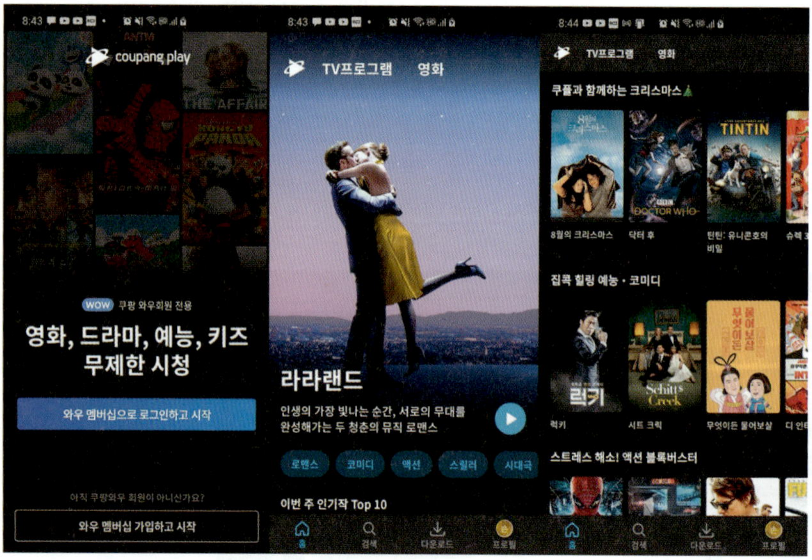

그림 3-26 **쿠팡플레이** [28]

SECTION
04 넥스트 패러다임

1 넥스트 패러다임의 도래

그림 3-27 조지 오웰의 『1984』 [29]

1949년 조지 오웰George Orwell은 그의 소설 『1984』에서 보이지 않는 거대한 권력을 '빅 브라더Big Brother'로 비유했다. 1984년 윌리엄 깁슨William Gibson의 『뉴로맨서Neuromancer』에서 등장하는 '사이버 스페이스Cyber Space'와 1992년에 닐 스티븐슨Neal Stephenson의 『스노우크래쉬Snow Crash』에서 '메타버스Metaverse'라는 3차원의 가상세계가 등장한다. 이러한 소설 속 세계에서는 현실과 가상공간을 연결하는 매개체인 '아바타Avatar'를 통해 의사소통을 하고 빌딩을 지으며, 가상의 재화를 교환하는 세계인 또 하나의 사회, 경제적 사이버 공간에 대한 이야기가 등장한다. 하지만 이런 가상의 세계가 더 이상 소설 속에서만 등장하는 일이 아니게 되었다.

짐 캐리 주연의 영화 《트루먼 쇼The Truman Show》는 TV 미디어가 원격현존Telepresence 체제를 구축하여 자본과 생활, 기억을 감시하고 통제하는 세상을 보여준다. 주인공 트루먼은 자신의 일상이 TV 시청자들의 대상이 되어 왔음을 깨닫기 전에는 자신이 살고 있는 세상을 결코 의심해본 적이 없었다. 트루먼에게는 가상의 세계가 실재보다 더욱 실재 같은Hyper Reality 극 사실의 세계였다. 영화 《그녀Her》에서 인간이 대화형 인터페이스 기반의 컴퓨터 운영체제와 사랑에 빠지는 스토리는 더 이상 믿기 힘든 미래의 이야기도 아니다. 바야흐로 넥스트 패러다임의 시대가 도래한 것이다.

(a) 영화 《트루먼 쇼》 (b) 영화 《그녀》

그림 3-28 디지털 세계를 반영한 영화 [30] [31]

2 넥스트 패러다임의 사례

이렇듯 SF 영화에서 작가의 상상력에 의해 탄생된 기술들이 현재 우리 주변에서 다양한 형태의 서비스로 등장하고 있다. 최근 상용화되어 있으면서 차세대 신기술로 기대되는 몇 가지 사례를 살펴보자.

연결 사회

가장 중요한 키워드는 바로 'Connected', 즉 '연결'과 '네트워크'의 개념이다. 우리는 자신의 의도와는 상관없이 알게 모르게 서로 연결되어 있다. 사회 심리학자이자 하버드대학교 교수였던 스탠리 밀그램Stanley Milgram은 '여섯 단계 분리의 법칙6 degrees of Separation'을 통해 평균 5.5단계만 거치면 서로 연결된다는 것을 증명했다. 사실 우리는 장소나 거리의 제약 없이 몇 단계만 거치면 서로 알 수 있는 '작은 세계Small World' 안에 연결되어 살고 있는 것이다.

여기서 잠깐 **여섯 단계 분리의 법칙(6 degrees of Separation)**

그림 3-29 **케빈 베이컨** [32]

미국 할리우드 배우 케빈 베이컨(Kevin Norwood Bacon)까지 최단의 연결 고리를 만드는 게임이다. 이는 실험 당시 케빈 베이컨이 다작(多作)의 배우라는 것이 근거가 된다. 같이 출연한 영화가 연결의 고리가 되는데, 예를 들어 케빈 베이컨과 같은 영화에 출연했던 배우는 모두 한 단계만에 베이컨까지 닿을 수 있고, 그 배우들과 같이 출연했던 배우는 두 단계만에 베이컨까지 닿을 수 있다는 식이다. 이렇게 특정 배우로부터 케빈 베이컨에게까지 최소 몇 단계만에 도달할 수 있는지를 나타내는 수를 '베이컨 수'라고 하며, 이 수는 단순한 놀이를 넘어서 학술적인 연구 자료로까지 활용되고 있는데, 지금은 배우 케빈 베이컨의 이름을 따서 '케빈 베이컨의 법칙'이라고도 한다.

사물인터넷

사물인터넷Internet of Things, IoT은 사람과 사람은 물론, 장소, 문화, 심지어는 우리 주변의 사물과도 연결되어 있는 것을 말하며, 다시 말해 생활 속 사물들이 유무선 네트워크로 연결되어 정보를 공유하는 환경을 말한다.

드론Drone을 무선으로 조종하여 산불 감시 및 재난 상황에 대한 실시간 영상 데이터를 전송받아 신속하게 대응을 할 수 있도록 활용하기도 하고, 집안에 설치된 CCTV는 스마트폰을 통해 줌 조절, 각도 조절뿐만 아니라 실시간 모니터링까지 가능하기 때문에 침입 감지 시 알림 기능을 제공하여 범죄 예방에도 효과적인 서비스다. 그 외에 스마트폰과 같은 모바일 기기를 이용하여 원격으로 보일러를 작동시키고 조명의 밝기를 제어하며 가스도 잠글 수 있다. 국내의 경우 삼성의 '스마트싱스SmartThings'가 대표적인 사례라 할 수 있는데 앱을 통해 연결된 가전 기기들을 제어할 수 있는 삼성전자의 자체 IoT 플랫폼이다. 이처럼 '스마트홈Smart Home'이라는 새롭고 편리한 환경으로 우리 가정에 서서히 스며들고 있다.

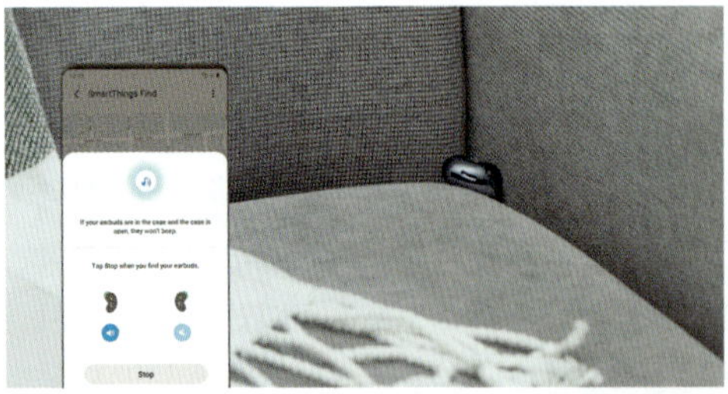

(a) SmartThings Find

(b) 홈케어 매니저

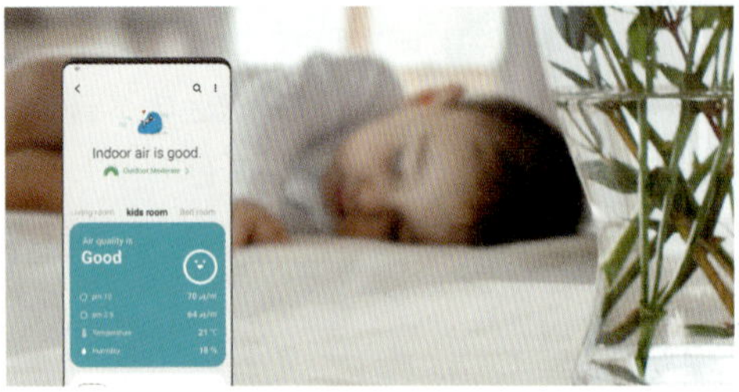

(c) SmartThings Air

(d) SmartThings Energy

그림 3-30 **삼성 SmartThings 스마트 홈** [33]

스마트카

최신 ICT[Information and Communications Technologies] 기술을 접할 수 있는 세계 최대 가전 박람회인 라스베이거스 CES[Consumer Electronics Show] 2015에서 독일 아우디[AUDI]의 콘셉트 카 잭[Jack]은 캘리포니아 팰로앨토에서 라스베이거스까지 550마일을 자율 주행하는 파일럿 드라이빙을 선보인 바 있다. CES가 더 이상 가전 박람회가 아닌 세계 유명 자동차 브랜드들의 최신 기술을 뽐내는 모터쇼로 변모하고 있으며, 다양한 스마트카와 관련된 기술을 그들의 콘셉트 카에 접목시켜 소개하고 있다. 허공에 손을 가르는 제스처 인터페이스로 오디오 및 내비게이션 화면을 조작하고 계기판 전체를 내비게이션 지도로 채워 주행과 관련된 다양한 정보들을 보다 시원한 화면으로 제공한다. 이렇듯 IT 기술이 자동차와 만나 '스마트카[Smart Car]'라는 이름으로 발전하고 있다.

스마트카는 휴대폰, 시계와 같은 모바일 기기를 이용하여 시동을 걸고 목적지를 말하면 음성 인식을 통해 자동으로 주행하기 시작한다. 운전석 옆 대화면의 터치스크린 모니터를 통해 목적지까지의 도로 상황이나 날씨 정보를 제공하고 평소 자주 듣던 음악과 유사한 장르의 플레이리스트를 자동으로 생성하여 들려준다. 연비, 운행 기록, 엔진 이상, 타이어 공기압 등 차량의 상태를 스스로 진단하여 운전자에게 알려주고, 목적지에 도착한 후 운전자가 내리면 차량 외부에 설치된 센서를 통해 주차가 가능한 공간을 알아서 파악하여 발레파킹도 해준다. 1886년 칼 벤츠Carl Benz가 세계 최초의 자동차 '페이턴트 모터바겐Patent Motorwagen'을 선보인지 130여 년 만에 자동차는 동력을 가진 단순한 이동 수단에서 연결성Connectivity과 유동성Mobility을 갖춘 거대한 지능형 도구로의 진화를 꿈꾸고 있다.

그림 3-31 **스마트카** [34] [35] [36] [37]

웨어러블 디바이스

언제, 어디서나, 도처에 편재되어 있는 유비쿼터스 컴퓨팅Ubiquitous Computing 환경은 인간의 신체에 보다 가까이 근접하여 안경, 시계, 의복, 액세서리 형태의 '웨어러블 디바이스Wearable Device'로 인간의 감각을 확장시킨다. 웨어러블 디바이스는 센서에 의해 획득한 데이터를 네트워크를 통해 교환할 수 있는 착용 가능한 형태의 첨단 전자 기기를 의미한다.

구글 글래스Google Glass는 그 대표적인 예로, 안경 형태의 렌즈를 통해 내비게이션, 날씨, 문자 메시지 등의 정보를 제공받을 수 있고, 내장된 마이크를 이용한 통화가 가능하다. 또한,

사진이나 동영상을 촬영한 후 네트워크를 통해 전송할 수 있으며, 실세계에 3차원 가상 물체를 중첩해서 보여주는 증강현실도 구현 가능하다. 그 외에 애플워치Apple Watch, 샤오미 미밴드Mi Band, 핏 빗Fit Bit, 미스핏 샤인Misfit Shine, 링Ring과 같은 제품들이 안경, 의류, 시계, 밴드, 헤드셋 등 다양한 형태의 웨어러블 디바이스로 출시되고 있다.

그림 3-32 **다양한 웨어러블 디바이스** [38] [39] [40] [41]

3 넥스트 패러다임의 미래

휴대폰은 지갑이 되고, 모바일 기기를 통해 쇼핑한 물건은 문 앞까지 드론Drone을 이용해 배송되며, 자동차는 운전자 없이도 스스로 굴러간다. 시계는 더 이상 보는Watch 매체가 아니라 음악을 듣고 상대방과 통화를 하며 모르는 길에서는 똑똑한 길안내 역할을 해주기도 하고, 심박수 체크 및 칼로리 소모량 측정을 통해 건강도 지켜준다.

바야흐로 미디어와 장르의 경계가 허물어지고 상호 융합되는 트랜스 미디어Trans Media의 시대다. 다양한 매체에 대한 이해와 최신 트렌드에 대한 관심 및 시대의 흐름을 읽을 수 있어야만 새로운 넥스트 패러다임에 대비할 수 있는 준비된 디지털 콘텐츠 기획자가 될 수 있다.

요약

1. 소셜 네트워크 서비스

- **개념** : '사회관계망 서비스', '인맥 구축', '사회연결망', '지인 네트워크' 등으로 불리며 비슷한 관심사, 활동 또는 실제 연결을 공유하는 사람들 사이에서 사회적 관계를 구축할 수 있는 플랫폼을 말한다.
- **종류** : 페이스북, 트위터, 인스타그램, 틱톡, 카카오톡

2. 영상 기반의 스트리밍 플랫폼

- **개념** : 영상 콘텐츠가 미디어 이용 행태의 핵심 키워드로 부각되면서 사용자의 니즈를 충족시키기 위한 서비스를 말한다.
- **종류** : 유튜브, 아프리카 TV, 비메오, 트위치

3. OTT 서비스

- **개념** : OTT 서비스는 TV뿐만 아니라 데스크톱 PC, 아이패드와 같은 태블릿 PC, 스마트폰 등 인터넷이 연결되어 있는 디바이스에서 다양한 장르의 영상 콘텐츠를 시청할 수 있는 서비스를 말한다.
- **종류** : 넷플릭스, HBO Max, 프라임 비디오, 디즈니+, 왓챠, 웨이브, 쿠팡플레이

4. 넥스트 패러다임

- **개념** : 트랜스 미디어 시대에 맞춰 점점 진화하는 매체로 인해 새롭게 펼쳐질 패러다임을 말한다.
- **종류** : 연결 사회, 사물인터넷, 스마트카, 웨어러블 디바이스

실습 과제

영상 기반의 스트리밍 플랫폼 사례 조사하기 다양한 매체별 특성 및 주요 기능과 콘텐츠는 어떤 것들이 있는지 사례 조사를 통해 알아보자.

영상 기반의 스트리밍 플랫폼 사례 조사하기			
작성자		작성일	년 월 일

매체	서비스 특징 및 사례

PART 02

요구 분석 및 사용자 정의

PART 02

프로젝트의 핵심 목표와 요구사항에 대한 이해를 바탕으로 사용자 입장에서 요구사항을 이해한다. 프로젝트의 내용과 클라이언트와 협의한 요구사항을 정리하여 핵심 사항부터 우선순위를 분석하여 회의를 진행하며 조정과 변경이 필요한 사항을 도출하여 체계적으로 정리한 후, 타깃 대중에 대해 인구통계학적 요소, 심리학적 요소, 지리학적 요소, 라이프 스타일에 근거하여 사용자를 명확하게 정의해 본다.

CHAPTER 04

요구 분석

SECTION 01 요구 분석의 이해

SECTION 02 요구사항 정의

SECTION 03 요구사항 우선순위 체크리스트

SECTION 04 요구사항 핵심 파악

요약

실습과제

PREVIEW

기획을 할 때, 가장 먼저 해야 할 일은 요구사항을 분석하는 것이다. 프로젝트를 진행하기 전에 어떤 성격의 프로젝트인지, 제작 목적, 환경, 제반 조건 등 클라이언트가 프로젝트를 통해 원하는 것이 무엇인지, 필수 조건이나 제한 조건은 무엇인지와 같은 전체적인 요구사항을 분석하여 프로젝트의 방향을 설정한다.

SECTION
01 요구 분석의 이해

1 요구 분석의 개념

기획의 첫 출발은 사용자가 원하는 니즈Needs를 명확하게 파악하는 것이며, 사용자 니즈를 파악하기 위한 첫 단계가 바로 요구 분석이다. 요구 분석의 핵심은 목적과 대상을 분명히 하는 것이다. 요구 분석은 프로젝트의 목표To-Be와 현재 상황As-Is 간의 차이Gap에서 발생하는 문제를 발견하고 이 문제를 해결하기 위해 첫 단추를 채우는 일이라고 할 수 있다. 결론적으로 요구 분석은 문제 해결을 위한 과정의 시작을 의미한다.

그림 4-1 문제 발견

2 요구 분석의 방법

클라이언트가 외주제작사에 프로젝트를 발주할 때 일반적으로 제안 요청서Request for Proposal, RFP를 먼저 제시한다. 제안 요청서는 프로젝트의 취지, 목적, 범위, 기능적 요구, 개발 환경, 일정, 예산, 업무 요건 등 프로젝트를 전반적으로 파악할 수 있는 내용이 담긴 클라이언트가 작성하는 최초의 요구사항 정의서다. 다시 말해, 클라이언트가 프로젝트를 통해 원하는 내용과 방향에 관한 요구사항이 포함된 문서라고 할 수 있다. 기획자는 제안 요청서를 얼마나 잘 파악하고 분석하는지에 따라 프로젝트의 성패가 결정되므로 제안 요청서를 철저히 분석해야 한다.

클라이언트의 니즈Needs, 산출물Output, 범위Scope 등 요구사항을 명확히 파악한다면, 이를 기반으로 성공적인 프로젝트 수행을 위한 올바른 기획의 방향을 설정할 수 있다.

I. 사업 개요

1. 추진 배경 및 필요성

- 국민의 정책 참여 분위기 고조 및 정보서비스 요구수준 향상에 적극 대응
  - XXXX 출범 이후, 국민들의 사이버를 통한 참여 분위기가 고조되고 행정정보 요구수준이 점차 높아짐에 따라
  - 이에 적극적으로 대응할 수 있도록 홈페이지를 통하여 행정정보 공개를 확대하고 국민의 국정참여 기능 강화 필요

- 국민의 민원서비스 요구수준 향상, 범부처적 민원서비스 전자화 추세에 부응
  - 국민과 행정기관 간 접촉채널이 다양화되고 국민의 민원서비스 요구수준이 향상됨에 따라 이에 탄력적으로 대응하며,
  - 또한, 최근 입법부, 행정부, 기타 헌법기관에서 강력히 추진하고 있는 민원서비스 전자화 추세에 부응하여 신속·편리한 XXXX 민원서비스 제공체계 구축 필요

2 추진 목저

- 홈페이지를 통한 정보공개 확대 및 사이버 여론 수렴 기능 강화
  - 정보제공체계 재설계 및 결재문서 등 정책정보 자발적 공개
  - 정책포럼 등 국민의 국정참여 기능 개선

- 고객 만족·국민 편의 위주의 신속한 XXXX 민원서비스 실현
  - XXXX 종합민원정보서비스 제공체계 구축
  - 국민에게 찾아가는 민원서비스 제공체계 구축

- 고객 만족·국민 편의 위주의 신속한 XXXX 민원서비스 실현
  - 장애인, 아동 등 이용자별 차별화된 정보서비스 제공
  - 멀티미디어형 XXXX 사이버홍보관 구축

그림 4-2 제안 요청서의 예

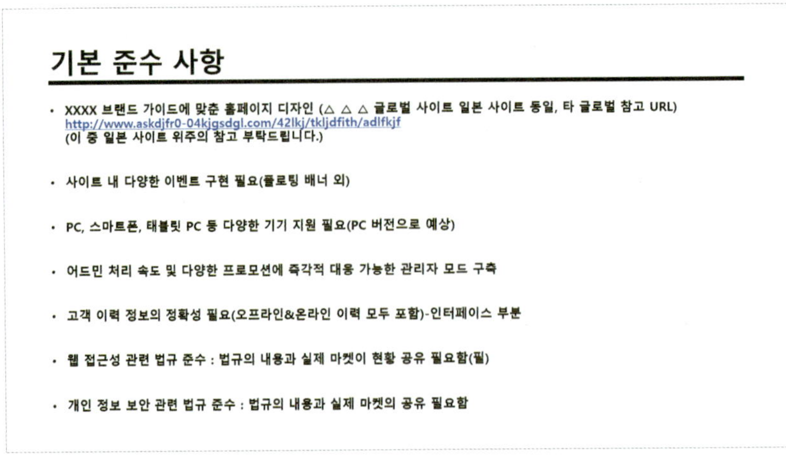

기본 준수 사항

- XXXX 브랜드 가이드에 맞춘 홈페이지 디자인 (△ △ △ 글로벌 사이트 일본 사이트 동일, 타 글로벌 참고 URL)
  http://www.askdjfr0-04kjgsdgl.com/42lkj/tkljdfith/adlfkjf
  (이 중 일본 사이트 위주의 참고 부탁드립니다.)
- 사이트 내 다양한 이벤트 구현 필요(플로팅 배너 외)
- PC, 스마트폰, 태블릿 PC 등 다양한 기기 지원 필요(PC 버전으로 예상)
- 어드민 처리 속도 및 다양한 프로모션에 즉각적 대응 가능한 관리자 모드 구축
- 고객 이력 정보의 정확성 필요(오프라인&온라인 이력 모두 포함)-인터페이스 부분
- 웹 접근성 관련 법규 준수 : 법규의 내용과 실제 마켓이 현황 공유 필요함(필)
- 개인 정보 보안 관련 법규 준수 : 법규의 내용과 실제 마켓의 공유 필요함

그림 4-3 제안 요청서상 요구사항의 예

요구 분석을 위한 또 다른 방법은 클라이언트와의 미팅을 통해 요구사항을 수집하거나 전문가 및 담당자들과의 포커스 그룹 인터뷰Focus Group Interview, FGI를 진행하거나 클라이언트로 하여금 요구 분석서Project Profiler의 작성을 요청하는 것이다.

그림 4-4 포커스 그룹 인터뷰 [01]

요구 분석서는 프로젝트 초기에 클라이언트의 구체적인 요구사항과 프로젝트의 범위를 파악하기에 용이하며, 콘텐츠, 서비스, 프로젝트의 성격에 따라 다양한 형태로 구성할 수 있다. 또한, 사용자 측면에서의 요구사항을 만족시키기 위해 기획자가 반드시 알아야 할 사항과 필요로 하는 질문으로 구성한다.

[그림 4-5]는 대한민국 정부의 대표 홍보 웹 사이트인 코리아넷이다. 코리아넷의 리뉴얼 당시 프로젝트 담당자로부터 전달 받은 요구 분석서 샘플을 [표 4-1]에 첨부하였다. 각 문항과 답변이 어떻게 구성되어 있는지 참고하도록 한다(일부 보안과 관련된 내용은 'ㅇ' 처리).

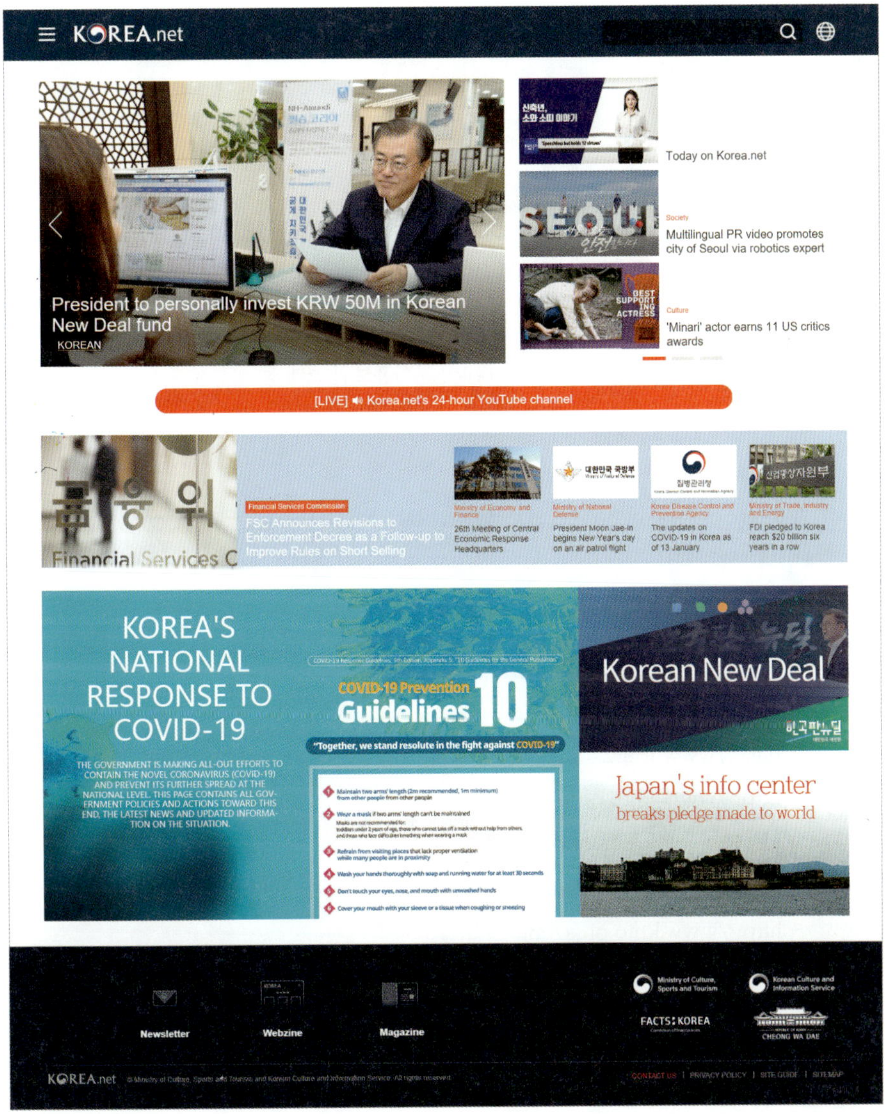

그림 4-5 코리아넷 [02]

표 4-1 요구 분석서 샘플

요구 분석서 (Project Profiler)

프로젝트 개요 및 목표

1. 일반사항 (선택사항)

가) 클라이언트 기관 이름 : 해외홍보원

나) 담당인원 : 4명(업무주관주사, 웹 마스터, 웹 디자이너, 엔지니어)

다) 주요 서비스 : 뉴스, 디렉터리, 검색, 한국 관련 기본 및 상세 정보, 오류시정센터, 멀티미디어 코너(동영상, 월페이퍼, E-book), 문화홍보원 소개 등

라) 주요 User : 2월 5일 기준

국가별 회원 현황 TOP 5

-한국(00.00%), 미국(00.00%), 중국(0.00%), 캐나다(0.0%), 호주(0.00%)

남녀 회원 현황

-남자(71.1%), 여자(28.9%)

마) Reference Site (경쟁 사이트 포함)

국내 영문 사이트

- http://www.tour2korea.com
- http://www.knto.or.kr/eng/
- http://www.koreascope.org/ks/eng/
- http://www.koreainfogate.com/
- http://www.knto.or.kr/eng/
- http://www.visitseoul.net/english_new/index.htm
- http://www.seoulnow.net

외국정부 포털 사이트

- 백악관 사이트 http://www.whitehouse.gov/
- 일본 정부대표 홈페이지 http://jin.jcic.or.jp/

- 싱가포르 정부대표 홈페이지 http://www.gov.sg/
- 중국 정부대표 홈페이지 http://www.china.org.cn/
- 독일 정부대표 홈페이지 http://www.bundesregierung.de

바) 연/월간 방문객 수 : 약 ○○만 ○천 명/월, ○백 ○○만 ○천 명/년

콘텐츠, 방문객, 기능

2. 사이트 구축 (구축 목적, 비즈니스 유형, 사이트의 대상 고객 및 성과)

가) 구축 목적

1) 기대 효과

a. 시스템 개선으로 효과적인 로그 분석과 운영체계 마련
b. 명확한 멤버십 부여를 통해 사이트 재접속률 향상
c. 커뮤니티 구축을 통해 사이트 트래픽 강화
d. 커넥티비티와 콘텐츠의 효과적인 재구성으로 방문자에게 목적성 부여
e. 검색, 민원 시스템 등 전반적인 사이트 기능 향상으로 이용 편의성 제고

2) 성과 측정 방법

a. 회원가입 및 방문자수 페이지 뷰 등 로그 분석 데이터 측정
b. 기존 게시판 활동과 구축 후 커뮤니티 활동 비교
c. 문의 메일 형태 비교
d. 운영 관련 투입 인력 및 관리 시간

나) 의사결정권자 및 책임자 : ○ ○ ○

다) 타깃 고객 : 한국에 관심을 가지고 있는 모든 외국인, 주한외국기자단

라) 일정 : 4개월

마) 기존에 진행되던 관련 서비스 (이벤트 포함)
: 연간 단위로 오류사냥대회 진행
- 국문/영문으로 진행하였으며 현재 국문으로 된 correct.korea.net과 영문 오류 시정 센터 운영 중

바) 예상 업무 흐름도

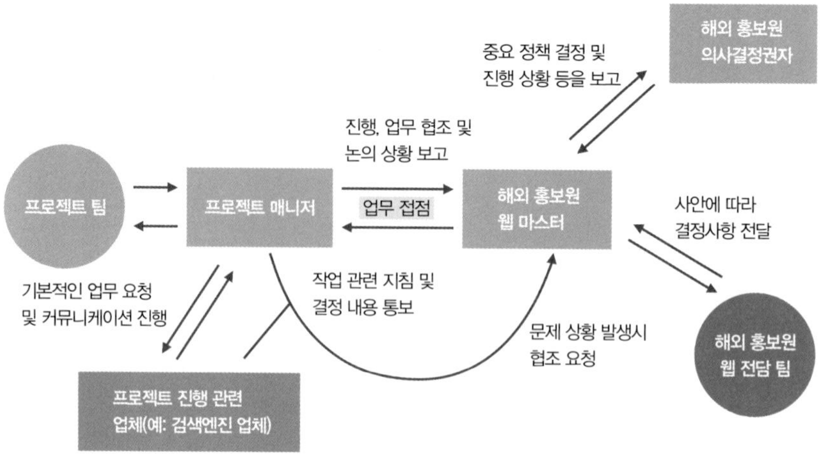

사) 웹 마스터 유무 여부 : 웹 마스터 ○명

아) 웹 마스터 업무 범위 : 게시판 관리 및 이메일 응대, 디렉터리 사이트 심사관리, 메일링 발송, 웹 메일 서비스 관리, Kois Activities 관리, 오류 시 정사이트 관리 전반

3. 기술사항 : 현재/미래 사항 및 제약 존재 유무 여부

가) H/W : 현재 패킷량의 3~5배 증가 시에도 시스템 운영에 문제없음
(기타 기본 하드웨어 종류는 제안 요청서 참고)

나) S/W : 현재 사용되고 있는 소프트웨어 및 구축 시 사용될 사양, 제약점
(메인은 MS로 하면서 Linux 병행 가능)

1) O/S : ○○○○○○○○○

2) Web Server : ○○○○○○○○

3) Application Server : ○○○○○○○○

4) Development Tool : 현재 ASP로 운영
(예외) 메일링 서비스 PHP 운영

– 현재 시스템 구성으로는 장애 발생 시 시스템의 장기적 중단 현상을 방지하기 어렵습니다. 장애 발생 시 장애복구 기간 동안에 운영될 수 있는 백업서버 운영 대책을 제안해 주십시오.

다) 데이터베이스

1) 데이터베이스 유형 : MS-SQL

라) 서비스 환경

1) 서비스 타입 : ○○○○○○

2) 업그레이드 & 유지 : ○○○○○○

3) 관리 인원 : ○명

마) 기능적 요구사항

1) 다운로드 범위, 응용 프로그램 : ○○○○○○○○○

2) 특별히 요구되는 보안 사항 : DB 관련 보안대책 요구
현재 메일서버 보안패치 미적용

바) 인터넷 액세스

1) 통신라인 : 현재 ○○○○

2) 향후 추가 증설 예정 여부 : 콘텐츠 종류에 따른 서버 증설 예정
(예) 동영상용 스트리밍 서버

사) 처리

1) 현재 : ○○○○ 구성 (일부 시스템)

4. 디자인 : 디자인 제약소건 여부

가) 디자인 지침서 여부

1) 기관 CI 및 폰트

- 위치 및 색상 : 코리아넷 사이트 상단에 쓰이고 있는 이미지

예) http://www.korea.net/learnaboutkorea/aboutkorea.html

2) 기관 상징물 : 없음

3) 선호 색상 : 레드 & 블루

4) 구축할 사이트의 디자인 콘셉트 (담당자의 의견 기입)

a. 범용성과 전통성을 동시에 갖춘 디자인

b. 텍스트가 강한 사이트이기 때문에 과도한 색상 사용 지양

c. 1차 디자인 시안 리뷰 후 추가적인 작업 진행 및 콘셉트에 대해 논의

5) 프레임 사용 여부 : 프레임 사용 지양 - 인클루드 방식으로 통일

6) 메타 태그에 들어갈 주요 키워드 : Korea, Korean Government, Korean Overseas Information Service, East Sea, Taekwondo, Taegukgi

5. 클라이언트 요구에 관한 커스터마이징 옵션

다음 내용을 중요한 순서에 따라 번호를 매겨 주십시오.

[8] 기관의 마케팅 전략에 맞는 웹 전략(홍보 : 온/오프라인)

[11] 기존 콘텐츠의 재활용

[6] 정보구조 재구성

[2] 열성 방문자들을 위한 커뮤니티 창출

[5] 수준 높은 디자인

[4] 양질의 기능 및 서비스

[12] 시장 진입의 타이밍

[3] 관리의 편이성

[10] 경쟁 웹 사이트의 기능 및 서비스

[9] 사람들이 정기적으로 방문하여 무언가를 얻어갈 수 있도록 만드는 것

[7] 예산을 초과하지 않는 것

[1] 프로그램 및 DB 시스템 개선

* 질문에 성심껏 답변해 주셔서 감사드리며, 작성해 주신 내용을 바탕으로 더욱 철저한 분석과 리서치로 귀사가 원하는 최상의 프로젝트를 구현하기 위해 최선을 다하겠습니다.

SECTION 02

요구사항 정의

1 요구사항 정의서의 중요성

요구사항 정의서Requirement Definition는 프로젝트에 필요한 클라이언트와 사용자의 요구사항을 기술하고 이에 따른 시스템 개발 제반사항을 목록화한 문서다. 요구사항 정의서는 사용자 요구사항의 반영 여부와 각 요구사항을 만족시키기 위해 적용되는 기술적인 내용을 개괄적으로 파악하는 것이다. 또한 사용자 요구사항을 시스템에 어떻게 적용할 것인지에 대해 상세한 기능 구현 여부를 알아보고, 구두로 합의하기 모호한 내용들을 문서화하여 서로 명확하게 한 후 구체적인 방안을 결정하기 위해 필요하다.

사용자 요구사항과 시스템 요구사항은 아주 밀접하다. 사용자 요구사항이 변경되면 시스템 요구사항도 변경되어야 하며 시스템 설계서, 시험 계획서 및 결과서도 이를 반영해야 한다. 요구사항 정의서는 전체 개발 일정을 산정하기 위한 중요한 근거가 되기도 하고, 프로젝트에 참여하는 모든 팀원들에게 공유되어 부서 간 업무 연관성에 대한 이해를 높이는 데 도움이 된다. 또한, 개발 범위에 대한 사용자와 개발자 간의 이해 차이를 최소화하여 향후 설계, 구현, 시험과 같은 개발 업무에 있어 중요한 결정을 할 때 기준이 되는 문서로도 활용된다.

표 4-2 요구사항 정의서의 예

요구사항 정의서					
프로젝트 명	○○○○○○○○○○○○		Planner	Project Manager	Client
작성자	○○○				
문서 작성일	202○. 05. 05				
최종 수정일	202○. 05. 12	버전 (v.1.2)			

구분	요구사항 ID	내용	수용 여부
○○○	UFR-LRS-001	소프트웨어 및 라이브러리를 업로드할 수 있어야 한다.	OK
	UFR-LRS-002	다양한 멀티뷰(Info-Dice, Album, Text/Image) 기능을 할 수 있어야 한다.	보류
	UFR-LRS-003	Info-Dice뷰는 면 단위로 마우스 조작이나 컨트롤 버튼으로 이동할 수 있어야 한다.	OK
	UFR-LRS-004	Album뷰는 슬라이드 형태로 마우스 조작이나 컨트롤 버튼으로 이동할 수 있어야 한다.	OK
	UFR-LRS-005	Text/Image뷰는 텍스트와 이미지로 구성된 웹 페이지를 제공할 수 있어야 한다.	OK
	UFR-LRS-006	검증 완료된 소프트웨어 및 라이브러리를 다운로드할 수 있어야 한다.	OK
	UFR-LRS-007	소스 레벨로 검색할 수 있어야 한다.	OK
	UFR-LRS-008	업로드된 소프트웨어 및 라이브러리는 오프라인 작업으로 검증권한자가 별도의 검증 툴로 검증 업무를 수행할 수 있어야 한다.	OK
	UFR-LRS-009	QEMU 메뉴 페이지에 이동할 수 있는 링크를 제공할 수 있어야 한다.	OK
	UFR-LRS-010	최신 정보는 RSS 형태로 구독할 수 있어야 한다.	OK
○○○	UFR-SVS-001	소스코드 검증을 위해 소스를 업로드할 수 있어야 한다.	OK
	UFR-SVS-002	소스코드 검증을 위해 소스를 업로드할 수 있어야 한다.	OK
	UFR-SVS-003	소스코드 검증 결과(성공, 실패 모두) 자료를 엑셀로 출력할 수 있어야 한다.	OK
	UFR-SVS-004	소스코드 검증 후 결과를 등록할 수 있어야 한다.	OK
	UFR-SVS-005	사용자에 대한 승인 기능이 있어야 한다.	OK
	UFR-SVS-006	소스코드 검증 상태에 대한 표시 기능이 있어야 한다.	OK
○○○	UFR-TMS-001	프로젝트를 등록, 수정, 삭제할 수 있어야 한다.	OK
	UFR-TMS-002	개인 사용자는 등록된 프로젝트를 조회하여 프로젝트 조건에 맞는 프로젝트에 참여할 수 있어야 한다(역경매).	OK
	UFR-TMS-003	관리자가 뉴스 등록 시 공개 설정을 하면 메인 페이지의 뉴스에 공지할 수 있어야 한다.	OK
	UFR-TMS-004	RSS 피드를 발행할 수 있어야 한다.	OK

구분	요구사항 ID	내용	수용 여부
○○○	UFR-SMS-001	기술 분류 체계(대, 중, 소, 키워드)에 맞게 등록할 수 있어야 한다.	OK
	UFR-SMS-002	다양한 보기(예, 썸네일, 리스트 보기) 기능을 제공할 수 있어야 한다.	보류
	UFR-SMS-003	인기 있는 정보를 볼 수 있어야 한다.	OK
비고			

2 요구사항 정의서 작성 시 유의사항

요구사항 정의서를 작성할 때 유의사항은 클라이언트의 요구사항이 프로젝트 진행 중에도 추가로 발생할 수 있으므로 수정사항을 반영한 버전 관리(문서 이력)가 이루어져야 한다는 점이다. 그러기 위해서는 요청 일자, 요구 내용, 구현 가능 여부 등을 명확히 하는 것이 중요하다. 또한 사용자 요구사항User Requirement의 경우 '~가(주어, 사용자) ~을 하면(동사, 행위) ~할 수 있어야 한다(기능, 실행).' 형태의 사용자 행위에 대한 기능 실행 형식으로 서술하고 기능 요구사항의 경우 '~은(주어, 개발 대상) ~해야 한다.(기능, 실행)' 형태로 개발 대상의 기능 실행 형식으로 서술한다.

관리자가 / 뉴스 등록 시 공개 설정을 하면 / 메인 페이지의 뉴스에 공지할 수 있어야 한다.

주어, 사용자 / 동사, 행위 / 기능, 실행

그림 4-6 사용자 요구사항 서술의 예

웹 서버와 검색 서버 사이의 데이터 전달 방식은 / 확장성 있는 XML을 사용해야 한다.

주어, 개발 대상 / 기능, 실행

그림 4-7 기능 요구사항 서술의 예

SECTION 03

요구사항 우선순위 체크리스트

1 요구사항 우선순위 체크리스트의 필요성

요구사항 우선순위 체크리스트Requirement Priority Checklist는 요구 분석을 통해 정의된 요구사항들을 우선순위로 정리하여 기획이나 개발을 할 때에 참고하는 자료다. 우선순위에 따라 업무의 분장, 범위, 투입 인력, 일정 계획 등이 달라질 수 있기 때문에 클라이언트 및 각 부서 간 충분한 협의 과정을 거쳐 우선순위를 산정할 수 있도록 한다.

표 4-3 요구사항 우선순위 체크리스트의 예

요구사항 우선순위 체크리스트		
구분	요구사항	우선순위
○○○	기업의 마케팅 전략에 맞는 홍보 전략	6
	브랜드 인지도 및 사용자 경험 강화	1
	콘텐츠 제공 채널(Phone, Tablet, PC) 다양화	9
	다양한 CP(Contents Provider) 제휴를 통한 콘텐츠의 다양성 및 품질 강화	7
	개인화 맞춤 서비스 제공	5
	사용자 크리에이트 콘텐츠 유도 및 커뮤니티 창출	4
○○○	정보구조 재구성	11
	내비게이션 및 화면 설계의 간결화	14
	전체적인 디자인 아이덴티티 및 레이아웃의 일관성	10
	텍스트의 가독성	13
	트렌드에 부합하는 수준 높은 디자인	3
○○○	프로그램 및 DB 설계와 시스템 개선	2
	크로스 브라우징(IE, Chrome, Safari, etc.)	8
	Back Office 관리의 용이성을 반영한 관리자 기능 강화	12
	충분한 단위 테스트, 통합 테스트, 사용성 테스트	15
비고		

2 요구사항 우선순위 체크리스트 차트 제작

요구사항 우선순위 체크리스트를 포토샵이나 파워포인트와 같은 차트 제작 도구를 활용하여 다이어그램으로 시각화하면 한눈에 알아보기 쉽게 정리할 수 있다.

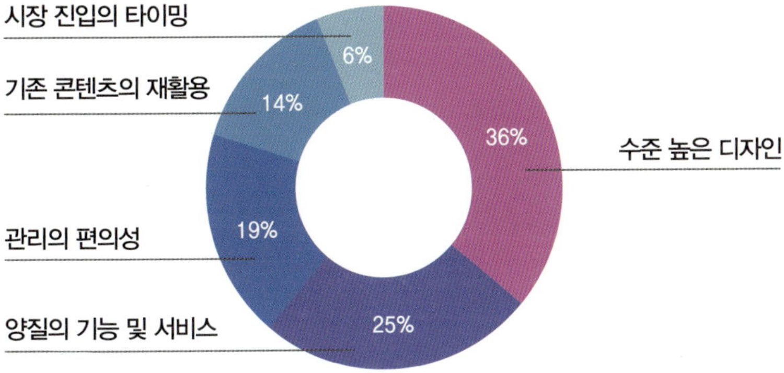

그림 4-8 요구사항 우선순위 다이어그램

특히, 마이크로소프트의 파워포인트를 효율적으로 활용하면 다양한 차트나 도표 등의 다이어그램을 손쉽게 만들 수 있다. 파워포인트 상단 메뉴 중 [차트]를 이용하면 다양한 차트 형태를 구현할 수 있다.

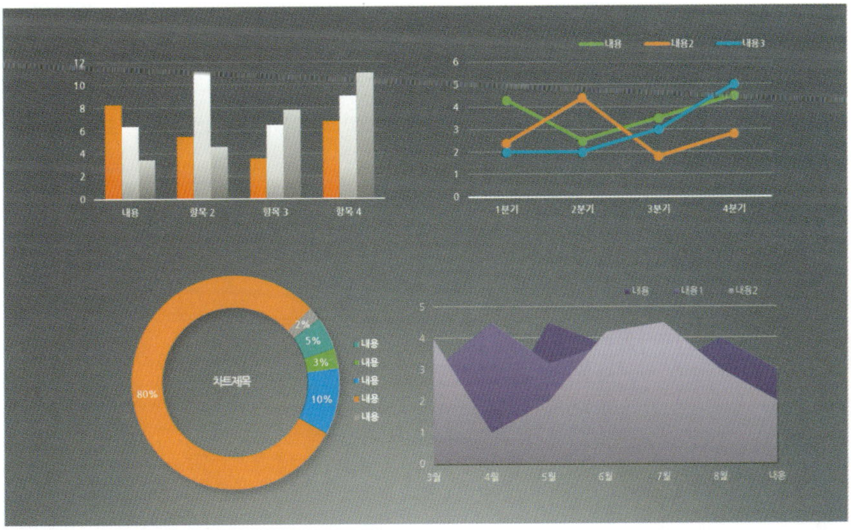

그림 4-9 파워포인트를 활용한 다양한 차트 제작의 예

예제 파워포인트를 활용한 다양한 차트 만들기

01 상단 메뉴에서 [삽입]–[차트]를 클릭한다.

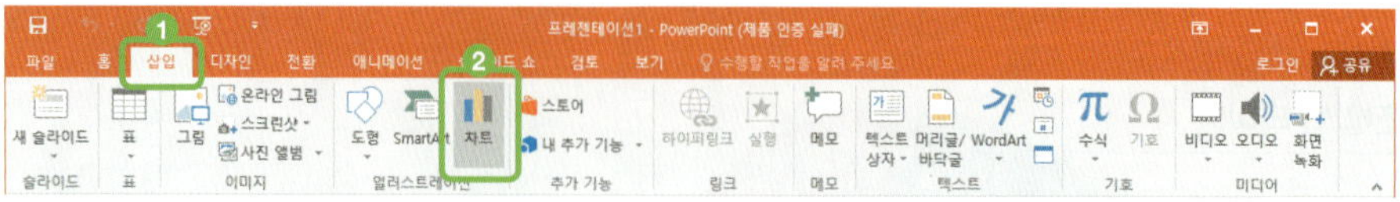

02 [차트 삽입] 대화상자에서 만들고자 하는 차트의 형태를 선택한 후 [확인]을 클릭한다.

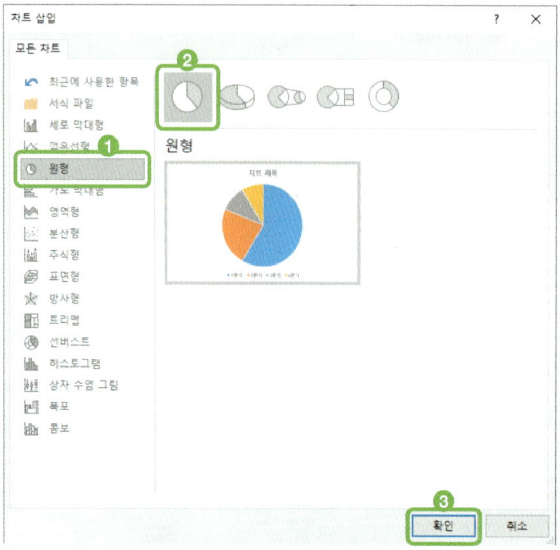

03 차트를 선택한 후 마우스 오른쪽 버튼을 누르고 팝업 메뉴에서 [데이터 편집]을 클릭하면 엑셀 프로그램과 연동되는데 데이터와 수치를 입력하면 차트에 자동으로 반영된다.

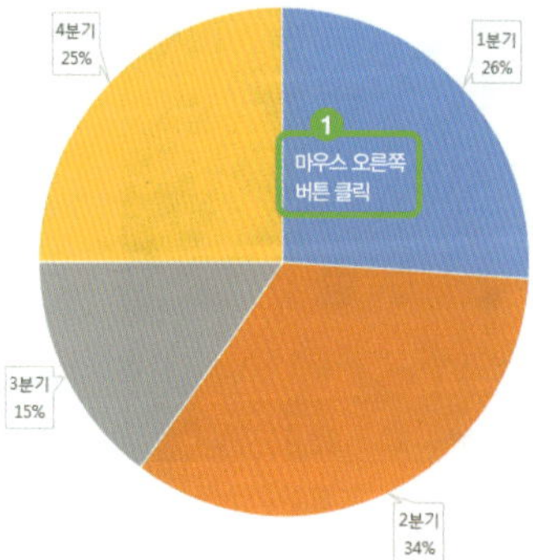

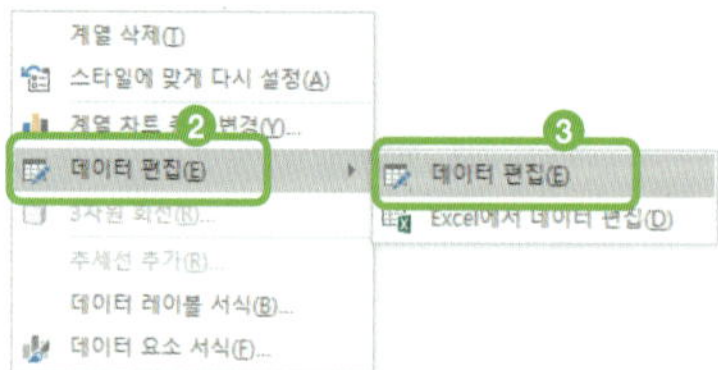

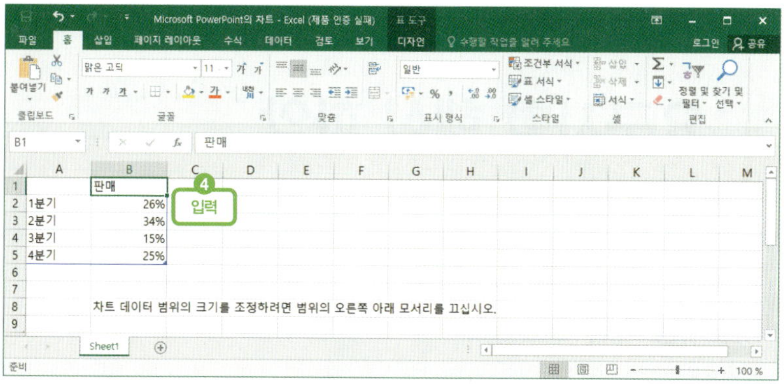

04 [차트 영역 서식] 메뉴에서 차트의 컬러를 변경하거나 도형 그라데이션, 질감, 입체효과 등의 다양한 도형 효과를 적용할 수 있다.

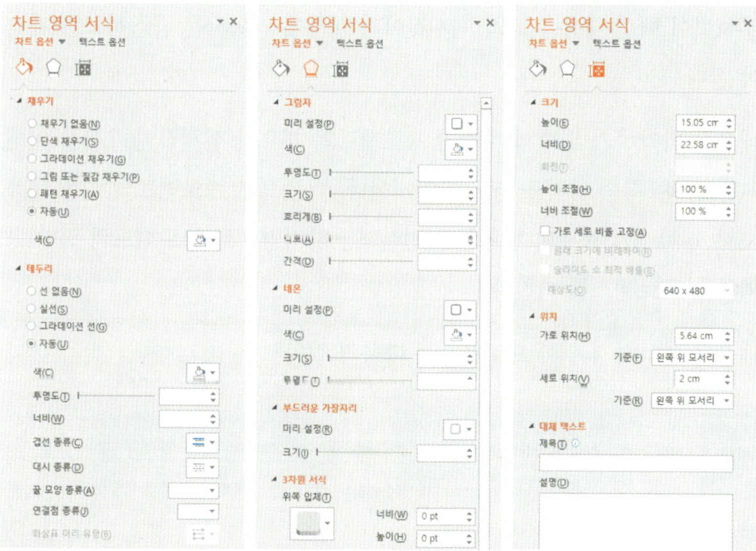

SECTION 04

요구사항 핵심 파악

1 프로젝트의 핵심 내용 파악 프로세스

요구 분석, 요구사항 정의서, 과업 분석, 요구사항 우선순위까지 나왔다면 이를 기반으로 프로젝트의 핵심 내용을 파악한다. 기획자가 클라이언트의 요구를 얼마나 파악했는지, 그리고 어떠한 정보를 확보하고 어떻게 활용하는지에 따라 프로젝트의 품질이 결정된다. 꼭 필요한 부분을 찾아내는 분석력이 핵심 내용을 파악하는 것이기 때문에 기획자는 꼼꼼하고 체계적으로 업무를 진행해야 한다.

프로젝트의 핵심 내용을 파악하기 위해서는 먼저 프로젝트의 개요와 전체적인 흐름을 이해하고, 프로젝트의 배경, 취지, 최종 목적을 명확히 인지한다. 다음으로 프로젝트의 수행 내용과 수행 조건을 바탕으로 전체 프로젝트의 범위를 확인한 후, 마지막으로 프로젝트의 진행 프로세스와 일정을 파악하는 프로세스를 거친다.

프로젝트의 핵심 내용을 파악하기 위한 프로세스는 다음과 같다.

그림 4-10 프로젝트의 핵심 내용 파악 프로세스

❶ 프로젝트의 개요 및 흐름 파악

먼저 프로젝트의 성격과 내용을 대표할 수 있는 프로젝트의 이름과 주관 기관을 파악하고, 제안 요청서가 제공될 경우 목차를 숙지하여 전반적인 프로젝트의 내용 흐름을 파악한다.

❷ 프로젝트의 취지 및 목적 파악

다음으로 프로젝트를 진행하게 된 이유에 대한 프로젝트의 추진 배경과 현재 상황의 문제를 어떻게 해결하려고 하는지에 대한 방향, 그리고 무엇을 개선하려고 하는지에 대한 프로젝트의 최종 목적 및 기대 효과를 파악한다.

❸ 프로젝트의 수행 내용 파악

프로젝트를 수행하기 위한 서비스와 콘텐츠 및 기능에 따른 기획, 디자인, 프로그래밍 등과 같은 업무별 세부 수행 내용을 파악한다.

❹ 프로젝트의 수행 조건 파악

프로젝트를 진행하기 위한 핵심 요구사항, 업무 환경, 개발 환경, 기본 준수사항 및 제약사항, 필수 투입 인력 등 프로젝트를 수행하는 데 필요한 제반 조건을 파악한다.

❺ 프로젝트의 범위 파악

기획, 디자인, 개발, 유지보수, 교육, 운영과 같은 프로젝트를 수행하는 데에 있어 포함되는 요소와 포함되지 않는 요소, 최종 산출물을 확인하여 프로젝트의 전체 범위를 파악한다.

❻ 전체 프로세스 및 일정 파악

프로젝트의 의사결정자와 담당자를 확인하고 보고 체계에 대한 예상되는 업무의 흐름을 파악한 후, 프로젝트 수행을 위한 전체 일정을 계획한다. 외주제작의 경우 클라이언트가 주최하는 프로젝트 설명회, 제안서 내용 구성, 제안서 제출 일정, 제안 프레젠테이션 및 평가, 업체 선정 평가 기준 등 제안 관련 프로세스를 숙지한다. 만약, 제안 요청서에 기재된 내용이 불분명하거나 이해되지 않는 경우에는 담당자와의 커뮤니케이션을 통해 명확히 이해하도록 한다.

2 프로젝트 브리프 작성

기획서는 소설이나 시와 같은 문학작품이 아니기 때문에 구체적이면서 명확하고 단순해야 한다. 그렇기 때문에 기획서를 작성하기 전, 프로젝트의 최종 목표Goal와 성격을 결정하고, 문제점과 방향을 간략하게 정리할 수 있는 프로젝트 브리프Project Brief를 작성해 보도록 한다.

표 4-4 프로젝트 브리프의 예

프로젝트 브리프			
작성자	김한빛	작성일	년 월 일

프로젝트 명	한빛의료원 웹 사이트 통합
프로젝트 목표	• **Goal 1.** 한빛의료원 산하 지역 병원별로 각기 운영 및 관리되고 있는 홈페이지를 통합 홈페이지로 구축 → 의료원 및 병원의 브랜드 이미지 개선 • **Goal 2.** 직원 상호 간의 정보 공유를 통한 업무의 효율성과 가상의 커뮤니케이션을 보장할 수 있는 이메일, 메신저 중심의 사내 커뮤니케이션 포털의 개발
기대 효과	병원에 대한 고객의 이미지를 향상시키고 고객뿐만 아니라 직원 간의 각종 시스템 사용의 창구 역할을 할 수 있는 의료원 포털 시스템 구현의 기틀을 마련함
핵심 타깃	• **User 1.** 모바일 및 웹을 통해 의료원 정보 및 진료 예약을 원하는 국내 사용자 • **User 2.** 모바일 및 웹을 통해 업무 및 커뮤니케이션을 원하는 사내 직원
매체	• PC, 스마트폰, 태블릿 PC
저작물의 형식	• 웹 사이트, 모바일 앱
수행 조건	• 정보구조 설계 4 depth 이내로 재구성 • 프로그램 및 DB 재설계 • 크로스 브라우징(IE, Chrome, Safari) • 충분한 단위 테스트, 통합 테스트, 사용성 테스트(원격 테스팅 가능)
내용	• 웹 접근성 향상을 위한 시각장애인용 음성 홈페이지 구현 • 통합 홈페이지 구축 및 부서별 맞춤형 홈페이지 구축 – 한빛의료원, 경주한빛병원, 대구한빛병원, 분당한빛병원, 일산한빛병원, 부산한빛병원 • 메일 시스템 개선 및 통합 구현 – 효율적인 업무 전달 및 공유를 위한 사내 커뮤니케이션 포털 개발 • 진료 예약 시스템 – 현 진료 예약 시스템 개선 및 SMS와 연동한 효율적인 예약 시스템 구축 • 의료 정보 DB – 의료 정보나 질환, 병명 등 검색 • 외국어 사이트는 없음
내용	• 새로운 CI 적극 활용(컬러, 라인 등) **참고** • 병원 브랜드 통합은 연세대병원(www.iseverance.com)이 가장 좋은 사례임 – 메인에서 각 산하병원으로 이동 – 그 외 아산병원, 삼성병원, 성모병원 등
일정	2021.02.01.~2021.07.30.(6개월)

요약

1. 요구 분석의 이해

- **개념** : 프로젝트의 목표와 현 상황 간의 차이에서 발생하는 문제를 발견하고 이 문제를 해결하기 위해 첫 단추를 채우는 일이라고 할 수 있다.
- **방법** : 미팅, 포커스 그룹 인터뷰, 요구 분석서 작성
- **제안 요청서** : 프로젝트 제안을 요청하기 위하여 클라이언트가 작성하는 최초의 요구사항 정의서이다. 전반적으로 프로젝트를 파악할 수 있는 내용을 기본으로 하며 특별히 제안 내용에서 클라이언트가 기대하고 원하는 내용과 방향에 대한 요구사항이 포함된 문서다.
- **요구 분석서** : 프로젝트 초기 클라이언트의 구체적인 요구사항과 프로젝트의 범위를 파악하기에 용이하며, 콘텐츠, 서비스, 프로젝트의 성격에 따라 다양한 형태로 구성할 수 있다.

2. 요구사항 정의서

프로젝트에 필요한 클라이언트와 사용자의 요구사항을 기술하고 이에 따른 시스템 개발 제반사항을 목록화한 문서를 말한다.

3. 요구사항 우선순위 체크리스트

요구 분석을 통해 정의된 요구사항들을 우선순위로 정리하여 기획 및 개발 시 참고하는 자료다.

4. 요구사항 핵심 파악

요구 분석, 요구사항 정의서, 과업 분석, 요구사항 우선순위까지 나왔다면 이를 기반으로 프로젝트의 핵심 내용을 파악한다. 기획자가 클라이언트의 요구를 얼마나 파악하였는지, 어떠한 정보를 확보하고 어떻게 활용하는지에 따라 대부분의 프로젝트의 품질이 결정된다.

5. 프로젝트 핵심 내용 파악 프로세스

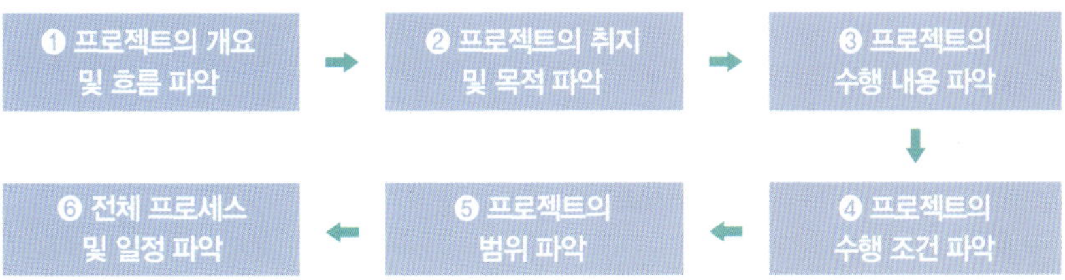

실습 과제

프로젝트 브리프 작성을 통한 핵심 내용 파악하기 다음의 예시와 같이 프로젝트 핵심 내용을 파악하기 위한 간략한 프로젝트 브리프를 작성하고 발표해 보자.

프로젝트 브리프 작성을 통한 핵심 내용 파악하기			
작성자		작성일	년 월 일

프로젝트 명	프로젝트 명(제목)을 작성하시오.
프로젝트 목표	프로젝트의 최종 목표는 무엇인지 서술하시오.
기대 효과	프로젝트를 통해 얻을 수 있는 기대 효과는 무엇인지 작성하시오.
핵심 타깃	누구를 위한 콘텐츠인지 구체적인 타깃을 선정하시오.
매체	어떤 매체(웹, 스마트폰, 태블릿 PC, 키오스크 등)에서 서비스할 것인지 선정하시오.
저작물의 형식	텍스트, 이미지, 사운드, 영상, 상호작용형 광고 등 저작물의 형식을 선정하시오.
수행 조건	핵심 요구사항이나 기능적 요구사항, 필요 조건을 작성하시오.
내용	프로젝트의 전반적인 내용 또는 콘텐츠 내용에 대해 서술하시오.
일정	전반적인 일정 계획을 세워보시오.

CHAPTER 05

의견 조율

SECTION 01 커뮤니케이션 및 회의 진행

SECTION 02 아이스브레이킹

SECTION 03 브레인스토밍

SECTION 04 브레인라이팅

SECTION 05 회의록 작성

요약

실습과제

PREVIEW

기획 업무는 커뮤니케이션의 연속이다. 프로젝트가 종료될 때까지 클라이언트뿐만 아니라 타 부서와의 의견 충돌이 지속적으로 발생하게 되는데, 이러한 이견이 발생하는 상황에서 커뮤니케이션을 통해 해당 이슈를 어떻게 조율하고 협의해 나가는지에 따라 기획자의 능력이 평가된다. 이번 장에서는 회의 진행 및 효율적인 커뮤니케이션을 통해 조정과 변경이 필요한 사항을 도출하고, 어떻게 체계적으로 문서화할 수 있는지에 대하여 알아본다.

SECTION

01 커뮤니케이션 및 회의 진행

1 커뮤니케이션의 본질

커뮤니케이션의 본질은 나와 다른 사람과의 관계에서 어떻게 메시지를 효과적으로 전달할 것인지에 대한 고민이다.

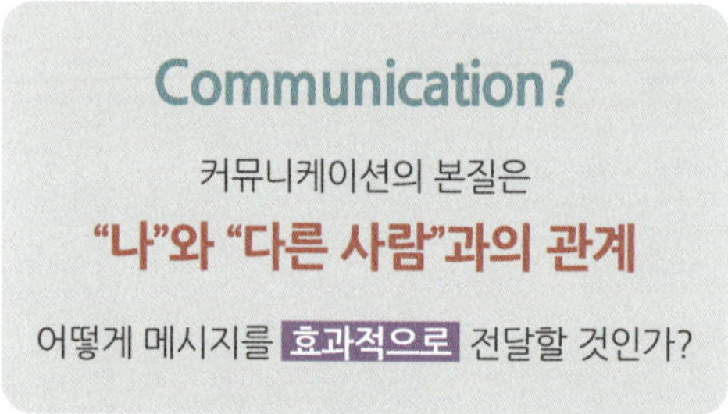

그림 5-1 **커뮤니케이션의 본질**

자신의 주장을 관철시키거나 상대방을 설득시키기 위한 단호한 주장도 중요하지만, 기본적으로 대화에 임하는 자세나 태도가 더 중요하다. 즉, 상대방의 의견에 대한 공감, 말하는 것보다는 열린 자세로 충분히 귀 기울여줄 수 있는 인내심, 지시보다는 질문하는 배려를 바탕으로 신중함과 집중력을 발휘해 적절한 타이밍에 자신의 의견을 주장하는 것이 더욱 효과적이다.

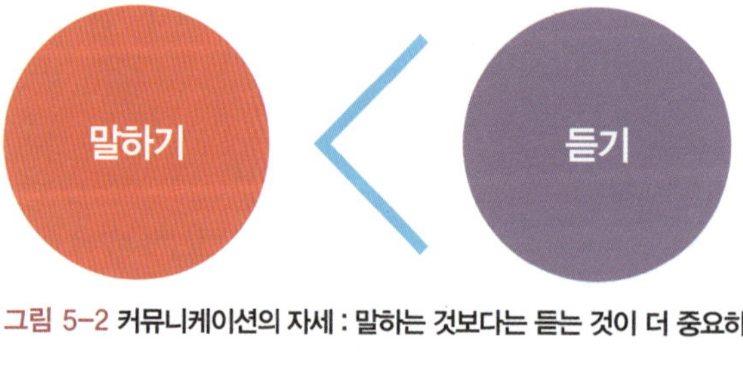

그림 5-2 **커뮤니케이션의 자세 : 말하는 것보다는 듣는 것이 더 중요하다.**

2 퍼실리테이터형 기획자

기획자는 의견을 잘 조율하여 각 팀이 도출할 수 있는 최상의 성과를 이끌어내는 퍼실리테이터Facilitator의 역할을 수행해야 한다. 갈등을 해소하고 원활하게 문제를 해결하며 원하는 결과물을 만들어 낼 수 있도록 항상 중립적인 입장에서 중재와 조정의 역할을 수행해야 한다.

여기서 잠깐 **퍼실리테이터**

퍼실리테이션은 조직이나 그룹이 공통의 목적을 달성하기 위해 정보 교환, 아이디어 창출 및 의사결정을 통한 문제 해결 방법을 지원하고 촉진시키기 위한 활동을 말한다. 이러한 활동을 돕는 역할을 하는 사람을 퍼실리테이터라고 하는데 퍼실리테이터는 회의 설계에서부터, 회의 참석자의 구성, 안건에 대한 리스트 작성, 회의 진행 방식과 결과에 대한 피드백 등 모든 의사결정 과정을 관장한다. 회의나 토론에서 리더나 의사결정자가 아닌 진행자의 역할을 수행해야 하고 의견 충돌 상황에서는 합의를 도출할 수 있도록 항상 중립적인 위치에서 그 역할을 수행해야 한다.

프로젝트 참여자들의 창의적인 에너지를 이끌어내기 위한 퍼실리테이터형 기획자가 되기 위해서는 무엇보다도 회의 진행 및 커뮤니케이션 기술을 함양해야 한다. 무엇보다 원활한 커뮤니케이션을 위해 가장 먼저 선행되어야 할 사항은 팀원 상호 간의 신뢰를 형성하는 일인데, 이는 서로 다른 업무에 대한 이해와 상호 간의 믿음이 전제되어있지 않으면 프로젝트를 성공적으로 수행하는 것이 어렵기 때문이다.

3 회의 진행 프로세스

프로젝트를 문제없이 진행하기 위해 각 담당자별로 많은 회의 과정을 거치게 되며, 회의를 통해 프로젝트 참여자들의 의견을 조율할 수 있다. 회의 진행 프로세스는 다음과 같다.

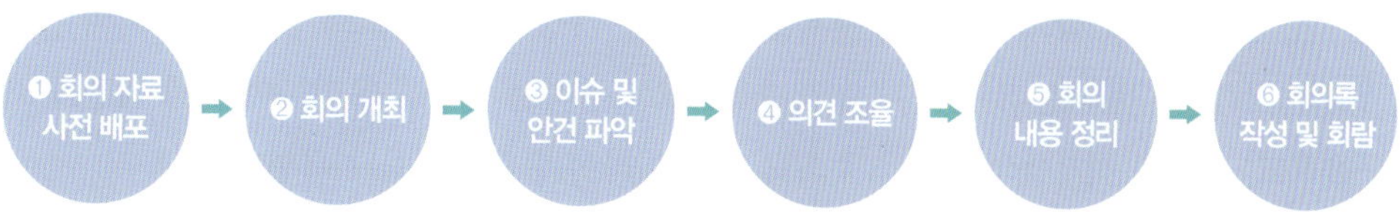

그림 5-3 회의 진행 프로세스

❶ 회의 자료 사전 배포

회의를 진행하기에 앞서 회의 개최 일시 및 장소, 참석 대상, 회의 목적, 주요 안건Agenda 등을 명시한 자료를 준비하고, 이를 사전에 배포하여 회의 참석자들이 안건에 대해 미리 의견을 준비할 수 있도록 한다. 가끔 안건에 대해 사전 공지 없이 갑자기 회의를 개최하여 참석자들의 즉흥적인 아이디어를 요구하는 경우도 있는데 이는 참석자에게 당황스럽고 부담스러운 일이며, 회의 시간만 하염없이 길어질 뿐 바람직하지 못한 방법이다. 그렇기 때문에 원활한 회의를 진행하기 위해서는 회의 진행자가 회의 주제와 관련된 문서나 자료를 미리 배포하여 참석자들의 이해를 도울 수 있도록 해야 한다. 회의 진행자는 참석자들이 질문할 것으로 예상되는 내용을 미리 정리해 두면 회의를 보다 수월하게 진행할 수 있다.

❷ 회의 개최

회의 진행자는 회의를 개최한 배경, 목적, 도출 결과에 대해 간략하게 설명한 후, 참석자의 부서, 직함, 이름, 역할에 대한 간략한 소개를 한다. 다음으로 주요 안건, 관련 내용 등이 명시된 자료를 배포하고, 회의에 필요한 멀티미디어 자료가 있는 경우 모니터나 빔프로젝터를 이용하여 내용을 공유한다.

❸ 이슈 및 안건 파악

논의해야 할 구체적인 회의 내용과 이슈Issue를 전달한다. 회의 참석자는 가만히 앉아서 청취만 하는 수동적인 자세에서 벗어나 적극적으로 의견을 발표하여 회의 목적에 맞는 세부적인 사항을 도출할 수 있도록 한다.

❹ 의견 조율

회의 진행자는 참석자의 발언을 유도할 수 있는 질문을 통해 회의 참석자를 적극적으로 회의에 끌어들이도록 한다. 비판적인 의견이 있을 경우에는 문제점을 지적하면서 논리적 근거와 해결 방안을 함께 제시하여 문제를 해결하는 과정에 적극적으로 참여한다. 회의 진행자는 각각의 대립되는 입장에 대해 객관적이고 포용하는 태도를 유지하며 전체 의견을 조율하고, 회의 참석자들의 의견을 주의 깊게 청취하여 주요 내용을 기록한다.

❺ 회의 내용 정리

회의 진행자는 회의 내용 및 결정사항을 요약하여 전체 참석자에게 주지시키면서 빠진 사항이 없는지 체크하고, 회의 결과에 따른 후속조치와 다음 회의에 대한 향후 일정을 공지한다.

❻ 회의록 작성 및 회람

회의 진행자는 회의 주제, 일시, 참석자, 장소, 회의 내용, 향후 계획 등을 상세히 알 수 있도록 회의록을 작성하여 회의 참석자 전원에게 이메일이나 사내 인트라넷을 통해 공유한다. 회의록은 정보를 제대로 전달하기 위해 이해하기 쉬운 문장으로 작성하는 것이 기본이며, 서술형으로 작성하기보다는 도출된 내용을 요약하여 간결한 문장으로 일목요연하게 정리하도록 한다.

SECTION

02

아이스브레이킹

1 아이스브레이킹의 개념

아이스브레이킹Ice Breaking의 사전적 의미는 '얼음을 깨는', '실마리를 풀다'라는 뜻이다. 새로운 사람들과 만났을 때 경직되고 얼어붙은 생각을 깨거나 어색함을 없애기 위한 방법으로, 강의나 세미나, 팀 빌딩, 혹은 회의 시작 전 참가자들 사이의 가라앉은 분위기를 깨고 서로 마음의 문을 열 수 있도록 하는 가벼운 수행활동을 의미한다.

그림 5-4 **아이스브레이킹** [01]

아이스브레이킹의 목적은 강연이나 워크숍 또는 회의 초반 진행자에게 집중할 수 있도록 주의를 끌고 가라앉아있는 텐션을 끌어올리면서 진행자와 참가자, 참가자와 참가자 간의 관계 및 친밀감을 형성하기 위한 것이다. 퀴즈, 게임, 공동 수행활동 등 다양한 방법이 있으며, '사회자를 이겨라', '가위, 바위, 보' 게임이나 빙고 게임, 앞뒤 사람 안마해주기 등 간단한 참여 활동을 진행할 수도 있다.

소규모 회의의 경우 '오늘 아침 눈이 많이 내렸는데 여러분의 출근길은 어떠셨나요?'식의 날씨 얘기나 최근 사회 이슈, '주말은 어떻게 보냈는지?' 등 가벼운 유머나 스몰 토크Small Talk로 시작할 수도 있다.

아이스브레이킹은 반드시 구성원 모두가 참여하는 것을 원칙으로 하고, 특정 참가자가 발표나 대화를 독점하지 않도록 유의해야 하며, 참여하지 않고 소외감을 느끼는 사람이 없도록 진행자의 역할이 매우 중요하다. 그 외 유의사항으로는 게임, 퀴즈, 수행활동 등 아이스브레이킹에 사용되는 방법은 참가자들의 성별, 연령, 라이프스타일, 교육수준 등을 충분히 고려해야 하고 무엇보다도 자연스럽게 진행하는 것이 중요하며 시간이 너무 길어지거나 늘어지지 말아야 한다.

2 아이스브레이킹의 사례

아이스브레이킹의 사례나 방법은 매우 다양하며 활용할 수 있는 교구도 계속해서 소개되고 있다. 또한, 최근 글로벌 팬데믹으로 재택근무가 늘어나면서 비대면 강의 및 회의가 늘어남에 따라 줌, 구글 미트, 마이크로소프트 팀즈 등 온라인 화상 커뮤니케이션 도구를 활용한 언택트 아이스브레이킹 사례 또한 계속해서 개발되고 있다. 아이스브레이킹의 다양한 사례를 살펴보자

■ **스파게티 면을 이용한 마시멜로 탑 쌓기**

① 5인 이내의 팀을 구성한다.

② 각 팀별 스파게티 면 30가닥, 마시멜로 8개를 나누어준다.

③ 스파게티 면과 마시멜로를 연결하여 20분 동안 탑을 쌓는 미션을 제시한다.

④ 탑이 완성되면 10분 간 방치하고, 탑이 무너지면 탈락한다.

⑤ 팀별 프레젠테이션을 통해 작품명, 제작 의도, 구조 등을 설명한다.

⑥ 가장 높이 쌓았거나 기발한 아이디어가 반영된 탑을 쌓은 팀을 선정하여 시상한다.

그림 5-5 스파게티 면을 이용한 마시멜로 탑 쌓기

■ 얼굴 그리기

① A4 용지를 참가자 수만큼 준비하여 배부한다.

② 각자 배부받은 종이에 본인의 이름(닉네임, 별명)을 적는다.

③ 용지를 왼쪽으로 돌리며 용지에 이름이 적혀있는 참가자의 얼굴을 관찰하며 한 부위씩 그려나간다.

④ 자신의 이름이 적힌 용지가 다시 돌아오면 얼굴 그리기를 종료한다.

⑤ 최종 완성된 본인의 얼굴을 참가자들에게 보여주며, 간단히 자기소개를 한다.

⑥ 스티커를 이용한 투표를 통해 가장 많이 닮은 사람을 선정하여 시상한다.

그림 5-6 **얼굴 그리기**

■ 첫인상 스티커

① 참석자에게 첫인상 스티커를 한 장씩 배포한다.

② 두 사람씩 짝을 지어 어울리는 첫인상 스티커를 서로의 몸에 부착한다.

③ 상대를 바꾸어 돌아가며 계속해서 새로운 사람과 같은 형식으로 첫 인사를 나눈다.

④ 모든 사람과 인사가 끝나면 자기 몸에 부착된 스티커를 활용해 돌아가며 자기소개를 한다.

그림 5-7 **첫인상 스티커** [02]

■ 실루엣 게임(비대면 가능)

① 사물이나 동물 등의 실루엣과 실제 이미지로 구성된 파워포인트 문서를 준비한다.

② 참가자들에게 실루엣 화면을 보여주고 3초 안에 맞출 수 있도록 미션을 제시한다.

③ 참가자들은 제시되는 문제를 보고 손을 들어 정답을 외친다,

④ 실루엣 위에 겹쳐지는 실제 이미지를 보여주며 정답을 확인시킨다,

⑤ 단계별 제시 시간과 형태의 난이도를 조절하여 점점 집중할 수 있도록 유도한다.

그림 5-8 **실루엣 맞추기** [03]

■ 문장의 재구성(비대면 가능)

① 한글 문장의 순서를 뒤섞어서 구성한 파워포인트 문서를 준비한다.

② 참가자들에게 뒤섞인 문장을 보여주고 정답을 유도한다.

③ 참가자들은 제시되는 문제를 보고 손을 들어 정답을 외친다,

④ 재구성된 한글 문장을 보여주며 정답을 확인시킨다,

⑤ 단계별 제시 시간과 문장의 난이도를 조절하여 점점 집중할 수 있도록 유도한다.

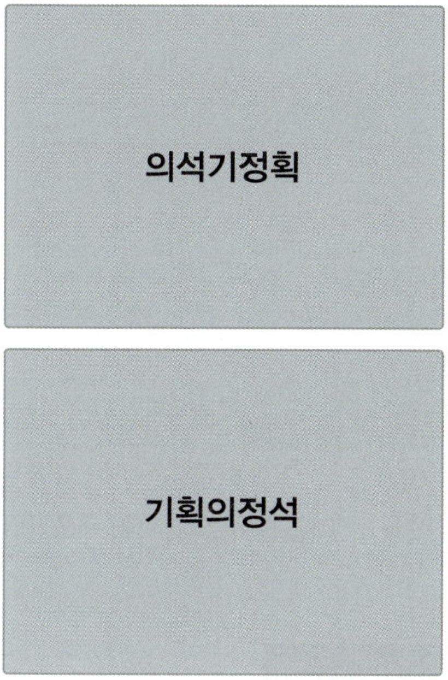

그림 5-9 문장의 재구성

그 외 카훗을 이용한 퀴즈, 줌의 화면 공유와 낙서 주석달기 등의 기능을 활용해 다수의 비대면 사용자가 참여할 수 있는 다양한 아이스브레이킹 방법이 있다.

SECTION
03

브레인스토밍

1 브레인스토밍의 개념

아이디어 도출을 위한 대표적인 방법은 브레인스토밍Brainstorming이다. 브레인스토밍은 1939년 미국 뉴욕의 광고회사 BBDO의 부사장 알렉스 오스본Alex F. Osborn에 의해 창안된 방법으로, 여러 사람이 모여 하나의 목표에 대한 아이디어를 자유롭게 발언하고 토론하는 대표적인 아이디어 발상법이다.

그림 5-10 브레인스토밍 : 집단 사고 확산을 위한 발상법 [04]

알렉스 오스본은 신입사원들이 주눅이 든 채 회의에 적극적으로 참여하지 못하는 것을 보고 브레인스토밍을 창안했다고 한다. 브레인스토밍은 두뇌Brain에 폭풍Storming이 몰아치도록 타인의 의견에 거리낌 없이 자신의 생각을 쏟아내는 방법으로, 아이디어의 질 보다는 양에 초점을 맞춘다. 이때, 유의해야 할 사항은 브레인스토밍을 진행할 때, 타인의 의견에 대해 비판을 해서는 안된다는 것이다. 왜냐하면 비판은 아이디어 제공자의 심리를 움츠러들게 하여 창의적인 아이디어 도출을 막는 큰 요소로 작용하기 때문이다. 또한, 비록 비현실적이거나 실현 가능성이 없는 아이디어일지라도 고정관념에 얽매이지 않고 너그럽게 수용하여 집단의 아이디어를 결합하고 개선하여 제3의 아이디어로 발전시킬 수 있도록 노력한다.

여기서 잠깐 **알렉스 오스본** [05]

그림 5-11 **알렉스 오스본**

알렉스 오스본(Alex F. Osborn, 1888~1966)은 미국 뉴욕에 위치한 글로벌 광고회사 BBDO의 창립자 중 한 사람으로, 1949년 그의 저서 『크리에이티브 파워(Your Creative Power)』를 통해 브레인스토밍 기법(Brainstorming Method)을 발표하여 지금까지도 브레인스토밍의 아버지로 알려져 있다. 창의성(Creativity)과 상상력(Imagination)에 많은 관심을 가졌던 오스본은 창조성 교육재단을 창설하고, 뉴욕주립대학 강사 등의 활동을 통해 창의성 교육에 공헌했다. 대표적인 저서로는 『응용 상상(Applied Imagination)』이 있다. 그 외에도 강제연상법 중의 하나인, 75개의 항목에 이르는 질문을 통해 답을 찾아가는 오스본 체크리스트(Osborn Checklist, OCL)법을 제시하였다. 이후 밥 에벌(Bob Eberle)이 오스본 체크리스트를 보완하고 발전시켜 제시한 스캠퍼 기법(Scamper Method)에 많은 영향을 끼치게 된다.

2 브레인스토밍의 기본 원칙

알렉스 오스본이 제시한 브레인스토밍의 기본 원칙[48]을 정리하면 다음과 같다.

그림 5-12 **브레인스토밍의 기본 원칙**

❶ **비판 금지** : 모든 아이디어는 평등하다. 어떤 의견이 나오더라도 절대 비판하거나 타인의 의견에 대해 평가하지 않는다.

❷ **자유분방** : 자유분방을 환영한다. 아이디어가 비현실적이거나 실현 가능하지 않은 터무니없는 것일지라도 모두 긍정적으로 수용한다.

❸ **양산** : 아이디어의 질보다 양을 중시한다. 아이디어의 수준이나 질을 따지지 말아야 하고, 비록 엉뚱할지라도 많은 아이디어를 자유롭게 쏟아낸다.

❹ **결합과 개선** : 두 개 이상의 아이디어를 조합하거나 타인의 의견에 자유롭게 편승하여 결합과 개선을 통해 제3의 아이디어로 발전시킨다.

여기서 잠깐 **브레인스토밍 팁**

① 참여 인원은 5~6명, 또는 최대 10명 내외로 참여자가 너무 많지 않도록 인원을 제한한다.

② 경직된 분위기의 회의실보다는 소파 등에 자유롭게 둘러앉아 가벼운 간식을 즐기며 진행한다.

③ 참여자는 성별, 연령, 직무가 다양한 사람들로 구성했을 때 폭넓은 경험의 공유가 가능하다.

④ 원활한 진행을 위해 퍼실리테이터 역할을 수행할 수 있는 사회자와 아이디어를 놓치지 않고 기록할 수 있는 기록자를 선정한다.

⑤ 보통 1시간이 지나면 비효율적일 수 있으므로 시간이나 목표 아이디어의 개수를 정하고 진행한다.

⑥ 수집된 아이디어를 결합하거나 개선하여 제3의 아이디어로 발전시키도록 투표나 최종 평가 시간을 가진다.

3 오스본 체크리스트와 스캠퍼 기법

알렉스 오스본은 브레인스토밍 기법을 창안한 후, 1950년에 순차적으로 질문을 제시하며 아이디어를 찾아가는 방법 중 하나인 오스본 체크리스트Osborn Checklist, OCL를 발표하였고, 이것을 1971년 밥 에벌Bob Eberle이 보완하고 발전시켜 7가지 아이디어 발굴 키워드인 스캠퍼 기법Scamper Method으로 정리하였다.

오스본 체크리스트

오스본 체크리스트는 전형적인 아이디어 발산 기법으로, 상품을 개발할 때 아이디어의 도구로 많이 사용되었으며 다음과 같이 9가지의 질문으로 구성된다.

❶ **용도 전환**Put to other Use : 다른 용도로 쓴다면? 지금 사용하는 장소 이외에 다른 장소에서 사용한다면?

❷ **응용**Adapt : 응용한다면? 비슷한 것은 없는가? 용도를 변형해서 사용할 수 없는가?

❸ **변경**Modify : 변형한다면? 형태를 바꾸어 본다면? 색을 바꾸어 본다면? 각도를 바꾸어 본다면? 구조, 소리, 냄새 등을 변화시킨다면?

❹ **확대**Magnify : 더 커진다면? 더 두꺼워진다면? 더 길게 한다면? 두 배로 늘린다면? 더 자주 한다면? 더 강하게 한다면?

❺ **축소**Minify : 더 작게 한다면? 더 압축한다면? 더 가볍게 한다면? 더 얇게 한다면? 더 단축시킨다면? 제거한다면?

❻ **대체**Substitute : 다른 재료(나무, 플라스틱 등)로 대체한다면? 다른 프로세스로 대체한다면? 다른 사람으로 대체한다면?

❼ **재배열**Rearrange : 다시 배열한다면? 순서를 바꾼다면? 패턴을 바꾼다면? 레이아웃을 바꾼다면? 속도를 바꾼다면?

❽ **전도**Reverse : 거꾸로 놓는다면? 역할을 전환한다면? 입장을 바꾸어 본다면?

❾ **결합**Combine : 결합한다면? 용도를 합친다면? 아이디어를 합친다면?

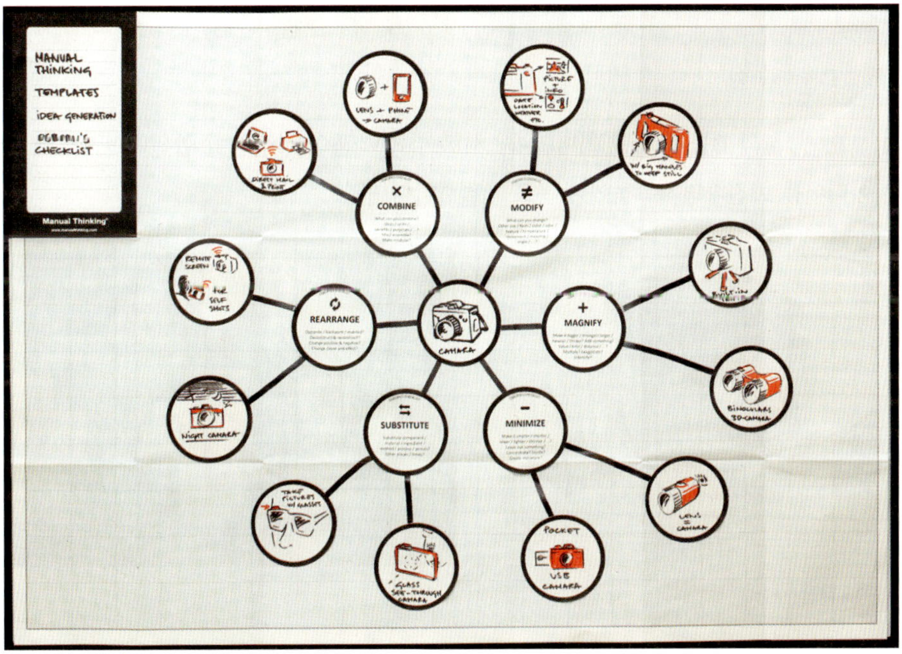

그림 5-13 **오스본 체크리스트** [06]

스캠퍼 기법

스캠퍼 기법은 사고의 영역을 일정하게 제시하여 구체적인 방안이 도출될 수 있도록 유도하는 아이디어 창출법으로, 다음과 같은 7가지의 질문으로 구성된다.

❶ **대체**Substitute : A대신 B로 대체하면 어떠할까? 다른 제품? 다른 규칙? 다른 성분? 다른 재료? 다른 자원? 다른 장소? 다른 음성? 다른 무엇?

그림 5-14 **대체** [07] [08]

❷ **결합**Combine : A와 B를 합치면 어떠할까? 서로 다른 제품의 장점만을 합친다면? 서로 다른 아이디어를 합친다면? 목적이나 목표를 결합한다면?

그림 5-15 **결합** [09] [10]

❸ **응용**Adapt : A를 B에만 사용하는 것이 아니라 C에 응용하면 어떠할까? 이것과 유사한 것은? 모방한다면? 재조정한다면? 다른 제품에 사용한다면?

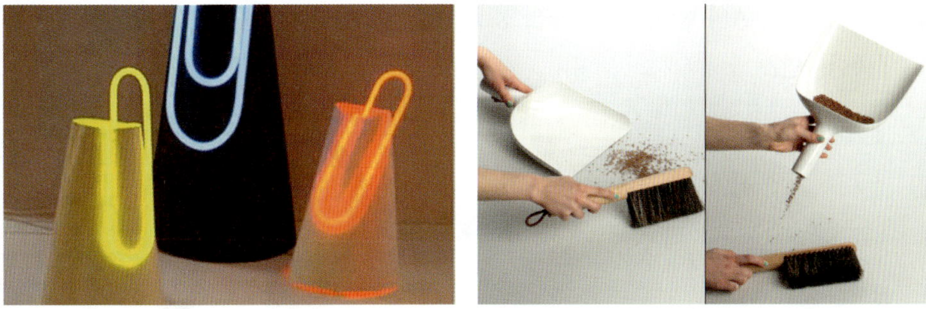

그림 5-16 **응용** [11] [12]

❹ **변형**Modify-Magnify-Minify : A와 B를 변형한다면? 확대한다면? 축소한다면? 생략한다면? 분리한다면? 최소화한다면? 삭제한다면? 추가한다면? 크기, 컬러, 형태, 소리 등을 변형한다면?

그림 5-17 **변형** [13] [14]

❺ **다른 용도로 사용**Put to other Use : A와 B를 다른 용도로 사용한다면? 다른 사람이 사용한다면? 다른 장소에서 사용한다면? 다시 재활용을 한다면? 맥락을 바꾼다면?

그림 5-18 **다른 용도로 사용** [15]

⑥ **제거**Eliminate : A의 형태, 기능, 소리 등 하나를 제거한다면? 단순화한다면? 삭제한다면? 압축한다면?

그림 5-19 **제거** [16] [17]

⑦ **재배치**Rearrange-Reverse : A-B를 B-A로 바꾼다면? 거꾸로 한다면? 뒤집는다면? 반전시킨다면? 순서를 바꾼다면? 서로 역할을 바꾼다면? 재구성한다면? 사용 동기와 결과를 바꾼다면?

그림 5-20 **재배치** [18] [19]

SECTION
04 브레인라이팅

1 브레인라이팅 개념

침묵의 회의, 침묵의 브레인스토밍이라고도 부르는 브레인라이팅Brainwriting은 회의 및 아이디어 도출을 위한 발상법의 하나로, 단시간에 많은 양의 의견을 이끌어낼 수 있다는 장점이 있다. 브레인라이팅은 특정 이슈에 대해 격렬하게 토론하는 것과는 달리 말없이 혼자 조용히 생각을 하여 떠오르는 아이디어를 시트Sheet에 기입하고 옆 사람에게 전달하는 방식이다. 6명의 참가자가 단 30분 만에 108개의 아이디어를 뽑아낼 수 있으며, 과묵한 집단의 경우 브레인스토밍보다 훨씬 효과적인 방법이 될 수 있다.

그림 5-21 브레인라이팅 [20]

2 브레인라이팅 방법

브레인라이팅을 하는 가장 기본적인 방법은 '6-3-5 기법'으로 6명이 3개의 아이디어를 한 라운드 당 5번 전달하여(또는 5분 동안) 아이디어를 작성한다. 이렇게 6라운드가 지나고 나면 1인당 18개의 아이디어가 작성된 6장의 시트에서 총 108가지 아이디어를 도출할 수 있다. 이때, 지켜야 할 원칙은 브레인라이팅 활동 중에는 절대로 다른 사람의 발상을 방해하는 발언은 하지 말아야 한다는 것이다.

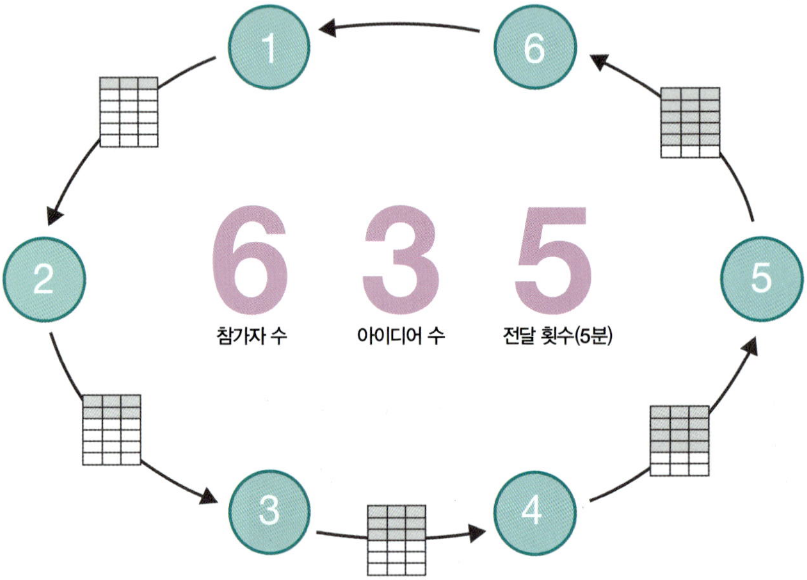

그림 5-22 **6-3-5 기법** [21]

브레인라이팅의 구체적인 방법은 다음과 같다. 먼저 [표 5-1]과 같이 가로 4칸, 세로 6칸의 시트를 만들어 상단에 회의 주제를 기입한 후 회의 참석자에게 모두 나누어준다. 왼쪽에는 각자의 이름을 적고 우측에는 정해진 5분 안에 떠오르는 아이디어를 작성한다. 아이디어를 작성할 때 주의해야 할 점은 최대한 주어와 술어가 들어가는 완결된 문장을 갖추어야 한다는 것이고, 시간이 종료되어 작성을 마무리하지 못하였다고 하더라도 반드시 다음 사람에게 전달해야 한다는 것이다. 또한, 다른 사람이 작성한 아이디어에 더 발전시킬 내용을 추가하는 것은 허용되지만 먼저 쓴 사람의 아이디어와 같은 내용은 작성하지 않도록 한다.

표 5-1 브레인라이팅 1라운드 시트

주제 : 청각장애인을 위한 뮤직플레이어 모바일 앱			
구분	아이디어 A	아이디어 B	아이디어 C
홍길동	사운드로 그림을 그려준다.	장소에 따라 어울리는 노래를 검색해준다.	사운드로 감정을 표현할 수 있도록 시각적으로 보여준다.
⋮	⋮	⋮	⋮

그림 5-23 시트는 한 방향으로 전달해야 한다.

다음 사람은 전달받은 시트에 이전 사람이 작성한 이름 아래에 자신의 이름을 적고, [표 5-2]와 같이 브레인라이팅 2라운드를 시작한다.

표 5-2 브레인라이팅 2라운드 시트

주제 : 청각장애인을 위한 뮤직플레이어 모바일 앱

구분	아이디어 A	아이디어 B	아이디어 C
홍길동	사운드로 그림을 그려준다.	장소에 따라 어울리는 노래를 검색해준다.	사운드로 감정을 표현할 수 있도록 시각적으로 보여준다.
나차래	음원을 시각화한다면?	날씨에 따른 음악 추천	사운드를 진동의 세기와 웨이브로 느끼게 한다.
⋮	⋮	⋮	⋮

이렇게 총 6라운드가 지나고 처음 넘겨줬던 시트가 자기에게 다시 돌아오면 모든 과정이 종료되는데 도출된 아이디어에 대해 스티커를 통해 투표하는 것도 좋은 방법이다.

그림 5-24 브레인라이팅 종료

SECTION 05

회의록 작성

회의록 작성은 의견 조율을 위한 마지막 단계다. 회의 결과에 대한 사항을 작성하여 일목요연하게 정리한 후, 회의 참석자 모두에게 공유한다. 회의록을 비롯한 문서 작성은 기획자의 중요한 직무 중 하나로 업무와 관련된 제안사항이나 아이디어를 단순히 정리하는 수준이 아니라 상대방을 설득하거나 회의를 통해 결정된 내용을 전달하는 공적인 역할을 수행하기 때문에 객관적이고 논리적이며 체계적이어야 한다.

회의록을 포함한 문서 작성은 아이디어를 도출하고 업무에 대한 방향을 결정하는 중요한 도구로, 그 대상과 문서를 통해 전달하고자 하는 목적이 분명해야 하고, 시기나 기대 효과와 같은 기획자의 생각을 커뮤니케이션 할 수 있는 중요한 능력이다.

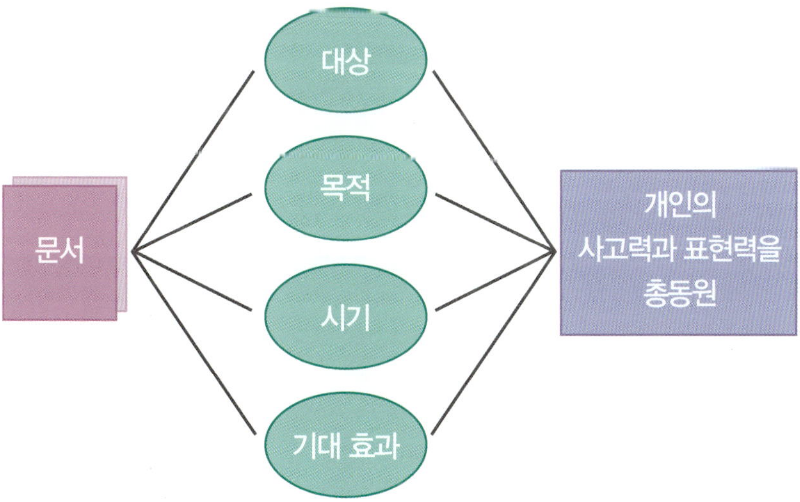

그림 5-25 **회의록 작성**

1 회의록 작성 방법

회의록을 작성하는 방법은 흔히 알고 있는 육하원칙을 통해 명확하게 정리하면 된다. 회의록에 반드시 들어가야 할 내용은 회의 주최자 및 참석자, 회의 이름 및 회의 주제, 회의 개최 일시, 회의 장소, 회의 목적 및 배경, 회의 결과에 따른 향후 일정 및 후속조치 내용 등이다.

표 5-3 **회의록 작성 방법 : 5W2H**

구분	정의	회의록
Who	누가 행하는가?(행위의 주체, 투입 인력, 사용자)	회의 주최자 및 참석자
What	무엇을 말하는가?(문서의 핵심 부분으로 상품이나 서비스 등)	회의 이름 및 회의 주제
When	언제 시행되는가?(문서의 작성 일자, 프로젝트 일정)	회의 개최 일시
Where	어디서 시행되는가?(장소, 부서)	회의 장소
Why	왜 하는가?(목적, 기대 효과 등)	회의 목적 및 배경
How	어떻게 진행되는가?(세부 수행 계획, 전후 진행 상황)	회의 결과
How Much	얼마나 드는가?(예산, 비용)	예산, 비용

표 5-4 **회의록의 예**

회의록			
작성자	김한빛 대리	작성일	2021년 2월 8일
회의 주제	한빛카드 B2C 웹 사이트 구조 설계 검토	회의 장소	한빛카드 소회의실
참석자	한빛카드 : 홍○○ 실장, 노○○ 대리, 우○○, 강○○ 개발사 : 김○○ 실장, 이○○ 대리		

구분	내용
주제 및 목적	1. 업무 분장 2. 메인 구조 검토 3. 서브 메인 구조 검토 4. 쇼핑몰 서비스 구현 방안 검토
내용	1. 업무 분장 – B2B(회사소개 및 가맹점주를 위한) 사이트 : 중앙CA – B2C(freelife.co.kr)사이트 : ㈜아이프런트

구분	내용
내용	2. 메인 구조 검토 가) 3단 구성 나) Quick Menu : Sky Banner A. 구성 요소 : 카드 조회/주문 조회/현금 전환/장바구니/배송 조회 다) Top A. 좌측 1) 로그인 전 : 로그인 영역 2) 로그인 후 : 개인 정보가 커스터마이징된 가맹점 정보 3. 서브 구조 검토 가) 가맹점 정보 섹션 A. 좌측 1) 내비게이션 2) Free Life Demo 배너 3) Quick Menu : 라이프 스타일 콘텐츠 B. 중간 1) 이벤트 배너 2) 카테고리 맵 3) 베스트 가맹점 4) 신규 가맹점 5) 나만의 노하우 C. 우측 1) 가맹점 검색 2) 지도로 가맹점 찾기 나) 마이 페이시 A. 좌측 1) 내비게이션 2) Quick Menu : 라이프 스타일 콘텐츠 B. 중간 1) 개인정보 영역 : 카드 종류, 현재 남은 캐쉬 포인트, 찜한 상품 수, 본인이 작성한 상품평 등록 수 2) 추천 가맹점 : 삭제 3) 우리동네 가맹점 4. 쇼핑몰 서비스 구현 방안 검토 가) 콘셉트 : 명품 쇼핑몰 분위기 나) 프리라이프 사이트 내 구성하되, 타 섹션과는 차별화 구성(별도 구성 아님) 다) 간접적으로 서비스를 소개할 수 있는 레이블링 필요
결과 및 향후 일정	서비스 화면설계도 재작성(2월 12일) B2C 메인, 서브메인(가맹점 정보 섹션) 디자인 시안 2세트 제작(2월 22일)

2 회의록 작성 시 유의사항

일반적으로 회의록은 회의를 종료한 후 회의 주최자 또는 참석자 중에 한 사람이 대표로 작성하는 경우가 많은데, 회의 시간을 단축하기 위해 여러 안건을 다루다 보면 이전에 논의한 내용에 대해 잊어버리거나 혼동될 여지가 있다. 경험이 많은 노련한 기획자의 경우, 주로 회의록을 담당하는데 안건에 대한 결정사항이 정리되는 순간 회의 내용을 작성한다.

회의 진행자는 회의를 주관하며 참석자의 의견을 조율하고 있는 동시에, 참석자의 의견이나 결정사항을 일목요연하게 회의록에 정리해야 한다. 또한, 회의가 종료되면 참석자에게 정리된 회의록을 보여주고 혹시 빠진 내용이나 수정사항이 없는지 체크한 후 그 자리에서 이메일을 통해 바로 공유한다. 이는 회의 종료 후 회의 내용에 대한 기억을 애써 더듬으며 회의록 작성에 매달려 허비해야 하는 업무 시간을 효율적으로 단축시키기 위한 것이다.

따라서 회의록 작성은 회의 진행 중에 작성하는 것이 가장 좋지만, 그러기 위해서는 많은 경험과 노하우가 필요하기 때문에 회의 도중 그때그때 간단하게나마 작성해 두었다가 회의 종료 후 다시 한 번 정리하는 것이 바람직하다. 회의 내용과 결정사항을 정리한 회의록은 최대한 빨리 참석자나 업무 결정권자 또는 업무 관련 대상자에게 이메일이나 사내 인트라넷을 통해 공유하여 회의 참석자는 물론 회의에 참석하지 않은 사람들도 어떤 내용이 오고 갔는지 확인할 수 있도록 한다면 효율적인 업무 협업이 가능할 것이다.

요약

1. 커뮤니케이션의 본질

커뮤니케이션의 본질은 다른 사람과의 관계에서 어떻게 메시지를 효과적으로 전달하는 것인지에 대한 고민이다.

2. 퍼실리테이터형 기획자

기획자는 의견 조율을 통해 팀이 도출할 수 있는 최상의 성과를 이끌어내기 위한 퍼실리테이터(Facilitator)의 역할을 수행해야 하는데, 갈등을 해소하고 원활한 문제 해결 과정과 결과를 도출할 수 있도록 항상 중립적인 입장에서 중재 및 조정 역할을 수행해야 한다.

3. 회의 진행 프로세스

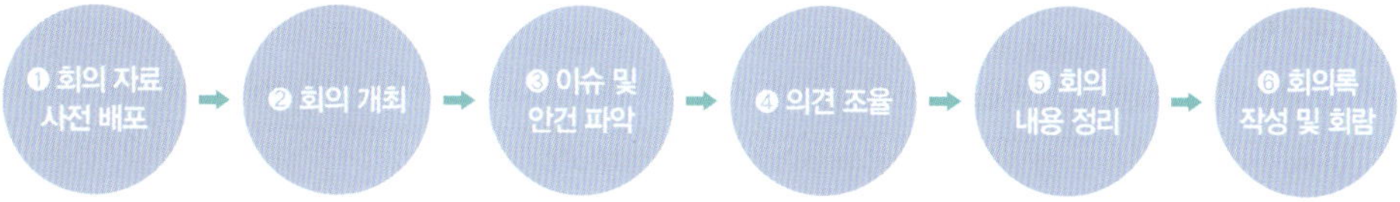

4. 아이스브레이킹

아이스브레이킹은 새로운 사람들과 만났을 때 경직되고 가라앉은 분위기를 깨고 서로 마음의 문을 열 수 있도록 하는 가벼운 수행활동을 의미한다.

5. 아이스브레이킹 사례

스파게티 면을 이용한 마시멜로 탑 쌓기, 얼굴 그리기, 첫인상 스티커, 실루엣 게임, 문장의 재구성 등 다양한 사례가 있다.

6. 브레인스토밍

알렉스 오스본에 의해 창안된 방법으로, 여러 사람이 모여 하나의 목표에 대한 아이디어를 자유롭게 발언하고 토론하는 대표적인 집단 사고 확산을 위한 발상법이다.

요약

7. 브레인스토밍의 기본 원칙

❶ 비판 금지 (Chief Support)	❷ 자유분방 (Sultan of Silly)	❸ 양산 (Speed Sergeant)	❹ 결합과 개선 (Synergy Guru)

8. 오스본 체크리스트

알렉스 오스본이 개발한 전형적인 아이디어 발산 기법으로, 상품을 개발할 때 아이디어의 도구로 많이 사용되었다.

9. 스캠퍼 기법

밥 에벌이 오스본 체크리스트를 발전시킨 스캠퍼 기법은 사고의 영역을 일정하게 제시하여 구체적인 방안이 도출될 수 있도록 유도하는 아이디어 창출법이다.

10. 브레인라이팅

침묵의 브레인 스토밍이라고도 부르며, 회의 및 아이디어 도출을 위한 발상법이다. 단시간에 많은 양의 의견을 이끌어낼 수 있다는 장점이 있다.

요약

11. 6-3-5 기법

6명이 3개의 아이디어를 한 라운드 당 5번 전달하여(또는 5분 동안) 아이디어를 작성하게 되는데 이렇게 6라운드가 지나고 나면 1인당 18개의 아이디어가 작성된 6장의 시트에서 총 108가지 아이디어를 도출할 수 있다.

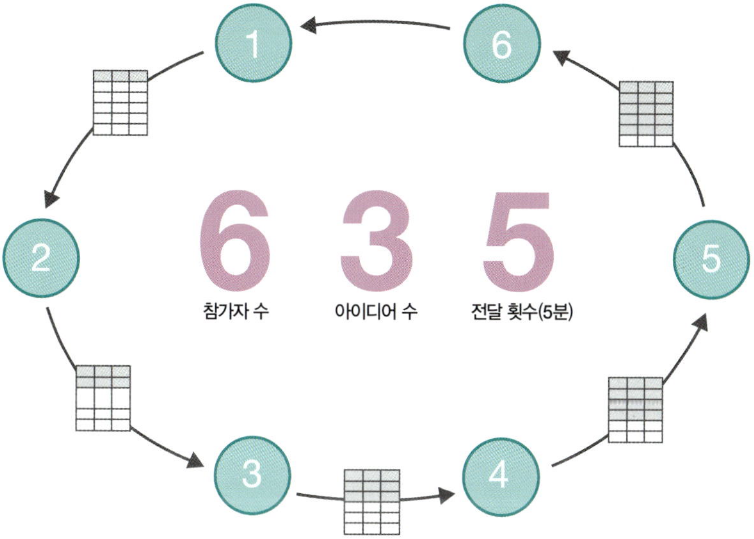

12. 회의록 작성

기획자의 중요한 직무 중 하나로 업무와 관련된 제안사항이나 아이디어를 단순히 정리하는 수준이 아니라, 상대방을 설득하거나 회의를 통해 결정된 내용을 전달하는 공적인 역할을 수행하기 때문에 객관적이고 논리적이며 체계적이어야 한다.

실습 과제

스캠퍼 기법을 이용한 아이디어 도출하기 다음의 양식을 이용하여 주제(제품, 서비스, 콘텐츠 등)를 선정하고 스캠퍼의 7가지 기법을 이용하여 아이디어를 도출해 보자.

스캠퍼 기법을 이용한 아이디어 도출하기			
작성자		작성일	년 월 일

주제	
대체하기	
결합하기	
응용하기	
변형하기	
다른 용도로 사용하기	
제거하기	
재배치하기	
아이디어 도출	

실습 과제

브레인라이팅을 통한 아이디어 도출하기 6인 1조의 팀을 구성하고 주제(제품, 서비스, 콘텐츠 등)를 선정한 후, 브레인라이팅 실습을 통해 아이디어를 도출해보자.

브레인라이팅을 통한 아이디어 도출하기	
주제	

아이디어 / 이름	아이디어 A	아이디어 B	아이디어 C

실습 과제

회의 진행 및 회의록 작성하기 6인 1조의 팀을 구성하고 주제(제품, 서비스, 콘텐츠 등)를 선정한 후, 회의를 진행하고 회의 결과에 대한 회의록을 작성해 보자.

회의 진행 및 회의록 작성하기			
작성자		작성일	
회의 주제		회의 장소	
참석자			

구분	내용
주제 및 목적	
내용	
결과 및 향후 일정	

CHAPTER 06

사용자 정의

PREVIEW

시장에서 경쟁이 치열해질수록 기업들의 경영전략과 마케팅은 다양하게 전개된다. 경영전략과 마케팅이 세분화된다는 것은 서비스를 이용하는 사용자 역시 점점 더 똑똑해지고, 서비스나 콘텐츠에 대한 사용자의 니즈도 다양해지며 세분화되고 있다는 것을 의미한다. 이번 장에서는 사용자에 대한 성향과 이용 패턴, 라이프 스타일 등 사용자의 성향을 파악하는 다양한 리서치 방법에 대해 알아보고, 이를 바탕으로 사용자를 정의하고 설정하는 방법에 대해 알아본다.

SECTION 01

사용자 분석

1 사용자 분석의 개념

사용자 분석User Analysis은 프로젝트의 시작에서 종료까지 지속적으로 이루어져야 하는 사용자를 알아가는 상호작용Interaction 기반의 작업이다. 사용자를 안다는 것은 제공되는 서비스와 콘텐츠를 통해 사용자가 무엇을 요구하고 원하는지에 대한 니즈Needs와 원츠Wants를 분석하는 것이다.

예를 들어, 스마트폰 하나를 구입할 때에도 사용자에 따라 그 선택의 기준은 다양하다. 새 제품이 출시되자마자 경험해보고 싶어 하는 얼리 어댑터Early Adapter 성향의 소비자가 있는 반면, 변화를 좋아하지 않아 특정 브랜드 제품의 숙련된 이용 경험을 토대로 뒤이어 출시되는 시리즈의 제품을 별다른 고민 없이 구입하는 사용자도 있다. 또한, 개인의 성향에 따라 사용하기 편리하고 기능적으로 유용한 제품이 선택의 가장 큰 기준이 되기도 하고 오히려 특정 기능보다는 제품의 디자인에 그 가치를 두는 사용자도 있다.

2 사용자 분석과 사용자 경험

사용자를 분석할 때는 사용자의 성격, 연령, 숙련도, 인지적, 동기적 특성, 이용 패턴, 라이프 스타일 등 사용자의 성향을 파악할 수 있는 다양한 요인을 고려하여 정보와 서비스를 설계하고, 사용자에게 최적의 이용 경험을 제공하기 위하여 사용자 경험User eXperience, UX의 관점으로 접근하는 것이 필요하다.

사용자 경험은 인지 과학자이자 디자이너인 도널드 노먼Donald Norman에 의해 확산된 개념으로, 그의 저서『이모셔널 디자인Emotional Design』에서 사용자에게 정서적 경험을 제공하는 제품이나 서비스가 기능적으로 우수하다는 주장을 통해 사용자 경험의 중요성에 대해 강조하였다.

사용자 경험은 사용자가 어떤 특정 제품이나 시스템 또는 인간과 컴퓨터 간의 상호작용 Human-Computer Interaction, HCI을 기반으로 하는 서비스를 이용하면서 느끼는 태도, 지각, 인식, 감정, 반응, 행동 등의 총체적인 경험을 의미한다. 단순히 기능이나 절차상의 만족뿐만 아니라 지각 가능한 모든 면에서 사용자가 참여하고, 상호 교감을 통해서 알 수 있는 가치 있는 경험이다. 긍정적인 사용자 경험의 창출은 산업디자인, 소프트웨어공학, 마케팅 및 경영학의 주요 과제이며, 이는 사용자 니즈의 만족, 브랜드의 충성도 향상, 시장에서의 성공을 가져올 수 있는 중요한 사항이다. 부정적인 사용자 경험은 사용자가 원하는 목적을 이루지 못할 때, 목적을 이루더라도 감정적·이성적·경제적으로 만족하지 못하거나 부정적인 반응을 불러일으키는 경험을 하게 되는 경우에 주로 발생할 수 있다. [01]

그림 6-1 **도널드 노먼** [02]

사용자 분석은 특정 상황Context에서 사용자들이 나타내는 인지적, 감성적, 행위적 특성을 발견하는 것으로, 이를 통해 사용자의 니즈를 도출할 수 있기 때문에 매우 중요하다. 도출된 사용자의 니즈를 서비스나 콘텐츠에 어떻게 반영하여 만족시킬 것인지가 바로 사용자 경험 디자인의 최종 목표가 된다.

3 사용자 분석 기법

사용자 성향 및 행동 패턴을 분석할 때에는 사용자의 해당 매체에 대한 사용성, 숙련 정도, 개인적인 특성 등을 충분히 고려해야 한다. 사용자를 분석하는 기법은 인터뷰, 에스노그래피 조사, 페르소나 모형 등 매우 다양한 방법이 있다.

SECTION 02

인터뷰

인터뷰는 사용자에게 질문하여 그 답변을 토대로 조사하는 방법을 말하며, 설문 조사, 심층 인터뷰, 포커스 그룹 인터뷰 등 다양한 기법이 있다.

1 설문 조사

설문 조사Survey는 가장 널리 사용되는 정량 조사 방법Quantitative Research Method으로, 다수의 사용자에게 조사자가 필요로 하는 사항에 대해 동일한 질문을 제시하여 그 회답이나 의견을 조사 대상자가 스스로 응답하는 방식을 말한다.

조사 대상에 해당되는 모든 사용자를 조사하는 것은 시간적, 비용적인 측면에서 무리가 따르기 때문에 조사의 효율성을 위해 표본을 추출해야 한다. 성실한 조사가 되기 위해 표본은 관심 모집단으로부터 과학적으로 추출되어야 하며, 정보 수집은 모든 표본 구성체들에 대해서 동일한 방법으로 이루어져야 한다. 조사 내용으로는 의견, 감정, 습관, 느낌 등 단순한 내용에서부터 서비스 이용 동기, 이용 행태, 만족 또는 불만족의 이유 등 복합적 내용에 이르기까지 다양하다. 설문 조사는 많은 수의 사용자에게 쉽게 질문을 배포하고 결과를 수집할 수 있다는 장점이 있는 반면, 질문지가 제대로 구성되지 않거나 조사 대상자가 성실히 응답하지 않을 경우 오류 데이터가 발생하여 응답 내용의 정확성이 떨어질 수 있다는 단점이 있다.

과거에는 종이로 된 설문 조사가 일반적이었으나 현재는 인터넷을 통해 손쉽고 간편하게 설문 조사를 진행할 수 있으며, 구글 설문지, 네이버 폼, 카카오톡 설문 조사 등의 무료 온라인 설문 방식이 주로 사용된다.

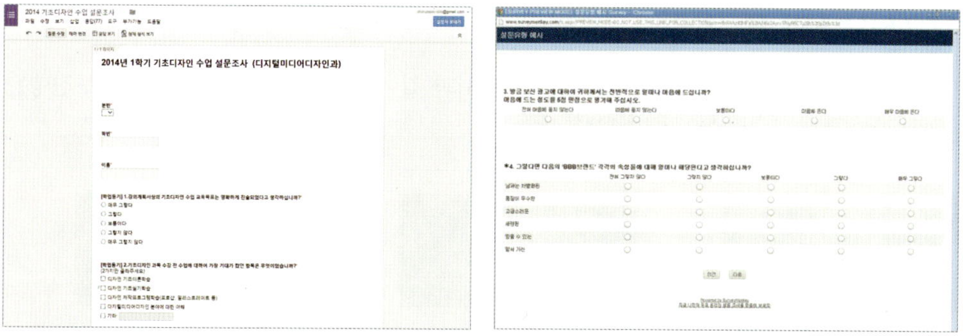

(a) 구글 설문지 (b) 네이버 폼

그림 6-2 무료 온라인 설문 조사

2 인터뷰의 개념 및 분류

인터뷰Interview란 인터뷰어Interviewer가 특정한 목적을 가지고 인터뷰 대상자Interviewee를 통해 정보를 수집하는 일을 말한다. 인터뷰는 인터뷰 양식이나 매체에 따라 대면 인터뷰, 전화 인터뷰, 서면 인터뷰, 이메일 인터뷰, 화상 인터뷰 등으로 구분할 수 있다. 대표적인 대면 인터뷰 방법으로는 심층 면접 방법인 심층 인터뷰In-Depth Interview, IDI, 표적 집단 면접 방법인 포커스 그룹 인터뷰Focus Group Interview, FGI, 포커스 그룹 논의Focus Group Discussion, FGD, 언포커스 그룹 인터뷰Unfocus Group Interview 등이 있다.

3 인터뷰의 목적

기획자는 자신이 기획한 의도대로 사용자가 행동해주길 기대하지만, 기획자는 사용자가 아니기에 결코 쉽지 않은 바램이다. 사용자를 이해하는 가장 좋은 방법은 실제 사용자와 인터뷰를 통해 정보를 수집하는 것인데, 답은 언제나 현장과 사용자에게 있기 때문이다. 다음 절에서 배울 에스노그래피 조사와 관찰을 통해 얻은 정보는 해석의 단계에서 행위에 대한 동기, 의도, 원인, 성향, 감정 등의 정성적인 정보로 결국 마지막에는 사용자와 인터뷰를 통해 그들의 니즈Needs와 원츠Wants를 이끌어 내야 한다.

4 인터뷰 진행 프로세스

인터뷰를 진행하는 프로세스는 다음 [그림 6-3]과 같이 개시, 질문, 마무리 순서로 진행된다. 각 단계별 수행 과정에 대해 알아보자.

그림 6-3 인터뷰 진행 프로세스

❶ 개시

상호 인사, 감사의 코멘트Comment, 인터뷰 목적 및 이유, 인터뷰 안건Agenda 등을 설명하며, 인터뷰 내용에 대한 기밀 유지, 인터뷰 결과에 대한 활용 계획, 인터뷰 시간 등을 공지한다. 필요에 따라서는 정보 이용 동의서, 구술 아카이브 이용 동의서, 촬영 동의서 등을 통해 인터뷰 대상자Interviewee에게 동의를 구하는 절차를 거친다.

❷ 질문

인터뷰는 기술이 아니고 태도의 문제다. 인터뷰어Interviewer에게 가장 중요한 역량은 경청으로, 인터뷰 대상자Interviewee의 답변 중간에 말을 끊는 행위, 상대가 얘기한 내용을 모두 알고 있었다는 식의 자만, 자신의 의견을 주장하기보다는 인터뷰 참가자의 의견을 잘 들으며 공감하는 자세가 중요하다.

질문지는 인터뷰 전에 미리 충분히 숙지한 후 인터뷰 대상자의 눈을 보며 질문하고, 고개를 끄덕이거나 맞장구를 치는 등의 수긍, 호응, 공감의 제스처를 적절히 활용하는 것도 중요하다. 질문은 짧고 명확하게 하며 인터뷰 대상자의 답변 페이스에 맞추도록 하고, '무엇을, 어떻게, 왜' 중심의 질문을 통해 연관성을 가지면서 연결된 대답을 할 수 있도록 유도한다. 특히, '예, 아니오' 식의 답변을 유도하는 폐쇄형 질문은 피하도록 하며, 너무 뻔한 질문이나 유도 질문 및 의도한 것을 증명하려고 하는 행위를 하지 않도록 주의하며, 사실에 기반한 정보를 얻을 수 있도록 질문을 유도한다.

❸ 마무리

인터뷰가 종료되면 감사의 코멘트와 함께 주요 인터뷰 결과를 요약하여 인터뷰 대상자에게 확인시켜주고, 필요하면 다음에 다시 질문할 수 있도록 추후 인터뷰 가능성에 대한 언급을 한다. 또한, 추가 데이터, 사진 자료 등이 필요할 경우 직접 또는 이메일로 요청한 후에 인터뷰를 마무리한다.

여기서 잠깐 **인터뷰 장비 세팅**

인터뷰 대상자가 인터뷰 장소에 도착하기 전, 미리 장비를 준비하여 인터뷰 중간에 장비 문제로 인해 흐름이 끊어지는 불상사를 미리 방지하도록 한다. 인터뷰에 필요한 기본적인 장비 세팅은 [그림 6-4]와 같다.

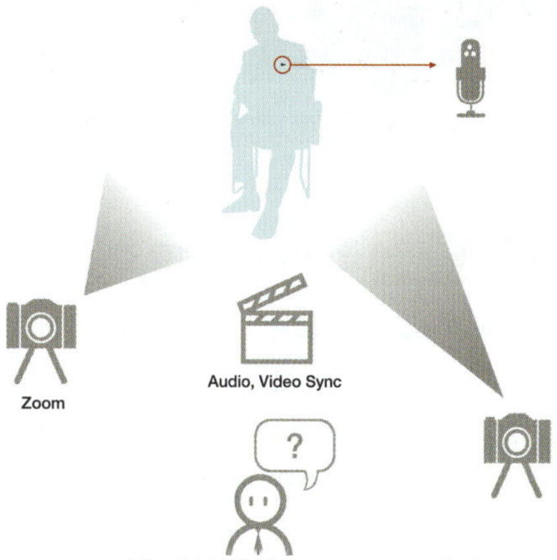

그림 6-4 인터뷰 장비 구성도

5 심층 인터뷰

대표적인 정량 조사 방법Quantitative Research Method인 심층 인터뷰In Depth Interview는 일대일 면접을 통해 사용자의 욕구, 행동, 태도, 인식, 심리를 파악하는 리서치 방법으로, 주제에 대한 자유로운 문답을 통해 응답자의 깊이 있는 생각이나 풍부한 의견을 수집할 수 있다는 장점이 있는 반면, 정성 조사 방법의 한계인 개인의 의견을 전체 사용자의 의견으로 일반화하기 어렵다는 단점이 존재한다.

심층 인터뷰는 인터뷰어Interviewer의 숙련도에 따라 조사 결과의 질과 양이 달라질 수 있기 때문에 인터뷰어는 인터뷰 전에 철저한 사전 준비 작업과 질문에 대한 명확한 가이드라인, 인터뷰 대상자Interviewee와의 교감에 능숙해야 한다. 또한, 커뮤니케이션 능력 및 청취 능력, 응답자 발언에 이은 탐사 질문 능력, 응답자의 관점에서 바라볼 수 있는 객관적인 시각과 균형감 등이 요구된다.

그림 6-5 **심층 인터뷰** [03]

여기서 잠깐 **인터뷰 시 유의할 점**

기획자에게 필요한 능력과는 반대로 기획자가 버려야 할 가장 중요한 요소는 바로 오만과 편견이다. 자신이 기획한 콘텐츠나 서비스가 모든 사용자에게 유용할 것이라는 확신은 기획자가 빠지기 쉬운 매우 오만한 생각이다. 또한 사용자는 분명히 이렇게 행동할 것이라는 섣부른 예측 또한 매우 큰 편견에 속한다. 날마다 새로운 서비스가 출시되고 있고 매체 또한 다변화되고 있는 환경에서 기획자는 항상 사실에 기반한 논리적 사고와 사용자에게 객관적이고 겸손한 자세를 유지해야 한다.

■ 인터뷰 팁

① 질문은 짧고 명확하게 한다.

② 답하기 쉬운 질문에서 어려운 질문 순서로 진행한다.

③ 과거에 관한 질문에서 현재에 관한 질문 순서로 진행한다.

④ 추상적인 질문에서 구체적인 질문 순서로 진행한다.

⑤ 간접적인 질문에서 직접적인 질문 순서로 진행한다.

⑥ 답변을 유도하지 않도록 하고 잘 들어준다.

⑦ 편향된 질문이나 유도 질문은 삼간다.

⑧ 이해가 안 되는 점이 있으면 재확인한다.

⑨ "이 회사 웹 사이트에서 좋은 점은 무엇입니까?"라는 형태의 질문은 사용자가 이 사이트를 좋아한다고 가정하기 때문에 이러한 질문은 싫어하는 점도 함께 물을 때만 사용한다.

⑩ "이 회사 웹 사이트는 당신의 기대를 충족시켜 주었습니까?"라는 형태의 질문은 단답형으로 대답할 수 있는 질문이기 때문에 그 이유를 함께 묻는 것이 좋다.

⑪ "당신은 A 웹 사이트를 이용하시겠습니까, B 웹 사이트를 이용하시겠습니까?"라는 형태의 질문의 대답이 만약 후자라면, "왜 B가 A보다 좋다고 생각하십니까?"와 같이 한 번에 두 가지 답변을 요구하여 특정한 견해를 유도한다.

6 포커스 그룹 인터뷰

통상 FGI라고도 부르는 포커스 그룹 인터뷰Focus Group Interview는 표적 집단 심층 인터뷰로, 질의와 응답이 일대일로 이루어지는 심층 인터뷰와 구별된다. 제품 또는 서비스 타깃에 부합하는 사용자를 성, 연령, 직업, 라이프 스타일 등 유사한 특성을 지닌 집단에서 6~10명 정도 선발하여 인터뷰어의 좌담 형식 질문과 자유로운 상호 간 토론을 통해 의견을 수집하는 사용자 리서치 기법이다.

보통 1시간 30분에서 2시간 정도 소요되며 다양한 의견을 청취하여 평소 사용자들이 불편하게 느꼈던 문제의 실체와 구체적인 니즈 및 의견 수집이 가능하다. 또한, 자유로운 토론 분위기에서 제시될 수 있는 예기치 않았던 사실을 발견하고 아이디어까지 도출할 수 있기 때문에 활용도가 매우 높다.

그림 6-6 **포커스 그룹 인터뷰** [04]

일반적으로 회의실에서 사회자의 진행에 따라 자유로운 토론이 이루어질 수도 있고 때에 따라 반투명 유리One-way Mirror가 설치된 관찰실에서 진행되기도 한다. 이때, 관찰자는 포커스 그룹 인터뷰 참석자의 반대편의 보이지 않는 방에서 대화 내용을 청취하거나 참석자의 반응을 생동감 있게 실시간으로 분석한다. 대화의 내용은 음성 녹음기로 녹음하거나 필요한 경우에는 동영상 녹화를 통해 차후 분석 단계에서 활용한다.

그림 6-7 **관찰실에서 이루어지는 포커스 그룹 인터뷰** [05]

포커스 그룹 인터뷰가 유사한 취향을 가진 전형적인 표적 집단을 대상으로 얻을 수 있는 피드백인 반면, 언포커스 그룹 인터뷰Unfocus Group Interview는 제공하고자 하는 제품이나 서비스에 열광하는 극단적이고 특이한 사용자들로 구성된 그룹(마니아, 오타쿠, 예술가 등)을 대상으로 진행하는 인터뷰 기법이다. 특히 기존에 없던 제품, 서비스, 콘텐츠 등 새로운 비즈니스 모델의 사용자를 분석할 때에 보다 창조적이며 혁신적이고 예상하지 못한 통찰력insight을 얻을 수 있는 방법으로 활용된다.

여기서 잠깐 **IDEO의 언포커스 그룹 인터뷰 사례**

세계적인 디자인 컨설팅 기업인 IDEO는 구두 디자인 프로젝트의 일환으로, 개인적으로 구두에 열광하는 다양한 사용자들을 모집하여 언포커스 그룹 인터뷰를 진행하였다. 자신이 생각하는 구두에 대한 아이디어를 사내 디자이너와 함께 공유했는데, 이후 IDEO는 실용성만 강조하던 기존 제품에서 벗어나 창의성이 돋보이는 전혀 새로운 디자인의 구두를 출시하여 브랜드의 이미지가 높아지게 되었다.

SECTION

03 에스노그래피 조사

1 에스노그래피 조사의 개념

에스노그래피Ethnography는 그리스어로 '민족'을 뜻하는 'Ethnos'와 '쓰다'를 뜻하는 'Graphein'의 합성어다. 에스노그래피 조사Ethnography Research는 현지 조사를 의미하며, 실제 환경에서 대화와 질문을 바탕으로 조사 대상자와의 상호작용을 통해 그 사람의 행동, 신념, 선호 등을 상세하고 깊이 있게 관찰하는 질적 분석의 전통적인 조사 방법을 말한다. 과거 문화인류학자들이 서로 다른 문화를 이해하기 위해 현지에 장기간 머물면서 집단의 사회 문화적 이해와 관습, 사고방식, 경험, 생활체계, 행동양식 등을 직접 체험하면서 조사하던 연구 방법이다.

그림 6-8 에스노그래피 조사 [06]

2 에스노그래피 조사의 특징

기획자는 사용자와 함께 시스템을 사용해 보거나, 사용자의 시스템 이용 동선 및 과정을 직접 관찰하여 사용자의 니즈를 정확히 파악해야 한다. 에스노그래피 조사는 다양한 장소와 상황에서 이루어지기 때문에, 조사 대상자의 생활양식뿐만 아니라 일하고 여가를 즐기는 모든 방식을 보다 정확하게 파악할 수 있다.

에스노그래피 조사가 다른 조사 방법의 가장 큰 차이점은 사용자가 서비스를 이용하는 집, 사무실, 가게, 거리와 같은 사용자와 친숙한 실제 장소Field에서 이루어진다는 점이다. 이는 관찰 대상자와 관찰 대상자에게 영향을 끼치는 환경 요인과 사용자가 평소 인식하지 못하는 행위의 맥락Context에 대해 관찰할 수 있어 사용자의 무의식적인 생각이나 인지, 감정, 태도, 행동을 분석하는 것이 가능하다.

3 에스노그래피 조사의 종류

에스노그래피 조사의 종류는 크게 참여 관찰Participant Observation과 비참여 관찰Non-Participant Observation로 분류할 수 있다.

참여 관찰은 사용자가 실제 이용하는 공간에 밀착하여 조사하는 방법이다. 사용자의 이용 행태를 직접 가까이에서 공감하며 탐색할 수 있다는 장점이 있지만, 사용자가 관찰자의 존재를 의식하여 부자연스러운 행동을 하거나 간접적으로 영향을 받는 호손 효과Hawthorne Effect가 발생할 수 있다는 단점이 있다.

비참여 관찰은 사용자의 행위에 조사자가 개입하지 않는 방법으로 참여 관찰에 비해 사용자로 하여금 보다 솔직하고 자연스러운 상황을 유도할 수 있으며 주로 비디오 촬영을 통해 기록하게 된다.

대표적인 에스노그래피 조사 방법은 섀도 트래킹, 타운 와칭, 포켓 스토리, 비디오 에스노그래피, 유저 다이어리, 포토 다이어리, 홈 비지팅, 아이 트래킹 등이 있다. 다양한 에스노그래피 조사 방법에 대해 알아보자.

■ 섀도 트래킹

섀도 트래킹Shadow Tracking은 대표적인 근접 추적 관찰 방법의 하나로, 사용자를 그림자처럼 따라다니며 사용자의 일상을 관찰하고 기록하는 리서치 방법이다. 주로 사용자가 제품이나 서비스를 이용할 때, 문제가 발생하는 순간을 직접 관찰하고 기록하여 동기, 행태, 패턴, 이동 경로 등의 행동 특성을 파악하기 위해 사용한다. 섀도 트래킹을 수행할 때에는 사용자가 관찰자를 인식하지 못하게 해야 하는데, 그 이유는 누군가 자신을 지켜보고 있다고 인지된 상황에서는 사용자의 자연스러운 행위를 관찰하는 것이 어렵기 때문이다.

섀도 트래킹의 장점은 사용자의 의도를 정확하면서도 구체적으로 파악하는 것이 가능하다는 점과 솔직하고 즉각적인 피드백을 얻을 수 있다는 점이다. 반면, 단점은 조사 기간이 오래 걸리고 숨겨진 사용자의 니즈를 파악하기 위해 따라다니며 관찰하는 리서치 방법의 특성상 숙련된 관찰자의 자질이 요구된다는 점과 사용자가 실내외를 옮겨 다니는 경우에는 적용하기 어렵다는 점이 있다. 이러한 단점을 보완하기 위해 피어 섀도잉Peer Shadowing 방법을 사용하기도 한다. 이 방법은 사용자의 주변 인물을 통해 사용자를 관찰하거나 기록하는 방법으로, 사용자가 심리적으로 편안함과 안정감을 느낄 수 있는 조사 환경이기 때문에 보다 신뢰성 있는 자료를 수집할 수 있다. 섀도 트래킹이 끝난 후 사후 인터뷰를 병행하면, 상황별 사용자의 행위에 대한 이유나 동기를 심층 분석할 수 있다.

그림 6-9 **섀도 트래킹** [07]

■ 타운 와칭

타운 와칭Town Watching은 사용자가 주로 이동하는 거리, 장소, 공간을 관찰하는 방법으로, 사람들이 밀집된 공간 속에서 사용자의 맥락을 파악할 수 있다. 때로는 방금 한 행동에 대한 즉석 인터뷰를 통해 사용자의 동기와 니즈를 파악할 수 있다는 장점이 있지만, 주변 유동 인구로 인해 심도 있는 관찰이 힘들다는 단점도 있다.

그림 6-10 버스 줄서기 타운 와칭 [08]

■ 포켓 스토리

포켓 스토리Pocket Story는 사용자의 몸에 지니고 있는 물건이나 평소 들고 다니는 소지품을 기록하는 방법으로, 취향, 선호도, 라이프 스타일, 트렌드뿐만 아니라 평소 사용자의 물건이나 소지품에 대한 애착의 동기, 믿음 등을 파악할 수 있다.

그림 6-11 포켓 스토리 [09]

■ 비디오 에스노그래피

비디오 에스노그래피Video Ethnography는 사용자에게 미리 동의를 구한 후, 주로 이용하는 공간에 카메라를 고정시켜 평소 사용자의 이용 행태를 녹화하는 방법이다. 조사 초기에는 사용자가 카메라를 의식한 나머지 어색한 행동을 할 수 있지만, 시간이 조금 지나면 카메라의 존재를 의식하지 않게 되기 때문에 사용자가 무의식중에 행동하는 자연스러운 행위를 관찰할 수 있다.

그림 6-12 **비디오 에스노그래피** [10]

■ 유저 다이어리

유저 다이어리User Diary는 사용자에게 미리 정해진 포맷의 다이어리를 나누어 주고 일정 기간 동안 일기 형태의 일지를 작성하게 하는 방법으로, 반복되는 일상에서 드러나는 사용자의 이용 동기와 니즈를 파악할 수 있다. 유사한 방법으로는 일정 시간 간격을 두어 사진을 촬영하게 하는 포토 다이어리Photo Diary가 있다.

그림 6-13 **유저 다이어리** [11]

■ 포토 다이어리

포토 다이어리Photo Diary는 유저 다이어리와 마찬가지로 일종의 일지 연구Diary Study 방법의 하나로, 사용자가 콘텐츠를 이용할 때 발생하는 다양한 상황을 특정 시간이나 간격을 통해 사진을 찍어 기록하게 하여 서비스의 이용 동기, 경로, 행위를 파악하는 사용자 맥락 분석 방법이다. 사용자에게 카메라와 다이어리를 제공하고, 스스로 자신의 일상을 촬영하고 기록하여 매 순간 느끼는 감정이나 생각 등을 제공된 다이어리에 일지처럼 기록하도록 만든다. 이를 통해 사용자를 둘러싼 다양한 상황에 따른 구체적인 이용 행태를 파악할 수 있고, 관찰자가 배제된 상태에서 진행되기 때문에 솔직한 사용자의 상황을 이해하는 데 효과적이다.

최근 스마트폰의 대중화와 내장 카메라의 기능이 향상됨에 따라 앱App이나 모바일 매체를 이용한 리서치 형태로 발전하여 포토 다이어리를 통해 보다 쉽고 편리하게 사용자의 데이터를 수집할 수 있게 되었다.

그림 6-14 **포토 다이어리** [12]

■ 홈 비지팅

홈 비지팅Home Visiting은 조사자가 직접 사용자의 집을 방문하여 사용자의 사적 공간인 집 안에서 서비스를 사용하는 방식이나 이용 행태에 대한 정보를 얻는 방법이다. 이를 통해, 사용자의 라이프 스타일과 자연스러운 일상 속에서의 의미 작용을 분석할 수 있다.

그림 6-15 **홈 비지팅** [13]

■ 아이 트래킹

아이 트래킹Eye Tracking은 뉴로 리서치Neuro Research 방법 중 하나로, 특수 장비를 이용하여 사용자의 시선을 추적하는 방법이다. 서비스를 이용할 때, 사용자의 시선이 정확히 어느 곳에 얼마나 머물고 있는지 알아내는 정교한 분석 방법으로 마케팅, 광고, 디지털 미디어 분야에서 사용성을 평가하는 대표적인 수단으로 사용되고 있다.

그림 6-16 **아이 트래킹** [14]

여기서 잠깐 **뉴로 리서치**

뉴로 리서치란 뇌 속에서 정보를 전달하는 신경인 뉴런(neuron)과 리서치를 결합한 용어로, 시선 추적, 뇌파 측정, 뇌 영상과 같은 뉴로 이미징 기법을 통해 사용자의 감정, 이용 행태 등 생체 신호를 기반으로 잠재적이며 무의식적 반응을 측정하는 뇌신경 과학 조사 방법을 말한다.

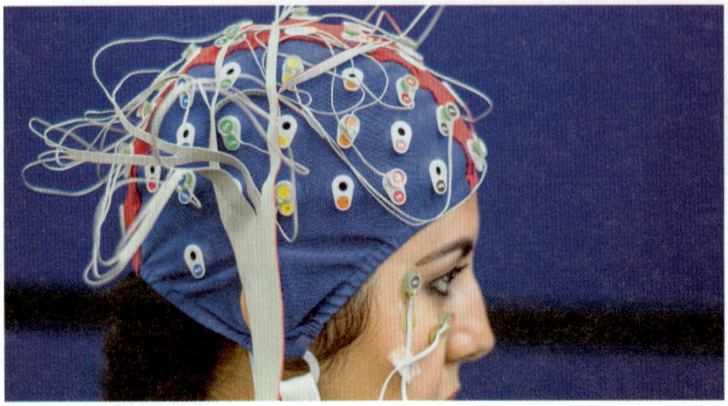

그림 6-17 **뉴로 리서치** [15]

4 사용자 여정 지도

사용자 여정 지도User Journey Map는 사용자가 제품이나 서비스를 이용하는 과정을 순차적으로 나타내어 사용자 경험UX을 추적하고 시각화하기 위해 사용하는 방법이다. 사용자 여정 지도를 통해 각각의 순간을 개별적으로 평가하고 사용자의 관점에서 서비스를 어떻게 받아들이고 사용하는지에 대한 기회나 문제점들을 보다 구체적이고 정밀하게 파악할 수 있다.

사용자가 제품이나 서비스를 이용하는 모든 과정과 거치게 되는 경로를 서비스 이용 전중후의 순서로 단계별로 작성하고, 각 순간에 느끼는 감정에 따라 요구사항을 작성하여 시각화한다.

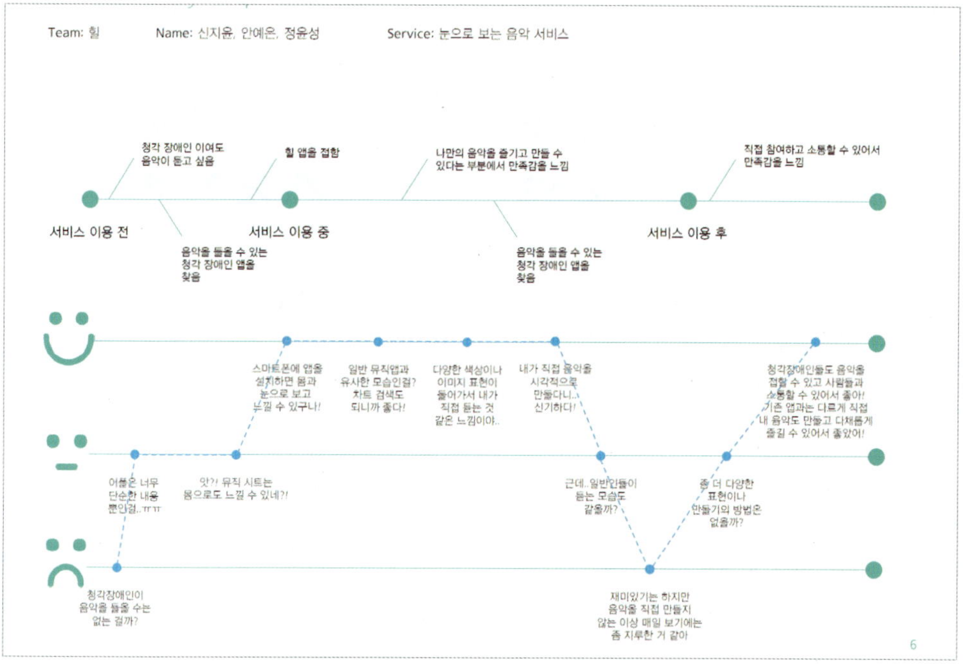

(a) 눈으로 보는 음악 서비스

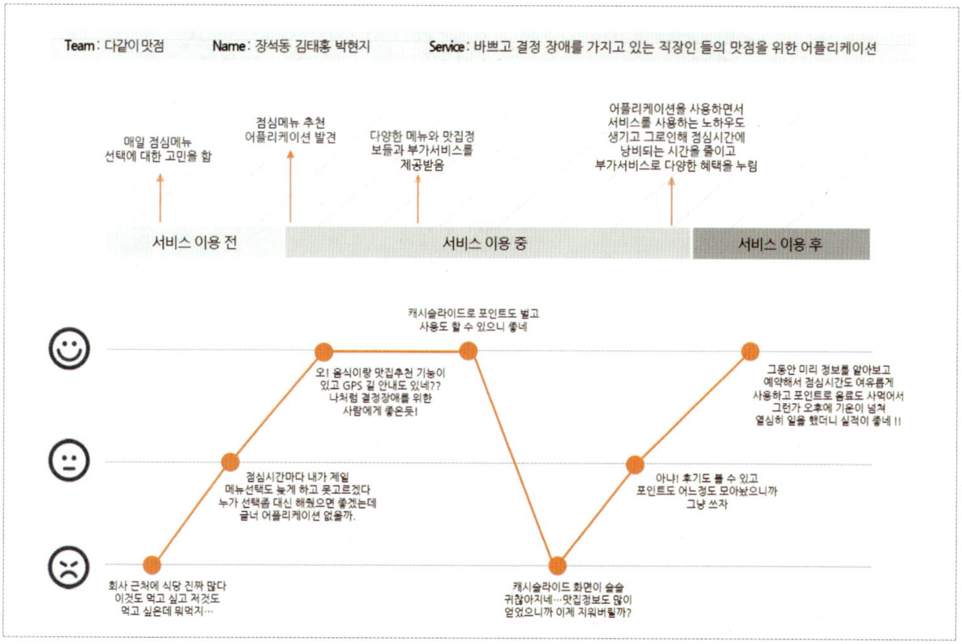

(b) 직장인들의 점심 식사 메뉴 추천을 위한 앱

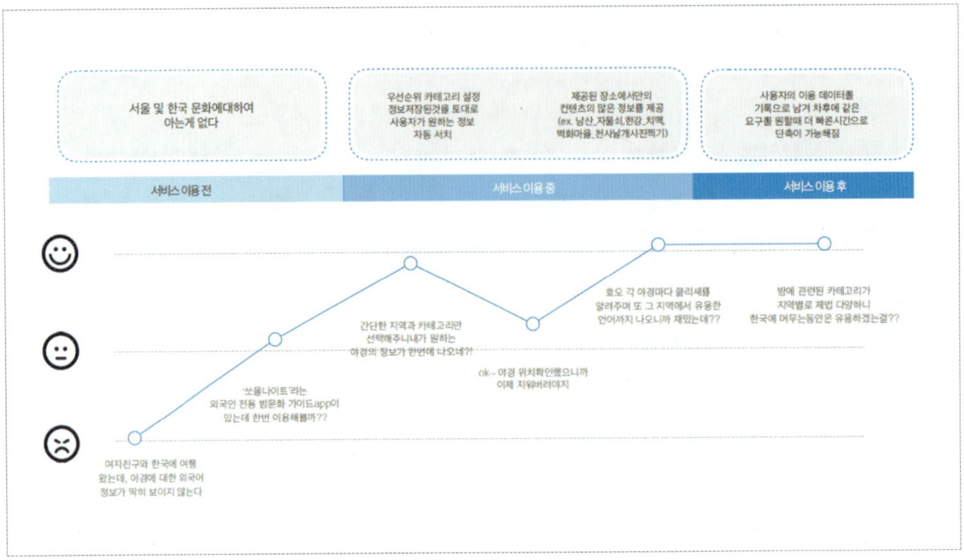

(c) 외국인을 위한 서울의 밤 문화 여행코스 제공 서비스

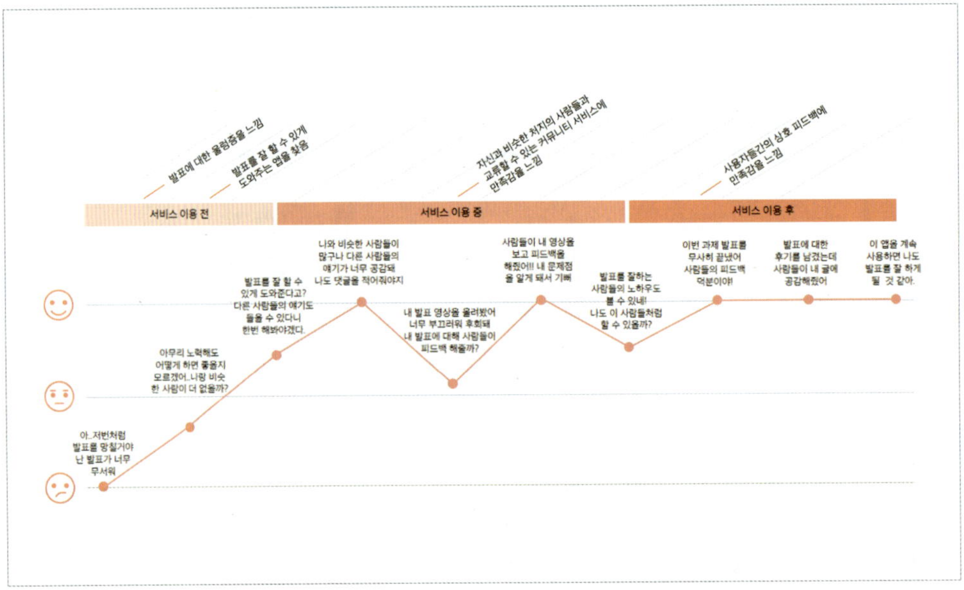

(d) 스피치 능력 향상 서비스

그림 6-18 **사용자 여정 지도**

SECTION
04 페르소나 모형

1 페르소나의 개념 및 활용

그림 6-19 페르소나 [16]

페르소나Persona는 제품이나 서비스 개발에 체계적으로 사용할 수 있는 형태로, 사용자를 모형화하여 실제 사용자의 유형을 대표할 수 있도록 창조된 가상의 인물을 의미하며, 1988년 비주얼 베이직Visual Basic의 아버지로 알려진 앨런 쿠퍼Alan Copper의 저서『정신병원에서 뛰쳐나온 디자인Inmates Are Running the Asylum』에서 처음 소개된 UX 디자인 방법이다. 페르소나의 어원은 그리스의 고대 연극에서 배우들이 쓰던 가면에서 나왔는데, 이는 '타인에게 비치는 외적 인격'을 의미한다. 재현에 의해 탄생한 페르소나는 특정 대상에게 투영되어 그 대상을 다시 객관적으로 바라볼 수 있게 해 준다. 또한 페르소나라는 허구의 캐릭터가 바라보는 세상을 구조화된 이야기로 구현할 수 있으며, 그 이야기 속에서 발생할 수 있는 정황을 근거로 다양한 상황을 예측할 수 있도록 하는 역할을 하게 된다.

UX 방법론에서 페르소나는 어떤 제품이나 서비스를 개발하기 위하여 시장, 환경, 사용자들을 이해하기 위해 사용된다. 페르소나는 특정한 상황과 환경 속에서 인물의 행동을 예측하기 위해 실제 사용자의 자료를 바탕으로 개인의 개성을 부여하여 만들어진다. 또한 페르소나는 가상의 인물을 묘사하고 인물의 배경과 환경을 설명하는 문서로 꾸며지는데, 가상의 이름, 목표, 평소에 느끼는 불편함, 해당 인물의 니즈 등으로 구성된다. 소프트웨어 개발, 가전제품 개발, 상호작용 디자인Interaction Design 개발 등의 분야에서 사용자 연구와 마케팅 전략 수립을 위한 자료로 많이 이용되고 있다.

2 페르소나 모형의 목적

페르소나 모형의 목적은 사용자의 행동 패턴 동기, 기대, 라이프 스타일과 같은 사용자 경험을 예측하는 것이기 때문에 가상의 인물일지라도 구체적으로 정의되어야 한다. 이러한 과정을 통해 사용자 중심의 설계가 가능하다. 페르소나 모형의 장점은 사용자 시각에서 바라보고 그들의 태도, 행위에 대한 구체적인 모습을 생생하게 구현해낼 수 있다. 무엇보다 페르소나 모형을 활용하면 사용자의 니즈와 욕구, 목표 달성을 극대화할 수 있는 방법을 모색할 수 있다. 또한, 빠른 시간 내에 최소 자원으로 사용자 분석이 가능하고 프로젝트 구성원들이 동일한 기준으로 의사결정을 할 수 있도록 도와주며, 일관된 소통의 도구로써 이용할 수 있는 장점이 있다. 반면, 개인에 초점이 맞추어져 있어 사회적 관계나 조직적인 관점을 자세히 분석하는 것이 어려우며, 기획자의 주관적인 해석이 가능하다는 단점이 있다.

3 페르소나 모형의 작성

페르소나 모형을 이용하여 사용자를 분석하는 순서는 다음과 같다.

❶ **기본 신상 정보 설정** : 사용자의 이름, 사진, 나이, 직업, 거주지 등 인구 통계학적 기본 신상 정보를 설정하는데, 이러한 정보는 매우 구체적일수록 좋다. 예를 들어, '서울에 거주하는 20대와 30대 여성'보다는 '서울 강남구에 거주하는 26세의 커리어 우먼'과 같이 구체적으로 설정하면 사용자의 콘텐츠 이용 동기와 기능 간의 격차를 줄일 수 있다. 또한, 리서치를 통해 타깃 사용자의 콘텐츠 이용 동기 이면의 상황들과 콘텐츠를 이용하면서 마주치게 될 상황을 예측해 보면 시나리오 작성에 도움이 된다.

❷ **매체 숙련도 작성** : 기본 신상 정보를 토대로 사용자의 매체(기술) 숙련도를 작성한다.

❸ **기타 신상 정보 작성** : 사용자의 취미, 성격, 개성, 라이프 스타일 등을 작성한다.

❹ **이용 동기 작성** : 사용자의 콘텐츠 이용 동기를 작성한다.

❺ **구어체 인용** : 사용자의 태도를 반영하는 말을 구어체로 인용한다.

❻ **가상 시나리오 작성** : 사용자가 콘텐츠를 이용할 때 예측되는 행동을 토대로 가상의 시나리오를 작성한다.

❼ **시나리오 분석** : 작성된 시나리오 분석 및 키워드를 도출하고 사용자의 니즈를 파악한다.

장민희 씨는 현재 수도권에 있는 백화점에서 판매 직원으로 일하고 있는 30대 초반의 기혼 여성이다.

결혼 전부터 백화점에서 일을 해왔고 영업시간의 특성상 사람을 만나기가 힘들어 지인들은 모두 백화점 내의 동료뿐이다.

바쁜 생활 탓에 동료들을 챙겨본 것도 백화점 내에서만 대충 해결한 탓일까, 결혼 후 친정을 챙기려다 보니 막막하기만 하다.

장민희

나이 : 32세
성별 : 여성
직업 : 백화점 판매직
수입 : 연 수입 3,000만+

태도
시부모님을 잘 챙겨드려서 점수를 얻고 싶어함. 일이 너무 바빠 일정 관리에 소홀해 질까 노심초사함. 친척들과 잘 지내고 싶음.

"일도 바쁜데 식구들 기념일까지 챙기려니 너무 힘드네요. 뭘 드려야 할 지 고민하는 것도 머리 아프고 적당한 걸로 골라서 주고 싶은데.. 다른 사람들은 어떻게 챙기는지 궁금해요. 친척이 많아 일일이 기념일 등록하기도 힘들어요."

사용자 니즈	다른 새댁들은 친정 식구들을 어떻게 챙기는지 궁금하다. 일이 바쁜 사람들을 위해 시간을 너무 오래 투자하지 않게 기념일에 맞는 상품 추천 서비스가 있으면 좋겠다. 초면에 이것저것 물어보기가 어색하므로 알아서 정보 등을 기록해 줬으면 좋겠다.
Business Goal	다른 사람들과의 공유 기능을 통해 정보를 교환하고, 일정에 등록된 키워드를 종합해 특정 상품 또는 행사 등을 소셜을 통해 자동으로 추천해 준다. 페이스북 등을 연동하여 주변 사람들의 기본 정보를 자동으로 입력되게 한다.

동기	시나리오	기능/콘텐츠	이용 행태
너무 많은 식구들로 인해 친해지기가 쉽지 않아 정보를 입력할 수 없음.	직접 물어보는 것이 어색하므로 SNS등을 타고 들어가며 정보를 따로 입력. 가까운 친척에게 물어봄.	페이스북이나 트위터등을 타고 들어가 검색.	기본적인 정보가 바탕이 되어 다음에 있을 만남에서 말 걸기가 좀 더 수월해 짐
기념일을 챙기고 싶어도 일이 너무 바빠 고민할 시간이 부족하여 관련 상품을 추천 받고 싶음.	관련 키워드를 검색하여 블로그 등의 추천을 받음. 비슷한 사람들이 모인 카페에 가입.	SNS(트위터, 페이스북), 네이버 지식 검색, 블로그 검색, 카페 가입.	가입한 카페나 지식인에 문의글을 올림. 검색을 통해 가장 많이 추천하는 상품으로 고름.
현재 잘 하고있는건지 궁금하고 다른 사람들은 어떤 일들을 겪는지 알고 싶어함.	비슷한 사람의 블로그를 방문하거나 카페에 가입하여 활동. 그곳에서 친해진 사람과 꾸준히 연락하기도 함.	블로그 방문, 카페 가입 및 활동, 그룹의 형성.	다양한 사례 및 참고사항을 공유할 수 있음. 공감대가 형성되어 꾸준히 활동.

(a) 페르소나 모형의 예 1

박민지 씨는 현재 수도권에서 중학교에 다니고 있는 10대 중반의 여성으로 청각장애인이다.

태어날 때부터 소리를 듣지 못하는 선천적 청각 장애인으로 음악을 유치원 교육과정에서 배운 것으로 처음 접하였다.

음의 고도를 느끼지 못해 리듬의 패턴이나 진동만을 이용하는 것이 음악을 느낄 방법의 전부이다.

음악과 자신이 관련이 없다고 생각하여 음악 수업을 적극적으로 참여할 수는 없지만, 음악 시간 후에는 심리적인 안정감을 얻는다

박민지

나이 : 15세
성별 : 여성
직업 : 중학생
수입 : 월 용돈 5만원

태도
음악이 자신과 관련 없다고 여기고 있어 음악 시간에 적극성을 띠지 않는다. 하지만 음악 시간 자체에는 흥미를 느끼고 있다.

"음악시간에는 흥이 나고 반 친구들과 하나 되는 것 같은 느낌이 들어 기분이 좋아져요. 하지만 소리를 듣지 못해서 그런지 음악은 저랑 관련 없다 느껴지기 때문에 그다지 음악 시간이 중요하게 느껴지지는 않아요."

사용자 니즈	음악을 느끼는 방법이 패턴과 진동을 이용한 것이 전부이기 때문에 패턴과 진동을 이용하여 음악을 표현했으면 좋겠다. 음표 길이를 조정하여 스스로 리듬을 느끼고 조정하는 기능과 친구들과의 쉐어 기능을 통해 친밀감을 느꼈으면 좋겠다.
Business Goal	음악이 자신과 관계 없다고 느끼는 점을 해소할 수 있도록 청각적인 부분을 제외한 감각을 이용한 서비스가 필요하다. 가장 감성적인 나이 대이며 또래 친구들과의 관계가 절대적인 영향을 미치는 만큼 타인과의 공유기능이 절대적으로 필요하다.

동기	시나리오	기능/콘텐츠	이용 행태
음악을 즐기고 싶어하지만 악보만으로는 리듬감의 구현이 어렵다는 것을 느낀다.	악보에 나타나는 음표의 높낮이 만을 통해 리듬감을 느끼고자 한다. 하지만 음의 고저를 모르므로 음표의 높낮이를 이용하여도 깨닫기 어렵다는 것을 느낀다.	Vedia player의 기능을 이용하여 리듬감 시각화	Vedia player같은 서비스를 이용 〉 음에 따른 깜빡임으로 박자를 알고 싶어함 〉 단순한 박자만 알 수 있다는 걸 느낌
친구들이 이야기하는 최신 음악에 대해 같이 이야기 하고 싶어한다.	친구들과 같이 이야기 하고 싶은 마음에 인터넷 서치를 이용하여 음악에 대한 정보를 습득하려 한다.	네이버 칼럼, 음악 사이트(엠넷, 멜론 등) 검색	인터넷 서치 〉 온라인 커뮤니티에 음악의 평가나 음악 평론가들이 쓴 글을 이용 〉 스스로는 알 수 없음을 깨달음
스스로 참여하여 자신만의 음악을 만들어보고 싶어한다.	북 등의 타악기의 울림을 이용하여 음악의 박자를 만든다. 타악기가 없을 시 스스로 하기 어렵다.	타악기를 이용한 진동	스스로 참여하고 싶다는 생각을 함 〉 강약의 박자를 직접 쳐보고 공명을 느낌 〉 나만의 소리 제작

(b) 페르소나 모형의 예 2

오서현 씨는 현재 서울에서 IT기업을 다니고 있는 20대 후반의 미혼 남성이다.

학창시절에는 운동장에서 친구들과 자주 축구를 즐겼지만, 취업 후 고향을 떠나 지내다 보니 시간도 안되고 아는 사람도 없어 축구를 못하고 있다.

자주 생겨나는 야근과 야식 때문에 생겨난 살 때문에 다이어트를 하고자 한다.

학창시절 추억을 되살려 축구로 다이어트 하고자 하지만, 소극적인 성격 때문에 말조차 걸지 못해 고민하고 있다.

오서현

나이 : 27세

성별 : 남성

직업 : 대학생

수입 : 연수입 2,500만+

태도

운동 커뮤니티 앱에 대한 요구.

거주지역 근처 공원에 대한 정보 필요.

모르는 사람들과의 소통에 대한 어려움 때문에 부담스럽지 않게 다가가길 원함.

"요즘 잦은 야근과 야식 때문에 살이 너무 쪄서 고민이에요. 학창 시절에는 그래도 학교 축구 짱으로 날리던 몸인데, 언제 이렇게 망가졌는지 모르겠네요.. 다시 축구 하면서 예전의 저를 찾고 싶은데 공원에서 축구하는 사람들에게 어떻게 다가가야 할 지 모르겠어요."

사용자 니즈	거주지역 근처에 있는 축구 운동장에 대한 정보를 얻고자 한다. 모르는 이들과 쉽게 어울려서 운동 할 수 있기를 원한다. 회사에서 퇴근하기 전 미리 약속 잡기를 원하고 가능하다면 꾸준한 만남으로 이루어지기를 원한다.
Business Goal	사용자의 거주지역을 중심으로 주변 운동 시설에 대한 정보를 제공한다. 또한 이용시간 이번에 사전 예약을 통해서 효율적인 시간 관리가 가능하도록 돕는다. 처음보는 사용자끼리의 소통이 원활할 수 있도록 사전 채팅 서비스를 제공한다.

동기	시나리오	기능/콘텐츠	이용 행태
자신의 건강을 위해 집 근처 운동장에서 축구를 하려 한다.	퇴근하는 길에 집 근처 운동장을 둘러보며 얼마나 사람들이 모이는지 확인한다. 인터넷 서핑을 통해 근처 괜찮은 운동 시설을 찾아본다.	직접 자신이 방문하여 실제 상황 조사, 인터넷 포털 사이트 검색, SNS에 글을 올리기.	인터넷 포털 사이트 검색을 통하여, 근처 괜찮은 운동장을 찾아본다. SNS 해시태그 검색
모르는 사람들과 운동하기 위해 소통하고자 한다.	소심한 성격 덕분에, 운동장에서 축구하는 사람들 주변을 서성이며 고민하고 또 고민하다가 오늘도 집으로 터벅터벅 걸어간다.	직접 자신이 방문하여 실제 상황 조사, 인터넷 포털 사이트 검색, SNS에 글을 올리기.	같이 운동할 사람을 찾기 위해 인터넷 포털 사이트나 SNS에 글을 올리며 사람을 찾기 위해 직접 뛰어다닌다.
퇴근하기 전 미리 운동 약속을 잡고자 한다.	운동 커뮤니티 사이트에 장소와 시간을 적어 글을 올리며 사람들의 자발적인 참여를 기다린다.	인터넷 포털, SNS에 게시물 작성	포털 사이트에 약속을 잡는 게시물 작성 후 기다림. SNS를 통하여 지인들과 약속잡기.

(c) 페르소나 모형의 예 3

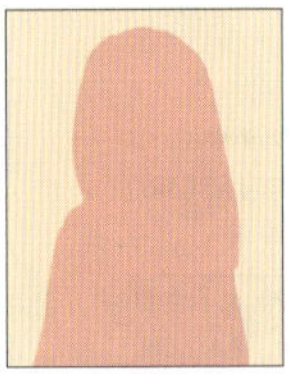

김은지 씨는 대학교에서 첫 과제 발표를 망친 후 발표 울렁증이 생겼다. 발표를 잘 하고 싶은 마음은 크지만 학원에 다니기엔 경제적으로 어려움이 있는 상황이다.

김은지 씨는 발표를 잘 하는 동기를 보고 부러움을 느껴 발표에 대한 질문을 하고 싶지만, 소심한 성격으로 물어보는 것을 두려워 한다.

그녀는 발표를 잘 하고 싶어하며 자신과 비슷한 처지인 사람들의 이야기를 듣고 공감하고 위로 받고 싶어한다.

김은지

나이 : 21세

성별 : 여성

직업 : 대학생

성격 : 소극적, 사회적

태도

대학교 입학 후 첫 발표를 완전 망쳐버린 기억 때문에 발표에 대한 울렁증이 생김. 그러나 학원에 다니기엔 경제적으로 어려운 상황이다. 학원에 다니지 않고도 자신과 비슷한 처지의 사람들의 이야기를 공감하며 발표 울렁증을 극복하고 발표를 잘하고 싶어함.

"대학교에 와서 했던 첫 발표를 망친 후부터 남들 앞에서 발표하는게 무서워졌어요. 그런데 개강하고 첫 과제부터 발표라니 너무 긴장되고 떨려요. 학원을 다니기엔 돈이 너무 많이 들고.. 나도 발표를 잘 하고 싶어요."

사용자 니즈	자신과 비슷한 처지인 사람들과 교류하며 발표 울렁증을 극복하고 싶어함. 발표를 잘 하는 방법에 대한 자료를 한 곳에서 쉽게 찾을 수 있기를 원함. 발표를 잘하는 사람들의 실제 발표 경험담과 노하우를 얻고 싶어함. 발표로 인한 긴장감을 효과적으로 완화하고 싶어함.
Business Goal	발표에 어려움을 느끼는 사람들을 위한 커뮤니티를 제공하여 서로 교류하며 공감하고 발표에 대한 어려움을 완화 시켜 준다. 발표 울렁증에 도움이 되는 서비스를 제공한다.

동기	시나리오	기능/콘텐츠	이용 행태
발표 울렁증으로 인한 긴장감을 완화하고 마음에 안정을 주고싶어함.	발표 전 긴장되는 마음을 가라앉히기만 쉽지가 않다. 머릿속이 백지처럼 새하얗게 변하고 패닉 상태에 빠지게 된다.	긴장 완화 서비스	발표 전 후에 긴장감을 완화 시킬 수 있는 긴장 완화 서비스를 이용하여 심호흡과 명상을 한다.
자신과 비슷한 처지의 사람들과 교류하며 공감하고 위로 받고 싶지만 사람들을 모으기가 쉽지 않음	홀로 발표를 잘하기 위하여 노력하니 외롭고 재미도 없다. 뿐만 아니라 자신이 잘 하고 있는건지 객관적으로 봐주고 피드백 해주는 사람이 필요하다 느낀다. 그러나 그런 커뮤니티를 찾기가 어렵다.	커뮤니티를 통한 사용자들 간의 상호 피드백 서비스 / 경험 공유 및 공감하기	발표에 대한 경험을 글로 작성하고 공감되는 글에 공감하기를 누르고, 자신의 영상을 올려 다른 사용자들의 피드백을 받는다.
발표를 잘 하는 사람들에게 도움을 요청하고 싶지만 주변에 발표를 잘 하는 사람을 찾기가 어려움	발표를 잘 하는 사람들에게 도움을 얻고 싶지만 어떠한 기준으로 그런 사람들을 찾아야 하는지 모르겠다.	발표왕들의 발표 노하우 전수 서비스	객관적인 기준으로 선발되고 검증된 발표를 잘하는 사람들의 발표 경험담과 노하우를 보며 자신에게 활용한다.

(d) 페르소나 모형의 예 4

그림 6-20 페르소나 모형의 작성 예

요약

1. 사용자 분석

상호작용을 기반으로 하는 디지털 콘텐츠를 설계할 때 반드시 포함되는 중요한 과정으로, 프로젝트의 시작에서 종료까지 반복적이면서 지속적으로 이루어져야 한다.

2. 인터뷰

인터뷰어가 특정한 목적을 가지고 인터뷰 대상자를 통해 정보를 수집하는 일을 말한다.

- **종류** : 대면 인터뷰, 전화 인터뷰, 서면 인터뷰, 이메일 인터뷰, 화상 인터뷰
- **인터뷰 진행 프로세스** : 개시 → 질문 → 마무리
- **조사** : 다수의 사용자에게 조사자가 필요로 하는 사항에 대한 동일한 질문을 제시하여 그 회답이나 의견을 조사 대상자가 스스로 응답하는 방식을 말한다.
- **심층 인터뷰** : 일대일 면접을 통해 사용자의 욕구, 행동, 태도, 인식, 심리를 파악하는 리서치 방법이다.
- **포커스 그룹 인터뷰** : 표적 집단 심층 인터뷰로, 질의와 응답이 일대일로 이루어지는 심층 인터뷰와 구별된다.

3. 에스노그래피 조사

현지 조사를 의미하며, 실제 환경에서 대화와 실눈을 바탕으로 조사 대상자와의 상호작용을 통해 그 사람의 행동, 신념, 선호 등을 상세하고 깊이 있게 관찰하는 질적 분석의 전통적인 조사 방법을 말한다.

- **섀도 트래킹** : 근접 추적 관찰 방법의 하나로, 사용자를 그림자처럼 따라다니며 이용 행태를 기록하거나 사진을 촬영하여 관찰하는 기법이다.
- **타운 와칭** : 사용자가 주로 이동하는 거리, 장소, 공간을 관찰하는 방법이다.
- **포켓 스토리** : 사용자의 몸에 지니고 있는 물건이나 평소 들고 다니는 소지품을 기록하는 방법이다.
- **비디오 에스노그래피** : 사용자에게 미리 동의를 구한 후, 주로 이용하는 공간에 카메라를 고정시켜 평소 사용자의 이용 행태를 녹화하는 방법이다.
- **유저 다이어리** : 사용자에게 미리 정해진 포맷의 다이어리를 나누어 주고 일정 기간 동안 일기 형태의 일지를 작성하게 하는 방법이다.

요약

- **포토 다이어리** : 사용자가 콘텐츠를 이용할 때 발생하는 다양한 상황들을 특정 시간이나 간격을 통해 사진을 찍어 기록하게 하여 서비스의 이용 동기, 경로, 행위를 파악하는 사용자 맥락 분석 방법이다.
- **홈 비지팅** : 조사자가 직접 사용자의 집을 방문하여 사용자의 사적 공간인 집 안에서 서비스를 사용하는 방식이나 이용 행태에 대한 정보를 얻는 방법이다.
- **아이 트래킹** : 뉴로 리서치 방법 중 하나로, 특수 장비를 이용하여 사용자의 시선을 추적하는 방법이다.
- **사용자 여정 지도** : 사용자가 제품이나 서비스를 이용하는 과정을 순차적으로 나타내어 사용자 경험을 추적하고 시각화하기 위해 사용하는 방법이다.

4. 페르소나 모형

- **페르소나** : 제품이나 서비스 개발에 체계적으로 사용할 수 있는 형태로, 사용자를 모형화하여 실제 사용자의 유형을 대표할 수 있도록 창조된 가상의 인물을 의미한다.
- **페르소나 모형** : 핵심 사용자층에 속하는 사용자의 행동 패턴과 동기, 기대 및 라이프 스타일과 같은 사용자 경험(UX)을 예측하는 것이기 때문에 비록 가상의 인물일지라도 구체적이고 자세하게 정의되어야 한다. 이러한 과정을 통해 사용자 중심의 설계가 가능하다.

실습 과제

사용자 여정 지도 작성하기 다음의 양식을 이용하여 특정 서비스에 대한 사용자 여정 지도를 작성해 보자.

팀 :	이름 :	서비스 :

서비스 이용 전	서비스 이용 중	서비스 이용 후

실습 과제

페르소나 모형 분석을 통한 사용자 정의하기 다음의 샘플을 참고하여 페르소나 모형을 작성하고 사용자를 정의해 보자.

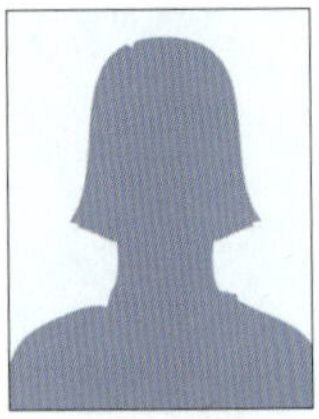

최윤정 씨는 35세의 1년 전에 결혼해 남편과 강아지 1마리와 함께 살고 있다. 처음 키우는 강아지라서 많이 서툴지만 남편이 직장에 나가면 반려견과 함께 산책도 나가고 놀러 다닐 때가 많다. 그럴 때 다른 강아지들을 만나면 꼬리치며 좋아하는 것을 종종 목격하게 된다. 그럴 때마다 그녀는 혼자 키우는 반려견이 종종 혼자 심심해 보이는 것 같아 친구를 만들어 주고 싶다.

최윤정

나이 : 35세
성별 : 여성
직업 : 주부
수입 : *

태도
강아지와 함께 있는 시간들이 즐겁다. 하지만 가끔 나가 다른 강아지들을 반기는 것을 보면 혼자 키우는 강아지가 외로워하는 것 같아 한 마리를 더 키워야하나 고민이지만 현실적으로 부담스럽다. 또한 남편과의 여행 중 반려견을 맡길 곳이 필요하다.

"강아지 한 마리를 키우면서 저는 즐겁지만 강아지는 외로워할 때가 많은 것 같아요. 한 마리를 더 키우는 것은 현실적으로 부담스럽지만 친구들을 만들어 주고 싶어요. 여행 중에도 마음 편하게 맡길 수 있으며 친구들과의 시간을 보낼 수 있을까요?"

사용자 니즈	혼자 자라는 강아지이기 때문에 주인 말고는 딱히 친구가 없다. 여행 중 다른 곳에 맡길 때에는 더욱 외로워 한다. 종종 만나서 강아지가 즐겁게 놀 수 있는 친구들이 있었으면 좋겠다. 산책이나 놀이를 함께 할 수 있는 친구를 만들어 주면 좋겠다.
Business Goal	사용자 그룹은 한 마리의 강아지를 키우는 주부이다. 남편과의 여행에서는 맡겨둘 곳이 필요하며, 강아지가 외롭지 않게 친구들을 만들어 주고 싶다. 처음 키우는 강아지이다 보니 서툰 점을 많이 알려주고 정보를 공유할 수 있게 해 준다.

동기	시나리오	기능/콘텐츠	이용 행태
강아지가 혼자만 노는 시간을 줄여 주고 싶다.	혼자 심심해 하는 반려견에게 게스트하우스에 가서 다른 많은 친구들을 만날 수 있게 해 준다.	다른 강아지 친구들을 만나게 해 준다.	게스트하우스에서 다른 강아지들을 만나서 놀게 하고 또한 다른 강아지들의 주인들과 만나 많은 정보들을 공유한다.
처음 키우는 거라 서툰 점들에 대해 많은 것들을 알려주는 사람이 필요하다.	처음 키워보는 강아지이기 때문에 모르는 점이 많아서 물어 볼 곳이 필요하다.	게스트하우스 멘토링 및 상담 서비스를 받는다.	강아지에게 잘못 하는 점들, 모르는 점들에 대해서 상담할 수 있고 시기에 맞는 교육 또한 멘토링 받을 수 있다.
남편과의 여행 중에는 맡길 곳이 필요하다.	남편과 휴가를 맞아서 여행을 가려고 하는데 맡길 곳이 마땅히 없다.	게스트하우스 숙박 서비스, 실시간 영상 서비스, 픽업 서비스를 받는다.	다른 친구들과 놀게 하면서 맡길 수 있게 해준다. 또한 여행에 가서도 실시간 서비스로 반려견을 볼 수 있으며, 귀국일에는 픽업 서비스로 시간 맞춰 반려견을 집에서 볼 수 있다.

PART 03

환경 분석

PART 03

변화하는 시장의 다양한 상황을 예측하기 위해서는 정확한 정보 수집이 요구되는데, 이를 위해 환경 분석이 필요하다. 환경 분석이란 현재 상황을 판단하고 적절한 전략적 대응 방안을 마련하기 위해 시장의 크기를 측정하고 시장의 특성을 조사하는 일련의 활동을 의미한다. PART 03에서는 제품이나 서비스의 마케팅 목표와 전략을 수립할 수 있도록 필요한 정보를 수집하고, 거시/미시 환경 분석 방법, 그리고 클라이언트 니즈 분석, 프로젝트 예산 및 일정 수립 등 조사 보고서 작성을 위해 고려해야 할 요인에 대해 알아본다.

CHAPTER 07

정보 수집

PREVIEW

다양한 정보와 자료는 시장에 대한 동향과 이슈를 파악하는 데 매우 중요한 역할을 한다. 만약, 이러한 흐름을 파악하지 못한다면 프로젝트의 전략 수립이 어려워지기 때문에 기획자는 서비스에 대한 본질적인 고민과 더불어 평소에 시장 환경에 대해 리서치하는 습관을 들여야 한다. 이번 장에서는 체계적인 시장 조사와 정보 수집을 통해 미래의 불확실성을 제거하고 잠재적 수요를 예측할 수 있는 다양한 정보 수집 방법에 대해 알아본다.

SECTION

01 정보 수집의 이해

1 정보 수집의 원칙

정보를 수집할 때는 조사를 통해 알고자 하는 정보의 명확한 범위가 필요하다. 또한, 정보를 분석할 때는 누락되는 정보를 방지하기 위해 많은 정보를 수집하고 수집되는 정보를 바탕으로 선부른 결론에 도달하지 않도록 주의해야 한다.

표 7-1 정보 수집의 원칙

구성 요소	원칙
필요성	무엇을, 왜 알고자 하는지 설정한다.
수집 범위	어디까지 수집할 것인지 설정한다.
출처	어디에서 수집할 것인지 설정한다.
정확성	매체 별로 정확한 출처를 확인한다.
보안성	비밀을 유지한다.
신선도	최대한 최신의 정보를 수집한다.
정보망	다수의 정보 제공자를 확보한다.
현장 중시	직접 찾아다니며 정보를 획득한다.
메모	정보는 반드시 기록하고 스크랩한다.
정보 유도	질문의 역량을 강화한다.
판단력	정보를 이해하는 능력을 길러야 한다.
수신기	다양한 견해를 경청한다.
정보 장비	웹, 이메일, 전화 등 다양한 매체를 활용한다.
적극성	정보를 찾고자 하는 열의를 보인다.
대인관계	정보 수집에는 타인의 협조가 필수적이다.
종합력	부분적인 것도 추구한다.

구성 요소	원칙
객관성	숫자에 현혹되지 않는다.
도전성	수집 불가능한 정보가 더 중요하다.
정직성	정보를 왜곡하지 않는다.
생산성	효율적인 정보 수집 방법을 강구한다.

2 정보 수집 방법

정보를 수집하는 방법에는 다양한 기법이 있는데 해당 내용은 다음과 같다.

- 구글 등 검색 서비스를 활용한 인터넷 검색
- 다양한 장르의 미디어 기사 분석
- 소셜 네트워크 서비스 분석
- 블로그나 사설을 통한 업계 전문가의 의견 경청
- 정부 및 민간 기관에서 발행하는 보고서 등 온라인 매체 활용
- 관찰, 인터뷰, 비즈니스 트렌드 잡지 및 도서 등 오프라인 매체 활용

다음 [표 7-2]와 같이 정보 수집 방법은 온라인 매체를 이용하는 방법과 오프라인 매체를 이용하는 방법으로 분류할 수 있다. 오프라인 매체를 이용한 정보 수집은 인터뷰, 에스노그래피 조사 등 6장에서 상세하게 설명하였기 때문에 이번에는 온라인 매체를 이용한 정보 수집에 대해 자세히 살펴보겠다.

표 7-2 정보 수집 방법

온라인 매체	실질적 의미
• 인터넷 검색 • 소셜 네트워크 서비스 분석 • 분석, 통계 • 학술자료 • 정부 및 민간 기관 보고서	• 관찰, 인터뷰 • 포커스 그룹 인터뷰 • 설문 조사 • 신문기사, 비즈니스 트렌드 잡지 • 도서

3 온라인 매체를 이용한 정보 수집

온라인 매체를 이용하여 정보를 수집하는 방법은 매우 다양하지만, 주로 인터넷 검색이나 소셜 네트워크 서비스SNS를 이용한다. 특히, 가장 대표적인 인터넷 검색 방법은 구글Google이나 네이버Naver와 같은 인터넷 포털 사이트를 이용한 검색 방법이며, 이 방법이 가장 기본적인 정보 수집 방법이라고 할 수 있다.

(a) 구글 (b) 네이버

그림 7-1 **대표적인 인터넷 검색 사이트, 구글과 네이버**

구글을 이용한 정보 수집

구글을 이용하여 효과적으로 정보를 수집하는 방법에 대해 알아보자.

■ **반드시 포함될 문장이나 단어 지정**

반드시 찾고 싶은 문장이나 단어가 있다면, 큰 따옴표(" ")를 넣어 검색하면 된다. 수많은 검색 결과 중 검색어와 관련 없는 결과가 뒤섞여있는데, 이 기능은 해당 단어를 반드시 포함한 검색 결과만을 보여준다. 예를 들어, 'iot'를 반드시 포함하여 검색하고자 할 때는 큰 따옴표를 붙여 검색창에 "iot"를 입력하여 검색하면 된다.

그림 7-2 **반드시 포함될 문장이나 단어 지정**

■ 제외할 문장이나 단어 지정

제외할 문장이나 단어 앞에 마이너스- 부호를 입력해 주면 해당 단어를 제외한 검색 결과를 보여준다. 예를 들어, 'iot'에 관한 검색 결과 중 'lg'를 제외할 경우 검색창에 'iot -lg'를 입력하여 검색하면 된다.

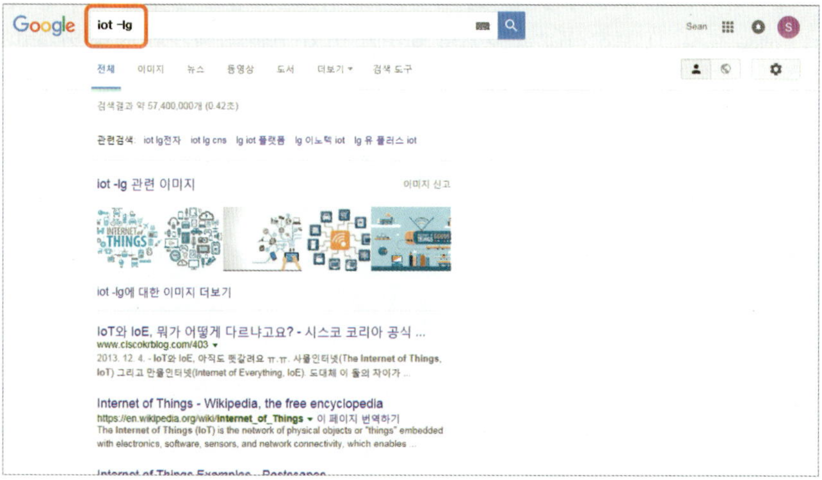

그림 7-3 **제외할 문장이나 단어 지정**

■ 포함할 문장이나 단어 지정

포함시킬 문장이나 단어 앞에 or를 넣어주면 해당 단어를 포함한 검색 결과를 보여준다. 예를 들어, 'iot'와 'LG', '사물인터넷'에 관한 검색 결과를 원한다면 검색창에 'iot or LG or 사물인터넷'을 입력하여 검색하면 된다.

그림 7-4 **포함할 문장이나 단어 지정**

■ 유의어 검색

해당 검색어와 유사한 의미를 가진 자료를 검색할 때에는 문장이나 단어 앞에 '~'을 입력하면 된다. 예를 들어, '사물인터넷'과 유사한 의미를 가진 자료를 검색할 때는 검색창에 '~사물인터넷'을 입력하여 검색하면 된다.

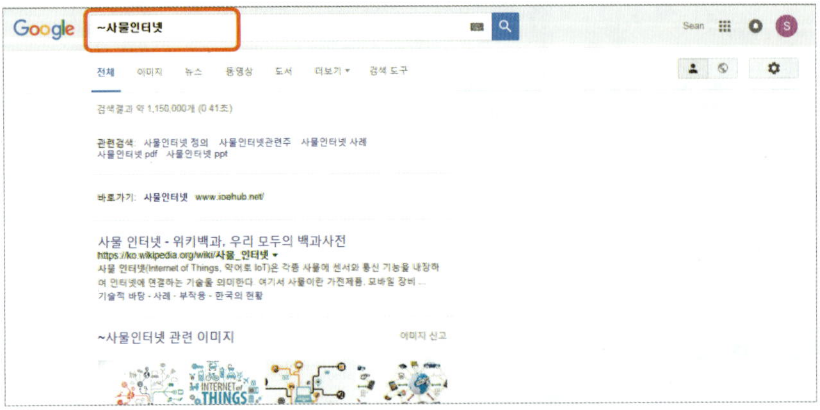

그림 7-5 **유의어 검색**

■ **단어의 정의 검색**

찾고자 하는 단어의 정의를 검색하고자 할 때는 검색어 앞에 'define:'을 입력한다. 예를 들어, '사물인터넷'의 정의를 알고 싶다면 검색창에 'define:사물인터넷'을 입력하여 검색하면 된다.

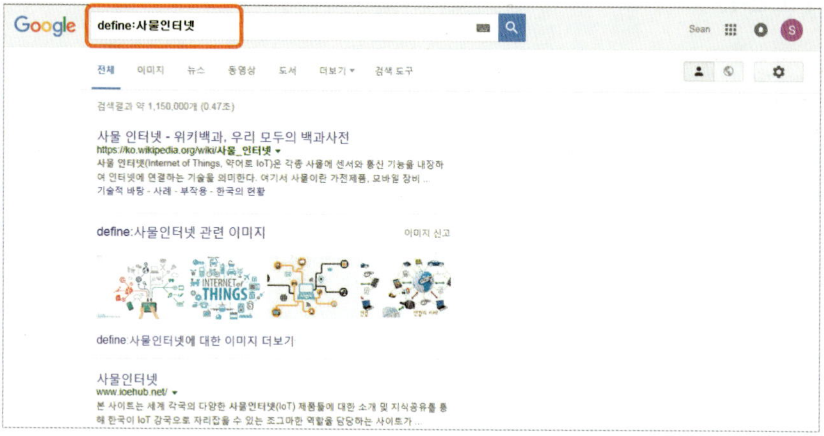

그림 7-6 **단어의 정의 검색**

■ **검색 범위 지정**

검색 범위를 지정하고 싶다면, 검색창에서 숫자와 숫자 사이에 '..'을 입력하면 해당 숫자 범위 사이의 결과를 보여준다. 예를 들어, 2014~2015년도의 'iot'에 관한 검색 결과가 궁금할 경우에는 '"iot" 2014..2015'를 입력하여 검색하면 된다.

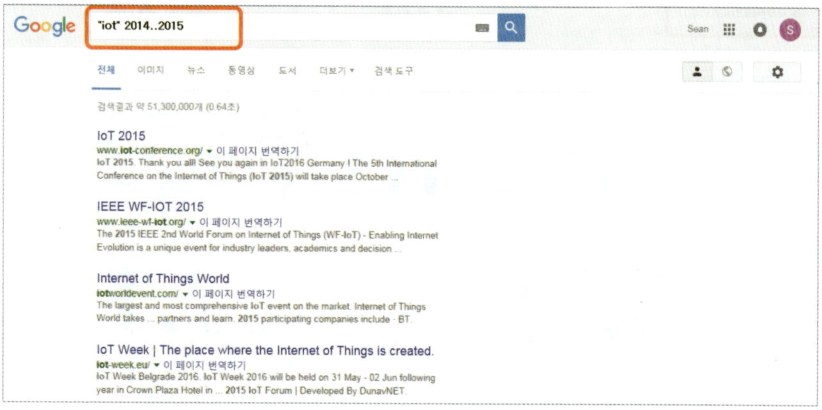

그림 7-7 **검색 범위 지정**

■ **제목 검색**

제목에 해당 키워드가 포함된 검색 결과만 나타내려고 할 때는 'intitle:'을 입력한 후, 찾고자 하는 단어를 검색하면 제목에 해당 키워드가 포함된 검색 결과만 나타난다. 예를 들어, 제목의 키워드에 'iot'가 포함된 검색 결과를 나타내고자 한다면, 'intitle: "iot"'를 입력하여 검색하면 된다.

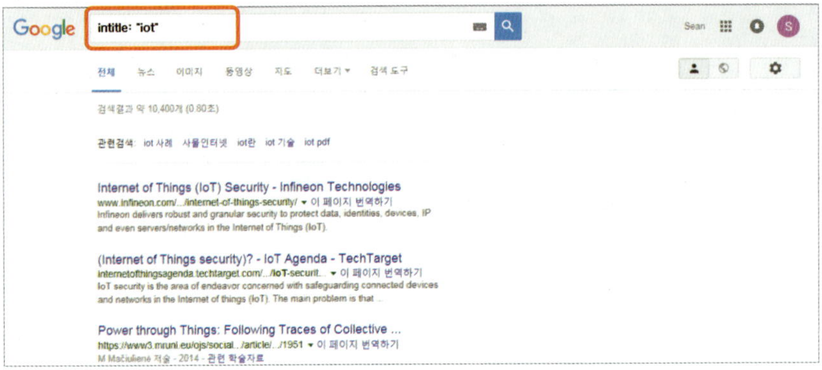

그림 7-8 **제목 검색**

■ **특정 사이트에서의 검색 결과만 검색**

특정 사이트에서의 검색 결과만 검색하기를 원한다면 특정 사이트 주소 앞에 'site:'를 입력하고, 뒤에는 ':'와 키워드를 입력한다. 예를 들어 전자신문 웹 사이트에서 제공하는 'iot' 관련 이미지만 검색할 경우에는 'site:etnews.com: iot'와 같이 입력하여 검색하면 된다.

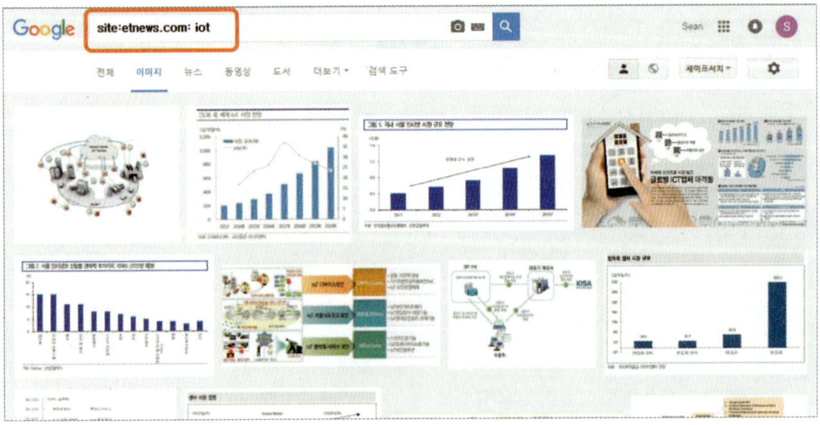

그림 7-9 **특정 사이트에서의 검색 결과만 검색**

■ 특정 파일 형태의 검색 결과만 검색

특정 파일 형태의 검색 결과만 검색하고자 할 때는 검색어 앞에 'filetype:'을 입력해 주면 해당 형태의 파일만 검색 결과로 보여준다. 예를 들어, '사물인터넷'과 관련된 pdf 파일만 검색하고 싶을 경우에는 'filetype:pdf 사물인터넷'을 입력하여 검색하면 된다.

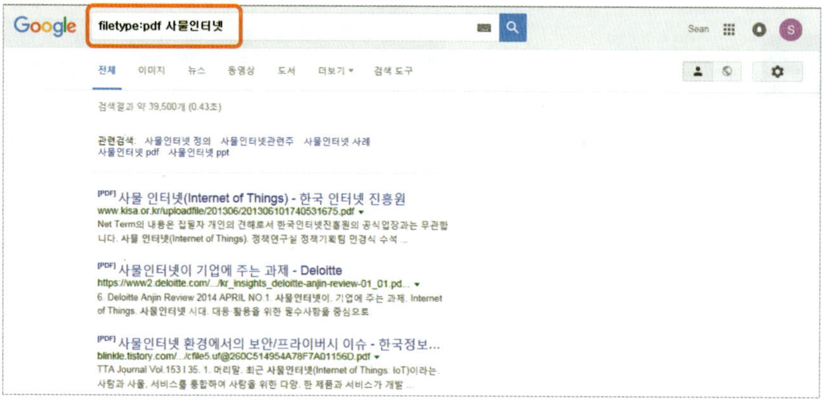

그림 7-10 **특정 파일 형태의 검색 결과만 검색**

■ 빈자리를 채운 결과 검색

문장 사이에 별표(*)를 입력하면 빈자리를 채운 결과가 검색된다. 예를 들어, 마샬 맥루한Marshall McLuhan의 이론이 궁금한데 단어가 잘 생각이 나지 않을 경우에는 'Marshall McLuhan * 이론'이라고 입력하여 검색하면 된다.

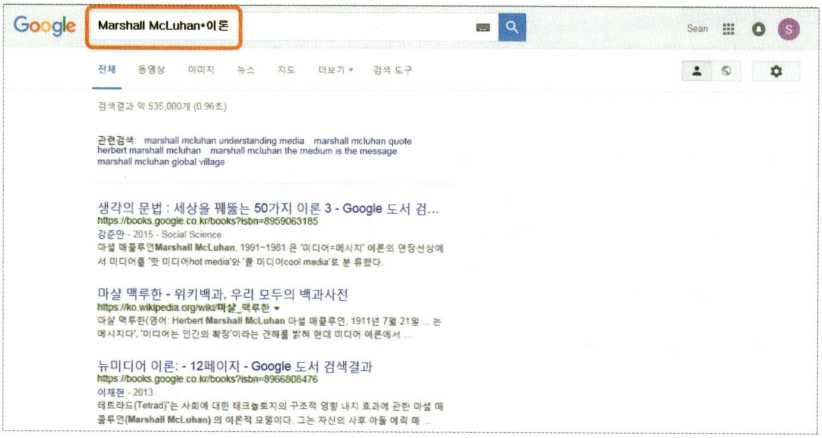

그림 7-11 **빈자리를 채운 결과 검색**

여기서 잠깐 구글 알리미

구글 알리미를 활용하면 원하는 분야의 기사를 주기적으로 받아볼 수 있다. 방식은 해당 키워드를 입력하고 검색 결과 하단의 '알림 만들기' 설정을 이용하면, 수신 빈도, 출처, 언어, 지역 등 다양한 분야의 새로운 콘텐츠를 받아볼 수 있다.

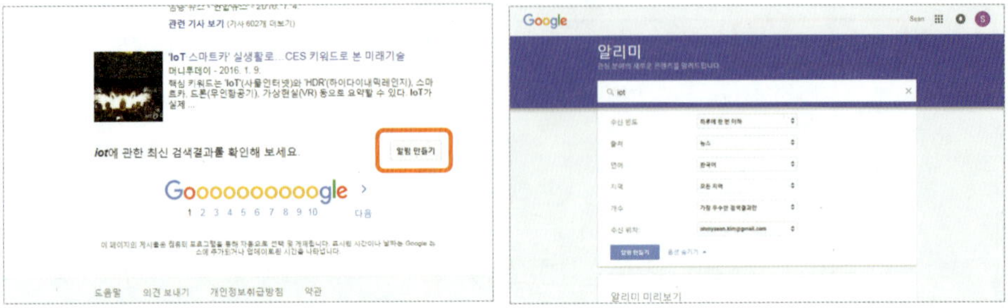

그림 7-12 **구글 알리미 활용**

여기서 잠깐 Google에서 검색하는 방법 [01]

Google에서 검색하는 방법에 대해 알아보자. 다음의 내용은 'Google 검색 고객센터'에서 발췌한 것이다.

팁 1 : 기본적인 내용으로 시작하세요

찾고 있는 내용이 무엇이든 가까운 공항과 같이 간단한 검색어로 시작하세요. 그런 다음 언제든지 수식어를 더할 수 있습니다.

특정 지역의 장소나 제품을 찾는 경우 남영동 빵집과 같이 위치를 추가합니다.

팁 2 : 음성으로 검색하세요

입력하기가 귀찮으신가요? 음성으로 검색하려면 "Ok Google"이라고 말하거나 마이크를 선택합니다. 음성 검색 방법을 자세히 알아보세요.

팁 3 : 단어를 신중하게 선택하세요

검색창에 입력할 단어를 결정할 때 찾고 있는 사이트에 있을 것 같은 단어를 입력해 보세요. 예를 들어 머리가 아픔보다는 의료 관련 사이트에서 사용할 법한 단어인 두통을 입력합니다.

팁 4 : 사소한 것에 신경쓰지 마세요

- 철자 : 틀리게 써도 Google 맞춤법 검사기가 가장 많이 쓰이는 철자로 자동 변환해 줍니다.
- 대문자 표기 : New York Times에 대한 검색결과는 new york times에 대한 검색결과와 동일합니다.

팁 5 : 빠른 답변을 찾으세요

대체로 Google은 검색결과에 사용자가 원하는 답변을 바로 보여줍니다. 하지만 스포츠팀 정보와 같이 일부 지역에서만 제공되는 정보도 있습니다.

- 날씨 : 현재 위치의 날씨를 알고 싶다면 날씨라고 검색합니다. 또는 시애틀 날씨와 같이 도시 이름을 추가해서 다른 지역의 날씨를 알아볼 수도 있습니다.
- 사전 : 단어의 뜻이 궁금하면 단어 뒤에 의미를 입력합니다.
- 계산 : 3 * 9123과 같은 수식을 입력해 답을 보고 복잡한 방정식을 입력해 그래프를 확인합니다.
- 단위 변환 : 3달러/유로와 같이 단위 변환 검색어를 입력합니다.
- 스포츠 : 스포츠팀의 이름을 검색하여 경기 일정, 점수 등을 확인합니다.
- 요약 정보 : 유명인사, 장소, 영화나 노래 이름을 검색하여 관련 정보를 확인합니다.

네이버를 이용한 정보 수집

국내 최대 포털 사이트인 네이버를 이용하면 다양한 정보 수집이 가능하다. 특히, 네이버의 '뉴스스탠드'의 경우, 구독하고자 하는 뉴스 매체를 설정해주는 개인화 서비스를 통해 관심 분야의 뉴스만 따로 모아보는 유용한 기능이다.

그림 7-13 네이버의 MY뉴스

여기서 잠깐 네이버 상세검색 활용 방법 [02]

네이버 상세검색 활용 방법에 대해 알아보자. 다음의 내용은 '네이버 고객센터'에서 발췌한 것이다.

상세검색은 사용자가 원하는 검색 조건을 스스로 설정하여, 찾고자 하는 정보를 더 빠르고 쉽게 찾을 수 있도록 하는 기능입니다. 대부분의 경우에는 기본검색(그린윈도우 검색창)으로 충분하지만, 검색결과를 좁히거나 조정하고 싶으실 때 상세검색을 이용해 보세요. 블로그, 카페, 지식iN, 뉴스, 웹문서, 사이트, 이미지, 동영상, 전문정보, 책본문, 뉴스라이브러리 등의 검색결과에 적용되며 어학사전, 지식백과, 음악, 실시간검색 등 일부 검색결과에서는 상세검색 조건이 적용된 검색결과를 제공하지 않습니다.

1. 상세검색 사용법

네이버 검색결과에서 검색옵션의 '상세검색' 을 클릭하면 상세검색 창이 열리며 상세검색 창은 다음과 같이 구성되어 있습니다.

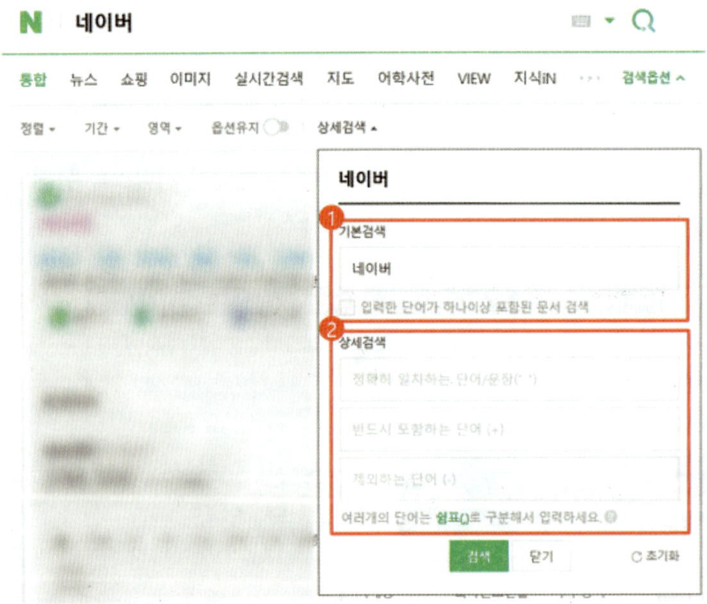

그림 7-14 **상세검색 사용법**

① 기본검색

기본 검색어를 입력하는 창입니다. 입력한 검색어 중 하나라도 포함된 검색결과를 얻고 싶으실 때에는 기본검색 창 하단의 체크박스(OR 방식으로 검색)를 체크해 주세요.

② 상세검색

기본검색의 결과 범위를 줄이고자 할 때 사용하며, 아래와 같은 조건으로 결과 범위를 줄일 수 있습니다. 조건별로 2개 이상의 단어를 입력하실 때에는 쉼표(,)로 구분해 주세요.

상세검색 연산자는 "", +, -, | 4가지가 지원됩니다. 기존 Boolean 연산자(&, ! 등)를 혼용하여 사용할 경우, 상세검색결과가 제공되지 않을 수 있습니다.

* 정확히 일치하는 단어/문장(연산자 "") : 입력한 단어/문장이 변형 없이 입력된 순서대로 정확하게 일치하는 단어/문장을 검색하라고 조건을 설정하는 것입니다. 상세검색 창을 이용하지 않더라고 검색창에서 정확히 일치하는 단어/문장을 큰따옴표("")로 묶어 주신 후 검색하셔도 동일한 결과를 얻을 수 있습니다. 동일한 조건의 기존 Boolean 연산자도 큰따옴표("")입니다.

* 반드시 포함하는 단어(연산자 +) : 입력한 단어를 모두 포함하는 문서를 검색하라고 조건을 설정하는 것입니다. 반드시 포함할 단어 바로 앞에 +기호(+와 단어 사이에 공백이 없어야 함)를 입력한 후에 검색하셔도 동일한 결과를 얻을 수 있습니다. 동일한 조건의 기존 Boolean 연산자는 & 입니다. 앞으로는 +기호로 사용해 주세요.

* 제외하는 단어(연산자 –) : 입력한 단어가 포함된 문서는 검색결과에서 제외하라는 조건을 설정하는 것입니다. 제외할 단어 바로 앞에 -기호(–와 단어 사이에 공백이 없어야 함)을 입력한 후에 검색하셔도 동일한 결과를 얻을 수 있습니다. 동일한 조건의 기존 Boolean 연산자는 ! 입니다. 앞으로는 -기호로 사용해 주세요.

* 입력한 단어가 하나 이상 포함된 문서(연산자 |) : 입력한 단이 중 하나라도 포함된 문서를 검색하라는 조건을 설정하는 것입니다. 기호는 기본검색 단어에 대해서만 연산자로 인식하며 기본검색 단어 일부만 | 연산자 조건을 줄 수는 없습니다. 동일한 조건의 기존 Boolean 연산자도 | 기호로 동일합니다.

③ 검색어 미리 보기

기본검색 단어와 상세검색 조건을 설정한 검색어를 미리 확인할 수 있습니다.

2. 상세검색 안내 문구

상세검색 조건을 설정하여 검색하거나, 연산자를 사용한 검색어로 검색할 경우 아래와 같이 상세검색 안내문구가 노출됩니다.

그림 7-15 **상세검색 안내 문구**

상세검색 조건을 위와 같이 안내문구로 풀이하여 제공해 드리오니, 검색결과 내용을 보실 때 참고해 주세요.

단, 상세검색 조건을 설정한 검색어에 청소년유해단어를 포함하고 있으면 상세검색 결과는 제공되지만 상세검색 안내문구는 제공되지 않습니다. 상세검색 안내문구 대신에 성인 안내문구가 노출됩니다.

상세검색 조건을 해제하고 일반검색 결과를 보기를 원하시면 상세검색 안내문구 끝에 있는 '일반검색 결과보기' 링크를 클릭해 주세요.

3. 상세검색 예제

다음은 상세검색 조건을 설정한 사례이니, 참조하세요.

* 라면을 맛있게 끓이는 방법을 찾고자 하는데, 얼큰한 맛이 나도록 하되 재료에서 치즈는 빼고 끓이고 싶다면?

'라면' 검색결과에서 '맛있게 끓이는' 단어가 순서대로 정확히 일치하고, '얼큰'이라는 단어는 꼭 포함되고, '치즈'라는 단어는 포함되지 않는 문서를 검색하라고 조건을 설정하시면 원하시는 검색결과를 얻으실 수 있습니다.

* 김연아의 올림픽 영상이 아닌 세계선수권 동영상을 찾고 싶다면?

'김연아' 검색결과에서 '세계선수권 동영상' 단어가 순서대로 정확히 일치하고 '올림픽' 단어는 포함되지 않는 문서를 검색하라고 조건을 설정하시면 됩니다.

페이스북을 이용한 정보 수집 방법

최근에는 소셜 네트워크 서비스를 정보 수집의 도구로 많이 활용하고 있으며, 대표적으로 페이스북Facebook이 있다. 페이스북에서 관심 분야의 그룹 가입으로 관련 뉴스나 이슈를 뉴스피드나 알림을 통해 실시간으로 받아보고, 스크랩 및 공유하면 쉽게 정보 수집이 가능하다.

그림 7-16 **페이스북 활용**

여기서 잠깐 무료 보고서 제공 웹 사이트

① 한국인터넷진흥원(http://www.kisa.or.kr) : 국내외 최신 인터넷 및 정보 보호의 이슈와 동향을 체계적으로 정리한 정책 총서 발간을 통해 공신력 있는 정책 기초 자료를 제공한다.

그림 7-17 한국인터넷진흥원

② 통계청 국가통계포털(http://www.kosis.kr) : 통계청에서 운영하는 사이트로, 사용자의 추이나 사업군 밀집도를 조사할 경우에 유용하며 각 분야의 통계 자료들을 쉽게 확인할 수 있다.

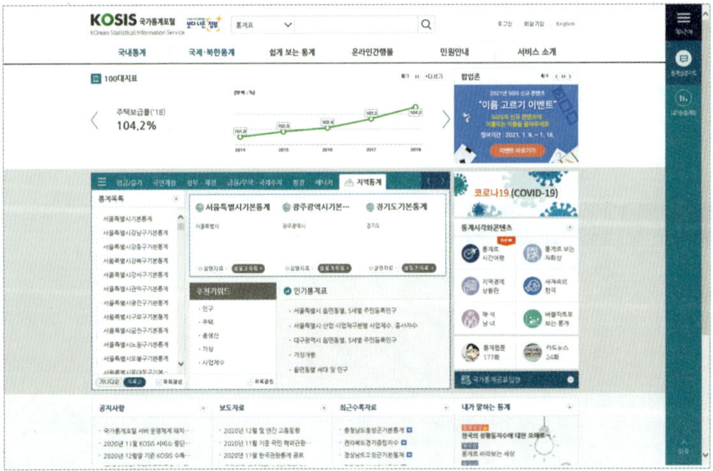

그림 7-18 통계청 국가통계포털

③ **e-나라지표(http://www.index.go.kr) :** 정부 기관에서 엄선한 지표들을 통해 사회, 경제, 문화 등 다양한 방면에서 대한민국의 현재 위치를 나타낸다.

그림 7-19 e-나라지표

④ **IT 통계포털(http://www.itstat.go.kr) :** 인터넷 가입자 수 및 유무선 통신 현황 등을 나타낸다.

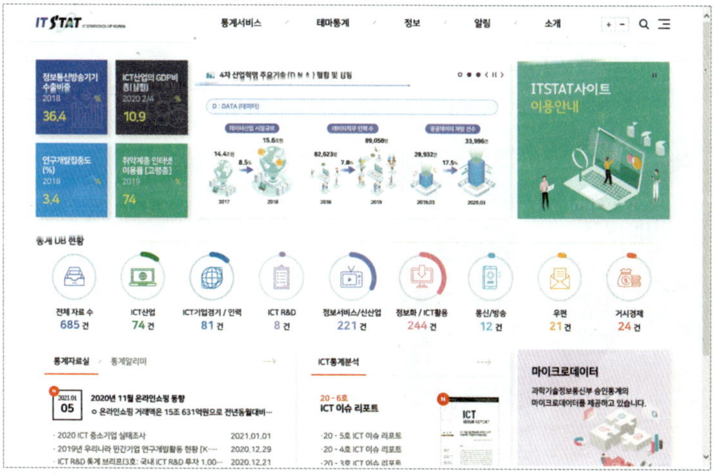

그림 7-20 IT 통계포털

⑤ **삼성경제연구소(http://www.seri.org) :** 삼성 그룹이 만들었으며, 국내외 주요 경제 지표 및 연구 자료를 제공한다.

그림 7-21 삼성경제연구소

⑥ **LG경제연구원(http://www.lgeri.com) :** LG 그룹이 기업의 성장과 경제 발전에 도움을 주기 위해 설립한 경제연구원이며, 경영이나 산업 정보 등을 제공한다.

그림 7-22 LG경제연구원

⑦ **디지에코(http://www.digieco.co.kr):** KT 경제경영 연구소에서 운영하고 있으며 ICT 중심의 이슈와 최신 트렌드 및 경제, 경영과 관련된 다양한 자료 및 보고서를 제공한다.

그림 7-23 **디지에코**

⑧ **비주얼 다이브(http://visualdive.co.kr/) :** 상호작용형 뉴스와 데이터 시각화를 제공하는 비주얼 기반의 인포그래픽 언론사이며, 인포그래픽, 모션그래픽 디지털 콘텐츠 서비스를 제공한다.

그림 7-24 **비주얼 다이브**

SECTION 02

동향 파악 및 분석

1 동향의 개념

동향이란 사전적 의미로는 어떤 것을 움직이려고 하는 대략적인 방향이나 일반적인 경향 또는 현재 스타일을 의미하며 즉, 트렌드Trend를 의미한다. 그리고 실질적 의미로는 떠오르기 시작하는 어떤 것을 의미한다. 동향 파악이란 불확실하게 변화하는 다양한 것들 중에서 인간의 삶에 영향을 미치는 공통의 화두를 가지고 트렌드를 예측하는 활동을 말한다.

2 동향의 종류

동향은 크게 패드Fad, 트렌드Trend, 메가 트렌드Mega Trend로 분류할 수 있다.

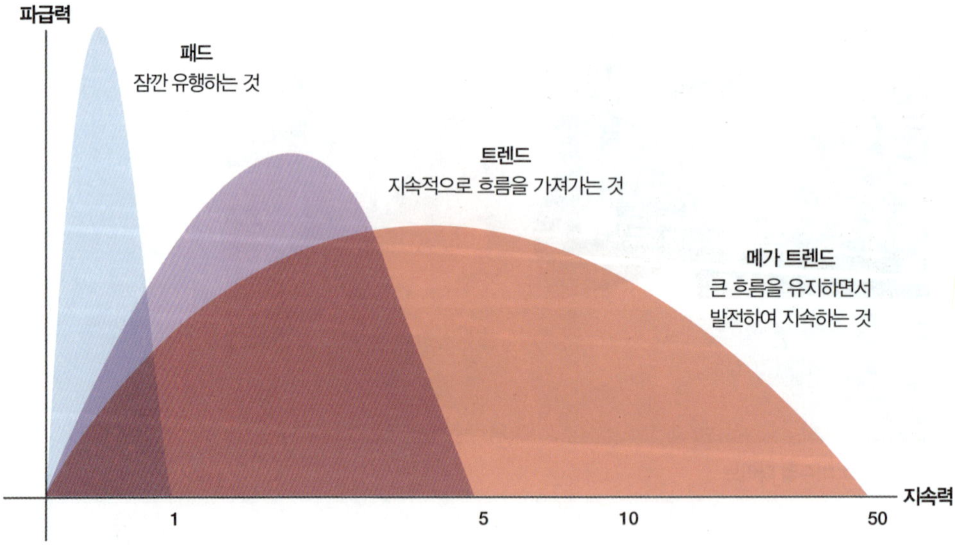

그림 7-25 동향의 종류

■ **패드**Fad

패드란 잠깐 유행하다가 사라지는 것으로, 6개월에서 1년 정도의 단기간에 걸쳐 나타났다가 사라지는 동향이다. 가수 싸이PSY의 '강남스타일'이 패드의 좋은 예다.

그림 7-26 **패드의 예 : 싸이의 강남스타일** [03]

■ **트렌드**Trend

트렌드란 향후 유행이 시작된 후 5년 정도 지속되는 동향을 말한다. 한때, 겨울철에 중고등학생들 사이에서 유행하던 노스페이스 패딩 점퍼가 그 좋은 예다.

그림 7-27 **트렌드의 예 : 노스페이스 패딩 점퍼** [04]

■ **메가 트렌드**Mega Trend

메가 트렌드란 10년 이상 지속적으로 유행하는 동향을 말한다. 이탈리아 선글라스 브랜드이며, 전 세계적으로 유행하고 있는 레이벤Rayban 선글라스가 그 좋은 예다.

그림 7-28 **메가 트렌드의 예 : 레이벤 선글라스** [05]

여기서 잠깐 **허니버터칩 열풍**

그림 7-29 **허니버터칩 열풍**

'허니버터칩'은 대표적인 패드(Fad) 유형의 동향이라고 볼 수 있다. 2014년 8월, 주식회사 해태가 일본 가루비(Calbee)에서 수입하여 출시한 '허니버터칩'은 입소문을 타기 시작하면서 감자칩 시장에 돌풍을 일으켰다. 품귀 현상으로 인해 일반 시장에서 '허니버터칩'을 구입하기가 쉽지 않았으며, 그나마 어렵게 구입한 사람들은 SNS에 인증샷을 올리는 것이 유행처럼 번졌다. 심지어 중고거래 사이트에 '허니버터칩'을 개당 500원에 판다며 올라온 사진은 당시 유행을 대변해주는 해프닝이다.

기존 감자칩은 그 짭짤한 맛으로 맥주와 어울리는 대표 안주로만 여겨졌는데 '허니버터칩'은 짭짤하기만 했던 감자칩 고유의 맛을 탈피해 고소하고 달달함을 가미하여 젊은층의 입맛을 사로잡았다. 이후 거의 모든 과자에 벌꿀을 가미하여 달달함을 강조하는 '허니'가 붙는 것이 유행이 되었지만, 현재는 '허니버터칩' 열풍이 잠잠해졌다.

3 동향 파악을 위한 자료 분석

주요 이슈Issue와 동향, 해당 서비스의 시장 범위 및 기술과 혁신 요소 등 환경 영역을 파악하기 위해서는 인터넷 검색 및 정보 수집을 통해 얻은 자료를 분석해야 한다. 이때 기술, 시장, 경제, 사회, 문화의 가장 중요한 동향을 이슈로 정의하고 동향을 이슈와 연결하여 프로젝트 전개에 가장 크게 영향을 끼칠 가능성이 있는 동향과 각 동향 간의 충돌이나 결합 관계를 파악하도록 한다. 이슈의 미래 방향을 예측하려면 구체적인 시나리오를 수립하여 그 타당성을 테스트하는 질문을 던져 보는 것도 좋은 방법이다.

SECTION 03

동향 사이클 및 상관관계 분석

1 동향 사이클 분석의 개념

동향 사이클 분석이란 주요 이슈와 동향을 증명하는 행태가 지금까지 어떻게 전개되어 왔는지, 또한 현재 어떻게 나타나고 있으며 앞으로 어떤 방향으로 진행될 것인지에 대해 미래 흐름을 예측하는 것을 의미한다.

2 동향과 디지털 콘텐츠의 상관관계

2015년 대한민국은 셰프들의 전성시대였다. '먹방', '쿡방' 등의 열풍으로 인하여 지상파 TV는 물론 케이블까지 거의 모든 채널에서 맛집 탐방, 요리를 주제로 한 프로그램들이 일주일 내내 방송되기도 했다. 이러한 열풍이 일어나기 얼마 전까지만 하더라도 다이어트, 몸짱 신드롬으로 인해 근육질의 몸을 만들기 위한 트레이닝이나 운동법을 소개하는 헬스 트레이너가 주목을 받았었으나, 이제는 인간의 가장 기본적인 욕구인 식욕에 대해 단순히 끼니를 때우는 차원을 넘어 문화적 욕구를 채우는 트렌드로 자리잡아감에 따라 이에 관련된 콘텐츠가 인기를 누리고 있다.

그림 7-30 JTBC의 《냉장고를 부탁해》

사람들은 셰프를 단순히 레스토랑을 운영하거나 음식을 만들어주는 요리사에서 전문성을 겸비한 연예인으로 바라본다. 이는 1인 가구의 증가, 유기농/웰빙 먹거리에 대한 관심, 요리하는 남자에 대한 인식 변화 등 외식보다는 직접 조리하는 요리의 선호 등의 요인이 작용한 것으로 보인다.

이러한 동향은 이제는 음식이 중요한 테마이자 하나의 문화 콘텐츠로 자리매김하고 있으며, 소비자의 새로운 관심사에 따라 소비로 이어지고 있다는 것을 나타낸다. 백화점 식품관은 그 규모가 점점 더 커지면서 보다 다양한 먹거리를 구비하게 되었고, 각종 조리 기구 및 고급 주방용품 시장이 활기를 찾게 되어 맛집, 배달, 요리 레시피 관련 디지털 콘텐츠 또한 증가하게 되었다.

3 동향 및 상관관계 분석의 중요성

매체의 역할 변화에 따른 동향은 모바일의 빠른 성장으로 인해 소비자의 소비 패턴을 합리적으로 변화시켰다. 또한, 소비 채널도 오프라인에서 온라인으로, 온라인에서 모바일로 이동하고 있다. 백화점이나 오프라인 상점은 모바일로 구매하기 전에 실제 제품을 만져보고 입어보기 위해 거치는 쇼룸의 역할로 변화하고 있으며, 이로 인해 오프라인 상점의 경기가 점점 나빠지고 있다. 광고 시장은 신문, 잡지, TV 등 전통적인 홍보 매체에서 온라인, 모바일, 소셜 미디어, 유튜브와 같은 온라인 스트리밍 동영상 플랫폼 등 디지털 매체로 바뀌어 가는 상황이며, 기업 입장에서는 이러한 유통 구조 및 홍보 매체의 변화에 따라 새로운 전략을 마련하고 있다.

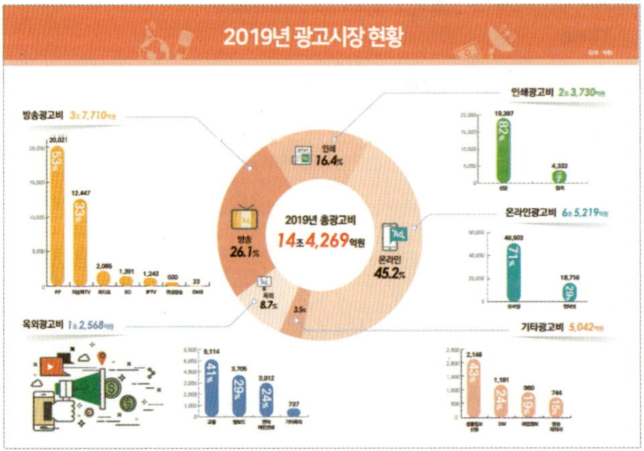

그림 7-31 2019년 광고시장 현황 [06]

기업의 입장에서는 제품의 동향을 올바르게 파악하여 제품이 쇠퇴기에 이르기 전에 새로운 서비스를 추가하는 전략을 수립해야 한다. 또한 경쟁 제품의 출현으로 사용자의 이용률이 줄어들게 되는 과정을 분석하여 다음 서비스 기획에 반영해야 한다.

사용자들은 하루가 다르게 쏟아지는 엄청난 양의 콘텐츠로 인해 불과 하루 전의 콘텐츠도 오래되었다고 느끼게 되었다. 빠르게 변화하는 사용자들의 니즈를 따라잡기 위해서는 이슈와 동향을 분석하고 상관관계를 파악하는 속도가 중요하다. 시장의 빠른 변화에 따라 기존에 알고 있던 것들은 이미 바뀌어가고 있으며, 알아야 할 것들은 점점 더 많아지고 있다.

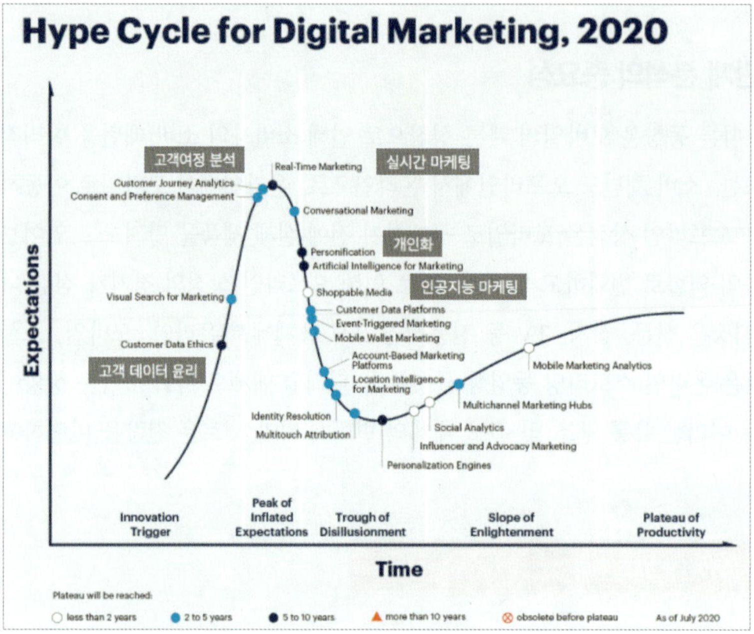

그림 7-32 디지털 마케팅 트렌드, 가트너 보고서 2020 [07]

요약

1. 정보 수집 방법

- 구글이나 검색 서비스를 활용한 인터넷 검색
- 다양한 장르의 미디어 기사 분석
- 소셜 네트워크 서비스 분석
- 블로그나 사설을 통한 업계 전문가의 의견 경청
- 정부 및 민간 기관에서 발행하는 보고서 등 온라인 매체 활용
- 관찰, 인터뷰, 비즈니스 트렌드 잡지 및 도서 등 오프라인 매체 활용

2. 동향

사전적 의미로는 어떤 것을 움직이려고 하는 대략적인 방향, 일반적 경향을 의미하며 실질적으로는 지금 막 떠오르기 시작하는 어떤 것 즉, 트렌드(Trend)를 말한다.

3. 동향 파악

불확실하게 변화하는 다양한 것들 중에서 인간의 삶에 영향을 미치는 공통이 화두를 가지고 트렌드를 예측하는 활동을 말한다.

4. 동향의 종류

- **패드** : 잠깐 유행하다가 사라지는 것으로, 6개월에서 1년 정도의 단기간에 걸쳐 나타났다가 사라지는 동향을 말한다.
- **트렌드** : 향후 유행이 시작된 후 5년 정도 지속되는 동향을 말한다.
- **메가 트렌드** : 10년 이상 지속적으로 유행하는 동향을 말한다.

5. 동향 사이클 분석

주요 이슈와 동향을 증명하는 행태가 지금까지 어떻게 전개되어 왔는지, 또한 현재 어떻게 나타나고 있고 앞으로 어떤 방향으로 진행될 것인지에 대해 미래 방향을 예측하는 것을 의미한다.

실습 과제

리서치를 통한 주요 이슈와 동향 파악하기 다음 샘플을 참고하여 정보 수집 및 리서치를 통해 주요 이슈와 동향을 파악하고 동향 간의 상관관계를 분석해 보자.

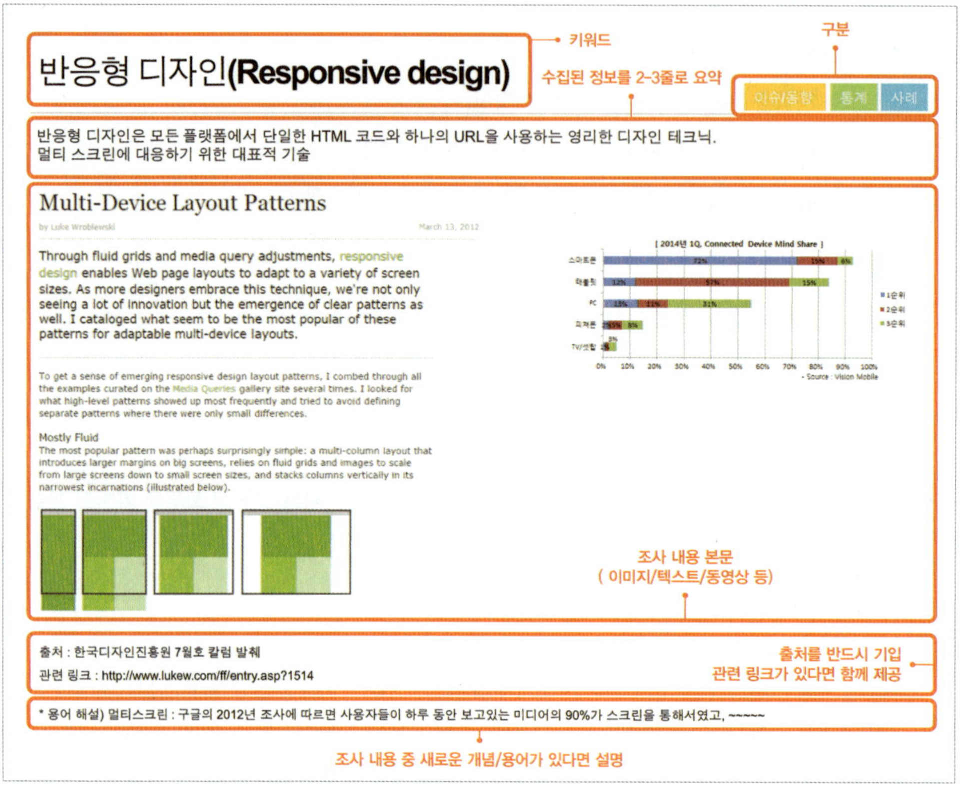

CHAPTER 08

시장 환경 분석

PREVIEW

시장 환경 분석은 크게 거시 환경 분석과 미시 환경 분석으로 구분된다. 거시 환경은 정치, 경제, 사회, 문화, 경제, 기술 등 기획자가 통제할 수 없는 환경을 말한다. 거시 환경을 분석하게 되면 미리 위협 요소를 파악하고, 발견하지 못한 시장의 새로운 기회도 찾을 수 있다. 미시 환경은 기업의 생산, 재무, 인사, 회계와 같은 기업 내부의 환경을 말하며, 미시 환경 분석은 기업 활동에 밀정한 영향을 미치는 소비자, 경쟁사, 자사를 분석하는 것을 의미한다.

SECTION 01

거시 환경 분석

1 거시 환경 분석의 개념

거시 환경이란 기업의 성장 방향, 경영 전략에 영향을 미치지만, 기업이 통제하지 못하는 정치, 경제, 사회, 문화, 기술, 자연 등의 환경을 의미한다.

대표적인 거시 환경 분석법인 STEEP 분석은 사회Social, 기술Technological, 경제Economic, 생태Ecological, 정치Political의 다섯 가지 측면의 환경에서 발생하는 기회와 위협이 기업의 활동에 영향을 주는 요인을 파악하는 방법을 말한다.

표 8-1 STEEP 분석

환경 요소	내용
사회적 환경	인구통계, 출생률, 사망률, 평균수명, 교육수준, 사회계층 간 임금격차, 사회 각 영역의 인구 비율, 여성의 사회 진출, 문화적 태도, 문맹률, 관심, 믿음, 가치, 라이프 스타일, 사용자 생활양식 등
기술적 환경	보유 특허, 특허 보호제도, R&D 예산, 신기술정보 기술, 기술 변화 속도, 기술 클러스터 존재 여부, 서비스 혁신 속도, 기술 혁신 및 확산, 산업경제의 디지털화, 인터넷 기반 기술 등
경제적 환경	GDP 성장률, 외환 보유고, 인플레이션율, 수입 배분 수준과 범위, 금융, 재정 정책, 구조조정, 실업률, 임금수준, 소비성향, 시장 경쟁 구조 등
생태적 환경	공기, 수질, 재활용 시설 규모, 에너지원, 서비스 수명 주기 발전 단계, 원자재 대체성, 환경 규제 수준 등
정치적 환경	개혁 정책, 규제 기관의 활동, 재산권 보호법 존재여부, 정치적 의사결정에 대한 영향력, 여론, 정책 결정 구조의 성격, 지원 정책, 규제 합리화, 민영화, 특허 등

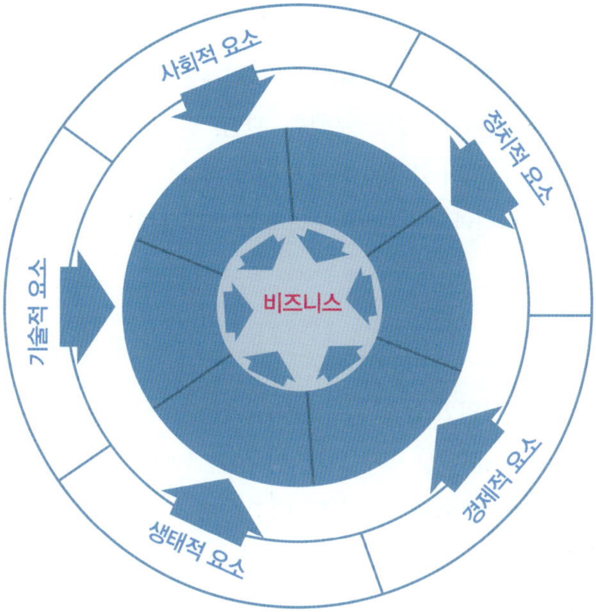

그림 8-1 **거시 환경 분석**

거시 환경을 분석하는 과정은 다음과 같다. 먼저 기업의 전략적 입지를 점검하고, 각 환경 영역에서 분석의 폭과 깊이를 설정하기 위해 환경 경계를 정의한 후, 각 영역별 사건과 동향이 무엇인지 분석한다. 다음으로 동향 간의 상호관계를 이해하고 동향과 이슈를 연결하여 미래 방향을 예측한 후, 최종적으로 의미를 도출한다.

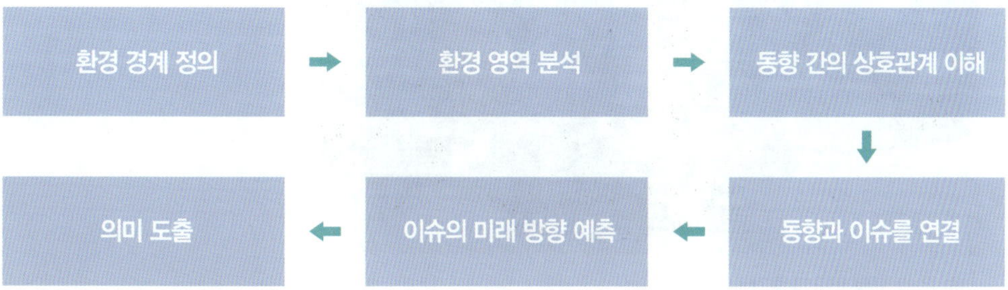

그림 8-2 **거시 환경 분석 프로세스**

2 사회적 환경 분석

사회적 환경이란 인구통계, 출생률, 사망률, 평균수명, 교육수준, 사회계층 간 임금격차, 사회 각 영역의 인구 비율, 여성의 사회 진출, 문화적 태도, 문맹률, 관심, 믿음, 가치, 라이프 스타일 등을 의미한다. 사회적 환경 분석은 사회적 환경을 통해 타깃 소비자들의 라이프 스타일 변화와 새로운 트렌드를 분석하는 것을 말한다. 대표적인 사회적 환경의 동향 사례는 다음과 같다.

■ 고령 인구의 증가

유엔UN 보고서에 따르면 전 세계 60세 이상의 노인 인구가 2050년에는 20억 명에 이를 것으로 전망하고 있다. 대한민국의 경우 65세 이상 인구(고령 인구)는 1990년 219만 5천 명(5.1%)에서 지속적으로 증가하여, 2014년 638만 6천 명(12.7%)에 이르렀으며, 향후 2030년 1,269만 1천 명(24.3%), 2060년 1,762만 2천 명(40.1%) 수준으로 전망되고 있다. 이러한 고령 인구의 증가에 따른 여가, 요양, 의료기기, 건강 지원 등 고령친화산업의 수요가 지속적으로 확대될 것으로 전망된다. [01]

그림 8-3 고령 인구의 증가 [02]

■ 다문화 사회 진입

최근 글로벌 인구의 이동 동향에 발맞추어 대한민국은 단일민족 국가에서 다문화 사회로 진입하고 있다. 2020년 현재 대한민국에 거주하는 외국인 주민(장기체류 외국인, 귀화자,

외국인 주민 자녀)은 250만 명을 넘어서며 전체 인구의 약 5%를 자지하고 있다. 이러한 인구 구조의 변화는 점차 다문화 사회로 진입하고 있는 대표적인 사회 환경 변화로 볼 수 있다.

그림 8-4 다문화 사회 진입 [03]

■ 여성의 경제활동 참여 증가

여성의 인권 및 지위 향상과 더불어 경제활동 참여가 증가하면서 여성의 사회적 역할 변화도 대표적인 사회 현상이 되고 있다. 이러한 현상은 결혼과 출산율의 하락, 이혼율의 상승으로 이어지고 있으며 여성의 경제적 독립과 개인화를 확대시키고 있다.

■ 개인주의

여가와 문화의 가치가 증가하면서 소비자의 욕구가 다양화되고 있다. 명품, 향수, 고가의 디저트, 뷰티 케어, 여행 등 프리미엄 상품에 과감한 투자를 아끼지 않는 포미족FOR ME이 등장하였는데, 포미란FOR ME 건강For Health, 싱글One, 여가Recreation, 편의More Convenient, 고가Expensive의 알파벳 앞 글자를 따서 만든 신조어로 '나를 위한 작은 사치'를 추구하는 소비 성향을 가진 사람들을 말한다. 이는 자신의 취미나 여가 활동을 위한 투자를 아끼지 않고, 개인의 삶을 중시하는 자기만족적인 성향을 드러내는 사회현상으로 볼 수 있다.

3 기술적 환경 분석

기술적 환경이란 보유 특허, 특허 보호 제도, 신기술, 정보 기술, 기술 변화 속도, 기술 클러스터 존재 여부, 서비스 혁신 속도, 기술 혁신 및 확산, 산업과 경제의 디지털화, 인터넷 기반 기술 등을 의미한다. 기술적 환경 분석이란 기술적 환경에서 새로운 기술 변화가 프로젝트에 어떠한 영향을 미칠 것인지에 대해 분석하는 것이다. 대표적인 기술적 환경의 동향 사례는 다음과 같다.

■ **SNS의 대중화**

현대인들은 IT 신기술이 적용되어 다양한 서비스의 혜택을 받으며 스마트한 생활을 누리고 있다. 대표적으로 페이스북Facebook, 인스타그램Instagram 등 소셜 네트워크 서비스Social Network Service, SNS가 대중화되면서 자신의 일상을 공유하거나 타인의 활동을 관찰하고 소통하는 문화가 확산되고 있다. 이러한 SNS의 대중화는 오프라인에서 온라인, 즉 네트워크로 연결된 사회로의 진입을 의미한다.

SNS는 동일한 관심사를 가진 사람끼리 의견을 공유하며 사회적인 이슈에 대해 적극적 참여가 가능하기 때문에 정보 민주주의의 확산이 편리하다는 순기능이 있다. 하지만 프라이버시Privacy 침해와 같은 온라인 사생활 침해, 스토킹, 허위정보 유포, SNS를 통한 성추행, 잊혀질 권리 등과 같은 사회적 부작용도 대두되고 있다. 또한, SNS로 인하여 사용자의 니즈가 다양화됨에 따라 익명 기반의 SNS나 일정 시간이 지나면 자동으로 삭제되는 휘발성 메시지 기능과 같은 서비스 기술이 점점 발전하고 있다.

그림 8-5 SNS의 대중화 [04]

■ 사물인터넷의 확산

사물인터넷Internet of Things, IOT의 확산으로 인하여 이제는 사람과 사람 간의 연결을 넘어 사람과 사물뿐만 아니라 일상생활 속의 거의 모든 것이 인터넷과 연결되는 초연결사회로 진화하고 있다. 전 세계 사물인터넷 시장은 2014년 253조 원에서 2022년 1,225조 원으로 약 5배 성장할 것이며, 국내 사물인터넷 시장은 2014년 2.9조 원에서 2022년 22.9조 원으로 약 8배 성장할 것으로 전망하고 있다. [05]

대표적인 사물인터넷 서비스로는 스마트홈 시스템을 들 수 있는데, 외부에서 원격으로 집 안의 온도, 조명, 가스, 전기 등을 조절하거나 사람의 기분에 맞게 알맞은 조도를 자동으로 조절하는 것이 가능해졌다. 또한, 외부 침입을 예방할 수 있는 원격 보안, 휴대용 전자 기기와 연동한 증강현실Augmented Reality, AR과 가상현실Virtual Reality, VR 등 시공간을 초월하여 새로운 경험을 제공하는 다양한 분야로 확대되고 있다. 현재 사물인터넷은 새로운 성장 동력으로, IT기업뿐만 아니라 모든 기업에서 주시하고 있는 기술이기 때문에 다각도로 연구 개발하고 있으며 다양한 서비스를 출시하고 있다.

그림 8-6 사물인터넷의 확산 : LG 스마트홈 서비스 [06]

■ 스마트카의 등장

2016년 국제전자제품박람회인 CESConsumer Electronics Show는 마치 가전박람회가 아닌 모터쇼로 여겨질 정도였는데, 이는 메르세데스 벤츠Mercedes-Benz, 도요타Toyota, 폭스바겐Volkswagen 등 글로벌 자동차 업체들이 대거 참여해 다양한 스마트카를 선보였기 때문이다. 스마트카는 현재 자가 진단, 물체 인식, 위치 인식 기능뿐만 아니라 자동으로 운전을 할 수 있는 네트워크 기반 자율 주행Autonomous Vehicle 기술까지 가능하도록 개발 중에 있다. 또한, 애플의 '카플레이Car Play'와 구글의 '안드로이드 오토Android Auto' 등은 차량 내에서 다양한 엔터테인먼트를 즐길 수 있도록 하는 자동차 인포테인먼트,Infortainment, Information+Entertainment 기능을 제공하고 있으며, BMW 5, 7, X 시리즈 등은 주행 중에 간단한 손동작으로 전화, 오디오 음량 조절을 할 수 있는 제스처 컨트롤까지 지원하고 있다.

그림 8-7 스마트카의 등장[07]

4 경제적 환경 분석

경제적 환경이란 GDP 성장률, 외환 보유고, 인플레이션율, 수입 배분 수준과 범위, 금융 및 재정 정책, 구조 조정, 실업률, 임금수준, 소비성향, 시장 경쟁 구조 등을 의미한다. 경제적 환경 분석은 시장을 둘러싸고 일어나는 경제적 상황을 이해하고 프로젝트에 미치는 영향을 분석하는 것이다. 대표적인 경제적 환경의 동향 사례는 다음과 같다.

- **중산층의 붕괴**

현재 대한민국의 대표적인 경제 환경의 동향은 소득수준의 양극화로 인한 중산층의 붕괴를 들 수 있다. 최근 20년 간 중산층이 줄어들면서 소득 양극화가 가속화되고 있다. 이로 인하여 2020년 12월 기준 청년 실업률은 8.1%까지 오르고 청년 실업자는 32만 2천 명에 달하고 있다. 나아가 연애, 결혼, 출산을 포기하는 '3포세대', 그 외 취업, 내 집 마련,

출산 등 모든 것을 포기하는 'N포세대' 라는 신조어가 생겨났을 정도로 심각하다. 또한, 30~40대는 비정규직의 확산과 조기 은퇴로 인한 실직 공포에 시달리고 있다.

그림 8-8 **중산층의 붕괴는 소득 양극화로 이어진다.** [08]

■ 노인의 빈곤율 증가

대한민국 노인의 빈곤율(중위소득 50% 미만 비율)은 2017년 기준 44%로, OECD 회원국 평균 14.8%의 3배 수준에 달할 만큼 노후 대책이 취약하다. 이는 대부분 노인의 재산이 부동산에 집중되어 있고, 그나마 가지고 있는 재산도 빚을 갚는데 지출되고 있기 때문이다. 이러한 경제적 환경 변화는 저출산과 1인 가구의 증가, 경제활동과 소비의 위축, 복지 사각지대에 위치한 노인의 고독사, 치매인구 증가 등의 심각한 사회 문제로 연결되고 있다.

그림 8-9 **노인의 빈곤율 증가는 심각한 사회 문제로 연결된다.** [09]

■ 공유경제의 등장

빈부의 격차가 심해지면서 대안으로 제시된 '공유경제'라는 새로운 패러다임이 확산되고 있다. 공유경제란 2008년 미국 하버드대학교 로렌스 레식Lawrence Lessig 교수가 주창한 개념으로, 과거 20세기의 대량생산, 대량소비 방식과는 반대로 실물 자산을 소유하는 개념이 아닌 서로 나눠 쓰는 협력적 소비Collaborative Consumption를 의미하는 것이다. 쉽게 말해, 빌려 쓰고 나눠 쓰면서 자원 활용을 극대화하는 경제활동을 말한다.

대표적인 공유경제 서비스로 집을 여러 명이 함께 사용하는 셰어 하우스Share House, 에어비앤비Air BnB와 같은 숙박 공유 서비스, 우버Uber나 한국의 쏘카Socar와 같은 차량 공유 서비스, 창의적 아이디어나 사업 계획에 대해 다수의 소액 투자자로부터 자금을 조달받는 크라우드 펀딩Crowd Funding 등이 있다.

(a) 셰어하우스

(b) 에어비앤비

(c) 우버

(d) 자전거 공유

그림 8-10 **협력적 소비의 예** [10] [11] [12] [13]

5 생태적 환경 분석

생태적 환경이란 공기 및 수질, 재활용 시설 규모, 에너지원, 서비스 수명 주기의 발전 단계, 원자재 대체성, 환경 규제 수준 등을 의미한다. 생태적 환경 분석은 지구 온난화, 대기오염, 자연적 재해 등을 분석하여 목표 소비자들에게 미칠 영향을 예측하는 것이다. 대표적인 생태적 환경의 동향 사례는 다음과 같다.

■ 건축 신소재 개발

냉난방비를 절감할 수 있는 기술과 에너지 절감형 아파트 공급이 건설업계의 새로운 화두가 되고 있는데, 이는 아파트의 에너지 효율성이 교통, 학군, 조경처럼 소비자의 중요한 평가 기준이 되고 있기 때문이다. 에너지 절약을 추구하려는 소비자들의 수요에 부응하여 아파트 건설 관련 기업들은 다양한 신소재 개발을 통해 단열 성능을 개선하고 태양열, 지열 등 신재생에너지를 활용하는 신기술 개발에 박차를 가하고 있다.

'e편한세상' 광교 부속건물 4개 동을 '에너지 자립형 건물'로 지은 대림산업이 대표적인 사례인데, 관리사무소와 같이 연면적 5,935㎡에 이르는 공간을 진공 복층유리와 고성능 단열시스템을 적용하여 에너지의 80%를 아끼고, 나머지 20%는 태양열과 지열로 충당하는 시스템이다. 삼성물산도 '총 에너지 제로'를 구현하는 기술력을 확보하기 위한 연구 개발에 총력을 쏟으며 에너지 제로 하우스를 목표로 하고 있다. [14]

그림 8-11 **태양열 활용 기술** [15]

■ **친환경 라이프 스타일**

지구온난화와 기후변화 현상이 심화되면서 환경 규제에 대한 국제적인 관심과 대응이 강화되고 있다. 사회 전반에 걸쳐 친환경에 대한 중요성이 강조되면서 친환경적인 라이프 스타일을 동경하는 로하스LOHAS족이 늘어나고 있다. 로하스란 'Lifestyles Of Health And Sustainability'의 약자로, 더 나은 삶을 위해 소비생활을 건강하고 지속가능한 친환경 중심으로 전개하자는 생활양식·행동양식·사고방식을 뜻한다. 이러한 친환경 패러다임의 동향을 반영하여 다양한 친환경적인 에너지 절약 제품들이 시장에 출시되고 있다.

(a) 친환경 에코백

(b) 친환경 접시

그림 8-12 친환경 라이프 스타일 활용 제품 [16] [17]

■ **업사이클링**

업사이클링Up-cycling이란 버려지는 옷이나 폐현수막, 목재나 철재 등의 폐기물을 단순히 재사용하는 차원을 넘어 새로운 가치를 부여하는 제품으로 재탄생 시키는 것을 말한다. 최근에 업사이클링에 대한 소비자 인식이 좋아지면서 관련 시장 규모도 해마다 20% 이상 성장하고 있다. 대표적인 예로, 스위스의 업사이클링 가방 브랜드인 '프라이탁Freitag'을 들 수 있는데 제작 방식은 화물용 트럭 방수포Tap에 디자인을 가미해 새로운 가방으로 재탄생시킨다. 특히, 비가 많이 내리는 유럽에서 방수성, 내구성, 희소성으로 인해 많은 소비자들에게 사랑받고 있다.

그림 8-13 **업사이클링 기술을 활용한 프라이탁 가방** [18] [19]

6 정치적 환경 분석

정치적 환경이란 개혁 정책, 규제 기관의 활동, 재산권 보호법 존재 여부, 정치적 의사결정에 대한 영향력, 여론, 정책 결정 구조, 지원 정책, 규제 합리화, 민영화, 특허 등을 의미한다. 정치적 환경 분석이란 정치적 상황, 정부의 규제나 법규 변경 및 제한 등이 프로젝트에 미치는 영향을 분석하는 것이다.

대표적인 정치적 환경의 동향 사례로는 대형마트 규제를 강화한 유통산업 발전법 시행과 전통시장과 지역 소상공인을 살리기 위해 실시된 대형마트의 월 2회 주말 휴무 의무화는 정치적 환경 변화의 대표적인 사례다. 이 법안은 대형마트와 같은 대규모 점포의 영업 규제를 골자로 대형마트의 영업 제한 시간을 법령화하였다. 이로 인해 결국 소비가 위축되어 자영업자와 시장 상인들은 더 큰 손해를 보게 되었다. 일각에서는 대형마트의 의무휴업으로 가장 큰 피해를 입는 측은 결국 소비자라는 주장도 있었다.

그림 8-14 **대형마트의 주말 휴무 의무화** [20]

여기서 잠깐 STEEP 분석 사례

거시 환경 분석을 위해서는 다양한 논문 조사와 국내외 분야별 예측 보고서 조사를 꾸준히 해야 하기 때문에 시간과 자원이 요구된다. STEEP 분석의 다섯 가지 영역별 분석 사례는 다음과 같다.

표 8-2 STEEP 분석 사례 1 : 미래 사회의 10대 메가 트렌드 [21]

환경요소	메가트렌드	주요이슈
사회적 요소	생활환경의 다변화/다각화	• 여가 · 문화의 가치 증대 • 문화 소비 및 향유 패턴의 변화 • 가상 지능 공간 활성화, 다문화 글로벌 트렌드 확대 • 유비쿼터스 네트워크 사회 실현 • 여성의 역할 확대, 소비 의사결정권 강화
	누적된 사회 문제 표출	• 고령자 증가 등 인구 구조 변화 • 기술 발전에 따른 부작용 • 양극화 및 개인주의화 • 건강 관리를 위한 새로운 요인의 등장 • 공공안전 위해 요인 확대
기술적 요소	차세대 융합 신기술의 발전	• 미래형 IT 컨버전스 진화 • 나노기술에 의한 신소재 융합 • 바이오기술의 활용 영역 확대 • 과학기술 융합 가속화
	소프트웨어 견인형 산업구조	• 가상 지능 공간 및 접속을 통한 이용권 확보 • 인지과학 및 소비자 감성 기반 기술 확대 • 수요 기반 모바일 콘텐츠 확대
경제적 요소	경제 주체의 글로벌/대형화	• 21세기 글로벌 경제의 중심 이동 • 세계 경제 지형의 변화와 경제 글로벌화 • 글로벌 인재의 부상
	신경제 인프라 시스템	• 지식 기반 경제 강화 • 미래 네트워크형 서비스 산업의 발달 • 미래 신인프라(인프라 재구축) 기반 조성 • 기업 경영 및 소비 여건의 중요성 대두
환경적 요소	기후 변화/ 에너지 자원 부족 대응	• 에너지 자원 고갈과 위기 • 미래형 청정에너지 시스템 • 에너지 자원 패러다임의 변화 • 에너지 저장/수소에너지 기반 실현
	녹색기술 성장	• 스마트형 녹색 인프라 확대 • 지능형 신재생에너지 시스템 구축 • 지능형 고효율 에너지 시스템 구축 • 탄소 배출 저감형 녹색 기술 보편화 • 환경오염 대응 녹색기술 성장

환경요소	메가트렌드	주요이슈
정치적 요소	외교와 국방 중요성 증가	• 남북 교류 및 통일 문제 • 새로운 안보 이슈의 부각과 해소 여부
	정치 · 문화 구조 변화	• 새로운 안보 이슈의 부각과 해소 여부 • 전자 민주주의, 마이너리티 민주주의 등 정부의 역할 및 기능 변화 • 정치 환경의 다원화, 국가이익 실현 외교전 • 네트워크 정치(Social Network Politics)등장

표 8-3 STEEP 분석 사례 2 : 헬스케어 산업 [22]

환경 요소	환경의 변화 (STEEP 영역별 트렌드)	욕구의 변화 (트렌드로 강화된 욕구)
사회적 요소	• 베이비부머 세대 은퇴자 수 증가 • 지역 간 인구이동 증가, 지역갈등, 도시화에 따른 소외감 문제 증가 • 에코세대의 사회부적응 및 자살문제 증가 • 1인 가구 증가 • 빈부격차 문제 증가(원격의료 기술 발전 및 법 제도 강화에 따른) – 병원의 역할 축소 우려 – 기업, 대학, 병원의 협력에 따른 갈등 문제	• 건강하게 오래 살고 싶은 욕구 • 힐링 및 다운사이징 욕구 • 지역 간 전염병 예방 및 치료 욕구 • 베이비부머와 에코세대 간 소통 및 갈등해소 욕구 • 소외감과 신뢰결핍 해소 욕구 • (원격의료에 대한)병원의 기술적 부담 및 수익감소 해소 욕구
기술적 요소	• 스마트 기기관련 기술 및 플랫폼의 발전 – 스마트 TV, 3D – 스마트 시계, 안경 등 – 무인자동차 – LBS, 증강가상현실 • 생체정보학 발전 • 유전자분석 기술 및 맞춤형 신약개발/치료법 • 맞춤형 인공장기 개발 • 노인 친화적 인터페이스 기술 발전	• 1:1 맞춤형 서비스 욕구 (예방사후관리 중심) • 환자 및 건강서비스 • 수요자와의 모바일 소통채널 활용 욕구 • Health profile 확장 욕구 (대형병원, 보험사 등) • 자녀, 잠재 환자군을 대상으로 인한 유전적 문제 확인 욕구 • 노년층 질병 및 건강상태 자동 확인 욕구
경제적 요소	• 저성장기조의 고착화 • 병원의 대형화에 따른 부익부 빈익빈 • ICT, 전자제품 제조업체의 헬스케어 산업 진출 확대 • 지역 커뮤니티 형 비즈니스 발전(협동조합 등) • 의료관광 산업 발전 • 중국 Health Care 시장 진출 확대 • 미중일 등 Health Care 선진국과의 경쟁 본격화	• 의료기관 비용절감 욕구 증대 • 서민의 의료비 지출절감 욕구 증대 • 건강보험료 재정악화 해결욕구 • 스마트 기기기반 헬스케어 소프트웨어 및 콘텐츠 관련 창업 욕구 • 병원 및 휴양시설과 연계된 수익다각화 욕구 • Health Care 해외시장 개척을 위한 지원 욕구

환경 요소	환경의 변화 (STEEP 영역별 트렌드)	욕구의 변화 (트렌드로 강화된 욕구)
환경적 요소	• 신종 전염병 및 GMO로 인한 위험 증대 • 친환경 산업 및 기술의 상용화 증대 • 개발도상국 도시화에 따른 공해문제 증대(중국 등) • 원자력 사용 및 핵폐기물 처리 갈등 지속 • 환경규제 및 탄소배출권 시장 확대를 둘러싼 갈등 증폭	• 안전 먹거리 확보 욕구 • 도시농업, 친환 경 농작물에 대한 정보 교류 및 기술이전 욕구 증대 – 농수산물 재배에 따른 조경, 힐링, 영양 등에 대한 정보 욕구 • 주거지, 학교 등을 중심으로 한 클린 환경 조성 욕구 • 보행, 동작 등 건강과 연계된 친환경 에너지 생산 욕구
정치적 요소	• 원격의료법 통과와 관련된 갈등 증대 • 유전자 치료로 인한 윤리 제도화 갈등 • FTA에 따른 의료산업의 민영화 문제 • 건강보험재정 악화문제 (보건복지예산 악화)	• 원격의료의 필요성 홍보 욕구(정부, 업체) • 유전자 기술개발 허용범위 규정의 필요성 • 병원, 학교, 정부의 시스템적인 협업의 필요성 • 의료산업 민영화에 따른 구조조정 및 경쟁력 확보 필요성

SECTION

02 미시 환경 분석

1 미시 환경 분석의 개념

미시 환경이란 기업이 통제 가능한 환경으로, 기업 내부 환경, 과업 환경, 제약 환경, 공급자, 클라이언트, 경쟁사, 소비자 등 마케팅에 영향을 미치는 세부 상황과 동향을 의미한다. 미시 환경을 분석한다는 것은 경쟁사에 비해 상대적으로 경쟁 우위를 점할 수 있도록 노력하는 것이라고 할 수 있다.

미시 환경을 분석하는 과정은 소비자 분석에서부터 경쟁사 분석, 자사 분석, SWOT 분석, 시장에 미칠 영향력 및 시너지 효과 분석, 마케팅 목표 수립의 과정까지 총 6단계를 거친다.

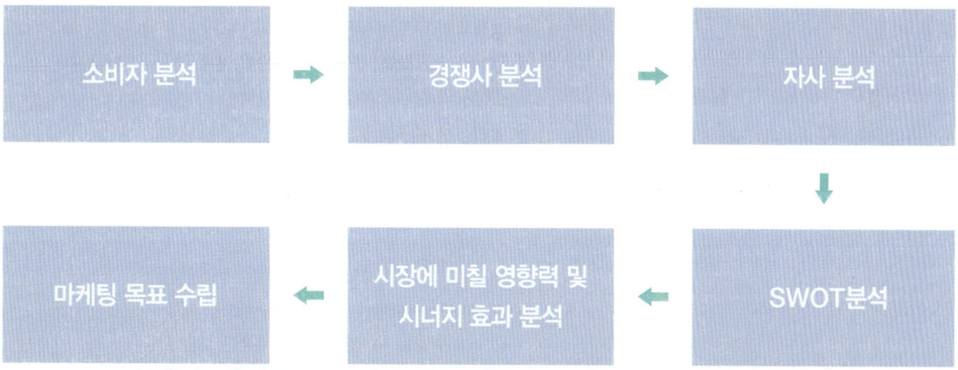

그림 8-15 미시 환경 분석 프로세스

소비자 분석 과정에서는 타깃 소비자를 설정하고, 그들의 이용 동기 및 이용 경로 등을 분석한다. 경쟁사 분석 과정에서는 현재의 경쟁사뿐만 아니라 잠재적 경쟁사에 대해 분석하며, 자사 분석 과정에서는 기업의 목표 및 인적·물적·기술적 자원과 품질, 이미지, 문화 등을 분석한다. 이후, SWOT 분석과 시장에 미칠 영향력 및 시너지 효과 분석을 거친 후, 마케팅 목표를 수립한다.

2 3C 분석

대표적인 미시 환경 분석 방식으로는 소비자Customer, 경쟁사Competitor, 자사Company의 관점에서 각각 분석하는 '3C 분석'이 있다. 3C 분석은 소비자의 취향, 성향, 특징 등 소비자의 사회적 현상들을 연구하고, 자사의 역량과 경쟁사의 동향을 파악하여 어떠한 형태로 포지셔닝 해야 하는지에 대한 전반적인 분석 방법을 말한다. 이번 절에서는 미시 환경 분석 방법 중 대표적인 3C 분석에 대한 이해와 분석 방법에 대해 살펴본다.

표 8-4 3C 분석의 요소 및 내용

3C	분석 요소	분석 내용
소비자 (Customer)	소비자의 특성 이용 행태	• 나이, 성별, 소득 수준, 직업, 지역, 라이프 스타일, 취향 등은 어떠한지? • 왜 이용하는지? • 언제 어떻게 이용하는지? • 얼마나 자주 이용하는지? • 서비스 이용 경험은 어떠하였는지?
경쟁사 (Competitor)	현재의 경쟁자 잠재적 경쟁자	• 경쟁사의 목표는 무엇인지? • 경쟁사가 목표를 달성하기 위한 핵심 전략은 무엇인지? • 경쟁사의 강점과 약점은 무엇인지? • 경쟁사의 고객은 누구인지? • 현재의 경쟁사들이 공격적이고 강력한지? • 새로운 경쟁자의 진입 가능성이 높은지?
자사 (Company)	전략 기술 구조 시스템 구성원 스타일 공유가치	• 제공하고자 하는 서비스의 목적은 무엇인지? • 경쟁 우위 확보를 위한 방법은 무엇인지? • 전략을 수행할 수 있는 기술은 무엇인지? • 경쟁을 위한 새로운 기술 도입이 잘 되고 있는지? • 조직의 구조, 규모, 형태는 어떠한지? • 조직 구성원들의 역량은 충분한지? • 의사결정 구조가 상명하달 식으로 너무 수직적이지는 않는지? • 기업의 목표 및 비전에 대한 구성원들의 이해는 충분히 공유되었는지?

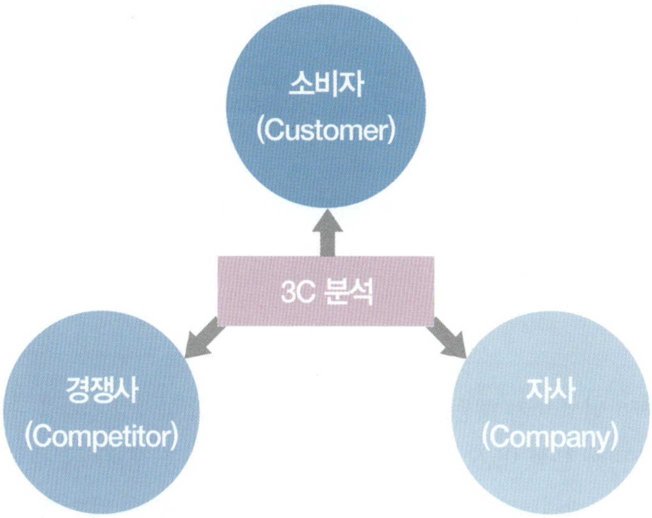

그림 8-16 3C 분석

소비자 분석

소비자 분석Customer Analysis은 주요 소비자, 소비자의 특성, 소비자의 이용 행태 등 목표 소비자의 생활양식, 행동양식, 사고양식과 같은 고객의 니즈Needs를 명확히 하는 것이다. 소비자의 이용 동기, 이용 경로, 이용 행태, 이용 특성, 고객의 소리, 소비자 영향력, 시장 구조, 시장 규모, 시장 성장률 등에 대한 분석을 통해 사용자 중심의 사고가 요구된다.

■ 소비자 의사결정 과정

소비자는 하루에도 수많은 마케팅 자극에 노출되고 있으며 이러한 자극에 긍정적이거나 부정적 태도로 반응하게 된다. 소비자 의사결정은 자극에 대한 소비자들의 문제 인식 단계에서부터 정보 탐색, 대안 평가, 이용 결정 및 이용, 이용 후 행동의 과정을 거친다. 각 과정에 대한 설명은 다음과 같다.

그림 8-17 소비자 의사결정 과정

❶ **문제 인식** : 욕구가 발생하고 이용 동기가 형성되기까지의 과정

❷ **정보 탐색** : 문제를 해결하기 위한 탐색

❸ **대안 평가** : 서비스를 선택하기 위한 대안 평가

❹ **이용 결정 및 이용** : 대안 평가 후 최상의 서비스나 브랜드 이용 결정

❺ **이용 후 행동** : 이용 후의 소비자 행동

■ 소비자 분석 내용 및 방법

소비자 의사결정 과정을 이해하면 소비자 행동을 예측할 수 있으며 결국 마케팅 전략을 수립하는 데 용이하게 된다. 소비자 분석 내용은 크게 소비자의 특성과 이용 행태로 분류할 수 있다. 소비자 특성은 인구통계학적, 지리적, 심리적 요소 등으로 구분할 수 있으며, 이용 행태로는 이용 동기, 이용 경로, 이용 시점, 이용 용도, 이용률, 이용 경험, 충성도 등으로 나누어 파악한다. [표 8-5]에서 소비자를 분석하는 내용을 확인해 본다.

표 8-5 소비자 분석의 요소별 내용

구분	요소	내용
소비자 특성	인구통계학적	나이, 성별, 교육 수준, 소득 수준, 직업 등
	지리적	서울, 경기, 경남, 도시, 수도권, 지방 등
	심리적	라이프 스타일, 성격, 취향, 사회적 계층, 사회 활동 등
이용 행태	이용 동기	왜 이용하는지
	이용 경로	어떤 경로를 통해 이용하는지
	이용 시점	언제 이용하는지
	이용 용도	어떻게 이용하는지
	이용률	얼마나 자주 이용하는지
	이용 경험	서비스 이용 경험은 어떠하였는지, 긍정적인지, 부정적인지
	충성도	브랜드 충성도

소비자 분석 방법으로는 다양한 기법이 사용된다. [표 8-6]은 대표적인 소비자 분석 방법으로 참고하도록 한다.

표 8-6 소비자 분석 방법

조사방법	내용
설문 조사	소비자의 서비스 이용에 대한 전반적인 실태를 파악하는 방법이다. 예 설문지 작성, 온라인 서베이 등
ZMET	잘트만 은유도 기법(Zaltman Metaphor Elicitation Technique)으로 불리며, 소비자가 무의식 속에 가지고 있는 니즈(Needs)를 비언어적, 시각적 이미지를 통해 은유적으로 유도해서 파악하는 방법이다.
사다리 기법	서비스의 특성과 고객 가치 간의 연결 관계를 파악하는 조사 방법이다.
관찰 조사	소비자들의 일상생활 속에서의 행동과 그 배경을 체계적으로 조사하는 기법이다. 예 에스노그래피, 섀도 트래킹, 타운 와칭, 포토 다이어리 등
전문가 모니터링	트렌드 리더, 또는 전문 지식이 있는 소비자가 관찰을 하도록 하는 기법이다.
포커스 그룹 인터뷰	소수의 참여자들이 특정 주제를 놓고 광고 효과, 브랜드 인지도 및 만족도 등에 대해 집중 토론을 하도록 하는 기법이다.
시선 추적	동공의 움직임과 이동 동선을 추적하여 소비자 반응을 조사하는 기법이다.

■ 소비자 분석 사례

최근 미디어 생태계의 변화 이슈 중 큰 화두는 온라인 동영상 서비스 플랫폼과 동영상 콘텐츠 소비의 증가라고 할 수 있을 것이다. 이를 증명하듯 1인 미디어의 숫자는 3,000명이 넘어섰고, 1인 미디어 시장은 현재 5조 원에 육박한다(과학기술정보통신부, 2019).

[그림 8-18]은 한국방송광고진흥공사가 분석한 '2019 소비자 이용 행태 조사 분석 보고서MCR'의 일부다. 이 보고서에 따르면 온라인 동영상 콘텐츠를 일주일 중 5~6일 시청하며, 과반수 응답자들이 적어도 3~4일 이상 시청하였다. 이들은 주로 TV 프로그램의 토막 영상클립(58%)과 1인방송(45%)을 시청하며, 주로 유튜브(68%), 네이버 TV(26%), 아프리카 TV(10%)의 채널을 이용하는 것으로 나타났다.

동시에 소수의 응답자들은 카카오 TV(6%), 인스타그램 라이브(4%), 틱톡(3%), 페이스북 라이브(2%), 곰 TV(1%)의 채널도 이용하는 것으로 나타났다. 인기 동영상 콘텐츠는 먹방, 일상/여행/맛집, 뉴스/정치, 음악, 영화/엔터테인먼트, 뷰티/패션, 스포츠/레저, 요리/건강, 게임 등의 순으로 나타났다.

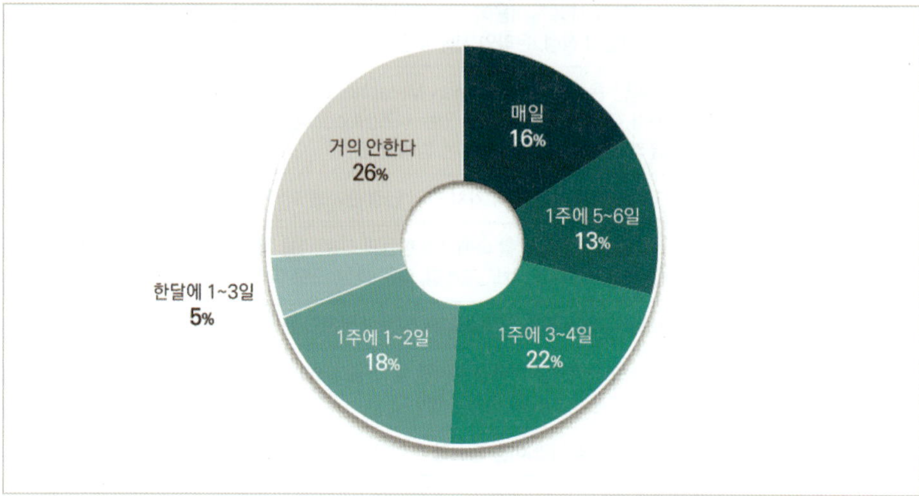

(a) 온라인 시청 빈도수

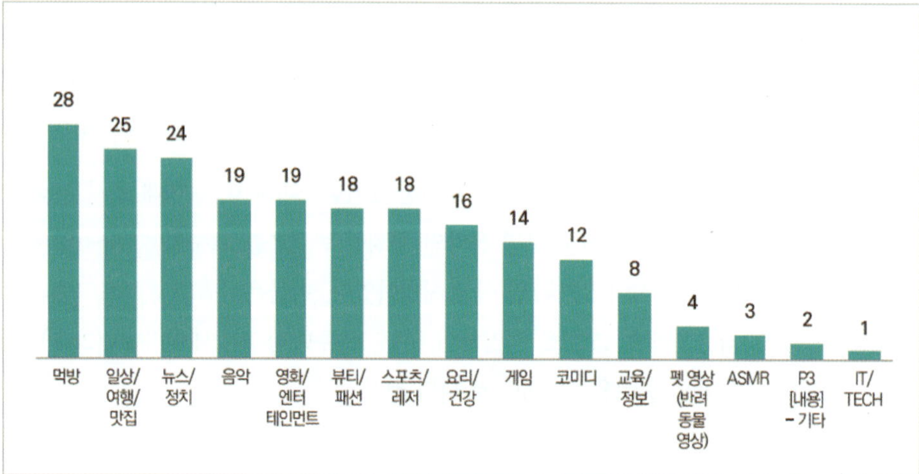

(b) 주로 시청하는 동영상 유형

그림 8-18 2019 소비자 이용 행태 조사 분석 사례

여기서 잠깐 1인 방송 콘텐츠에 대한 소비자 분석 사례

1인 방송 콘텐츠에 대한 소비자 인식을 살펴보면, 대다수의 소비자들은 부정적인 것으로 나타났다. 그러나 연령별 매체 선호도를 살펴보면 모든 연령층이 1인 방송 콘텐츠에 대해 부정적이지만은 않았다. 특히 30대 이하의 연령층에서는 1인 방송을 즐겨본다는 긍정적인 응답이 유의미한 수준으로 나타났고, 30대를 기점으로 긍정/부정 응답이 갈리는 것으로 조사되었다.

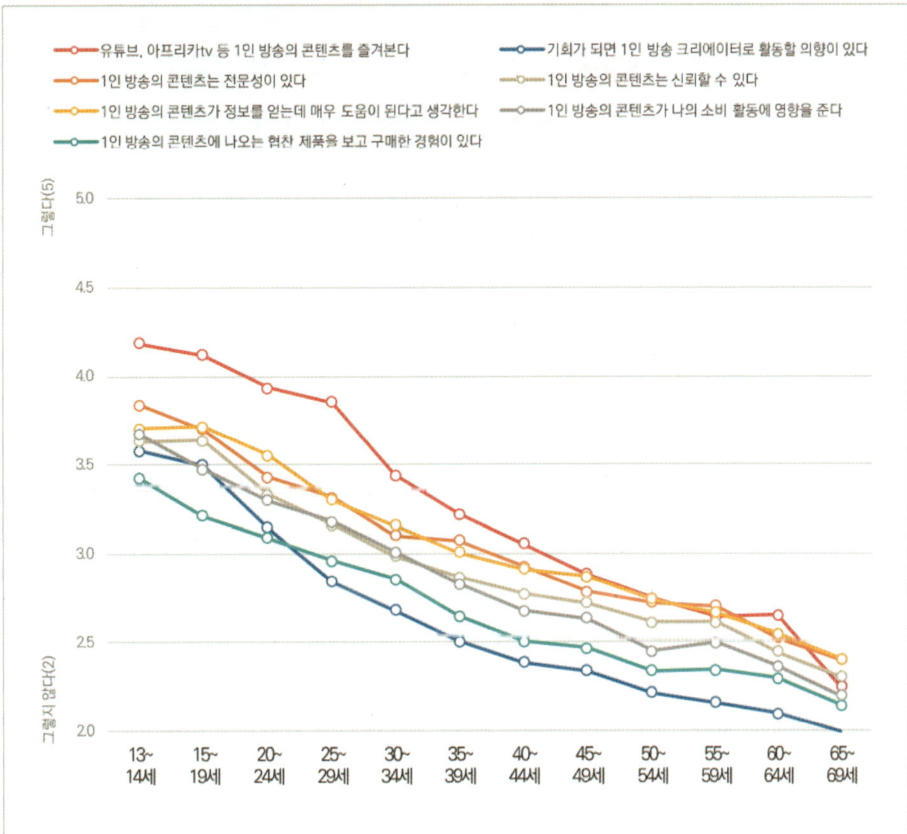

(a) 1인 방송에 대한 연령층별 인식

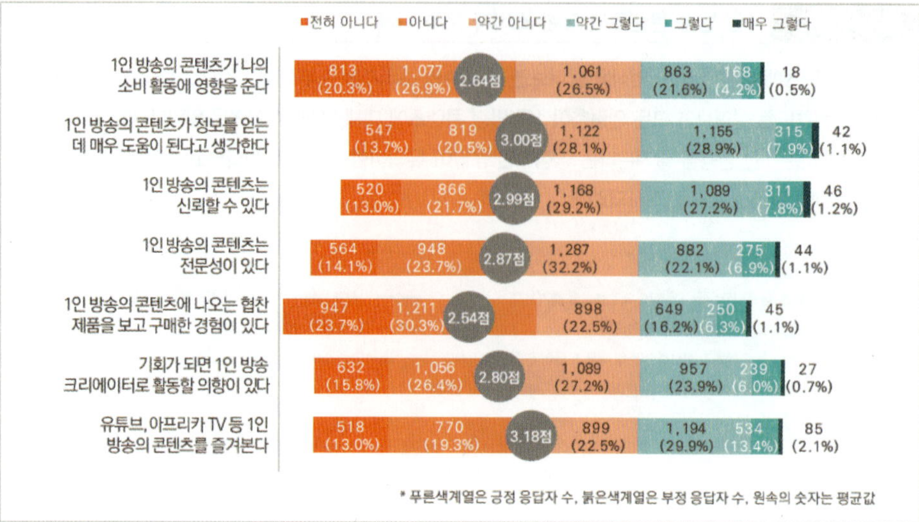

(b) 1인 방송에 대한 소비자 인식

그림 8-19 **1인 방송 콘텐츠에 대한 소비자 인식** [23]

경쟁사 분석

경쟁사 분석Competitor Analysis은 시장의 우위를 점하기 위해 자사의 상황과 경쟁사를 비교 분석하여 마케팅 전략을 도출하는 데 그 목적이 있다. 경쟁사 분석의 대상은 현재 시장에서 대치 중인 경쟁사뿐만 아니라 지금 당장 드러나지는 않은 잠재적 경쟁사까지 포함시켜야 한다. 제대로 된 경쟁사 분석을 위해서는 자사 서비스와 유사한 시장에서 경쟁 중인 서비스에는 어떤 것들이 있는지, 성공 요인은 무엇인지, 경쟁사의 시장점유율 및 매출 규모는 어떠한지, 성장률, 강점과 약점 및 전략은 어떠한지 등을 다양한 관점에서 철저하게 분석해야 한다.

■ 경쟁사 분석 사례

현재 업계가 추산하고 있는 음식 배달 시장 규모는 지난 2010년 대비 2배 이상 성장한 20조 원 대로 추산하고 있다. 배달 시장 성장의 주역은 역시 배달 앱 으로 볼 수 있는데, 글로벌 팬데믹으로 인해 오히려 그 성장세가 가속화되면서 배달 앱 시장 규모 또한 7.6조에 다다른다(통계청, 공정거래위원회).

[표 8-7]은 O2O(Online to Offline)의 대표적 서비스인 배달 앱의 경쟁사를 분석한 사례다. 해당 분야에서 두각을 나타내고 있는 '배달의 민족', '요기요', '배달통'을 각각 분석하였는데, 각 앱 서비스의 강점과 약점, 마케팅 전략과 차별화 전략을 확인해 본다.

표 8-7 배달 앱 서비스의 경쟁사 분석

구분	배달의민족	요기요	배달통
시장 점유율	업계 1위(55.7%)	업계 2위(33.5%)	업계 3위(10.8%)
강점	• 높은 브랜드 인지도 • 높은 다운로드 수, 방문자 수, 리뷰 수 • 월 평균 1,200만 명 이용	• 다양한 할인 혜택 • 비교적 높은 고객 충성도	• 배달 앱 원조 • 등록업체 수 1위
약점	딜리버리 히어로에 인수되면서 토종 배달 앱 지위 박탈	• 3사중 가장 낮은 등록업체 수 • 복잡한 화면 구조 및 주문 절차	상대적으로 낮은 인지도
주 마케팅 채널	TV 광고, 교통(버스 및 정류장), SNS 광고		
마케팅 전략	• 서비스 초기 배우 류승용을 내세운 B급, 키치, 패러디 광고 • 기업문화, 무료폰트 제공 등 브랜드 경험 강조	• 서비스 초기 배우 박신혜를 내세워 편의성을 강조하는 감성광고 • '맛을 넘어선 즐거움'이라는 광고	• 서비스 초기 배우 마동석을 내세운 패러디 광고 • 등록업체 수 1위 강조
차별화 전략	울트라콜, 오픈리스트, 배민오더 등 업주들이 선택할 수 있는 다양한 광고 상품	'첫 주문 반값 할인', '누구나 배달 비 0원' 등 프로모션 강조	가맹점 수 1위 자리를 지키기 위한 업체 관리
기업문화	자유로운 업무 환경, 주 4.5일제, 도서 무제한 지원제 등 트렌디한 직원 복지로 젊은 층 어필	• 외국계 기업으로 자율과 책임을 바탕으로 한 유연한 기업문화 • 실적이나 기여도에 따른 승진 가능성	
경쟁구도	• 요기요와 배달통 운영사인 딜리버리 히어로가 배달의 민족마저 인수하면서 업계 독주 체제 돌입 • 쿠팡이츠, 위메프오 등 소셜커머스 강자들의 배달 앱 시장 진출로 인한 경쟁 구도 변화		

2019년 말 배달 앱 시장의 가장 빅뉴스는 '요기요'와 '배달통' 운영사인 '딜리버리 히어로'가 업계 1위인 '배달의 민족'을 인수 합병한 소식이었다. 이로써 '딜리버리 히어로'는 국내 배달 앱 시장을 독점하게 되었지만, 시장 독과점을 우려한 공정거래위원회의 결정으로 2021년 상반기까지 '요기요' 서비스는 매각을 해야 하는 상황이다.

(a) 배달의 민족 (b) 요기요 (c) 배달통

그림 8-20 배달 앱 서비스

배달 앱 시장 빅3에 진입하기 위한 후발주자들의 노력 또한 분주하다. 소셜커머스 강자인 '쿠팡'에서 우리 집만 배달하는 일체형 배달 시스템으로 '치킨, 피자, 떡볶이는 물론, 샐러드, 디저트, 커피 한 잔까지 어떤 음식도 로켓배달'이라는 슬로건을 내걸고 출시된 '쿠팡이츠'의 비약적인 성장이 눈여겨 볼만하다. 그 외 위메프오, 네이버, 카카오 등 다양한 IT 기업들까지 일제히 배달 앱 시장에 뛰어들고 있어 점점 경쟁은 더욱 치열해질 것으로 예상된다.

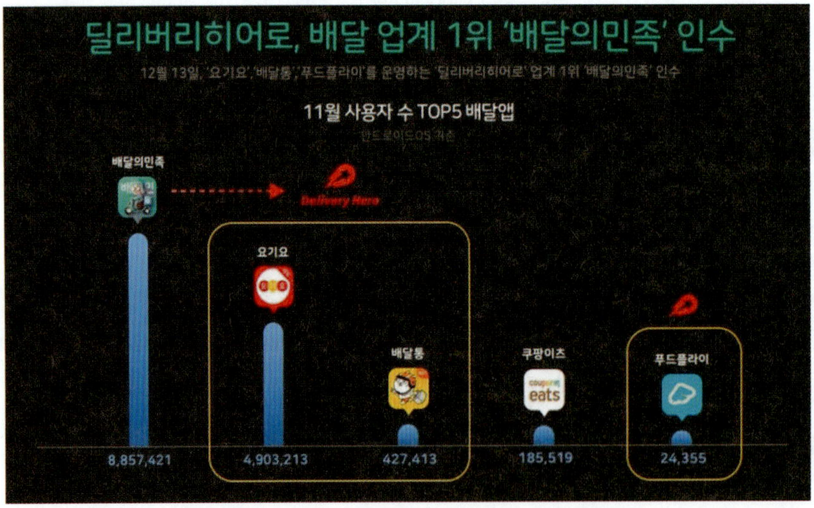

그림 8-21 배달 앱 시장 동향 [24]

자사 분석

자사 분석Company Analysis은 자사의 핵심 서비스, 서비스 목표, 타깃 소비자, 강점과 약점, 기술적 우위, 차별화 전략, 마케팅 역량, 자원의 규모와 재원 등 내부 환경의 핵심 역량 분석을 통해 표적 시장을 설정하기 위해 실시한다. 특히, 객관적인 시각에서 자사의 핵심 내부 역량을 면밀히 분석해야 한다.

대표적인 자사 분석 방법으로는 맥킨지 사Mckinsey&Company가 개발한 7S 분석 모형이 있으며, 기업의 핵심적 역량 요소를 공유가치Shared Values를 중심으로 전략Strategy, 관리 기술Skill, 조직 구조Structure, 시스템System, 구성원Staff, 리더십 스타일Style로 구성한다. 다음 [표 8-8]에 7S 분석 요소를 정리하였다.

표 8-8 7S 분석 요소

구성 요소	분석 요소
전략	제공하고자 하는 서비스의 목적은 무엇인지?
	경쟁 우위 확보를 위한 방법은 무엇인지?
	전략적 우선순위는 어떻게 되는지?
관리 기술	전략을 수행할 수 있는 기술은 무엇인지?
	경쟁을 위한 새로운 기술 도입이 잘 되고 있는지?
	새로운 기술의 경험자가 많이 있는지?
조직 구조	조직의 구조, 규모, 형태는 어떠한지?
	환경에 대응할 수 있는 조직구조를 갖추고 있는지?
	고객과의 대화 창구는 어떠한지?
시스템	업무의 처리가 어떻게 조직화되고 업무의 흐름은 어떠한지?
	의사결정이 신속히 이루어지고 있는지?
	서비스는 사용자에게 어떻게 전달되는지?
구성원	조직 구성원들의 역량은 충분한지?
	절절한 인재가 배치되어 있는지?
	너무 순종적인 조직원들로 구성되어 있는 것은 아닌지?
리더십 스타일	기업만의 고유문화는 존재하는지?
	의사결정 구조가 상명하달 식으로 너무 수직적이지는 않는지?
	평가와 보상체계는 어떠한지?
공유가치	기업의 목표 및 비전에 대한 구성원들의 이해는 충분히 공유되었는지?
	조직 구성원들을 집중시키고 이끌어가는 근본가치가 존재하는지?
	타 회사 및 서비스와 구분될 수 있는 정체성은 분명한지?

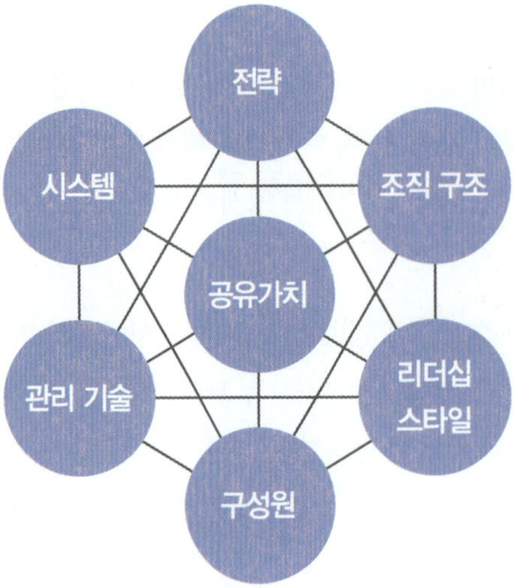

그림 8-22 7S 분석 모형

여기서 잠깐 **3C 스윗스팟**

골프채, 테니스 라켓, 야구배트 등 공을 쳐서 멀리 날려 보내는 도구에는 스윗스팟(Sweet Spot)이라고 부르는 타격점이 있는데, 이는 공이 맞았을 때 많은 힘을 들이지 않고 원하는 방향으로 보낼 수 있는 최적의 지점을 의미한다. 스윗스팟은 원래 스포츠 분야에서 나온 용어지만, 소비자의 최적의 구매 심리를 자극하는 지점, 고객이 구매를 결정하게 되는 지점 등 최적의 상황이 조합되는 교집합 지점을 의미하기도 한다.

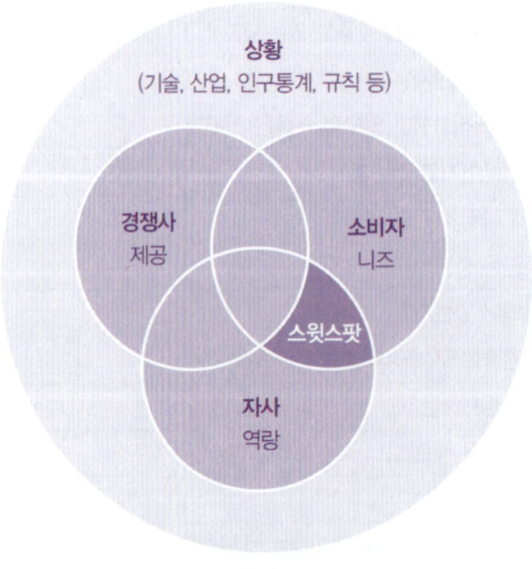

그림 8-23 3C 스윗스팟 [25]

구분	분석요소	분석내용	
소비자 (Customer)	소비자 특성 이용행태	연령, 성별, 라이프스타일 등은 어떠할까?	20~30대 초반 대학생, 취업 준비생, 사회 초년생
		왜 어떤 동기로 이용할까?	1. 중요한 스피치(면접, 실무 PT 등)를 앞두고 있으나 두려워서 2. 발표 학원을 가기엔 시간적 제약이 있어서
		언제 어떻게 이용할까?	사회 생활을하는 이들이 타깃이기에 주로 주말 또는 여가 시간에 사용하리라 예상됨 평소 스피지 연습을 하거나 중요한 스피치를 앞두었을 때 사용
		얼마나 자주 이용할까?	주로 주말, 그리고 그 회에도 필요할 때마다 틈틈이
		서비스 이용경험은 어떠할까?	유사 서비스가 거의 없기에 이용 겨험도 희박하리라 예상됨
자사 (Company)	전략 기술 구조 차별화 전략	제공하고자 하는 서비스의 목적은 무엇일까?	발표 공포증을 극복하고 스피치 능력을 향상시킬 수 있도록 도와준다
		경쟁 우위 확보를 위한 방법은 무엇일까?	모의 스피치 기능을 통한 개개인 맞춤형 피드백 재미를 줄 수 있는 콘텐츠 제공으로 사용자의 흥미 유발
		대표 기술은 무엇일까?	AI를 통한 비대면 큐레이팅 서비스, 커뮤니티
		차별화 될 수 있는 대표 서비스는 무엇일까?	1. AI기술을 활용하여 정밀한 피드백 제공 2. 개개인 맞춤형 커리큘럼으로 정확한 목표 달성 용이 3. 커뮤니티 기능으로 사용자 간 상호작용 가능

구분	분석요소	분석내용	
경쟁사 (Competitor)	현재의 경쟁자 (ex. 야나두, 스픽) 잠재적 경쟁자	경쟁사의 서비스 제공 목표는 무엇일까?	영어 회화 능력의 상승
		경쟁사의 핵심전략은 무엇일까?	사용자에게 자신감을 불어 넣고 접근 기회를 확대하여 영입한다
		경쟁사의 고객은 누구일까?	스피치 또는 회화 능력을 향상시키고 싶은 사용자
		현재의 경쟁사들이 공격적이고 강력한가?	스피치 학원은 많으나 모바일 앱은 찾아볼 수 없음
		새로운 경쟁자의 진입가능성이 높을까?	스피치 측면으로 새로운 서비스가 등장할 가능성은 낮으나 만약 등장할 경우 블루오션이기 때문에 급격한 성장이 가능하리라 예상됨

그림 8-24 3C분석 사례 : 스피치 능력 향상 서비스 앱

3 SWOT 분석

거시 환경 분석과 미시 환경 분석을 수행하고 나면 SWOT 분석이 용이해진다. SWOT 분석은 프로젝트 상황 분석 및 전략 수립을 위한 필수 기법으로, 기업의 내·외부 환경을 분석하여 강점과 약점을 찾아내고 기회와 위협 요인을 도출할 수 있는 도구다. 분석하고자 하는 대상 기업의 내부 요인 상황과 경쟁자와 비교한 강점Strength, 약점Weakness, 그리고 자사를 제외한 외부 환경인 기회Opportunity, 위협Threat의 네 가지 요소를 분석하는데, 자사의 강점은 최대한 강조하고 약점은 최소화할 수 있는 전략을 수립하도록 한다.

표 8-9 SWOT 분석

구분		내용
내부 환경 (Internal)	강점 (Strength)	핵심적 경쟁 우위 요소
		높은 브랜드 인지도 및 시장 점유율
		직원의 높은 생산성, 경영자원
		기술우위, 독점 기술, 특허 등
	약점 (Weakness)	낮은 수익성
		부족한 경영 자원, 미래 성장 동력 부재
		직원의 낮은 인력 생산성, 인력의 고령화
		낮은 연구개발비 등
외부 환경 (External)	기회 (Opportunity)	경기 호황, 높은 경제 성장률
		새로운 시장 형성, 신기술의 등장
		유리한 정부 정책, 제도
		경쟁사의 약세 등
	위협 (Threat)	경기 침체, 소비 위축
		시장 성장률의 둔화, 시장 붕괴
		불리한 정부 정책, 제도, 규제
		새로운 경쟁사의 등장 및 강세 등

다음 [표 8-10]은 미국의 커피 프랜차이즈 브랜드인 스타벅스Starbucks, 미국 패스트푸드 체인인 맥도날드McDonald's, 미국의 도넛 전문점 던킨도너츠Dunkin' Donuts를 SWOT 분석한 예이다.

표 8-10 SWOT 분석의 예

브랜드	강점	약점	기회	위협
스타벅스	• 높은 브랜드 인지도 • 높은 시장 점유율 • 글로벌 매장 네트워크	• 높은 매장 의존도 • 빠른 성장에 의한 고객 경험 저하	• 확대된 중국 시장	• 포화된 미국 시장
맥도날드	• 높은 브랜드 인지도 • 글로벌 매장 네트워크	• 변화하는 글로벌 시장에 민감	• 높은 신제품 개발 가능성 • 사회 공헌 및 공익적 이미지	• 지속 가능성 부재 • 맥카페 서비스
던킨 도너츠	• 지역 브랜드 아이덴티티 • 로열티 프로그램	• 치중된 매스마켓 • 프랜차이즈 비일관성	• 확대된 미국의 소매점 • 글로벌 소매점 확대	• 격화된 커피 시장의 경쟁 • 프랜차이즈의 불안정성

■ **SO**Strength, Opportunity **전략**

내부도 강하지만 외부의 기회에도 강한 SO 전략은, 강점은 최대한 이용하고 기회를 적극적으로 활용하여 기존 시장 장악은 물론 신규 시장 진출까지 용이한 전략이다.

■ **WO**Weakness, Opportunity **전략**

내부는 약하지만 외부의 기회가 있는 WO 전략은, 약점은 보완하고 기회를 적극적으로 활용하여 핵심 역량을 강화한다는 장점과 시장을 선도하고 있는 서비스와의 제휴를 통해 발전의 여지가 있는 전략이다.

■ **ST**Strength, Threat **전략**

내부는 강하지만 외부의 위협이 도사리고 있는 ST 전략은, 위협 요소를 제거하고 강점을 최대한 이용하여 기존 시장 침투 및 확장의 장점과 단점을 각각 가지고 있는 전략이다.

■ **WT**Weakness, Threat **전략**

내부가 약할 뿐만 아니라 외부의 위협도 존재하는 WT 전략은, 위협 요소를 제거하고 약점을 보완하여 활용하거나 내외부 모두 가가이 위험이 도사리고 있기 때문에 시장 철수를 어느 시점에 어떠한 방식으로 진행할지를 결정해야 하는 전략이다.

표 8-11 SWOT 매트릭스

내부 환경 (Internal) / 외부 환경 (External)	강점(Strength)	약점(Weakness)
기회(Opportunity)	**SO 전략** 내부 강점은 최대한 이용하고 외부 기회를 적극 활용하는 전략	**WO 전략** 내부 약점은 보완하고 외부 기회를 적극 활용하는 전략
위협(Threat)	**ST 전략** 내부 강점을 최대한 활용하고 외부 위협 요소를 제거하는 전략	**WT 전략** 내부 약점을 보완하고 외부 위협 요소를 제거하는 전략

내부 환경 Internal / 외부 환경 External	Strength 강점	Weakness 약점
	1. 학원과 달리 시간과 장소에 구애 받지 않아 자신의 스케쥴에 따라 연습 가능 2. 1:1 사용자 맞춤형 스피치 코칭 3. 커뮤니티 기능으로 사용자 간 상호작용 가능 4. AI 기술을 활용한 정밀한 피드백	1. 비대면 특성상 몰입감이 떨어질 수 있음 2. 한정적인 타겟층
Opportunity 기회	SO 전략	WO 전략
1. 비대면 서비스의 중요성 증가 2. 발표력의 중요성이 강조되는 사회 3. 구두 커뮤니케이션 보다 텍스트 커뮤니케이션이 익숙해진 현대인 4. 블루오션인 스피치 교육 어플리케이션 시장 5. AI 기술의 발달	발표력이 중시되는 사회지만 텍스트 커뮤니케이션의 발달에 적응하면서 구두 커뮤니케이션이 어색해져버린 현대인에게 맞춤형 스피치 코칭을 제공한다	AI 기술을 이용하여 비대면 서비스의 약점을 보완하고 몰입감을 높인다
Threat 위협	ST 전략	WT 전략
1. 오프라인 스피치 학원 시장의 강세 2. 스피치는 대면 강의가 좋다는 사람들의 인식	오프라인 스피치 학원의 강세 속 온라인에서만 진행할 수 있는 기능(익명 커뮤니티, AI를 통한 발표 분석)을 활용하여 스피치 교육도 비대면으로 진행할 수 있다는 인식을 심어준다	

그림 8-25 **SWOT 매트릭스의 예 : 스피치 능력 향상 서비스 앱**

요약

1. 거시 환경

사회, 기술, 경제, 생태, 정치적 측면의 환경에서 발생하는 기회와 위협이 기업의 활동에 영향을 주는 요인을 파악하는 방법을 말한다.

- **사회적 환경 분석** : 사회적 환경을 통해 타깃 소비자들의 라이프 스타일 변화와 새로운 트렌드를 분석하는 것을 말한다.
- **기술적 환경 분석** : 기술적 환경에서 새로운 기술 변화가 프로젝트에 어떠한 영향을 미칠 것인지에 대해 분석하는 것이다.
- **경제적 환경 분석** : 경제적 환경 분석은 시장을 둘러싸고 일어나는 경제적 상황을 이해하고 프로젝트에 미치는 영향을 분석하는 것이다.
- **생태적 환경 분석** : 생태적 환경 분석은 지구 온난화, 대기오염, 자연적 재해 등을 분석하여 목표 소비자들에게 미칠 영향을 예측하는 것이다.
- **정치적 환경 분석** : 정치적 환경 분석이란 정치적 상황, 정부의 규제나 법규 변경 및 제한 등이 프로젝트에 미치는 영향을 분석하는 것을 말한다.

2. 미시 환경

기업이 통제 가능한 환경으로, 기업 내부 환경, 과업 환경, 제약 환경, 공급자, 클라이언트, 경쟁사, 소비자 등 마케팅에 영향을 미치는 세부 상황과 동향을 의미한다.

- **3C 분석**

  대표적인 미시 환경 분석 방식으로, 소비자, 경쟁사, 자사의 관점에서 각각 분석하는 것을 의미한다. 소비자의 취향과 성향, 특징, 소비자의 사회적 현상들을 연구하고, 자사의 역량이 어느 정도인지 파악하여 선택과 집중에 대한 부분을 이루어 가면서 경쟁사의 동향을 파악하여 어떠한 형태로 접근하고 포지셔닝 하는지에 대한 전반적인 분석 방법이다.

  – **소비자 분석** : 주요 소비자, 소비자의 특성, 소비자의 이용 행태 등 목표 소비자의 생활양식, 행동양식, 사고양식과 같은 고객의 니즈를 명확히 하는 것이다.

  – **경쟁사 분석** : 시장의 우위를 점하기 위해 자사의 상황과 경쟁사를 비교 분석하여 마케팅 전략을 도출하는 것을 말하며, 경쟁사 분석의 대상은 현재 시장에서 대치 중인 경쟁사뿐만 아니라 지금 당장 드러나지 않은 잠재적 경쟁사까지 포함시켜야 한다.

요약

– **자사 분석** : 자사의 핵심 서비스, 서비스 목표, 타깃 소비자, 강점과 약점, 기술적 우위, 차별화 전략, 마케팅 역량, 자원의 규모와 재원 등 내부 환경의 핵심 역량 분석을 통해 표적 시장을 설정하기 위해 실시한다.

- SWOT 분석

프로젝트 상황 분석 및 전략 수립을 위한 필수 기법으로, 기업의 내·외부 환경을 분석하여 강점과 약점을 찾아내고 기회와 위협 요인을 도출할 수 있는 도구다.

– **SO 전략** : 내부도 강하지만 외부의 기회에도 강한 전략으로, 강점은 최대한 이용하고 기회를 적극적으로 활용하여 기존 시장 장악은 물론 신규 시장 진출까지 용이한 전략이다.

– **WO 전략** : 내부는 약하지만 외부의 기회가 있는 전략으로, 약점은 보완하고 기회를 적극적으로 활용하여 핵심 역량을 강화한다는 장점과 시장을 선도하고 있는 서비스와의 제휴를 통해 발전의 여지가 있는 전략이다.

– **ST 전략** : 내부는 강하지만 외부의 위협이 도사리고 있는 전략으로, 위협 요소를 제거하고 강점을 최대한 이용하여 기존 시장 침투 및 확장의 장점과 단점을 각각 가지고 있는 전략이다.

– **WT 전략** : 내부가 약할 뿐만 아니라 외부의 위협도 존재하는 전략으로, 위협 요소를 제거하고 약점을 보완하여 활용하거나 내·외부 모두 각각의 위험이 도사리고 있기 때문에 시장 철수를 어느 시점에 어떠한 방식으로 진행할지를 결정해야 하는 전략이다.

실습 과제

STEEP를 활용한 거시 환경 분석하기 다음의 양식을 이용하여 거시 환경의 각 영역별 현재, 미래, 기회, 위협 요인을 분석하고 의미를 도출해 보자.

STEEP를 활용한 거시 환경 분석하기			
작성자		작성일	년 월 일
주제			

환경 요소	현재	미래	기회	위협
사회적 요소				
기술적 요소				
경제적 요소				
환경적 요소				
정치적 요소				

의미 도출	

실습 과제

3C 분석을 활용한 미시 환경 분석하기 다음의 양식을 이용하여 미시 환경의 각 영역별 요인을 분석하고 의미를 도출해 보자.

3C 분석을 활용한 미시 환경 분석하기			
작성자		작성일	년 월 일
주제			

구분	분석 요소	분석 내용
소비자 (Customer)	소비자 특성 이용행태	• 나이, 성별, 소득수준, 직업, 지역 라이프스타일, 취향 등은 어떠한지? • 왜 이용하는지? • 언제 어떻게 이용하는지? • 얼마나 자주 이용하는지? • 서비스 이용경험은 어떠하였는지?
경쟁사 (Competitor)	현재의 경쟁자 잠재적 경쟁자	• 경쟁사의 목표는 무엇인지? • 경쟁사가 목표를 달성하기 위한 핵심전략은 무엇인지? • 경쟁사의 강점과 약점은 무엇인지? • 경쟁사의 고객은 누구인지? • 현재의 경쟁사들이 공격적이고 강력한지? • 새로운 경쟁자의 진입가능성이 높은지?
자사 (Company)	전략 기술 구조 시스템 구성원 스타일 공유가치	• 제공하고자 하는 서비스의 목적은 무엇인지? • 경쟁 우위 확보를 위한 방법은 무엇인지? • 전략을 수행할 수 있는 기술은 무엇인지? • 경쟁을 위한 새로운 기술도입이 잘 되고 있는지? • 조직의 구조, 규모, 형태는 어떠한지? • 조직 구성원들의 역량은 충분한지? • 의사결정 구조가 상명하달 식으로 너무 수직적이지는 않는지? • 기업의 목표 및 비전에 대한 구성원들의 이해는 충분히 공유되었는지?

의미 도출	

CHAPTER 09

프로젝트 환경 분석 및 조사 보고서 작성

PREVIEW

프로젝트 환경 분석은 '우리가 잘 할 수 있는 것은 무엇인가'에 대한 답을 찾는 과정으로, 기업의 특정 전략 검토 여부와 현 전략의 변경 여부를 결정할 수 있는 토대를 제공한다. 이번 장에서는 클라이언트의 니즈 분석, 예산, 범위, 일정, 투입 인력 등의 프로젝트 환경 분석을 통해 프로젝트를 진행하기 위한 제반 조건을 이해한다. 또한, 분석된 정보를 바탕으로 조사 보고서를 작성하는 방법과 시각화하는 방법에 대해 알아본다.

SECTION 01

프로젝트 환경 분석의 이해

1 프로젝트 환경 분석의 개념

프로젝트 환경이란 일반적인 현황, 시스템 개발 환경, 기술적 환경을 의미하며, 프로젝트를 진행하기 위한 제반 조건을 말한다. 환경 분석을 할 때는 클라이언트가 프로젝트를 발주할 때 제시하는 제안 요청서에 예산, 범위, 수행 일정, 개발 환경, 시스템 환경 등 환경 분석에 필요한 내용을 명시해야 한다. 그렇기 때문에 제안 요청서를 꼼꼼히 분석하는 것이 중요하다.

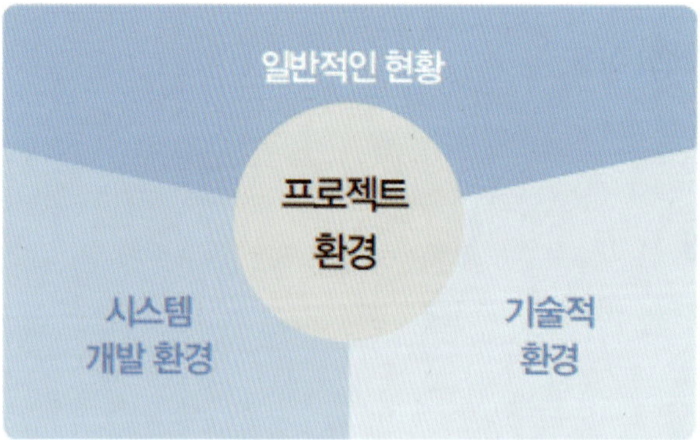

그림 9-1 프로젝트 환경

2 프로젝트 현황 파악

프로젝트 환경을 분석하기 위해서는 기존 서비스가 어떻게 운영되어 왔으며, 현재 서비스를 이용하는 회원의 숫자나 사용자층, 사용자의 이용 행태적 특성을 파악해야 한다. 또한, 콘텐츠 업데이트 주기, 서비스를 위한 각 부서별 역할, 원활한 운영을 위한 시스템 사양과 관리 등 현재 운영 중인 서비스의 현황을 우선적으로 확인해야 한다.

신규 서비스의 경우, 환경 분석은 기존 서비스 시장에서 경쟁 우위를 확보하기 위해 경쟁 서비스를 분석하거나 새로운 시장 개척을 위한 사업 타당성, 관련 산업 분야에 대한 동향, 서비스의 수요나 전망, 사용자의 요구, 트렌드 등을 분석하는 의미로도 사용된다.

3 클라이언트 니즈 분석

프로젝트 환경 분석에 있어 중요한 부분을 차지하는 것 중에 하나가 현재 상황에 대한 문제를 인식하고 그 문제를 개선하기 위한 클라이언트 니즈Client Needs를 분석하는 일이다. 클라이언트 니즈는 프로젝트의 목표Goal와 연결되며 프로젝트의 우선순위를 결정하거나 내부 구성원들로 하여금 동기부여를 통해 응집력과 결속력의 증대를 꾀할 수 있는 주요한 요인이 된다.

클라이언트 니즈 분석Client Needs Analysis 방법으로는 담당자 인터뷰 및 설문 조사, 세미나 등의 방식을 통해 현업 직원, 관리자, 임원 등으로부터 수집할 수 있다. 이때, 분석자는 문제점에 대한 개선 방향을 제시하려고 하는 자세보다는 클라이언트 스스로 문제를 발견할 수 있도록 관찰하고 지켜보는 태도가 중요하다.

클라이언트 니즈 분석은 다양한 방법으로 수행 가능한데, 그중에서 조사 설계와 문제 발견 세미나의 수행 방법에 대해 알아보자.

조사 설계

클라이언트 니즈 분석을 위한 조사 설계는 다음 사항을 고려하여 수행한다.

❶ 조사 기간, 조사 대상자, 조사 범위, 조사 방법 등 조사 대상 및 유형을 설정한다.

❷ 조사 응답자를 위한 소정의 답례품(기념품)을 준비한다.

❸ 클라이언트 니즈 분석을 위한 설문지를 작성한다.

❹ 너무 많은 항목이나 답변이 어려운 설문은 피하도록 한다.

❺ 전문 용어보다는 쉬운 용어를 사용하여 구체적인 질문으로 구성한다.

❻ 질문지를 미리 전달하고 필요에 따라 면접 설문 조사를 실시한다.

❼ 현 서비스에 대한 내부 구성원의 서비스에 대한 느낌과 인식, 경험적 의견을 청취한다.

문제 발견 세미나

클라이언트 니즈 분석을 위한 문제 발견 세미나는 다음과 같은 순서대로 수행한다.

❶ 각 서비스 부서, 유형별 담당자 및 관리자, 임원 등을 대상으로 세미나 참가자를 모집한다.

❷ 팀을 구성한 후 참가자들 사이에 어색함을 없애기 위한 아이스 브레이킹을 진행한다.

❸ 포스트잇을 이용하여 클라이언트가 현재 겪고 있는 문제들을 기입한다.

❹ 도출된 유사한 성격의 문제끼리 묶는다.

❺ 투표를 통해 가장 심각한 문제의 순위를 결정한다.

❻ 현재 이 문제들을 어떻게 해결하고 있는지 정리한다.

❼ 발견된 문제와 현재 해결되고 있는 방식에 대해 토론한다.

❽ 전체 내용을 정리하고 발표하여 서로 공유한다.

그림 9-2 **조사 설계** [01]

그림 9-3 **문제 발견 세미나** [02]

4 클라이언트 포지셔닝 분석

클라이언트 포지셔닝 분석Client Positioning Analysis은 클라이언트의 내부 환경 분석, 클라이언트 니즈 분석을 통해 도출된 내용을 중심으로 제공하고자 하는 제품이나 서비스가 목표하는 시장, 추구하고자 하는 이미지, 타깃 사용자의 태도, 이용 동기 등 핵심 가치를 정확히 어디에 둘 것인지를 결정하는 단계다.

밸류 매트릭스 분석

대표적인 클라이언트 포지셔닝 분석 방법으로는 밸류 매트릭스Value Matrix 분석이 있다. 이 분석 방법은 제공하고자 하는 제품 또는 서비스의 아이덴티티Identity와 서비스 포지셔닝Service Positioning 및 핵심 가치를 설정하기 위한 방법으로, 프로젝트의 가치 및 콘셉트를 도출하고 가중치를 어디에 둘 것인지를 규정한다. 이러한 밸류 매트릭스 분석은 프로젝트 전체를 대상으로 수행하기도 하고 세부 서비스별, 목표 사용자별, 콘텐츠 및 기능별로 세부적인 항목을 도출하여 각각의 가치 포지셔닝을 수행할 수 있다.

밸류 매트릭스 분석 방법은 다음과 같은 과정을 거친다.

❶ 제공하고자 하는 제품 및 서비스명이나 프로젝트의 핵심 키워드를 중심에 기입한다.

❷ 각각 상반되는 키워드를 X축과 Y축으로 구분하여 기입한다.

❸ 중심선을 기준으로 각 면에 환경 분석을 통해 도출된 항목들을 명사 또는 형용사화하여 기입한다.

❹ 타깃 시장, 이미지, 타깃 사용자의 태도 및 동기, 예상되는 행동이나 키워드를 각 면에 기입한다.

❺ 도출된 키워드에 가장 부합하는 포지셔닝을 통해 프로젝트의 핵심 가치를 어디에 둘 것인지를 도출한다.

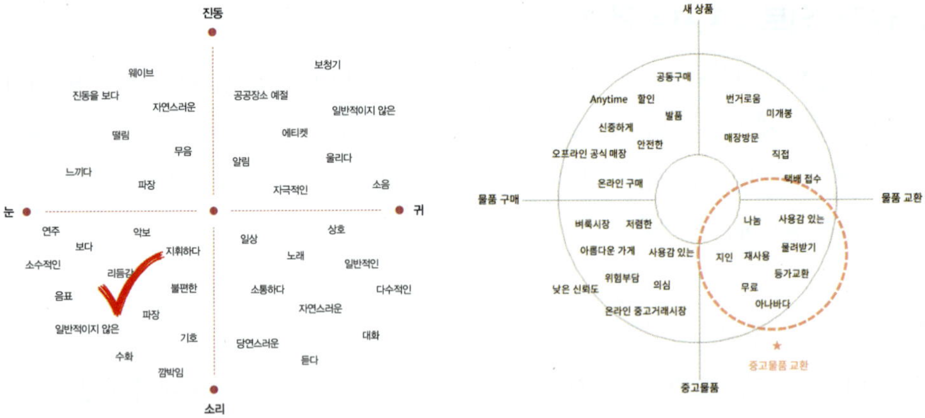

그림 9-4 밸류 매트릭스 분석 사례

밸류 매트릭스 분석을 바탕으로 경쟁사와 차별화할 수 있는 서비스 포지셔닝을 선정하도록 한다. 서비스 포지셔닝을 통해 자사의 전략적 위치를 계획할 수 있다. 다음 [그림 9-5]는 서비스 포지셔닝 사례다.

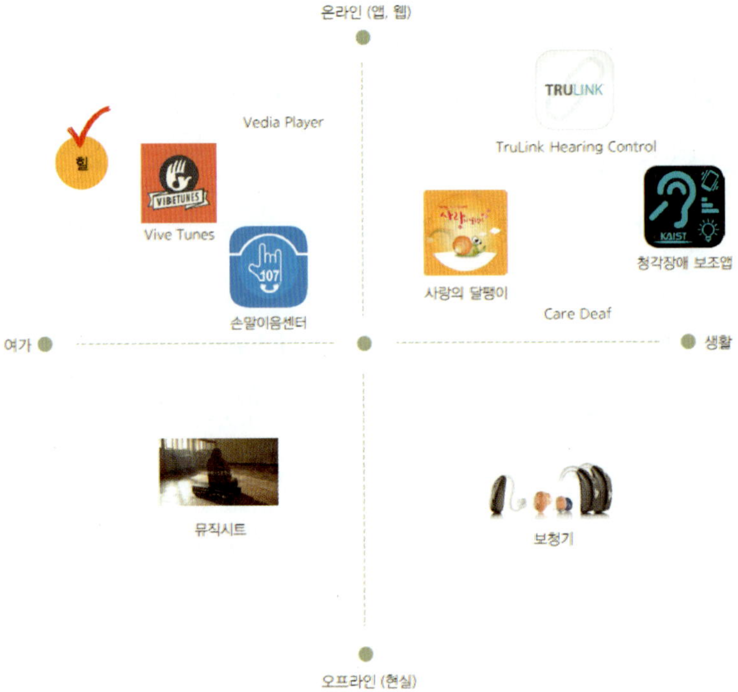

그림 9-5 서비스 포지셔닝 사례

SECTION 02

기술적 환경 분석

1 기술적 환경 분석의 목적

기술적 환경 분석을 하는 이유는 시스템 사양 및 구성, 디렉터리 구성, 데이터베이스 구조 등을 파악하여 개발자로 하여금 그 내용을 이해하고, 가장 효율적이며 효과적인 설계 대안을 선택하도록 만들기 위해서다. 클라이언트의 요구에 따라 웹 표준을 준수하고 PC 및 모바일 기기와 상호 연동될 수 있는 반응형 웹 사이트, 안드로이드, iOS, 멀티 브라우저 지원과 같은 다양한 요구사항을 충족시키기 위해 기술적 환경 분석은 충분히 이루어져야 한다.

2 기술적 환경 분석 자료

기술적 환경 분석을 위한 자료로는 개발 환경 정의서, 개발 표준 정의서, 시스템 구성도 및 시스템 요구사항, 데이터베이스 테이블 명세서, 파일 디렉터리 네이밍 가이드File Directory Naming Guide 등 여러 가지가 있는데, 이러한 자료들을 통해 파악된 내용을 바탕으로 개발 방향의 필요 기술 및 기술 난이도를 리스트업 하는 것이 기술적 환경 분석에 도움이 된다.

테이블 명세서							
프로젝트명		○○○○○○					
테이블명		금지어	테이블ID	tbl_bannedword			
테이블 설명		갤러리 제목 금지어					
번호	칼럼명	칼럼ID	형식	NULL	KEY	DEFAULT	비고
1	일련번호	idx	int	NN	PK		identity(1, 1)
2	단어	word	varchar(50)	NN			
3	비밀번호	regdate	datetime	NN			
프로젝트명		○○○○○○					
테이블명		색상	테이블ID	tbl_colorCode			
테이블 설명		시뮬레이션 색상					
번호	칼럼명	칼럼ID	형식	NULL	KEY	DEFAULT	비고
1	일련번호	idx	int	NN	PK		identity(1, 1)
2	색상코드	colorCode	varchar(50)	NN			
3	RGB R컬러 코드	rgb_a	tinyint	NN			
4	RGB G컬러 코드	rgb_b	tinyint	NN			
5	RGB B컬러 코드	rgb_c	tinyint	NN			
6	먼셀 코드	m unsell	varchar(50)	NN			
7	컬러 카테고리	colorBook	varchar(50)	NN			
프로젝트명		○○○○○○					
테이블명		갤러리	테이블ID	tbl_gallery			
테이블 설명		갤러리 참여 데이터					
번호	칼럼명	칼럼ID	형식	NULL	KEY	DEFAULT	비고
1	일련번호	idx	int	NN	PK		identity(1, 1)
2	공간	space	varchar(50)	NN			
3	스타일	division	varchar(50)	NN			
4	제목	title	varchar(100)	NN			
5	사용자명	username	varchar(20)	NN			
6	파일명(색상변경)	file1	varchar(100)	NN			
7	파일명(색상변경2D)	file2	varchar(100)				
8	등록일	regdate	datetime	NN			

그림 9-6 **데이터베이스 테이블 명세서의 예**

표 9-1 **시스템 요구사양**

소프트웨어 사양		
구분		비고
운영체제	Linux	Sulinux2.0 Server, Kernel 2.6.x
데이터베이스 관리 시스템	MySQL	MySQL 5.x
웹 서버	Apache	Apache 2.0.x
스크립트&엔진	PHP	PHP 5.2.x

소프트웨어 사양		
구분		비고
스크립트 액셀러레이터	ZendOptimizer	ZendOptimizer 3.2.x
응용&배치 모듈	Java	Java SE(JDK) 6.x
PHP-Java 연결	Java Bridge	PHP-Java-Bridge 4.x
검색 엔진	Kristal	Kristal 3.1.x

하드웨어 사양		
구분		비고
CPU	Core2Quad(2.33GHz)	4CPU(권장) 또는 2CPU 둘 다 가능
메모리	4G	4G 이상
HDD	500G x 2	장비 1대에 최소 500G 필요
기타	LAID, NAS, SAN	시스템 저장 증설 요구가 있을 경우

여기서 잠깐 **파일 디렉터리 네이밍 가이드(File Directory Naming Guide)**

■ 디렉터리 이름(Directory Name)

- 공통 : 각 메뉴별로 디렉터리를 구성한다.

표 9-2 디렉터리 이름

디렉터리	내용
Inc	Include File(Header, Footer… 각 디렉터리별로 둔다)
Imgs	Image File(각 디렉터리별로 둔다)
Login	Login File(각 디렉터리별로 둔다)
js	Javascript(각 디렉터리별로 둔다)
css	css 스타일(각 디렉터리별로 둔다)
Main	메인(Main) 화면 파일
korea	한국(korea) 메뉴
news	뉴스(news) 메뉴
search	검색(search) 메뉴
kois	코이스(kois) 메뉴

디렉터리	내용
repair	정비(repair) 메뉴
product	용품(product) 메뉴
carnlife	차&생활(car&life) 메뉴
community	커뮤니티(community) 메뉴
my_autoever	마이 오토에버(My Autoever) 메뉴

■ 페이지 이름(Page Name(.html))

① 각 디렉터리의 톱(Top)은 index.html로 한다.

예 korea/index.html, news/index.html, search/index.html, kois/index.html

② 각 메뉴의 풀네임(Full Name)을 기본으로 하되, 관사와 전치사는 생략한다.

예 Calculation : calculation.html, Calculation with : calculation.html

③ 메뉴 이름이 2음절 이상일 때는 '첫 음절_둘째 음절의 첫 두 글자(또는 약어)_다음 음절의 첫 두 글자(또는 약어)'로 한다.

예 My Car Valuation : my_car_val.html

예 파일 이름은 모두 소문자, 단어구분은 "_"(언더바)로 한다.

예 my_car_val.html

■ 이미지 이름(Image Name(.gif))

예 이미지 파일(Image File)의 종류 : gif, jpeg, png

② 분류별 imgs : '해당디렉터리/imgs/' 에 위치

예 korea/imgs/t_bbs.gif

표 9-3 **이미지 이름**

파일 이름	의미	예
tit_＊.gif	타이틀(Title)	tit_hyundae.gif
btn_＊.gif	버튼(Button)	btn_more.gif
icon_＊.gif	아이콘(Icon)	icon_arow.gif
img_＊.gif	이미지(Image)	img_sonata.gif
etc_＊.gif	기타(Etc)	etc_line_01.gif

파일 이름	의미	예
nav_#_n	메뉴 일반(Menu Normal)	nav_01_n.gif
nav_#_o	마우스 메뉴(Menu On Mouse)	nav_01_n.gif

■ 공통 규칙

① 각 메뉴의 풀네임(Full Name)을 기본으로 하되, 관사와 전치사는 생략한다.

예 insurance with : insurance.gif

② 메뉴 이름이 2음절 이상일 때에는 '첫음절_둘째음절의 첫 두글자(또는 약어)_다음 음절의 첫 두 글자(또는 약어)'로 한다.

예 button_about_us : btn_about_us

③ 위의 규칙을 지키면서 파일 이름이 겹치지 않도록 한다.

시스템의 효율적인 설계를 위해 개발에 필요한 기술을 구분하여 각 서비스별 기능 및 기술 난이도를 [표 9-4]에 예시로 나타내었다.

표 9-4 **필요 기술 및 난이도의 예 : 쇼핑몰 관리 부서**

구분	기능	난이도
회원 관리	회원 리스트 조회, 관리기능 및 메일 송/수신 관리	5
주문 관리	주문내역 조회 및 주문처리, 결제 로그	7
C/S 관리	A/S 신청, 질문, 제안 관리 기능	5
커뮤니티 관리	공지사항, FAQ, 각종 게시판 관리 등 커뮤니티 관리 기능	3
카테고리 관리	카테고리 정보 조회 및 추가, 변경, 삭제 관리	2
상품 정보/재고관리	카테고리별 상품 등록 및 상품 정보 관리, 재고관리 기능	5
이벤트 관리	이벤트 카테고리 및 상품 등록, 이벤트 상품 관리	2
쿠폰/마일리지 관리	쿠폰 등록 및 쿠폰 정보관리, 마일리지 설정 및 사용 내역 관리	3
경매 관리	경매 카테고리 및 경매 상품 등록, 입찰 관리 기능	3
팝업 창/설문 관리	팝업 기능 설정, 일정 관리 및 팝업정보, 설문 등록 관리	1
메인 화면 관리	메인 화면 및 배너 구성 및 링크 관리	2
운영자 관리	운영자 리스트 조회 및 정보관이 권한 부여 기능	3
포인트 관리	카테고리별, 상품별 포인트 적립 및 회원별 포인트 관리 기능	3

구분	기능	난이도
쿠폰 관리	쿠폰 발급과 기간제한 및 관리기능	3
물류/배송 관리	운송료 정책 관리, 택배사 배송추적 연동 관리기능	3
공급 업체/정산 관리	공급 업체별 주문 관리, 재고 관리와 정산 및 전자 세금 계산서 발급 기능	5
결제 시스템 관리	무통장 입금, 카드결제, 포인트 결제 관리 및 로그 관리	7
통계/회계	회원가입 통계, 주문통계, 접속 통계(전체/년/월/일 별) 상품별 상위 매출, 클릭 수 기준 순위 등의 상품관련 통계 관리	5

3 제반 조건 분석

프로젝트의 성격에 따라 업무 보고의 프로세스가 다를 수도 있고 프로젝트 수행팀이 클라이언트의 회사로 파견을 나가기도 한다. 또한 필수 투입 인력이라든지 프로젝트 추진 단계별로 특별히 요구되는 산출물이 있을 수 있기 때문에 프로젝트 진행에 전제가 될 수 있는 제반 조건들을 충분히 파악하여 전체 프로젝트의 진행에 차질이 생기지 않도록 한다.

표 9-5 **단계별 산출물 리스트의 예**

추진 단계	산출물	주요 포함 내용	제출 형태
계획 수립	사업 수행 계획서	• 프로젝트 세부 추진 계획	문서 및 USB
요구사항 분석	요구사항 분석서	• 사용자 요구사항 정의 및 분석 • 프로토타입 개발(UI 설계) • H/W, S/W 분석 보고 • H/W, S/W 작업 계획	문서 및 USB
설계	시스템 설계서	• 기능 설계(UI, 프로세스 데이터 모델) • 테크니컬 설계(아키텍쳐 정의, 인터페이스 설계) • 통합/시스템 테스트 계획 • 장비 구축 완료 보고	문서 및 USB
개발 및 테스트	프로그램 명세서	• 개발 환경 구축 파일 • 프로그램 개발 파일 • S/W 개발, 설치 및 단위 테스트 결과	문서 및 USB
	시스템 시험 보고서	• 통합 테스트 결과보고 • 시스템 시험 결과보고 • 시스템 운영 준비 및 계획 • 관리자 교육 및 훈련계획	문서 및 USB
시범 운영	시범 운영 결과 보고서	• 자체 시범 운영 결과 보고	문서 및 USB

추진 단계	산출물	주요 포함 내용	제출 형태
완료	• 운영자 지침서 • 사용자 지침서	• 시스템 구성 및 프로그램 체계 • 시스템 운영 요령 • 시스템 사용 요령	문서 및 USB
	완료 보고서	• 인수 테스트 결과보고 • 사업 추진 결과 • 시스템 구축 내역 • 프로젝트 평가 보고	문서 및 USB

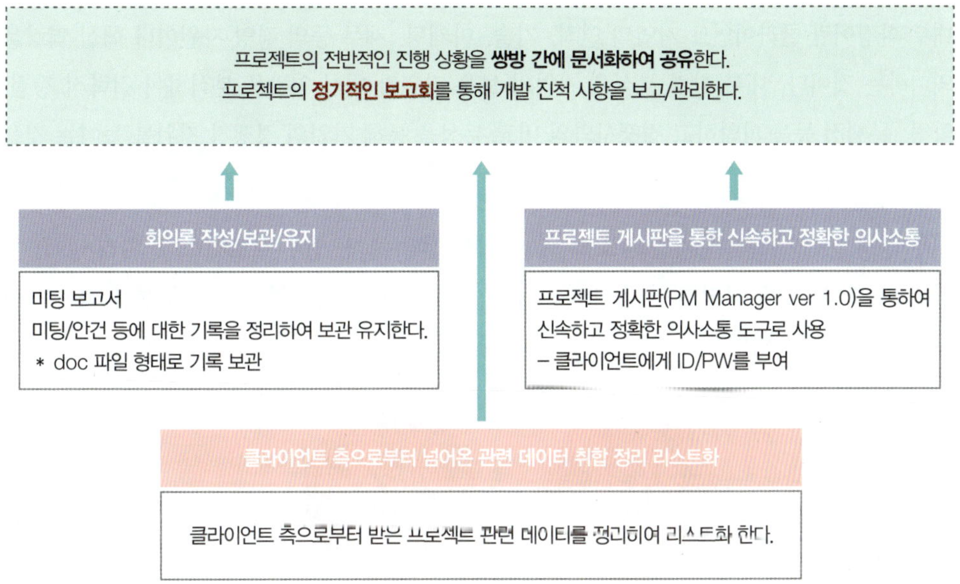

그림 9–7 **제반 조건 분석**

SECTION 03

내부 환경 분석

1 내부 환경 분석의 개념

내부 환경이란 클라이언트 기업의 인적, 기술, 마케팅, 재무 등의 경영 자원이나 핵심 역량을 의미하는 것이다. 내부 환경 분석은 기업의 보유 자원과 핵심 역량을 분석하여 전략적 강점, 약점, 문제점 등을 파악하고 경쟁사와의 비교 분석을 통해 기업의 경쟁적 지위를 높이는 것을 말한다.

내부 환경 분석의 목적은 기업의 조직 구성, 의사 전달 체계, 업무 프로세스 및 처리 방식, 행동 문화, 인적 자원, 물적 자원 등 자사의 구조, 문화, 자원을 분석한 후, 이를 통해 핵심 역량을 도출하는 데에 있다.

그림 9-8 내부 환경 분석의 목적

내부 환경 분석의 요소는 크게 조직 구조Structure, 조직 문화Culture, 조직 자원Resource으로 구분할 수 있으며, 각 요소별 구체적인 내용은 다음 [표 9-6]과 같다.

표 9-6 내부 환경 분석의 요소

요소	내용
조직 구조 (Structure)	• 조직 구성(사업부 조직, 기능별 조직, 혼합형 조직, 지주회사 등) • 조직별 역할, 권한, 책임 • 의사 전달 체계, 업무 프로세스 • 전략을 수행하는 데 중요한 역할
조직 문화 (Culture)	• 기업 구성원들이 지향하는 공통된 가치, 신념(성과주의, 합리주의, 신바람 문화 등) • 조직의 행동 문화, 업무처리 방식 • 조직의 인재상, 스타일, 직원 복지 • 일체감과 안정감을 심어주는데 중요한 역할
조직 자원 (Resource)	• 인적, 물적 자원 • 정보 및 기술적 자원 • 마케팅, 재무적 자원 • 기술 향상 및 생산력의 발전에 중요한 역할

2 가치사슬 분석

대표적인 내부 환경 분석 방법으로는 마이클 포터Michael Porter의 가치사슬 분석Value Chain Analysis이 있다. 가치사슬이란 고객의 니즈Needs를 충족시키기 위해 기업이 부가가치 창출에 영향을 미치는 모든 비즈니스 활동과 프로세스를 의미하며, 이러한 비즈니스 활동이 상호 연관성을 가지고 체계적으로 연계되어 있어 마치 "사슬처럼 이어져 있다."라고 하여 붙여진 이름이다.

가치사슬 분석 모형

가치사슬은 기업의 전략적 단위 활동들로 이루어지며, 기업의 가치를 결정하는 주요 활동Primary Activities과 지원 활동Support Activities으로 구분된다.

■ 주요 활동

주요 활동Primary Activities은 기업의 이윤 창출에 직접적인 영향을 미치는 활동으로, 원재료 구매, 검수, 보관, 재고 관리 등 투입 물류Inbound Logistics, 가공, 포장, 조립, 장비 유지, 검사 등 운영Operations, 창고 관리, 주문, 배송, 유통 관리 등 산출 물류Outbound Logistics, 광고, 프로모션 등 마케팅 및 영업Marketing & Sales, 고객 지원, 업그레이드 등 서비스Service가 있다.

■ **지원 활동**

이윤 창출에 간접적인 영향을 미치는 지원 활동Support Activities은 경영 일반 관리, 기획, 재무, 총무, 법무, 회계 등 기업의 인프라 구조Firm Infrastructure, 채용, 동기부여, 교육, 평가, 보상 등 인적 자원 관리Human Resource Management, 연구 개발, 소프트웨어 개발, 혁신 기술, 디자인 등 기술 개발Technology Development, 원료, 서비스, 부품 등의 조달Procurement이 있다.

이처럼 가치사슬 분석은 기업의 경영 활동을 각 단위별 가치사슬로 구분하여 비즈니스 활동과 내부 프로세스의 문제점 및 개선 방안을 분석하는 기법이다. [그림 9-9]의 가치사슬 분석 모형을 참고하여 클라이언트 기업의 각 단위 활동별로 분석해 보면 기업 내부의 핵심 역량을 파악하는 데 도움이 된다.

그림 9-9 **가치사슬 분석 모형**

가치사슬 분석 방법

가치사슬 분석은 다음과 같이 네 가지 분석 방법을 이용하여 수행할 수 있다.

❶ 기업의 주요 활동 단위별 세부 활동 분석

기업이 제공하는 제품이나 서비스가 어떠한 원료와 콘텐츠가 투입되어 운영되고 있으며, 제품이나 서비스가 마케팅 방식을 통해 어떻게 고객에게 전달되어 제공되는지 흐름을 파악한다.

❷ **기업의 지원 활동 단위별 세부 활동 분석**

기업의 조직 구조, 경영관리, 기획, 재무 등의 인프라스트럭처Infrastructure를 분석하고, 채용, 동기부여, 교육, 평가 등의 인적 자원 관리Human Resource Management가 어떻게 이루어지고 있는지, 또한 신기술 개발을 위한 연구 개발, 소프트웨어 개발, 디자인 등의 기술 개발Technical Development이 어떠한 활동을 통해 이루어지고 있는지 파악한다.

❸ **기업의 주요 활동 단위별 세부 활동 간의 연계성 분석**

각 단위별 세부 활동이 차지하는 상대적 중요도를 파악하여 어떠한 기업의 활동 분야가 가장 핵심 분야인지 경쟁 우위 요인을 분석한다.

❹ **기업의 전사적 핵심 역량 분석**

경쟁사가 모방하기 힘들고 차별화될 수 있는 경쟁 우위 요인을 분석하여 지속가능한 전사적 핵심 역량을 도출한다.

SECTION 04

예산 및 일정 수립

1 프로젝트 예산의 중요성

프로젝트 예산은 제공하고자 하는 서비스나 콘텐츠의 개발 범위 및 일정을 수립할 수 있는 중요한 기준의 하나로, 서비스 제공자의 사업 의지를 가장 잘 나타내는 수단이 되기도 한다. 하지만 예산에 따라 투입 인력 및 전체 일정이 조정되기도 하는 민감한 부분이기도 하다.

외주 제작의 경우 제안 요청서 상에 명시된 프로젝트의 전체 예산을 파악하고 투입 인력과 일정을 계획하여 실제 예산을 책정하도록 한다. 이때 예산은 클라이언트가 제시한 전체 예산을 초과하지 않도록 한다. 또한, 예산 책정은 프로젝트 손익에서 가장 민감한 부분을 차지하기 때문에 프로젝트를 수행하는 조직의 규모와 투입 인력을 적절히 배치해야 한다.

디지털 콘텐츠 분야의 경우, 투입 인력의 등급, 인원수, 투입 기간을 근거로 견적을 산출하여 예산을 책정한다. 투입 인력의 단가는 학력과 관련 분야 프로젝트의 수행 경력을 토대로 크게 특급, 고급, 중급, 초급으로 나누며 각 분야별 투입 인력의 인원 수와 투입 기간으로 프로젝트 예산 및 비용을 산출한다.

표 9-7 소프트웨어 기술자의 노임 단가(2018년 기준)

직종명	단가(일/원)	1개월 단가 (직접 인건비)	1개월 단가 (제경비 110%)	1개월 단가 (기술료 20%)	1개월 투입 단가
특급 기술사	406,342	8,533,182	9,386,500	3,583,936	21,503,619
고급 기술사	305,433	6,414,093	7,055,502	2,693,919	16,163,514
중급 기술사	239,748	5,034,708	5,538,179	2,114,577	12,687,464
초급 기술사	215,681	4,529,301	4,982,231	1,902,306	11,413,839

표 9-8 소프트웨어 기술자의 등급 분류 기준표

기술자 등급	학력 경험 기준								
	박사	석사	학사	전문대졸	고졸	기능대졸	직업훈련 기관이수	기능실기 시험합격	기타
기술사	–	–	–	–	–	–	–	–	–
특급 기술사	3년 이상	9년 이상	12년 이상	15년 이상	–	–	–	–	–
고급 기술사	3년 미만	6년 이상 9년 미만	9년 이상 12년 미만	12년 이상 15년 미만	15년 이상	–	–	–	–
중급 기술사	–	3년 이상 6년 미만	6년 이상 9년 미만	9년 이상 12년 미만	12년 이상 15년 미만	–	–	–	–
초급 기술사	–	3년 미만	6년 미만	9년 미만	7년 이상 12년 미만	–	–	–	–

* 과학 기술부 고시 제1999-79호 [기술사업대가의 기준]의 별표4 [기술자의 등급 및 자격기준]을 준용하여 소프트웨어기술자의 등급을 다음과 같이 기술자격 기준과 학력 경험 기준으로 나누어 분류함.

최근에는 소프트웨어 기술자의 등급별 노임단가 기준은 공시되지 않고 소프트웨어 산업 분야별 평균 임금을 해마다 발표하고 있는데 2021년 적용 SW기술자 평균임금은 다음과 같다.

표 9-9 소프트웨어 기술사 평균임금(2021년 기준)

구 분	평균임금(M/D)	평균임금(M/M)	평균임금(M/H)
IT기획자	388,724	8,124,332	48,591
IT컨설턴트	458,818	9,589,296	57,352
정보보호컨설턴트	342,406	7,156,285	42,801
업무분석가	532,243	11,123,879	66,530
데이터분석가	347,670	7,266,303	43,459
ITPM	411,329	8,596,776	51,416
ITPMO	326,211	6,817,810	40,776
SW아키텍트	421,761	8,814,805	52,720
Infrastructure아키텍트	517,539	10,816,565	64,692
데이터아키텍트	437,063	9,134,617	54,633
UI/UX개발자	302,033	6,312,490	37,754
UI/UX디자이너	250,345	5,232,211	31,293
응용SW개발자	323,174	6,754,337	40,397

구 분	평균임금(M/D)	평균임금(M/M)	평균임금(M/H)
시스템SW개발자	253,051	5,288,766	31,631
임베디드SW개발자	277,998	5,810,158	34,750
데이터베이스운용자	298,254	6,233,509	37,282
NW엔지니어	350,062	7,316,296	43,758
IT시스템운용자	284,286	5,941,577	35,536
IT지원기술자	203,918	4,261,886	25,490
SW제품기획자	444,306	9,285,995	55,538
IT서비스기획자	441,052	9,217,987	55,132
IT기술영업	372,497	7,785,187	46,562
IT품질관리자	438,304	9,160,554	54,788
IT테스터	207,793	4,342,874	25,974
IT감리	391,741	8,187,387	48,968
IT감사	274,802	5,743,362	34,350
정보보호관리자	391,725	8,187,053	48,966
침해사고대응전문가	327,674	6,848,387	40,959
IT교육강사	257,614	5,384,133	32,202

※ 본 조사결과는 SW사업에서 반드시 활용해야 하는 강제사항은 아님

* SW기술자 평균임금은 소프트웨어산업진흥법 제22조(소프트웨어사업의 대가지급) 4항 '소프트웨어기술자의 노임단가'를 지칭함
* SW기술자 평균임금은 기본급, 제수당, 상여금, 퇴직급여충당금, 법인부담금을 모두 포함한 결과임
* 일평균임금은 월평균÷근무일수(20.9일), 시간평균임금은 일평균÷8시간으로 각각 산정함
* 월평균 근무일수는 휴일, 법정공휴일 등을 제외한 업체가 응답한 근무일의 평균이며, 이는 개인의 휴가 사용여부와는 무관함
* SW기술자 평균임금은 2019년 대비 5.0% 증가함
* IT직무 중 26. IT감사, 29.IT교육강사는 유효응답 표본이 적어 활용시 유의해야 함

2 프로젝트 예산 및 비용 산출

클라이언트가 제시한 예산이 있다면 최대한 예산 범위 내에서 수행 가능한 투입 인력의 규모와 일정을 산정하여 조율하도록 한다. 또한, 프로젝트의 성격에 따라 각 업무 범위의 우선순위를 구분하여 필요한 등급의 수행 인력을 배치한다. 일반적으로 제경비는 직접 인건비의 110%, 기술료는 직접 인건비와 제경비를 합한 값의 20%로 산출하며, 주로 제경비, 기술료

를 조율하거나 전체 합계에서 할인율을 적용하여 클라이언트와 비용 협상을 한다. 마이크로소프트 엑셀의 수식을 이용하면 변경되는 항목과 금액을 보다 수월하게 산출할 수 있다.

■ 예산 및 비용 산출 방법

❶ 프로젝트의 규모와 일정을 파악하고 기획, 디자인, 개발 등 파트별로 구분된 업무별 상세 업무 내역을 작성한다.

❷ 각 업무에 해당되는 투입 인력을 소프트웨어 기술자 등급 분류 기준표를 기반으로 특급, 고급, 중급, 초급으로 나누어 배정한다.

❸ 각 업무별 투입 인력의 참여율을 배정한다.

❹ 각 업무별 수행 인력의 등급에 따라 투입 기간(Man/Month)을 배정한다.

❺ 각 업무별 등급에 따른 인력 단가×참여율×투입 인력 수(Man)×투입 기간(Month)을 계산하여 직접 인건비를 산출한다.

예 중급 디자이너 100% 참여, 1명, 1개월 투입
→ 239,748원(중급 기술자 노임 단가)×1(100%)×1(Man)×21일(월평균 근무일 수) =5,034,708원

예 중급 디자이너 50% 참여, 2명, 1개월 투입
→ 2239,748원(중급 기술자 노임 단가)×0.5(50%)×2(Man)×21일(월평균 근무일 수) =5,034,708원

❻ 제경비(모든 경상비용)를 직접인건비의 합의 110%로 계산한다.

예 5,034,708×1.1=5,538,179원

❼ 기술료를 직접인건비와 제경비의 합의 20%로 계산한다.

예 5,034,708+5,538,179×0.2=2,114,577원

❽ 직접인건비와 간접비를 합하여 전체 비용을 산출한다.

표 9-10 프로젝트 예산 및 비용 산출의 예

구분	상세업무	등급	단가	참여율(%)	*M/M	합계
기획 및 프로젝트 관리	• 요구사항 분석 및 정의 • 서비스 콘셉트 및 기능 정의 • 콘텐츠 상세정의 및 설계 • 정보구조/UI/스토리보드 설계	고급	305,433	100	1/2	12,828,186
		중급	239,748	50	1/1	2,517,254
디자인	• 디자인 벤치마킹 • 디자인 콘셉트, 톤&매너 • 디자인 프로토타입 • 상세화면 디자인 • 디자인 스타일 가이드라인	고급	305,433	100	1/1	6,414,093
		중급	239,748	50	1/1	2,517,254
		초급	215,681	100	1/1	4,529,301
개발	• 서비스 구조 및 기능 설계 • DATABASE 설계 • 서비스 개발 및 구현 • 테스트 및 보완	고급	305,433	100	1/1.5	9,621,140
		중급	239,748	50	1/1	2,517,254
직접인건비						40,944,482
* 제경비 (110%)						45,038,930
* 기술료 (20%)						17,196,682
합 계						103,180,094

* M/M 는 Man/Month 의 약자로 1개월 기준(월 평균 근무일수 21일) 투입인원 수치를 나타냄.

* 제경비는 직접 인건비의 110%, * 기술료는 직접인건비+제경비의 20%

3 프로젝트 일정 수립

프로젝트의 전체 예산을 파악하고 비용을 산출하기 위해서는 프로젝트 범위를 상세하게 이해하는 것이 중요하다. 이를 위해 기획, 디자인, 개발팀 각 부서별로 업무 범위 및 업무량을 디테일하게 구분한다. 그리고 각각의 부서가 단계별로 프로젝트를 수행할 수 있는 일정을 산정한 후 모두 취합하여 업무 구분에 따른 산출물 중심의 작업분류체계WBS를 통해 전체 프로젝트의 일정을 수립해야 한다.

000 UX개편 내부 인터뷰

업데이트: 2020-09-19

업무명	Action	산출물	9월																			
			19	20	21	22	23	24	25	26	27	28	29	30	1	2	3	4	5	6	7	8
000 분석	구조분석	구조분석서.ppt																				
	로그분석	로그분석서.ppt																				
	내부관계자인터뷰	인터뷰결과서.ppt																				
	유사서비스 분석	유사서비스분석서.ppt																				
사용자 분석	계층별 행태분석	사용자정의서.ppt																				
	사용자 동선 분석	사용자동선분석서.ppt																				
	컨텐츠 적정성 분석	컨텐츠적정성결과표.ppt																				
	사용자설문	사용자설문결과서.ppt																				
U전략 설정	IA/와이어프레임설계	와이어프레임정의서.ppt																				
파일럿 테스트	사용자별 테스트 및 자문회의	테스트결과서.ppt																				
UX 가이드	UX전략가이드설계	UX전략가이드.ppt																				

그림 9-10 프로젝트 일정 수립

■ 세부 일정 계획 수립하기

❶ 프로젝트의 전체 범위를 파악하고 기획, 디자인, 개발 등 단계별 주요 업무를 분류한다.

❷ 각 업무 항목별 책임 및 담당자를 선정한다.

❸ 각 업무 항목별 난이도를 파악하여 시작일과 마감일을 할당한다.

❹ 각 업무 항목별 수행 가능 기간을 산정하여 일정 계획을 수립한다.

여기서 잠깐 **WBS(Work Breakdown Structure, 작업 분류 체계)** [03]

WBS는 프로젝트 목표를 달성하기 위해 필요한 활동과 업무를 세분화하는 작업이다. 프로젝트 구성 요소들을 계층 구조로 분류하여 프로젝트의 전체 범위를 정의하고, 프로젝트 작업을 관리하기 쉽도록 작게 세분화한다. 이때 계층 구조에서 최하위에 있는 항목을 작업 패키지(work package)라고 하는데, 작업 패키지는 해당 업무의 담당자를 할당할 수 있을 정도로 작게 나눈다.

WBS의 목적과 용도는 다음과 같다.

- 클라이언트, 투입 인력 등 프로젝트 이해 관계자 간의 의사소통 도구로 사용함.
- 프로젝트 업무 내역을 가시화할 수 있어 관리가 용이함.
- 프로젝트 팀원의 책임과 역할이 분명함.
- 필요 인력과 일정 계획을 세우는 데 기초로 활용함.
- 개발비 산정 시 기초로 활용함.
- 성과 측정 및 조정 시 기준선으로 활용할 수 있음.

SECTION 05

조사 보고서 작성

1 타깃 인사이트의 이해

타깃Target의 사전적 의미는 '궁술이나 사격에 쓰는 과녁이나 표적'을 의미한다. 타깃은 마케팅 분야에서는 기업이 목표하는 마켓의 의미로 해석되며, 기업이 목표로 하는 특정 지역, 분야, 연령, 성향, 사용자층 등의 소구 대상을 뜻하기도 한다.

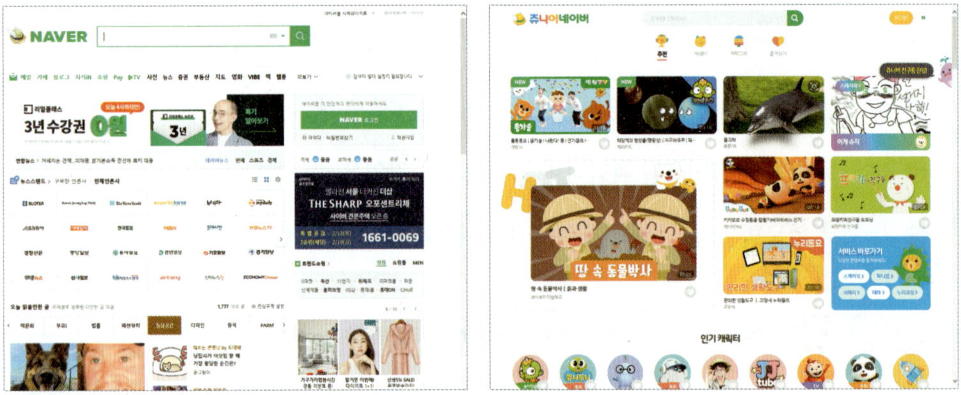

(a) 네이버 (b) 주니어 네이버

그림 9-11 **네이버와 주니어 네이버는 서로 목표로 하는 소구 대상 즉, 타깃이 다르다.**

타깃 인사이트Target Insight란 서비스 상황에서 서비스 사용자와 서비스 제공자의 직접적인 상호작용에서 발생하는 사용자의 정보를 분석한 후, 분석된 정보를 사실에 기반하여 독창적이며 정성적인 분석을 통해 도출될 수 있는 사용자 니즈에 대한 이해를 말한다.

사용자의 라이프 스타일, 소비 성향, 미디어 이용 현황 등 이용 행태를 비롯한 각종 데이터 수집 및 분석을 통해 사용자가 추구하는 가치를 이해하고, 이를 통해 경쟁사들보다 사용자의 니즈에 부합하는 차별화된 서비스를 제공해야 한다. 또한, 사용자 경험을 피드백하여 타깃 인사이트를 도출하여야 한다.

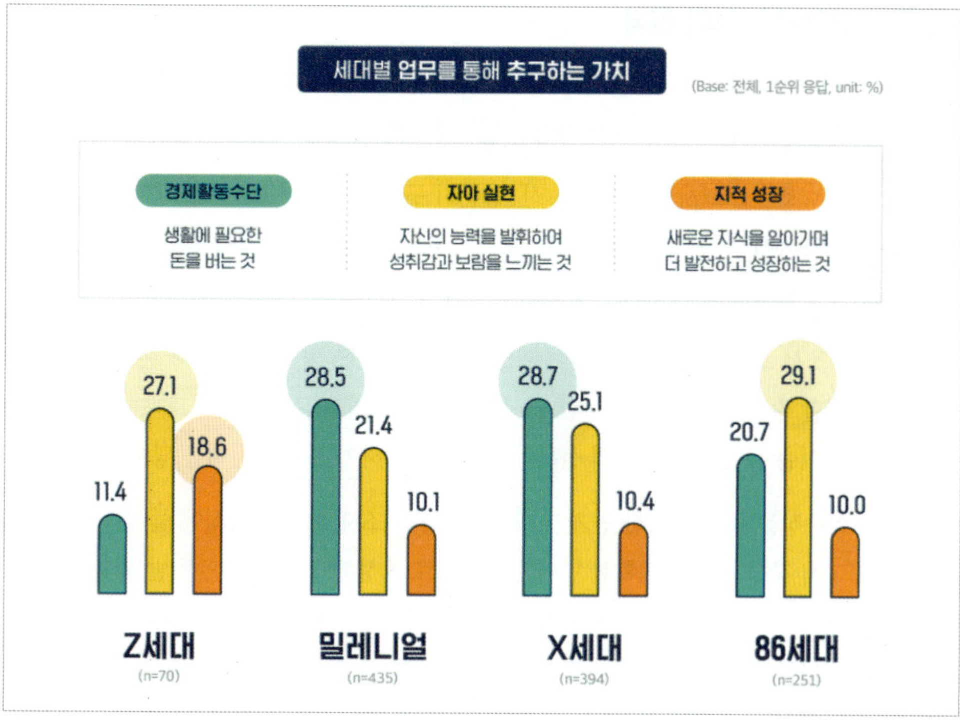

그림 9-12 **타깃 인사이트 도출의 예** [04]

2 조사 보고서 작성의 필요성

조사 보고서란 조사 목적에 따라 조사한 핵심적인 내용과 결과를 축약한 문서를 의미한다. 기획자가 보유한 업무 지식과 동원 가능한 정보, 통찰력 있는 분석, 상하 동료 간 의사소통, 추진력 등의 결정체라고 볼 수 있다. 특히, 보고서 작성 능력은 그 사람의 업무 능력과 직결되는 중요한 부분이다.

조사 보고서를 작성하기 위해서는 타당한 근거와 주장을 기반으로, 인과 관계가 명확하며 전달하고자 하는 메시지가 분명하게 작성해야 한다. 하지만 수집된 자료를 자체적으로 해석한다거나 논리적으로 비약하지 않도록 선입견을 배제해야 하고, 정확한 사실에 기반하여 객관적인 입장에서 분석해야 한다. 또한, 철저하게 의사결정자의 입장에서 보고서의 목적이 분명히 드러날 수 있도록 지나치게 어려운 전문용어나 불필요한 외래어 사용은 지양하도록 한다.

3 조사 보고서 작성의 원칙

조사 보고서를 작성하고자 할 때에는 목표 설정, 타당성, 명확성, 간결성과 같은 네 가지 원칙을 잊지 말아야 한다. 조사 보고서 작성의 원칙에 대한 자세한 내용은 다음과 같다.

❶ **목표 설정** : 조사 보고서를 작성하기 전, 충분히 구상하여 조사 보고서를 통해 달성하고자 하는 목표가 무엇인지 설정하고, 조사 보고서 내용에 대한 전체적인 방향 설정과 논리적 인과 관계를 바탕으로 주장하는 바를 전체 목차 구성을 통해 구조화한다.

❷ **타당성** : 조사 보고서의 목표 설정이 확정되면 자료 수집 및 분석을 통해 논리적 인과 관계를 증명할 수 있는 근거를 확보한다. 출처가 불분명한 자료는 배제하도록 하고 관련 논문, 기사, 이슈 등 수집된 자료의 설득력을 갖추기 위하여 정확한 출처를 명시한다.

❸ **명확성** : 주장을 위한 타당한 근거가 마련되었다면 조사 보고서 작성에 들어가게 되는데 조사 보고서 작성 시에는 정확한 단어나 문장으로 작성하도록 하고 흔히 발생하는 사소한 오류들(오타, 누락, 수치 오류)이 없도록 주의한다. 또한, 화려한 수식어구나 형용사는 피하고 정확하고 명확한 문장을 통해 비전문가도 쉽게 이해할 수 있도록 작성한다. 그리고 문장의 형태는 접속사나 조사를 자제하면서 중요 단어 위주의 개조식 문체로 작성한다.

❹ **간결성** : 의사결정자가 다양한 정보를 한눈에 알아볼 수 있도록 다양한 도표나 다이어그램Diagram을 활용하여 심플하면서도 간결하게 표현하여 한 장에 과도한 메시지를 담지 않도록 함축된 내용을 작성한다.

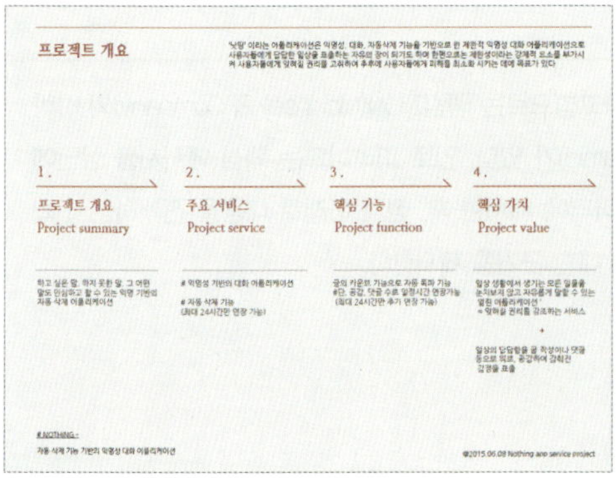

(a) 개요

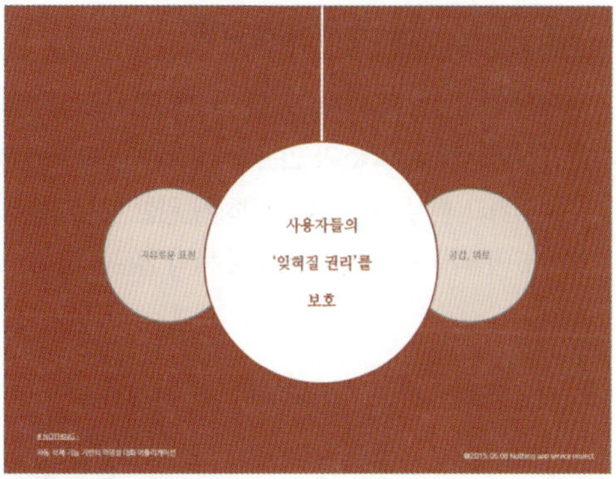

(b) 주제

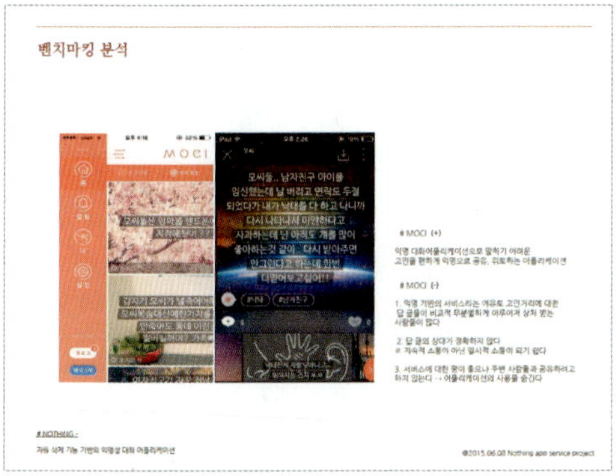

(c) 벤치마킹 분석

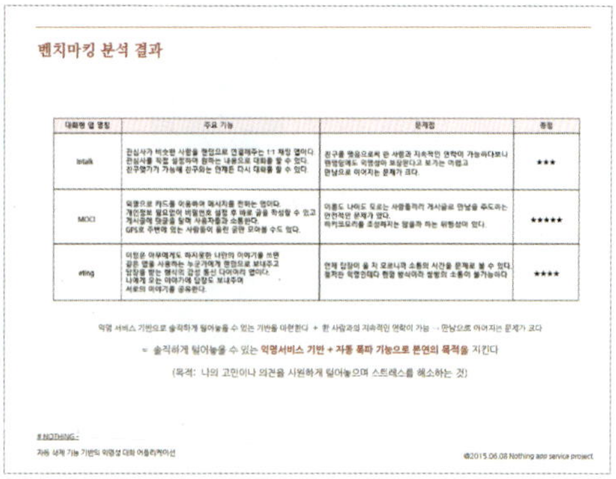

(d) 벤치마킹 분석 결과

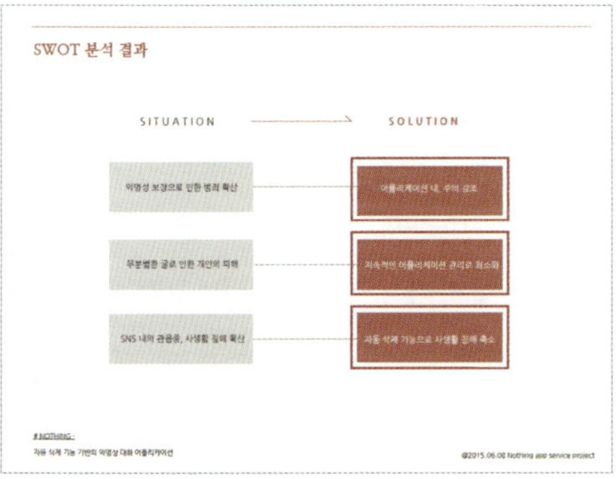

(e) SWOT 분석 결과

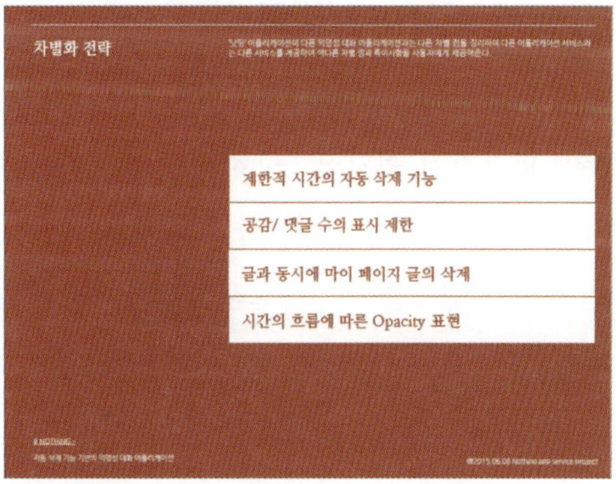

(f) 차별화 전략

그림 9-13 조사 보고서의 예

여기서 잠깐 **민토 피라미드**

명확하고 간결한 조사 보고서를 작성하기 위한 시각적 사고법으로는 맥킨지 사(Mckinsey & Company)의 바바라 민토(Barbara Minto)가 만든 민토 피라미드(Minto Pyramid)가 있다. 민토 피라미드는 핵심 메시지를 상단에 위치시키고 핵심 메시지를 설명하기 위한 메시지를 그 아래에 배치한 후, 점차 아래로 내용을 전개하면서 왜(Why), 어떻게(How), 무엇을(What) 등의 질문을 통해 그에 대한 근거를 제시한다.

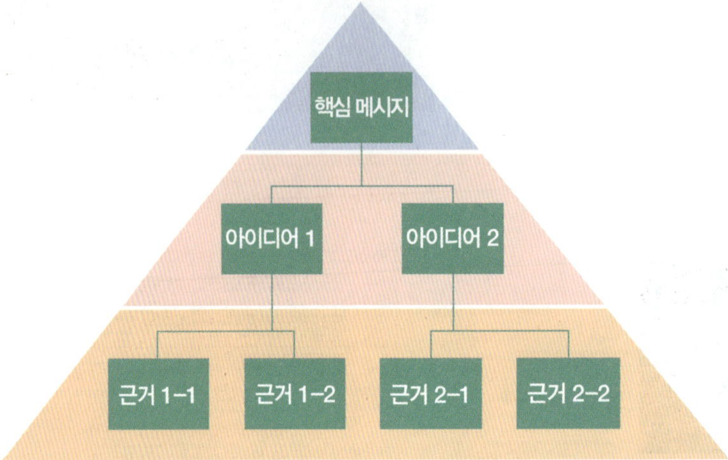

그림 9-14 민토 피라미드

4 조사 보고서 시각화

조사 보고서에 있는 복잡한 통계나 숫자가 텍스트로만 구성되어 있으면 전체적인 내용을 한눈에 파악하기 쉽지 않다. 하지만 데이터를 차트, 그래프, 다이어그램을 이용하여 시각화한다면, 조사 보고서의 정보를 효과적으로 전달할 수 있다. 따라서 조사 보고서를 작성할 때에는 정리된 정보들을 인포그래픽Infographic 기법으로 시각화하여 간결한 조사 보고서가 되도록 구성한다.

(a) 서비스 소개 - 개요

(b) 서비스 소개 – 미디어 월

(c) 서비스 소개 - 서비스 플로우

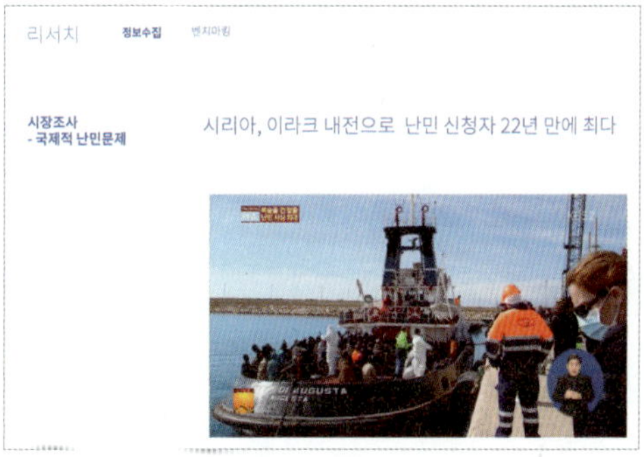

(d) 리서치 – 정보 수집 1

(e) 리서치 – 정보 수집 2

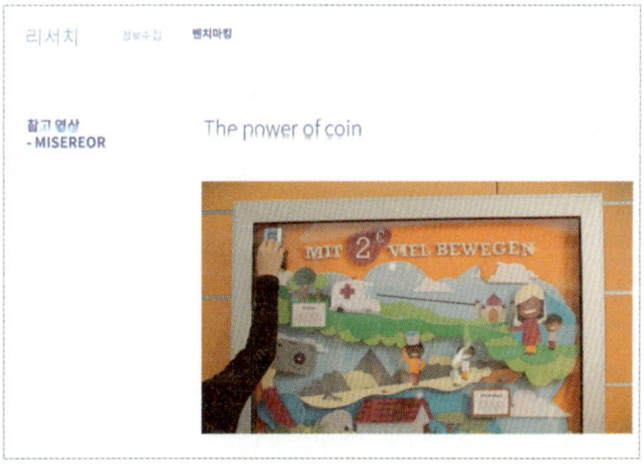

(f) 리서치 – 벤치마킹

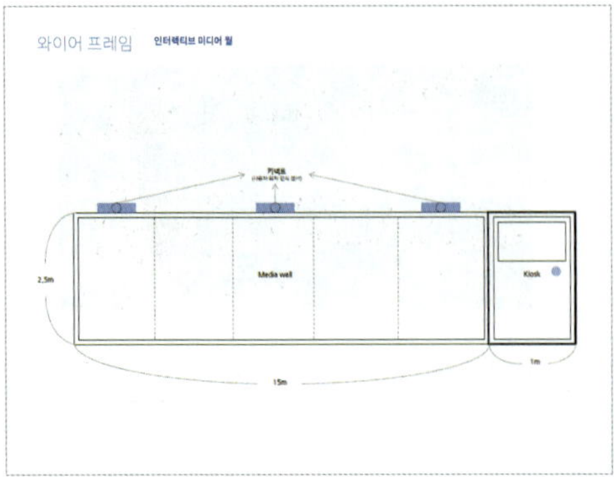

(g) 와이어프레임 1

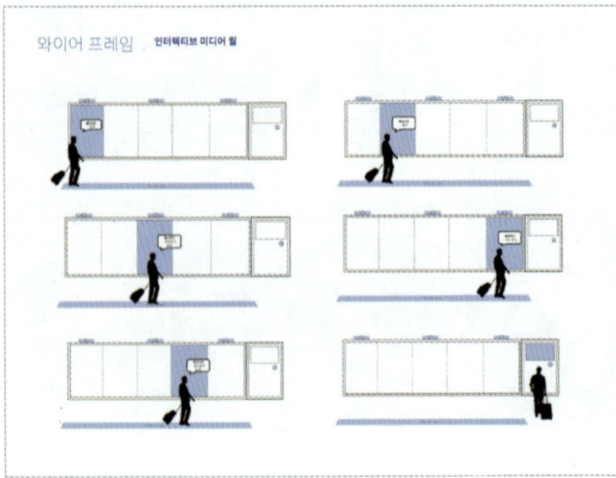

(h) 와이어프레임 2

그림 9-15 조사 보고서 시각화의 예

요약

1. 프로젝트 환경 분석

프로젝트 현황, 시스템 개발 환경, 기술적 환경과 같은 프로젝트 환경을 분석하는 것을 의미한다.

2. 기술적 환경 분석

- **목적** : 시스템 사양 및 구성, 디렉터리 구성, 데이터베이스 구조 등을 파악하여 개발자로 하여금 그 내용을 이해하고 가장 효율적이며 효과적인 설계 대안을 선택하도록 만들기 위함이다.
- **자료** : 개발 환경 정의서, 개발 표준 정의서, 시스템 구성도 및 시스템 요구사항, 데이터베이스 테이블 명세서, 파일 디렉터리 네이밍 가이드 등이 있다.

3. 내부 환경 분석

- **정의** : 기업의 보유 자원과 핵심 역량을 분석하여 전략적 강점, 약점, 문제점 등을 파악하고 경쟁사와의 비교 분석을 통해 기업의 경쟁적 지위를 높이는 것을 말한다.
- **목적** : 기업의 조직 구성, 의사 전달 체계, 업무 프로세스 및 처리 방식, 행동 문화, 인적 자원, 물적 자원 등 자사의 구조, 문화, 자원을 분석한 후, 이를 통해 핵심 역량을 도출하는 데에 있다.
- **요소** : 조직 구조(Structure), 조직 문화(Culture), 조직 자원(Resource)

4. 예산 및 비용 산출 방법

❶ 프로젝트의 규모와 일정을 파악하고 기획, 디자인, 개발 등 파트별로 구분된 업무별 상세 업무 내역을 작성한다.

❷ 각 업무에 해당되는 투입 인력을 소프트웨어 기술자 등급 분류 기준표를 기준으로 특급, 고급, 중급, 초급으로 나누어 배정한다.

❸ 각 업무별 투입 인력의 참여율을 배정한다.

❹ 각 업무별 수행 인력의 등급에 따라 투입 기간(Man/Month)을 배정한다.

❺ 각 업무별 등급에 따른 인력 단가×참여율×투입 인력 수×투입 기간을 계산하여 직접인건비를 산출한다.

요약

❻ 제경비(모든 경상 비용)를 직접인건비의 합의 110%로 계산한다.

❼ 기술료를 직접인건비와 제경비의 합의 20%로 계산한다.

❽ 직접인건비와 간접비를 합하여 전체 비용을 산출한다.

5 세부 일정 계획 수립

❶ 프로젝트의 전체 범위를 파악하고 기획, 디자인, 개발 등 단계별 주요 업무를 분류한다.

❷ 각 업무 항목별 책임 및 담당자를 선정한다.

❸ 각 업무 항목별 난이도를 파악하여 시작일과 마감일을 할당한다.

❹ 각 업무 항목별 수행 가능 기간을 산정하여 일정 계획을 수립한다.

6. 작업 분류 체계(WBS)

프로젝트 목표를 달성하기 위해 필요한 활동과 업무를 세분화하는 작업으로 프로젝트 구성 요소들을 계층 구조로 분류하여 프로젝트의 전체 범위를 정의하고, 프로젝트 작업을 관리하기 쉽도록 작게 세분화한다.

7. 타깃 인사이트

서비스 상황에서 서비스 사용자와 서비스 제공자의 직접적인 상호작용에서 발생하는 사용자의 정보를 분석한 후, 분석된 정보를 사실에 기반하여 독창적이며 정성적인 분석을 통해 도출될 수 있는 사용자의 니즈에 대한 이해를 말한다.

8. 조사 보고서 작성

조사 보고서란 조사 목적에 따라 조사한 핵심적인 내용과 결과를 축약한 문서를 의미하며, 이 문서를 작성하는 것을 조사 보고서 작성이라고 한다. 이러한 조사 보고서를 작성할 때에는 목표 설정, 타당성, 명확성, 간결성과 같은 네 가지 원칙을 지켜야 한다.

실습 과제

프로젝트 환경 분석하기 가상의 제안 요청서를 바탕으로 프로젝트 환경 분석을 하고 토론을 해보자.

프로젝트 환경 분석하기			
작성자		작성일	년 월 일

구분	내용
클라이언트	클라이언트에 관한 내용을 정리해보자. 회사 : 브랜드/서비스/콘텐츠/프로젝트 : 관련 수행부서 :
프로젝트 개요	프로젝트 개요에 대한 내용을 정리해보자. 현황 및 추진개요 : 목적 : 대상 : 개발범위 : 기대 효과 :
제안 요구사항	제안 요구사항을 분류해서 정리해보자. 콘텐츠 요구사항 : 기능 요구사항 : 마케팅적 요구사항 : 관리/유지운영 요구사항 : 기타요구사항 :
개발 환경	개발 환경 요건과 준수해야 할 사항을 정리해보자. 하드웨어 : 소프트웨어 : 운영체제 : 데이터베이스 : 기타 준수사항 :
수행 조직	프로젝트 수행을 위해 필요한 투입인력을 정리해보자.
일정 수립	프로젝트 일정 계획을 정리해보자.
예산 및 비용 산정	예산 및 비용을 산정해보자.

실습 과제

밸류 매트릭스 분석을 통한 내부 환경 분석하기 다음의 양식을 이용하여 제공하고자 하는 서비스의 핵심 가치를 설정해 보자.

밸류 매트릭스 분석을 통한 내부 환경 분석하기			
작성자		작성일	년 월 일

주제	

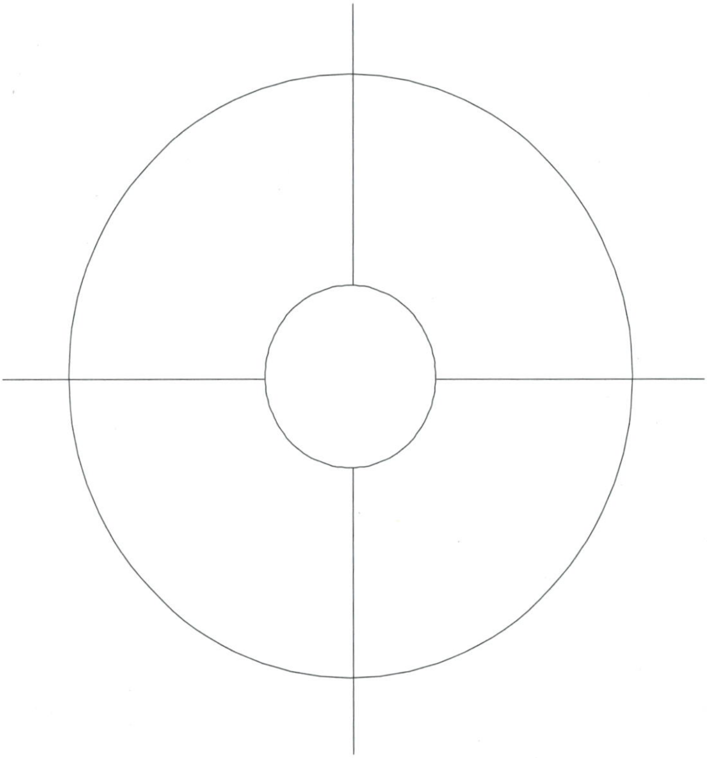

포지셔닝 및 핵심 가치	

PART 04

디자인 방향성 정의

PART 04

시장 환경 분석을 위해 클라이언트의 요구사항을 분석하고 프로젝트의 목표 설정과 정보 수집 단계를 거쳐 주요 이슈 및 동향 파악과 전략을 세웠다면, 다음으로 구체적인 디자인의 방향성을 정의해야 한다. PART 04에서는 차별화 전략을 기획하기 위한 콘셉트를 수립하는 방법과 콘셉트를 어떻게 시각화 하는지에 대해 알아본다.

CHAPTER 10

콘셉트 수립 및 차별화 전략

PREVIEW

콘셉트란 프로젝트의 방향을 이끌어 나가는 하나의 일관된 테마, 개념, 관점 등을 의미하는데 웹 사이트의 경우 제공되는 서비스의 성격에 따라 정보 전달, 광고 홍보, 엔터테인먼트 등 사용자의 대상이나 이용 목적에 따라 개발 콘셉트도 달라져야 한다. 이번 장에서는 클라이언트의 요구사항 분석을 위해 필요한 기본 지식과 차별화된 콘셉트 수립을 위한 다양한 방법에 대해 알아본다.

SECTION 01

디자인 요구사항 및 사용자 성향 분석

1 디자인 요구사항 분석

서비스 콘셉트를 수립하기 위해 실시하는 디자인 요구사항 분석은 클라이언트의 마케팅 지향점을 파악하고 핵심 사용자의 연령대, 기호, 라이프 스타일 등의 사용자 성향을 분석한다. 또한 서비스 제공에 있어 서비스 환경(웹, 모바일 등), 웹 브라우저의 호환성, 개발 언어 등 기능적 요구사항과 기업 CI 규정, 선호하는 컬러, 이미지 사용 규정 및 형식과 같은 여러 디자인 제약 조건에 따른 다양한 요구사항 분석이 선행되어야 한다.

이러한 요구사항 분석이 제대로 이루어지지 않으면 향후 디자인을 수정해야 하는 상황이 벌어지게 되며, 그에 따른 개발이나 시스템의 변경이 불가피하기 때문에 예상 업무의 흐름을 파악하는 것이 중요하다.

표 10-1 디자인 요구사항 분석 내용

구분	내용
클라이언트 요구사항	마케팅 지향점, 브랜드 이미지, 경쟁 브랜드와의 디자인 차별화 전략 등
사용자 성향	핵심 사용자의 연령, 성별, 라이프 스타일, 기호, 심리, 이용 행태 등
기능적 요구사항	서비스 환경(웹, 앱), 개발 언어, 스크린 해상도, 반응형, 적응형 등
디자인 제약 조건	기업 CI 사용 규정, 기업 선호 색상, 이미지 사용 규정 및 형식, 가로 세로 사이즈 등
업무 흐름	의사결정권자 및 의사결정 프로세스 등

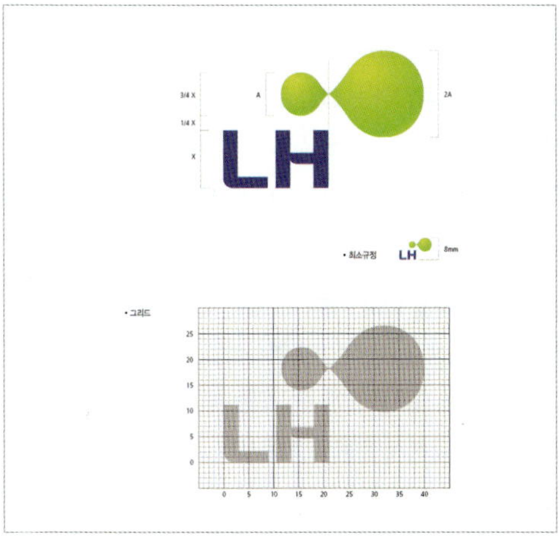

(a) 워드마크 규정

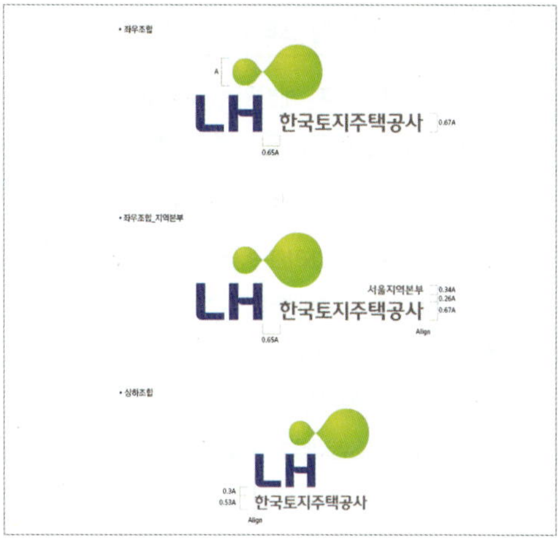

(b) 시그니처 규정

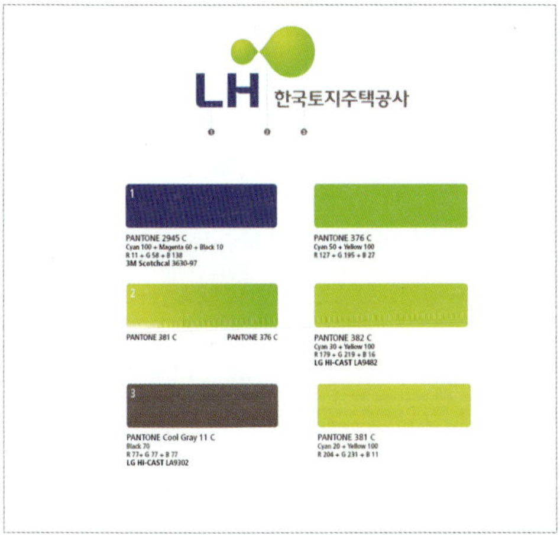

(c) 전용색상 규정

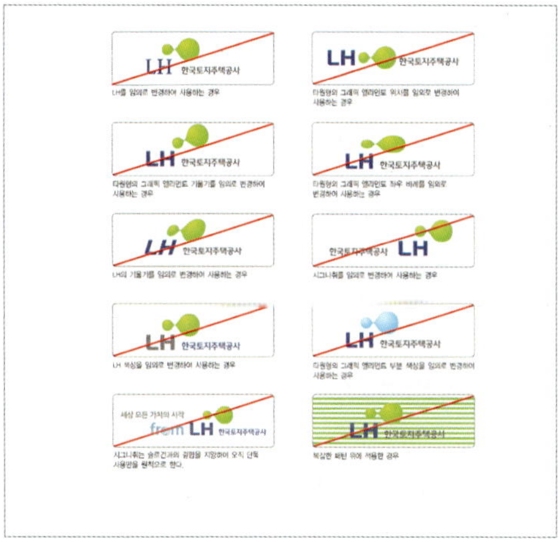

(d) 금지 규정

그림 10-1 기업 CI 사용 규정의 예 : LH 한국토지주택공사 CI 사용 규정 일부 [01]

여기서 잠깐 웹 스타일 가이드 제작

웹 사이트와 앱은 혼자 개발하는 것이 아니라 여러 사람이 투입되어 작업하는 협업 구조다. 디자인도 여러 사람이 함께 작업하는 경우가 있는데, 이때 발생할 수 있는 오류를 최소화하고 디자인 요소를 미리 정의하여 일관성 있는 아이덴티티(Identity)를 구축하기 위하여 웹 스타일 가이드(Web Style Guide, WSG)를 제작하게 된다.

웹 스타일 가이드는 그리드 시스템, 컬러, 이미지, 아이콘, 불릿(Bullet), 폰트 속성, 사이즈, 폴더 관리 및 파일 네이밍(File Naming) 규칙 등을 규정화하여 작업 매뉴얼 역할을 수행하게 되며 기본적으로는 협업을 위한 도구로 사용되는 동시에 인사 이동, 퇴사 등의 사유로 투입 인력에 변동이 생길 시 작업의 연속성을 위한 유용한 도구로 사용된다. 이러한 웹 스타일 가이드는 구현 단계 이전에 제작하여 프로젝트에 투입되는 부서나 팀원 간에 공유되기도 하며, 프로젝트가 완료된 후 유지보수 단계에서도 매우 중요하게 활용되는 문서다.

그림 10-2 **웹 스타일 가이드의 예 : BBC Global Experience Language 중 일부** [02]

2 사용자 성향 분석

웹 사이트, 앱 등의 디지털 미디어 서비스는 제공하는 서비스의 내용에 따라 사용자를 다양하게 분류할 수 있기 때문에 핵심 사용자의 성향을 분석하여 콘셉트를 수립하고, 유사 성향을 지닌 사용자들을 그룹화하여 차별화 전략에 반영해야 한다.

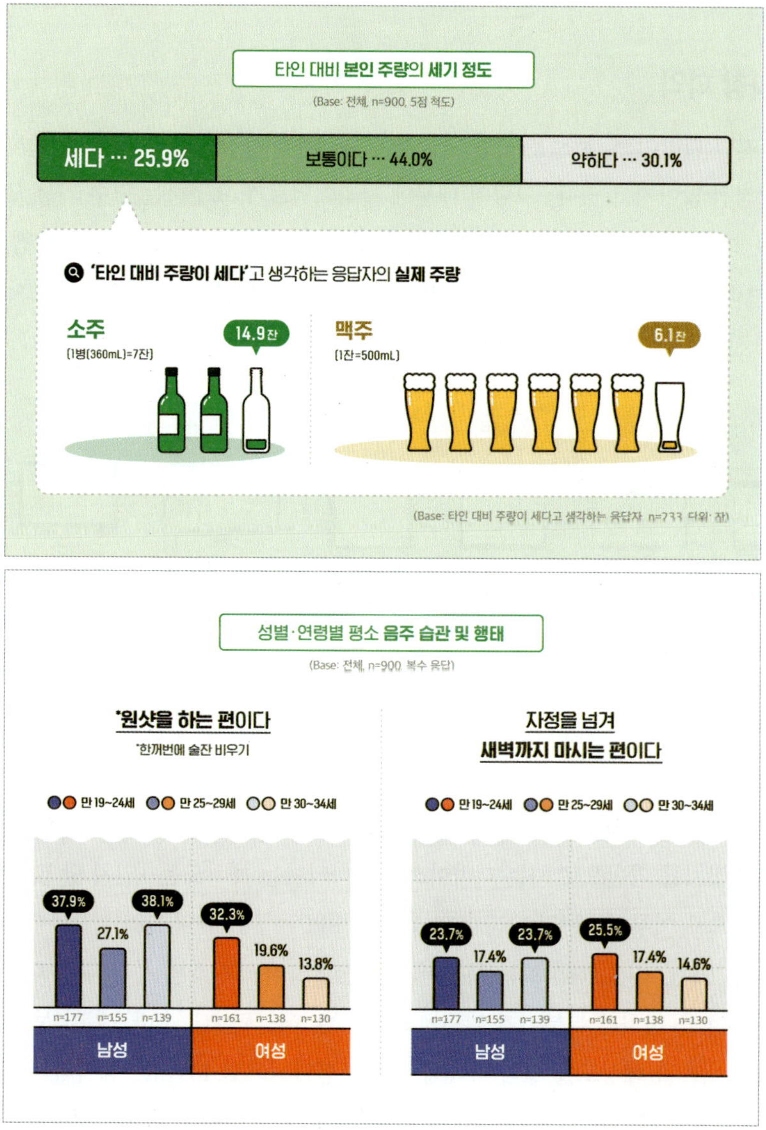

그림 10-3 사용자 성향 분석의 예 : 2020 MZ세대 음주 라이프 [03]

SECTION 02 기능적 요구사항 및 디자인 제약 조건 파악

1 기능적 요구사항 파악

디지털 미디어와 디지털 디바이스, 새로운 구현 기술들이 다양하게 등장하면서 클라이언트의 기능적 요구사항도 점점 많아지고 있다. 그렇기 때문에 클라이언트가 요구하는 필수 기능 요소인 서비스 플랫폼, 개발 언어, 접근성, 웹 브라우저 호환성, 웹 브라우징 방법, 반응형 웹, 네이티브 앱, 하이브리드 앱 등의 다양한 클라이언트의 기능적 요구사항을 파악한 후, 그에 따른 디자인 제약 조건을 분석할 수 있어야 한다.

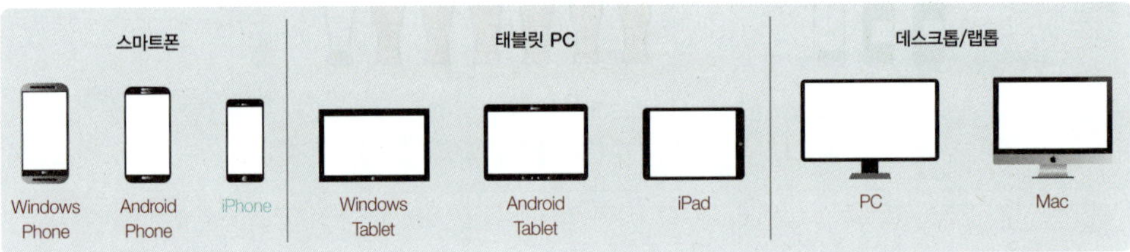

그림 10-4 다양한 디지털 디바이스의 종류

2 디자인 제약 조건 파악

디자인 제약 조건은 제공하고자 하는 매체에 따라 비율Ratio이나 해상도Resolution 등이 달라진다. 특히, 디스플레이 장치를 기반으로 하는 디바이스에서 나타나는 해상도는 1인치 당 몇 개의 픽셀Pixel이나 점Dot으로 이루어졌는지 나타내는 것으로, PPIPixel Per Inch나 DPIDot Per Inch를 주로 사용한다. 스크린 크기, 비율, 해상도는 특히 레이아웃과 그리드 시스템 등과 같은 디자인 작업에 직접적인 영향을 미치는 부분이기 때문에 스마트폰, 태블릿 PC, 스마트워치 등 각각의 디바이스에 따른 비율과 해상도를 미리 파악해 두어야 한다. [그림 10-5]는 웨어러블 디바이스, 스마트폰, 태블릿 PC에 해당되는 각 디바이스별 해상도의 각 사례를 나타낸 것이다.

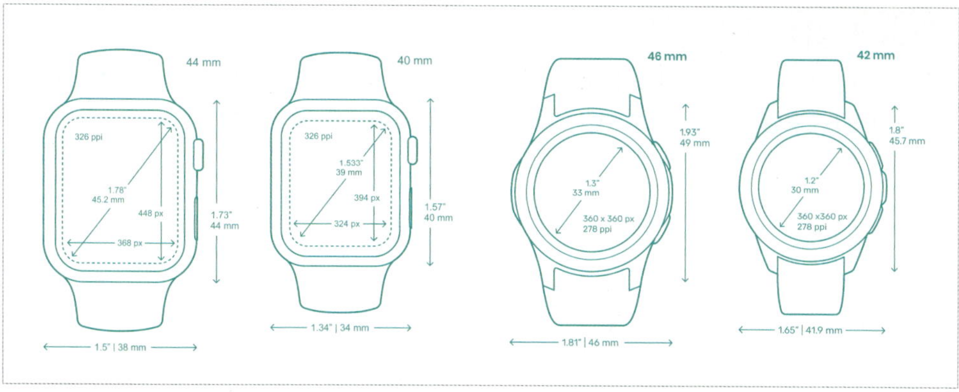

(a) 웨어러블 디바이스(애플워치, 갤럭시워치 사례)

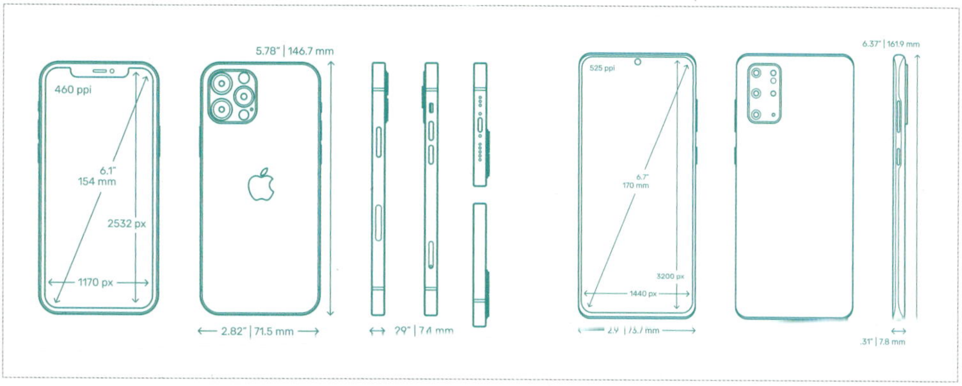

(b) 스마트폰(애플 아이폰 12, 갤럭시 S20 사례)

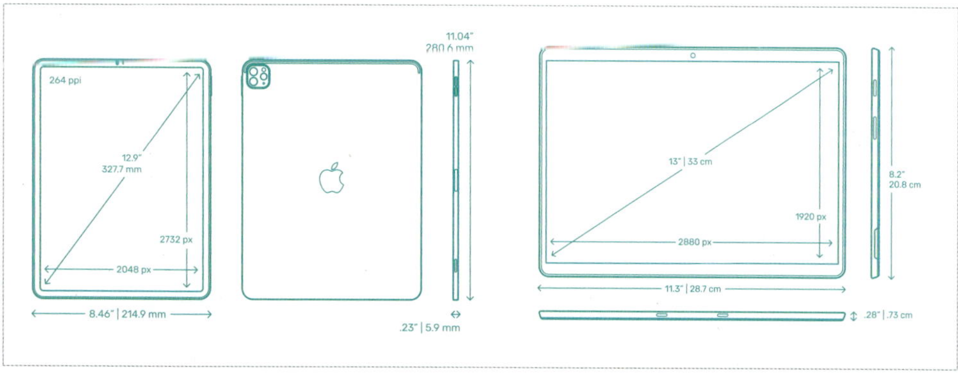

(c) 태블릿 PC(애플 아이패드 프로, 마이크로소프트 서피스 프로 X 사례)

그림 10-5 디바이스별 해상도 [04] [05] [06] [07] [08] [09]

여기서 잠깐 스크린 사이즈

스크린 사이즈(Screen Size)는 데스크톱, 태블릿 PC, 스마트폰, 스마트워치 등 각 디바이스별 플랫폼, 화면 비율, 크기, 해상도를 알려주는 서비스로, 화면 기획이나 디자인을 할 때 유용하게 사용된다.

PHONE	OPERATING SYSTEM	PHYSICAL SIZE "	PHYSICAL SIZE CM	WIDTH PX	H PX	DEVICE WIDTH	PX PER INCH	POPULARITY
Apple iPhone 8 Plus	iOS	5.5	13.9	1080	1920	1080	401	100
Apple iPhone 7 Plus	iOS	5.5	14.0	1080	1920	1080	401	100
Apple iPhone XR	iOS	6.1	15.5	828	1792	828	326	100
Apple iPhone XS	iOS	5.8	14.7	1125	2436	1125	458	55
Apple iPhone SE	iOS	4.0	10.0	640	1136	640	326	55
Apple iPhone XS Max	iOS	6.5	16.5	1242	2688	1242	458	55
Samsung Galaxy S	Android	4.0	10.0	480	800	320	233	24
Apple iPhone 6 Plus	iOS	5.5	14.0	1080	1920	1080	401	24
Samsung Galaxy S8+	Android	6.2	15.7	2960	1440	2960	529	16

그림 10-6 **디바이스별 스크린 사이즈** [10]

SECTION 03

콘셉트 수립

1 콘셉트 수립의 개념

콘셉트Concept란 프로젝트의 개요, 목표, 상황, 배경 등 클라이언트의 요구사항을 정리하여 전체적인 방향을 이끌어 나가는 하나의 일관된 전략, 테마, 개념을 의미한다. 콘셉트 수립이란 클라이언트의 요구와 핵심 사용자층, 경쟁사와의 차별화 전략 등 여러 상황을 분석하여 프로젝트를 어떤 방향으로 전개해 나갈 것인지를 결정하는 것이다.

예를 들어 60대 이상 시니어를 위한 서비스의 경우, 내비게이션의 깊이Depth가 복잡해 원하는 정보를 찾기 어렵거나 지나치게 시각적 효과에 치중하다가 상대적으로 UI 사용성이 저하된다면 잘못된 콘셉트를 수립한 결과라고 할 수 있다.

2 콘셉트 수립의 중요성

콘셉트를 수립하는 것은 우리의 일상생활에서도 쉽게 적용할 수 있는 일이다. 예를 들어 맛집을 중심으로 한 여행 계획 수립, 특별한 물건 구입, 집안 분위기 바꾸기 등과 같이 일상의 모든 것이 콘셉트가 될 수 있기 때문이다.

웹, 앱, 디지털 사이니지 등 디지털 미디어 서비스는 제공하는 목적에 따라 전달하고자 하는 메시지가 명확해야 하며 하나로 통일된 콘셉트에 의해 표현되어야 한다. 왜냐하면 콘셉트는 바로 사용자 경험과 직결되는 중요한 요소이기 때문이다.

콘셉트는 사용자가 서비스를 바라보는 시각에 대해 프레이밍Framing을 규정하는 일이다. 이러한 프레이밍은 서비스 방식이 될 수도 있으며, 콘텐츠나 디자인 자체가 될 수도 있다. 수립된 콘셉트가 규정된 프레이밍에 의해 의도한 포지셔닝에 잘 전달되었을 때 사용자는 강렬하고 일관된 사용자 경험을 얻게 된다. 모든 일에 첫 단추를 잘 꿰어야 일이 잘 풀릴 수 있듯이 좋은 서비스는 좋은 콘셉트에서 시작되는 것이다.

그림 10-7 **콘셉트는 프레이밍을 규정하는 일이다.** [11]

3 콘셉트 수립의 사례

콘셉트가 새로운 기술과 트렌드에 부합되면 명확한 콘셉트 수립이 가능하다. 다음 몇 가지 사례를 통해 콘셉트를 명확하게 수립한 예를 살펴보자.

■ 제네시스 브랜드 웹 사이트

2020 웹 어워드 코리아 대상 수상작인 제네시스 브랜드 웹 사이트는 높은 품질의 이미지를 기반으로 정보 탐색 및 이해를 용이하게 하는 다이나믹한 동적 콘텐츠를 제공하여 사용자로 하여금 흥미를 이끌어 내고 있으며, 시원한 화면 분할 기법을 일관성 있게 적용하였다.

그림 10-8 **제네시스 브랜드 웹 사이트** [12]

■ 롯데캐슬

롯데건설의 아파트 브랜드 '롯데캐슬'의 웹 사이트는 고급스럽고 품격 있는 콘셉트를 지향하며, 조화롭고 여유 있는 화면 구성과 가독성 높은 콘텐츠, 정보의 중요도에 따른 분류를 통해 사용자가 원하는 내용을 보다 빠르게 이해하고 습득할 수 있게 구성하였다.

그림 10-9 **롯데캐슬 웹 사이트** [13]

■ 삼성 바이오로직스 가상홍보전시관

가상홍보전시관이라는 특징을 살려 VR을 통해 전시장을 직접 둘러보는 듯한 생동감 넘치는 경험을 제공하고, 미니맵을 통해 사용자의 현재 위치 확인 및 자유로운 이동이 용이하게끔 구성하였다.

그림 10-10 **삼성 바이오로직스 가상홍보전시관 웹 사이트**

여기서 잠깐 웹 어워드 코리아

웹 어워드 코리아는 국내를 대표하는 인터넷 전문가 3,800명으로 구성된 웹 어워드 평가위원단이 가장 혁신적이고 우수한 웹 사이트들을 선정해 시상하는 국내 최고 권위의 우수 웹 평가 시상식이자, 웹 전문가 페스티벌 행사다.

그림 10-11 **웹 어워드 코리아** [14]

SECTION
04 마인드 맵핑

1 마인드 맵핑의 개념

마인드 맵핑Mind Mapping은 영국의 두뇌학자 토니 부잔Tony Buzan에 의해 창시되었다. 마인드 맵핑은 마음속의 생각을 핵심 주제나 키워드를 중심으로 종이에 지도를 그리듯이 거미줄처럼 확장해 나가는 방사 사고Radial Thinking 형식을 이용하여 자신의 사고를 시각화할 수 있는 두뇌 계발 방법이다. 아이디어가 잘 떠오르지 않을 때나 서비스의 핵심 키워드 도출 및 콘셉트 수립이 쉽지 않을 때 유용하게 활용된다.

[그림 10-12]는 대표적인 마인드 맵핑의 사례인데, 'Time(시간)'과 'Travel(여행)'을 주제로 마인드 맵핑을 진행하였다. 이와 같은 방식으로 자유롭게 마인드 맵핑을 작성하도록 한다.

여기서 잠깐 토니 부잔(Tony Buzan)

영국의 교육심리학자로, 국제심리학자협회의 회원이었다. 마인드맵의 창시자이자 두뇌와 학습, 사고 기술에 관한 세계적인 권위자이었으며, 2019년 사망 전까지 마인드스포츠위원회와 부잔협회의 의장을 맡기도 했다.

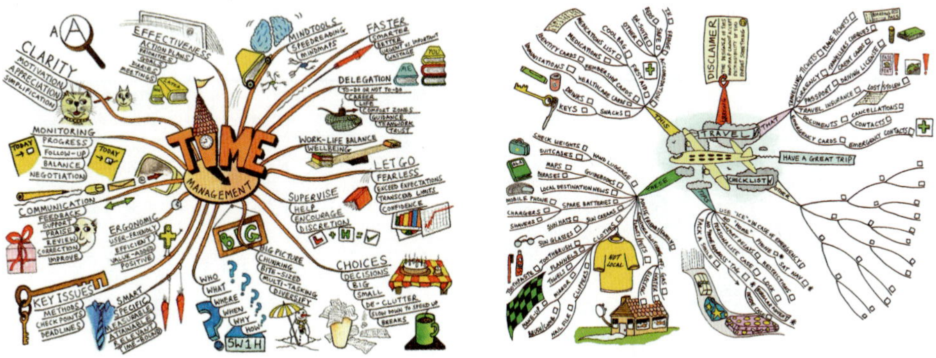

그림 10-12 **마인드 맵핑** [15] [16]

2 마인드 맵핑 수행 방법

마인드 맵핑을 수행하는 방법은 다음과 같다. 먼저 가운데 주제나 키워드를 중심으로, 선명하고 굵은 선을 이용하여 연관되는 단어에서 주 가지를 만들어 뻗어 나간다. 이때 연상되는 이미지를 함께 그려주면 완성된 후 한눈에 알아보기 쉽기 때문에 더욱 효과적이다. 다음으로 주 가지의 내용을 부연 설명해 줄 수 있는 단어나 내용으로 부 가지를 만드는데 이때는 부드러운 곡선으로 연결한다. 마찬가지로 부 가지의 내용을 보충할 수 있는 내용을 세부 가지를 통해 점점 뻗어나가고, 필요하다면 계속해서 내용을 덧붙일 수 있다.

표 10-2 마인드 맵핑 수행 방법 [17]

구분	내용	예시
주제	• 중심 생각이나 이미지를 가능하면 그림으로 표현한다. • 세 가지 이상의 색을 사용한다.	
주 가지	• 중심 생각이나 이미지에서 뻗어 나온 핵심어나 이미지를 사용한다. • 선명하고 굵은 선을 사용한다.	
부 가지	• 주 가지의 내용을 보충 설명해주는 내용을 적는다. • 부드러운 곡선으로 연결하고, 주 가지 내용보다 작은 글씨로 표현한다.	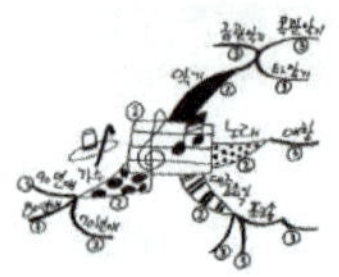
세부 가지	• 부 가지의 내용을 더 보충할 수 있는 내용을 적는다. • 필요하면 얼마든지 덧붙일 수 있다.	

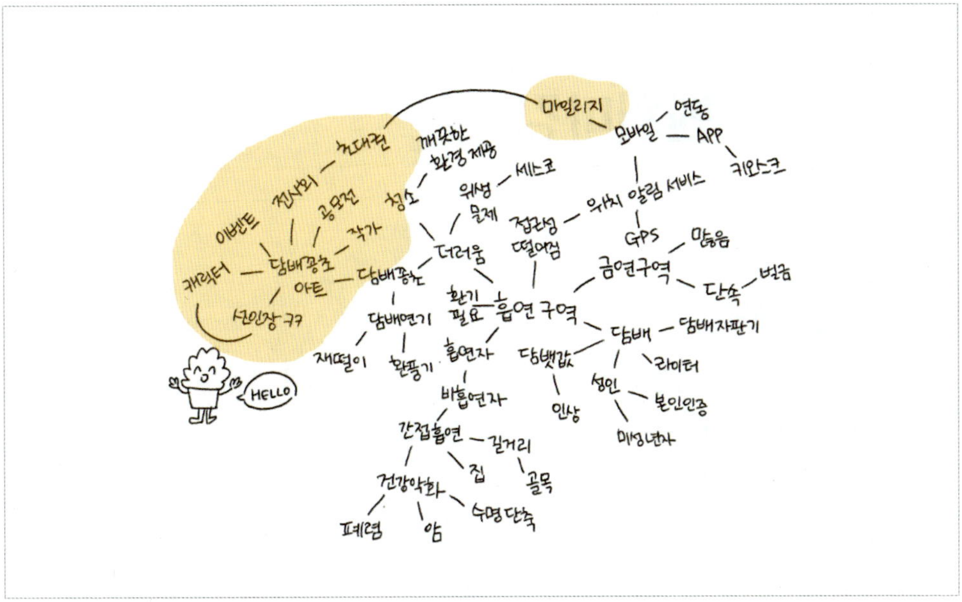

그림 10-13 **마인드 맵핑 사례 : 흡연구역 안내 키오스크 서비스**

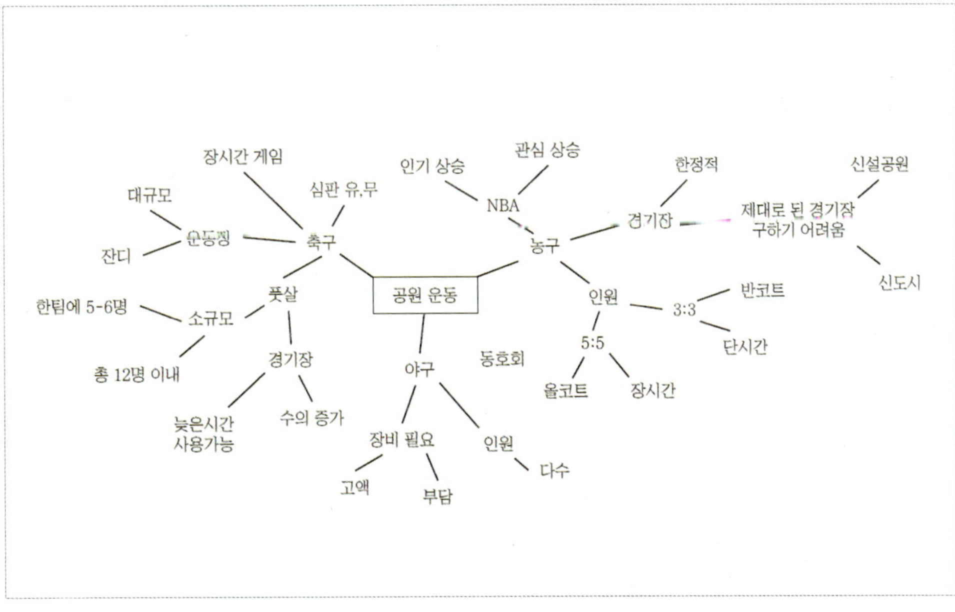

그림 10-14 **마인드 맵핑 사례 : 생활체육 매칭 서비스**

SECTION 05

벤치마킹

1 벤치마킹의 개념

벤치마킹Benchmarking이란 경쟁력 있는 차별화 전략 수립을 위하여 경쟁 제품이나 서비스, 기술, 디자인, 마케팅 등 다양한 관점에서 비교 분석하여 차별화된 가치를 도출하는 마케팅 기법을 말하며 사례 조사라고도 부른다.

벤치마킹이란 용어는 원래 토목 분야에서 강물이나 바닷물의 높낮이를 측정하기 위해 기준점인 벤치마크Bench Mark를 표시하는 행위에서 유래되었다. 1976년, 미국에서 복사기 시장을 독점하고 있던 제록스Xerox는 일본 캐논Canon의 중저가 제품에 밀리기 시작하면서 캐논은 시장의 새로운 강자로 부상하게 되었다. 이에 기존 시장 자리를 내놓을 처지가 된 제록스는 경쟁업체인 캐논의 경영 노하우Knowhow를 참고하기 위해 직접 일본으로 건너가 조사 활동을 벌인 뒤 그 조사 결과를 경영 전반에 반영하여 다시 경쟁력을 회복한 사례가 있었는데, 이후 제록스의 이 벤치마킹 전략이 확산 보급되었다. 이때부터 벤치마킹은 '기준이 되는 점', '측정 기준', '사례 분석'이라는 의미의 마케팅 관련 용어로 널리 사용되고 있다.

2 벤치마킹의 목적

벤치마킹은 사례 분석을 통해 기존에 발견하지 못했던 새로운 시장, 사용자층, 디자인, 차별화 전략 등의 마케팅 포지셔닝Marketing Position을 도출하기 위해 실시한다. 기획자는 평소 인터넷에서 읽은 기사나 각종 자료들을 분야별로 자신만의 폴더를 구성하여 스크랩하는 습관을 만드는 것이 바람직하다. 특히, 성공적인 벤치마킹을 위해서는 어떤 관점으로 분석할 것인지에 대한 측정 기준을 수립하는 것도 중요하다.

디자인 벤치마킹의 경우, 의식적으로 해당 화면을 캡처만 한다거나 의미 없이 습관적으로 전체적인 화면만 대충 훑어보는 과정을 벤치마킹으로 잘못 인식하고 있는 경우가 있다. 콘셉트Concept, 톤 앤 매너Tone&Manner, 레이아웃Layout, 타입Type, 컬러Color, 내비게이션Navigation, UIUser Interface, 트랜지션 효과Transition Effect 등 전체 화면에 영향을 미치는 자신만의 기준을 세워 비교 분석하는 습관을 가지게 되면 트렌드Trend에 대한 이해와 디자인을 평가하는 자신만의 시각을 키우는 데 도움이 될 것이다.

그림 10-15 **벤치마킹의 예**

3 벤치마킹의 사례

최근, 국내에서는 이전보다 벤치마킹을 한 사례가 많아졌다. 연세의료원과 삼성의료원, 네이버와 카카오, 모바일 간편결제 서비스와 같은 국내 벤치마킹의 다양한 사례를 통해 벤치마킹에 대해 구체적으로 알아보도록 하자.

■ 연세의료원과 삼성의료원

연세의료원은 1885년 미국 선교 의사인 호레이스 알렌Dr. H. N. Allen에 의해 세워진 대한민국 최초의 현대적 의료기관으로, 현재는 연세대학교 산하에 있다. 또한, 삼성의료원은 삼성그룹 최대의 공익사업으로 1994년에 설립되었고 현재는 삼성서울병원, 강북삼성병원, 삼성창원병원, 성균관대의과대학으로 나누어져있다.

[그림 10-16]을 참고하여 연세의료원과 삼성의료원을 비교 분석하여 벤치마킹한 사례를 구체적으로 살펴보자.

연세대학교 의료원

각 산하 병원의 효율적인 브랜드 통합이 잘 이루어 졌고 브랜드신뢰감 형성하였음. 시각적 접근성을 높이고 효율적인 인포메이션 전달의 직관력을 보다 친숙하게 전달.

분석대상	분석 기준		주요내용 및 평가방법
연세의료원 https://yuhs.severance.healthcare/yuhs/index.do	Contents	연계성이 높고 소개 컨텐트로써 성실한가? 서비스에 적당한 컨텐트인가? 차별화 된 컨텐트는 만족스러운가?	주요 컨텐트의 효과적인 배열 각 산하병원 통합화가 돋보임
	UI	사용성이 높은 UI구조인가? 네비게이션은 효율적인 구조인가?	타 사이트와 차별성 있고 손쉬운 UI 구조와 네비게이션
	Visual	디자인은 세련되었는가? 동적요소가 있는가? 주요 요소가 눈에 띄이는가? 이벤트 및 홍보 영역이 있는가?	연세의료원만의 비주얼 영역의 극대화로 브랜딩 도모 의도가 엿보임.
	Marketing	마케팅 지원 가능한 컨텐트가 있는가? 고객 로열티를 높일 컨텐트가 있는가? 이벤트 및 프로모션 정도는?	특화컨텐츠 등과 이벤트 등을 통하여 고객 유대를 형성하고자 함
	Theme & Massage	주제 및 사이트 컨셉이 명확한가? 말하고자 하는 요소 파악이 분명한가? 메시지를 전달하기 위한 메뉴가 존재하는가?	비주얼적 메시지 이외, 브랜드에서 느낄 수 있는 핵심 메시지 모호
	Support	고객지원 요소는 충분한가? 고객지원 정보의 접근성은? 정보의 비교 및 습득이 용이한가?	방문객을 위한 세심한 배려 흔적 눈에 띔

(a) 연세의료원

SAMSUNG 삼성의료원

타 종합병원에 비해 뒤쳐져 있었던 예약시스템 및 예약 현황 조회, 검사내역, 입/퇴원 내역 등의 온라인 서비스 강화에 중점을 두었지만 강북, 강남, 창원 등 각 지역, 산하 병원과의 브랜드 통합의 부재로 인한 일관성있는 아이덴티티 결여.

분석대상	분석 기준		주요내용 및 평가방법
삼성의료원 http://www.smc.or.kr	Contents	연계성이 높고 소개 컨텐트로써 성실한가? 서비스에 적당한 컨텐트인가? 차별화 된 컨텐트는 만족스러운가?	주요 컨텐트의 효과적인 배열 인기검색어, 1분건강 등 차별성 있는 메뉴
	UI	사용성이 높은 UI구조인가? 네비게이션은 효율적인 구조인가?	평범한 UI 구조와 네비게이션
	Visual	디자인은 세련되었는가? 동적요소가 있는가? 주요 요소가 눈에 띄이는가? 이벤트 및 홍보 영역이 있는가?	각 병원별 디자인이 달라 독자적인 아이덴티티 및 일관성 결여 전체적인 하나의 톤으로 디자인이 우수하다는 느낌은 아니지만 정돈 되어있다는 느낌을 준다.
	Marketing	마케팅 지원 가능한 컨텐트가 있는가? 고객 로열티를 높일 컨텐트가 있는가? 이벤트 및 프로모션 정도는?	특별한 프로모션은 보이지는 않지만 건강정보 같은 고객 컨텐츠가 존재
	Theme & Massage	주제 및 사이트 컨셉이 명확한가? 말하고자 하는 요소 파악이 분명한가? 메시지를 전달하기 위한 메뉴가 존재하는가?	그냥 어느 병원 사이트 중 한 곳이라는 생각이 들어 독창적인 느낌 부족
	Support	고객지원 요소는 충분한가? 고객지원 정보의 접근성은? 정보의 비교 및 습득이 용이한가?	평이한 고객지원 요소로 구성되어 있으며 차별화된 요소는 보이지 않음

(b) 삼성의료원

그림 10-16 **연세의료원과 삼성의료원 벤치마킹의 예**

■ 네이버 지도와 카카오 맵

국내 지도/내비게이션 앱 시장은 2020년 1월 기준 인터넷 사용자 중 72%인 약 2,896만 명의 이용자를 확보하고 있다. 대표적인 지도/내비게이션 앱인 네이버 지도와 카카오 맵 두 업체의 벤치마킹 사례는 다음과 같다.

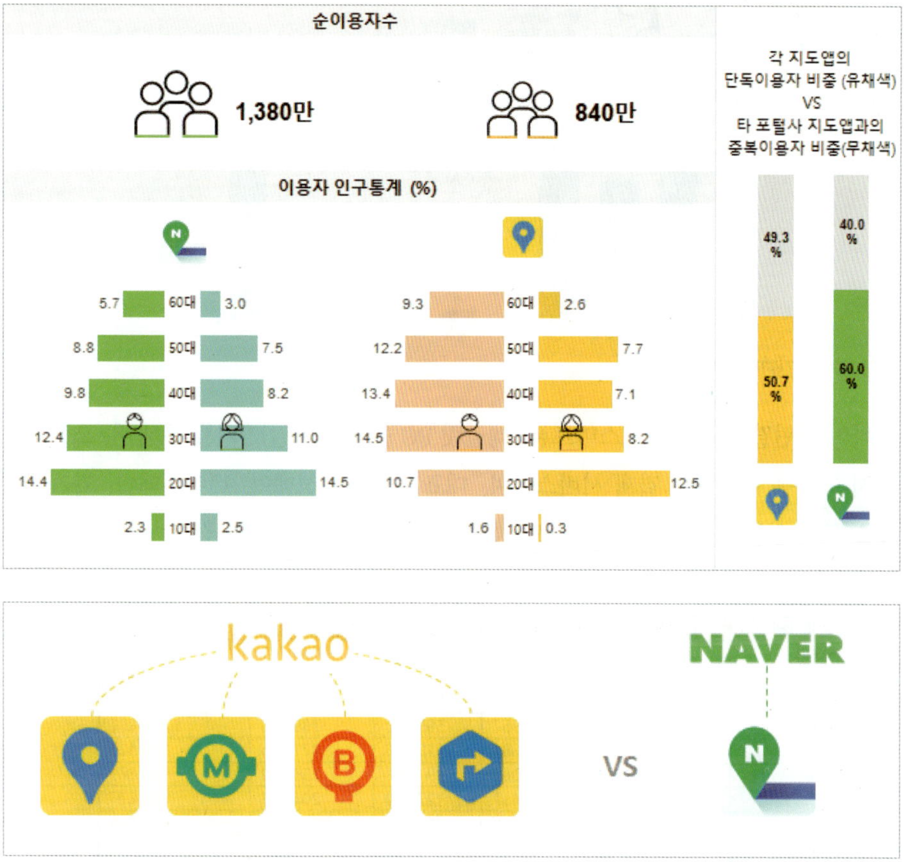

그림 10-17 **네이버와 카카오 벤치마킹의 예** [18]

■ 모바일 간편결제 서비스

한국은행에 따르면 국내 간편결제 시장 규모는 2017년 결제액 기준 39조 9,906억 원으로 전년 대비 3배 이상 성장했다. 네이버페이를 선두로 삼성페이, 토스, 카카오페이 등 간편 결제 서비스의 전통 강자와 신세계, 롯데 등 유통사들까지 새로운 페이 서비스가 등장하고 있다.

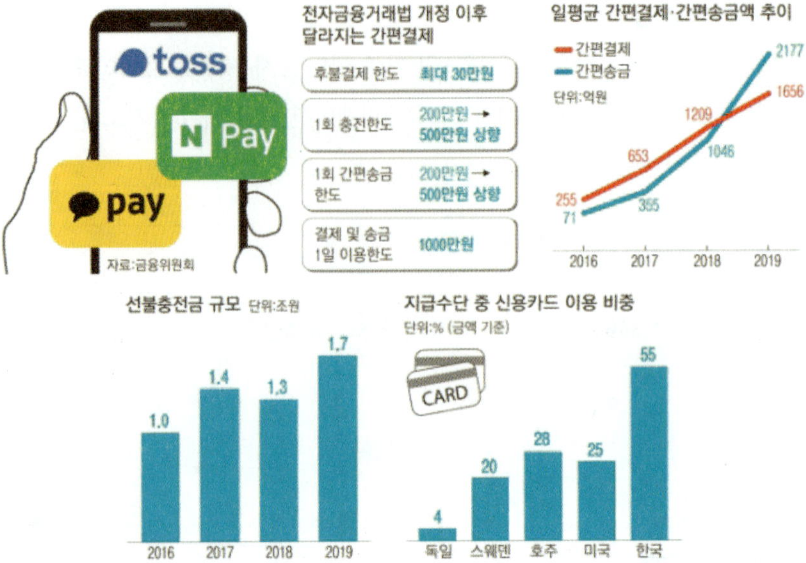

그림 10-18 **간편결제 시장 규모** [19]

모바일 간편결제 서비스는 스마트폰, 태블릿 PC 등의 모바일 기기를 통해 온/오프라인 상에서 제품을 구매하는 결제 서비스이며, 대표적으로 삼성페이, 네이버페이, 카카오페이, 토스 등이 있는데 소비자들의 브랜드 평판지수는 [그림 10-19]와 같다.

2019년 03월 18일

간편결제 브랜드	참여지수	미디어지수	소통지수	커뮤니티지수	브랜드평판지수
네이버페이	749,322	967,732	1,957,871	2,669,341	6,344,265
토스	190,258	877,697	1,376,773	1,263,243	3,707,971
카카오페이	124,541	430,355	613,121	847,911	2,015,927
삼성페이	47,941	426,957	599,693	789,676	1,864,267
LG페이	9,130	159,684	318,446	471,665	958,924
페이코	71,872	163,082	197,116	154,819	586,889
페이팔	90,177	59,457	127,630	204,633	481,897
제로페이	62,002	58,525	182,428	170,799	473,755
스마일페이	36,340	72,481	41,414	304,951	455,186
11페이	3,942	64,949	125,766	214,650	409,307
알리페이	10,365	99,095	64,706	74,769	248,935
T페이	2,392	67,384	105,077	45,177	220,030
케이페이	1,370	45,300	63,402	88,662	198,734
SSG페이	7,693	36,807	42,196	38,419	125,114
페이나우	3,740	37,373	22,554	55,976	119,642
로켓페이	3,683	14,723	37,546	43,272	99,224
티몬페이	1,662	21,518	29,159	31,425	83,764
엘페이	5,559	15,289	7,214	7,612	35,674
뱅크월렛	404	12,458	10,907	11,704	35,474

그림 10-19 **간편결제 브랜드 2019년 3월 빅데이터 분석** [20]

여기서 잠깐 디자인 벤치마킹 추천 웹 사이트

① **비핸스(http://www.behance.net) :** 전 세계 디자이너들의 포트폴리오 모음 및 빌더를 제공한다.

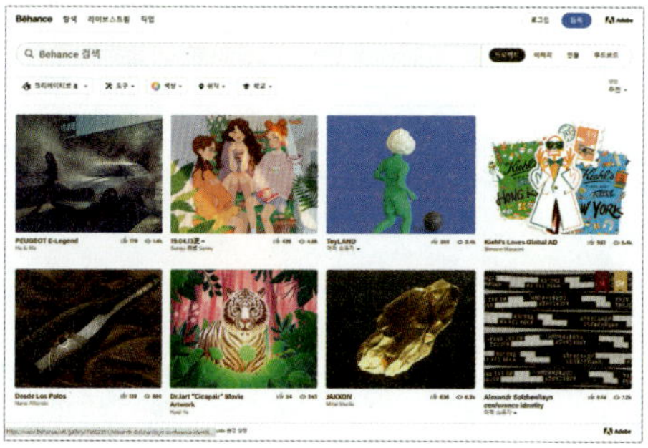

그림 10-20 비핸스

② **어워드(http://www.awwwards.com) :** 웹 표준으로 제작한 베스트 웹 사이트들을 모아 놓았다.

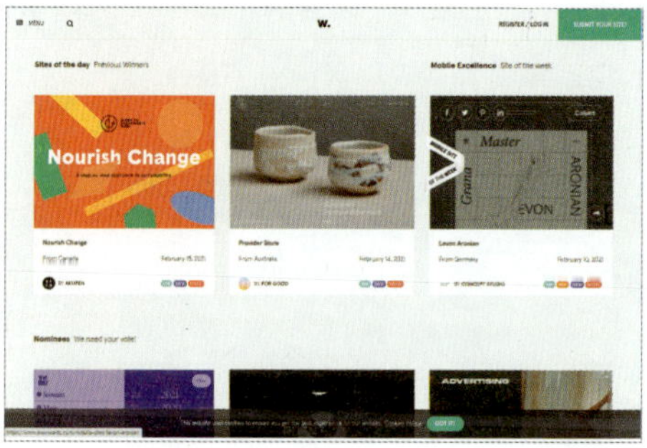

그림 10-21 어워드

③ **CSS 디자인 어워드(http://www.cssdesignawards.com) :** 웹 표준으로 제작한 베스트 웹 사이트들을 모아 놓았다.

그림 10-22 CSS 디자인 어워드

④ **드리블(http://www.dribbble.com) :** 웹, 앱 및 모바일 디자인 작품들로 구성되어 있으며, 썸네일 및 UI 사용의 흐름을 알 수 있다.

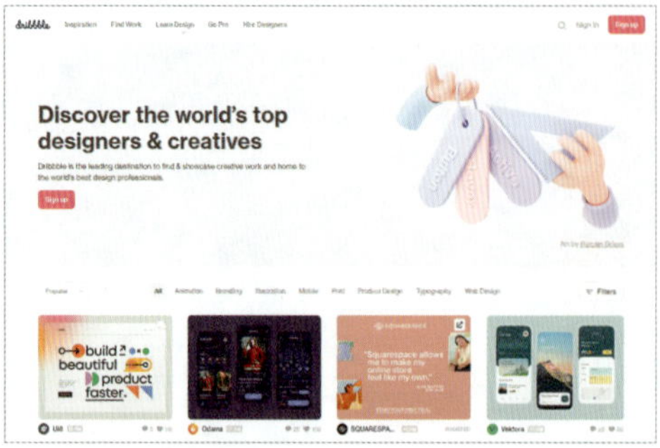

그림 10-23 드리블

⑤ **GD 웹(http://www.gdweb.co.kr) :** 국내외 최신 오픈 및 리뉴얼 사이트들을 모아 놓았다.

그림 10-24 GD 웹

⑥ **디비컷(http://www.dbcut.com) :** 국내외 최신 디자인 정보, 업계 소식, 구인구직, 커뮤니티 등의 정보를 제공한다.

그림 10-25 디비컷

⑦ **모바일 패턴스(http://www.mobile-patterns.com) :** 전 세계의 모바일 UI 테마, 배경화면 등을 제공한다.

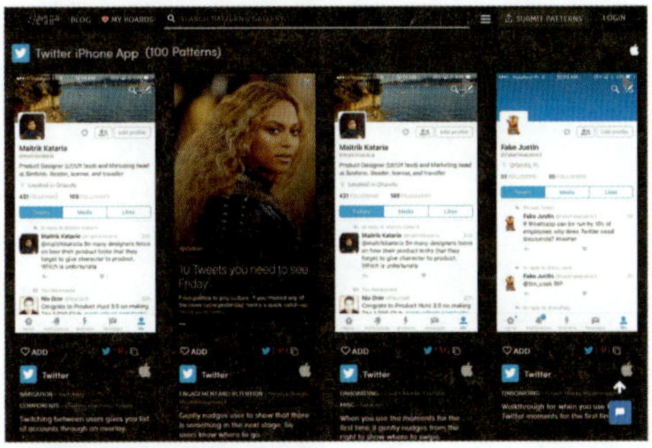

그림 10-26 **모바일 패턴스**

⑧ **패턴스(http://www.pttrns.com) :** 전 세계 모바일 UI 테마, 배경화면 등을 제공한다.

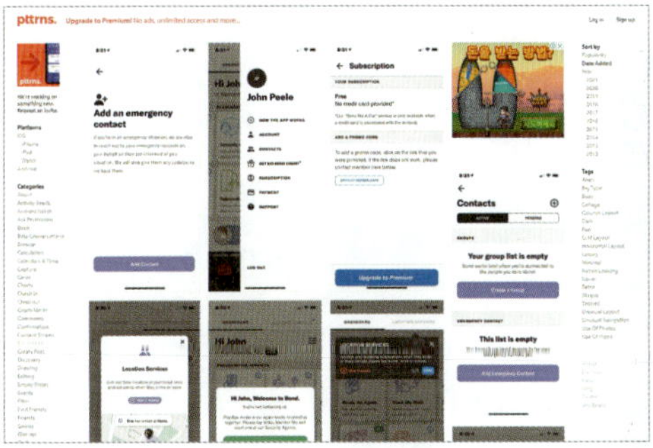

그림 10-27 **패턴스**

⑨ **안드로이드 나이스티스(http://androidniceties.tumblr.com) :** 안드로이드 전용의 모바일 UI 스크린샷을 제공한다.

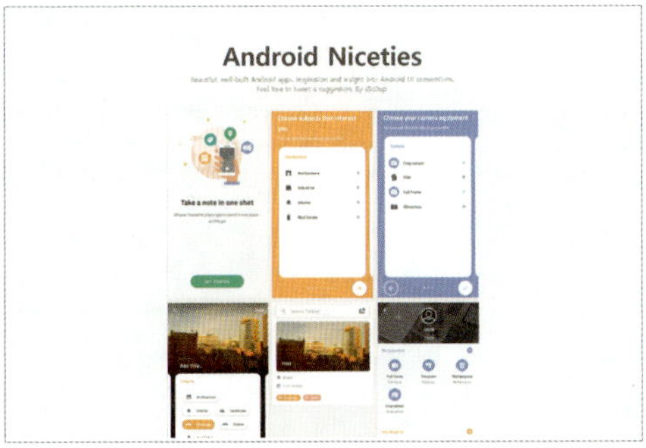

그림 10-28 **안드로이드 나이스티스**

⑩ **UX 아카이브(http://uxarchive.com) :** iOS 전용의 모바일 UI 사용 흐름을 제공한다.

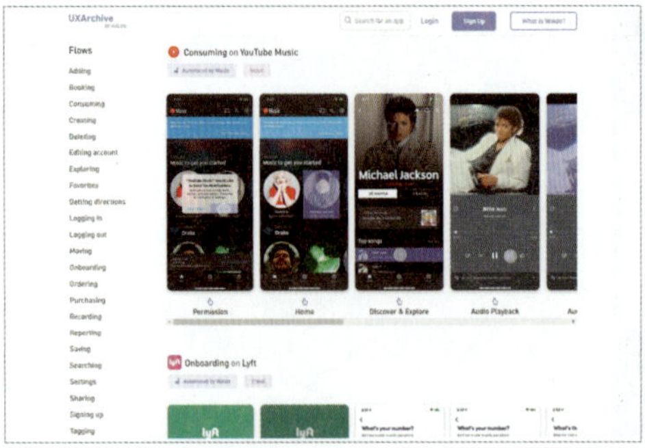

그림 10-29 UX 아카이브

⑪ **블록스 (https://blocsapp.com/) :** 모바일 UI 포트폴리오 및 소스를 제공한다.

그림 10-30 블록스

SECTION 06

마케팅 포지셔닝

1 마케팅 포지셔닝의 개념

포지셔닝Positing이란 어떤 제품이나 서비스가 소비자의 마음에 인식되고 있는 모습을 의미한다. 마케팅 포지셔닝Marketing Positioning이란 제품 또는 서비스의 특성 및 경쟁 서비스와의 관계, 자사의 기업 이미지 등 각종 요소를 분석하여 타깃 시장의 특정 위치에 자리매김하기 위한 커뮤니케이션Communication 활동을 말한다.

2 마케팅 포지셔닝 방법 : 포지셔닝 맵

마케팅 포지셔닝Marketing Positioning을 수행하기 위한 대표적인 방법으로 포지셔닝 맵Positioning Map을 들 수 있다. 포지셔닝 맵이란 자사와 경쟁사의 제품이 해당하는 위치를 그래프에 표시한 지도다. 포지셔닝 맵을 이용하면 자사 제품 및 서비스의 위치를 통해 경쟁 서비스와의 관계를 비교 분석해 볼 수 있기 때문에 매우 유용하다.

그림 10-31 포지셔닝 맵의 예 : LA타임즈가 발표한 2019년 인스턴트 라면 랭킹 [21]

포지셔닝 맵을 제작하는 방법은 다음과 같다. 먼저 X축과 Y축에 각각 상반되는 지표를 작성한 후, 자사의 서비스와 경쟁사의 서비스를 해당 공간에 위치시켜 그 차이를 단면적으로 드러나게 하면된다. 여기서 상반되는 지표는 다음과 같이 나눌 수 있는데, 이와 같은 다양한 이용 결정 요소를 통해 포지셔닝 맵을 다양하게 활용할 수 있다.

❶ **속성** : 고가 또는 저가, 순한 맛 또는 매운 맛, 정장 또는 캐주얼 등

❷ **이미지** : 대중적 또는 고답적, 좋은 디자인 또는 나쁜 디자인, 감성적 또는 이성적 등

❸ **사용자** : 남성 또는 여성, 혁신적 또는 보수적 등

❹ **사용 상황** : 공개형 또는 비공개형, 쉬움 또는 어려움 등

3 마케팅 포지셔닝의 사례

포지셔닝 맵을 이용한 국내의 다양한 시장 사례를 통해 마케팅 포지셔닝에 대해 이해해 보자.

■ 맥주 시장

국내의 맥주 시장은 하이트, 카스, 맥스, 골든라거 등의 국내 브랜드뿐만 아니라 일본의 아사히, 네덜란드의 하이네켄, 독일의 수입 맥주 등 다양한 브랜드가 존재한다. [그림 10-32]는 포지셔닝 맵을 통해 국내 맥주 시장의 브랜드 마케팅 포지셔닝을 나타낸 것이다.

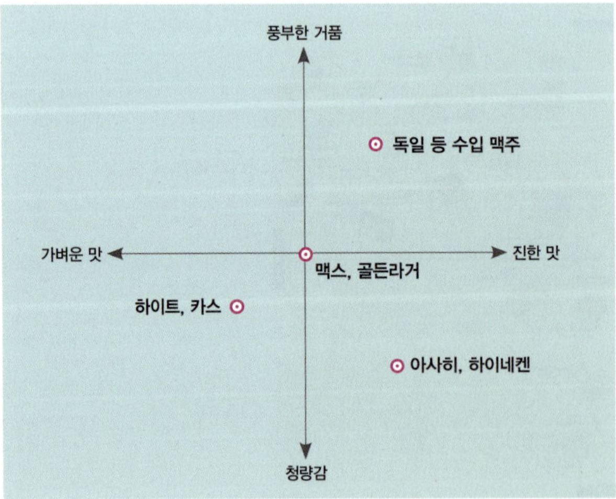

그림 10-32 맥주 시장의 포지셔닝 맵

■ 아웃도어 시장

국내 아웃도어 시장은 등산복이 4~50대의 일상 패션이 되면서 성장하기 시작하였으며, 최근에는 캠핑 열풍까지 불면서 해당 시장의 규모가 급속도로 팽창하게 되었다. 또한, 이 틈을 타서 고가의 해외 아웃도어 브랜드들이 공격적으로 국내 시장에 침투하여 치열한 경쟁을 벌이고 있는 실정이다. [그림 10-33]의 아웃도어 브랜드 포지셔닝 맵을 통해 국내 아웃도어 시장의 마케팅 포지셔닝을 확인해 본다.

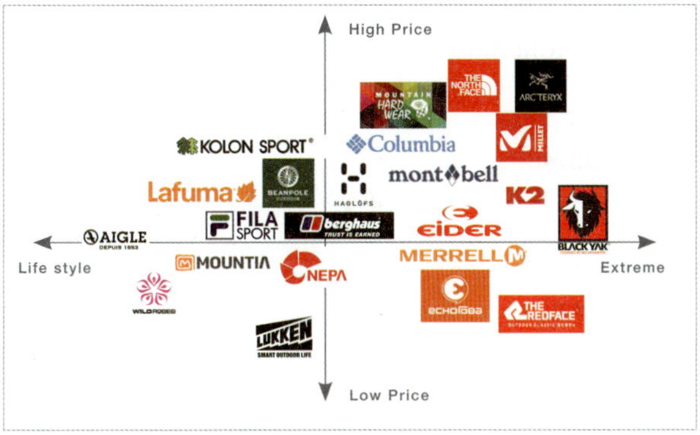

그림 10-33 아웃도어 시장의 포지셔닝 맵 [22]

■ 타이어 시장

타이어 제품도 주행 스타일이나 가격 정책에 따라 마케팅 포지셔닝을 다르게 할 수 있다. [그림 10-34]에서 넥센의 타이어 포지셔닝 맵을 통해 타이어 제품의 마케팅 포지셔닝을 확인해 본다.

그림 10-34 넥센의 타이어 포지셔닝 맵 [23]

■ **시니어 타운**

점차 고령화되어 가는 우리 사회에 시니어 타운은 단순한 주거 공간이 아니라 치열한 인생을 살아온 노인에게 휴식 제공은 물론 주거, 의료, 레저 등 종합 복합단지로서의 역할을 수행한다. 평소 하고 싶었던 취미생활에 대한 투자를 아끼지 않는 액티브 시니어의 등장에 발맞추어 보다 다양하고 새로운 형태의 시니어 타운이 등장하고 있다. [그림 10-35]에서 시니어 타운의 포지셔닝 맵을 통해 마케팅 포지셔닝을 확인해본다.

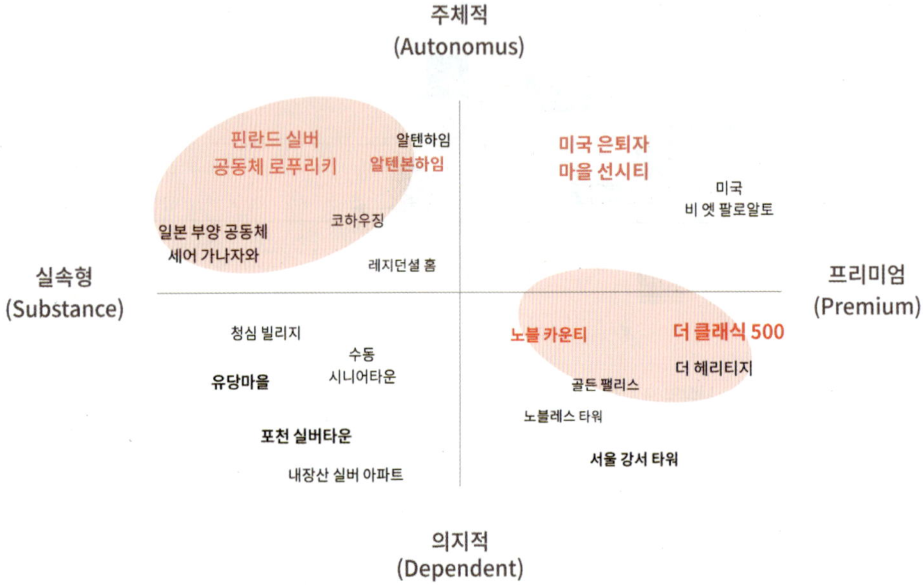

그림 10-35 시니어 타운의 포지셔닝 맵

요약

1. 디자인 요구사항 분석

- **개념** : 서비스 콘셉트를 수립하기 위하여 실시하는 디자인 요구사항 분석은 클라이언트의 마케팅 지향점을 파악하고 핵심 사용자의 연령대, 기호, 라이프 스타일 등의 사용자 성향을 분석한다.
- **구분** : 클라이언트 요구사항, 사용자 성향, 기능적 요구사항, 디자인 제약 조건, 업무 흐름

2. 사용자 성향 분석

디지털 미디어 서비스는 제공하는 서비스의 내용에 따라 사용자도 다양하게 분류될 수 있기 때문에 핵심 사용자의 성향을 분석하여 콘셉트를 수립하고 유사 성향을 지닌 사용자들을 그룹화하여 차별화 전략에 반영해야 한다.

3. 콘셉트 수립

- **콘셉트** : 프로젝트의 개요, 목표, 상황, 배경 등 클라이언트의 요구사항을 정리하여 전체적인 방향을 이끌어 나가는 하나의 일관된 전략, 테마, 개념을 의미한다.
- **콘셉트 수립** : 클라이언트의 요구와 핵심 사용자층, 경쟁사와의 차별화 전략 등 여러 상황을 분석하여 프로젝트를 어떠한 방향으로 전개해 나갈 것인지를 결정하는 것이다.

4. 마인드 맵핑

마음속의 생각을 핵심 주제나 키워드를 중심으로 종이에 지도를 그리듯이 거미줄처럼 확장해 나가는 방사 사고(Radial Thinking) 형식을 이용하여 자신의 사고를 시각화할 수 있는 두뇌 계발 방법이다.

요약

5. 벤치마킹

- **개념** : 경쟁력 있는 차별화 전략 수립을 위하여 경쟁 제품이나 서비스, 기술, 디자인, 마케팅 등 다양한 관점에서 비교 분석하여 차별화된 가치를 도출하는 마케팅 기법을 말하며, 사례 조사라고도 부른다.
- **목적** : 사례 분석을 통해 기존에 발견하지 못했던 새로운 시장, 사용자층, 디자인, 차별화 전략 등의 마케팅 포지셔닝을 도출하기 위해 실시한다.

6. 마케팅 포지셔닝

- **포지셔닝** : 어떤 제품이나 서비스가 소비자의 마음에 인식되고 있는 모습을 의미한다.
- **마케팅 포지셔닝** : 제품 또는 서비스의 특성 및 경쟁 서비스와의 관계, 자사의 기업 이미지 등 각종 요소를 분석하여 타깃 시장의 특정 위치에 자리매김하기 위한 커뮤니케이션 활동을 말한다.

실습 과제

벤치마킹하기 웹, 앱 등 조사대상을 선정하고 분석기준에 맞게 벤치마킹하여 인사이트를 도출해 보자.

벤치마킹하기	
CI	종합 의견

분석 대상	분석 기준	주요 내용 및 평가 방법
조사 대상 URL Image Image	**Contents** • 연계성이 높고 소개 콘텐츠로서 성실한가? • 서비스에 적당한 콘텐츠인가? • 차별화된 콘텐츠는 만족스러운가?	주요내용
	UI • 사용성이 높은 UI 구조인가? • 분류체계의 명확성을 가지고 있는가? • 내비게이션은 효율적인 구조인가?	주요내용
	Visual • 디자인은 세련되었는가? • 브랜드의 이미지가 잘 적용된 색상인가? • 동적 요소가 있는가? • 주요 요소가 눈에 띄는가? • 적절한 가독성을 제공하고 있는가? • 이벤트 및 홍보 영역이 있는가?	주요내용
	Marketing • 마케팅 지원 가능한 콘텐츠가 있는가? • 고객 로열티를 높일 콘텐츠가 있는가? • 이벤트 및 프로모션 정도는?	주요내용
	Theme&Message • 주제 및 사이트 콘셉트가 명확한가? • 말하고자 하는 요소 파악이 분명한가? • 메시지 전달하기 위한 메뉴가 존재하는가?	주요내용
	Support • 고객지원 요소는 충분한가? • 고객지원 정보의 접근성은? • 정보의 비교 및 습득이 용이한가?	주요내용

실습 과제

포지셔닝 맵 작성하기 X축과 Y축에 각각 상반되는 지표를 설정하고 포지셔닝 맵을 작성하여 차별화 전략을 도출해 보자.

포지셔닝 맵 작성하기			
작성자		작성일	년 월 일

주제	

포지셔닝 결과	

CHAPTER 11

콘셉트 시각화

PREVIEW

콘셉트 및 차별화 전략이 수립되었다면 추상적인 아이디어를 구체적이며 적용 가능한 개념으로 발전시키기 위해 콘셉트를 시각화하는 작업이 필요하다. 이번 장에서는 다양한 디자인 요소를 활용하여 콘셉트를 시각화하는 방법에 대해 알아본다.

SECTION 01

콘셉트 시각화의 이해

1 콘셉트 시각화의 개념

콘셉트 시각화Concept Visualization란 눈에 보이지 않는 핵심 메시지나 생각 또는 정보를 가시화하는 것을 말하며, '콘셉트 구상화'나 '콘셉트 개념화' 등으로 해석될 수 있다. 또한 콘셉트 시각화는 생각, 이미지, 개념, 주제들 사이의 관계를 표현하기 위해 다이어그램, 도표, 차트 등을 이용하여 도식적인 형태로 표현할 수 있다.

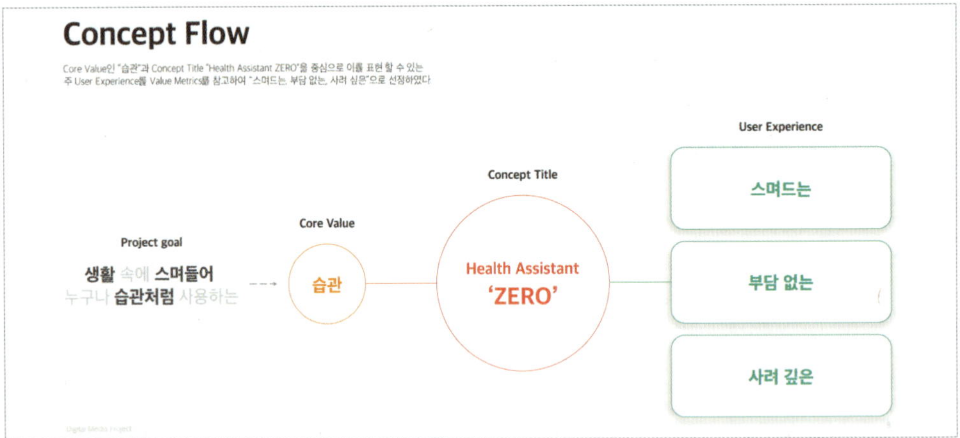

(a) 모바일 헬스케어 서비스

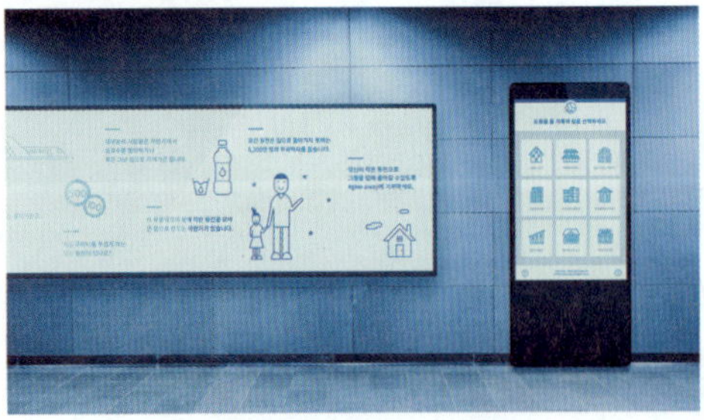

(b) 미디어 월과 키오스크

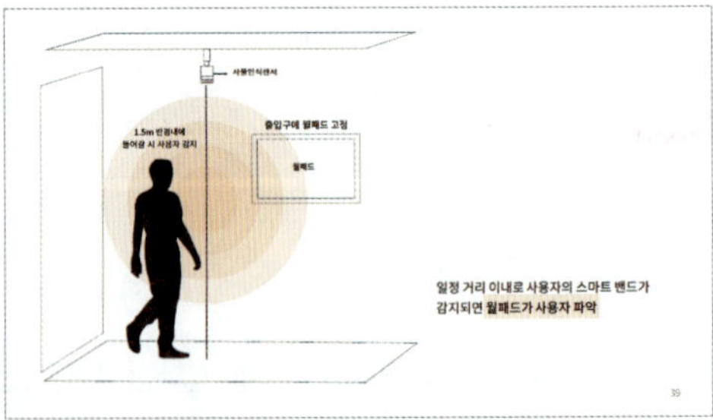

(c) 시니어 타운 월패드

그림 11-1 콘셉트 시각화를 활용한 예

2 콘셉트 시각화의 디자인 요소

콘셉트를 시각화할 수 있는 디자인 요소에는 컬러Color, 이미지Image, 타입Type, 레이아웃Layout 등이 있다. 컬러Color는 사용자가 느끼는 해당 서비스에 대한 첫인상으로, 연상 작용을 일으키는 매우 중요한 요소이며 컬러 맵에 의해 키워드에 부합하는 단일색, 배합색 등으로 표현된다. 이미지Image는 해당 서비스에 대한 키워드를 시각적으로 구체화시키는 요소로, 심벌Symbol, 패턴Pattern, 사진, 그림, 일러스트 등으로 표현된다. 타입Type은 글자를 활용하여 정보를 전달하는 요소로 글꼴에 따른 자간과 행간, 활자의 무게, 넓이, 대비, 강조, 해체 등으로 표현되며 때에 따라 시각적 이미지로 사용되기도 한다. 레이아웃Layout은 앞선 3가지 요소의 조화에 의한 결과로, 다양한 형태로 조직화되며 배치와 배열을 통해 질서를 만드는 과정이다.

표 11-1 콘셉트 시각화의 디자인 요소

구분	내용
컬러	• 서비스에 대한 첫 인상으로, 연상 작용을 일으키는 매우 중요한 요소다. • 컬러 맵에 의해 키워드에 부합하는 단일색, 배합색, 주조색, 보조색, 강조색 등으로 표현한다.
이미지	• 제공하고자 하는 서비스에 대한 키워드를 시각적으로 구체화시키는 요소다. • 심벌, 패턴, 사진, 그림, 일러스트 등으로 표현한다.
타입	• 글자, 글꼴, 서체를 활용하여 의미를 전달하는 요소다. • 자간과 행간, 활자의 무게, 넓이, 대비, 강조, 해체 등 타이포그래피 기법을 활용하여 표현한다.
레이아웃	• 다양한 형태로 조직화하고 배치 및 배열을 통해 화면의 질서를 부여하는 요소다. • 그리드 시스템, 길림, 여백 등에의 조화, 균형, 율동, 비례, 통일, 동세, 집중 등으로 표현한다.

컬러

컬러Color는 인간의 감정을 가장 크게 자극하는 디자인 요소다. 컬러를 보는 순간 시선을 집중하게 되거나 연상 작용을 통해 오랜 인상으로 남게 되며, 감정적이나 신체적 반응을 일으키기도 한다. 단일색이 주는 상징적 이미지와 몇 가지 색이 어울리면서 전달되는 지각 효과는 따뜻함, 온화함, 상쾌함 등의 감정 상태를 메타포Metaphor로 드러내는 속성을 지니고 있다.

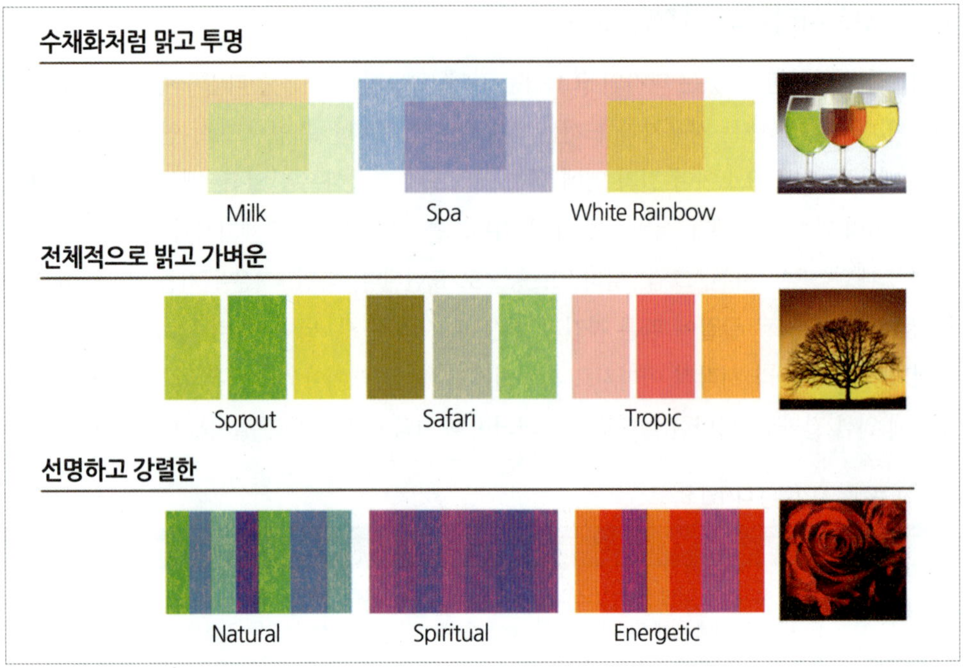

그림 11-2 컬러를 이용한 감정 표현

컬러를 통해 콘셉트를 표현하는 방법은 키워드Keyword를 도출하여 부합되는 컬러를 매칭Matching하는 방법을 주로 사용하며, 키워드 도출은 브레인스토밍Brainstorming이나 마인드 맵핑Mind Mapping 방법을 통해서 도출할 수도 있다. 다음 [그림 11-3]의 예처럼 형용사 이미지 공간을 활용하여 콘셉트를 대표할 수 있는 키워드와 컬러를 매칭할 수 있다.

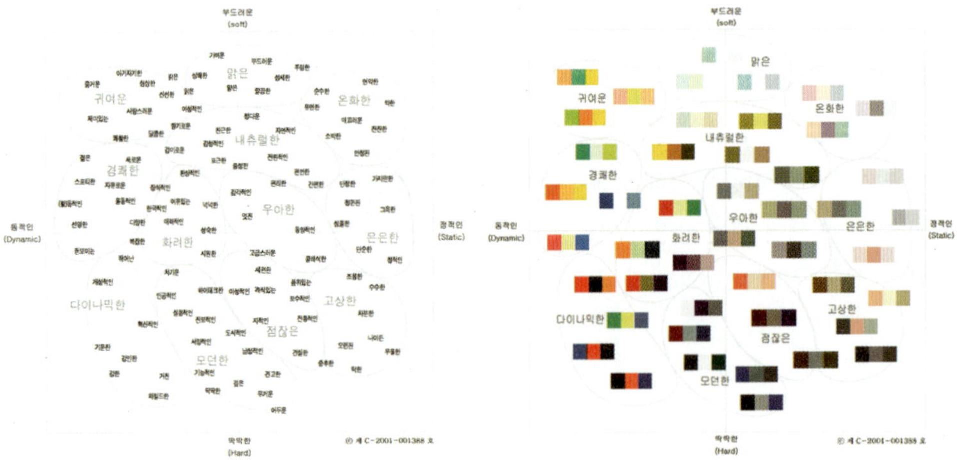

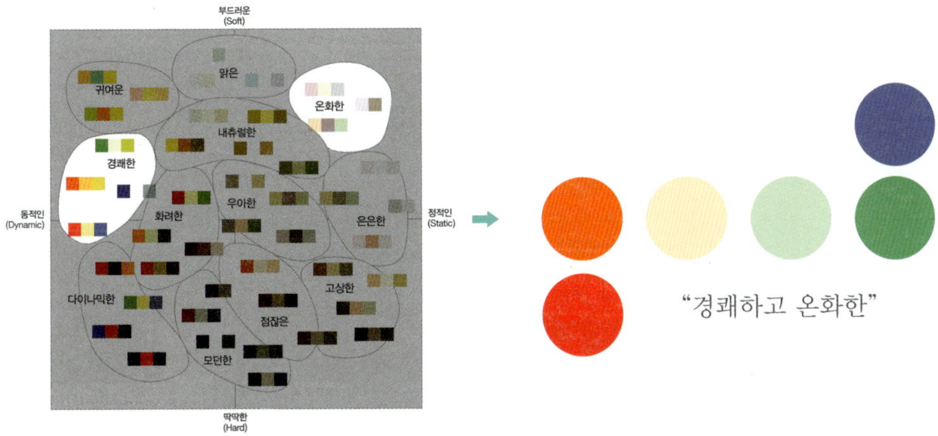

그림 11-3 **컬러를 활용한 콘셉트 시각화의 예**

이미지

이미지Image는 구체적이거나 심적으로 나타낼 수 있는 재현 형태를 말하며, 표현을 통해 상황을 만들어내고 상황을 이해하기 쉽게 도와주는 언어적 기능을 수행한다고 하여 흔히 '상황의 언어'라고도 한다. 예를 들어 '의자'하면 떠오르는 이미지는 안락의자, 컴퓨터 의자, 식탁 의자, 흔들의자, 소파 등 사람에 따라 다양한 형태로 지각할 수 있는데, 휴식, 편안함, 안락함과 같은 심적 수준의 이미지로 심상화(心象化)가 가능하다.

그림 11-4 **이미지를 활용한 콘셉트 시각화의 예**

기호학자 찰스 퍼스Charles. S. Peirce의 구분에 따르면, 기호로서의 이미지는 표상인 이미지와 그 이미지가 지시하는 대상물과의 관계에 따라 인덱스, 아이콘, 심벌과 같이 세 가지 차원을 지닌다.

■ 인덱스

인덱스Index는 '지표'라고도 부르며, 지시 대상과 물리적 또는 필연적인 인과관계로 연결되어 있는 형태다. 인덱스의 대표적인 형태로는 '온도계=기온', '낙엽=가을', '연기=불', '다이아몬드=부' 등이 있다.

(a) 온도계=기온

(b) 낙엽=가을

(c) 연기=불

(d) 다이아몬드=부

그림 11-5 인덱스의 예 [01] [02] [03] [04]

■ 아이콘

아이콘Icon은 지시 대상과 유사성으로 연결되어 있는 형태로, 지시 대상과 '닮음'의 관계가 있다. 회화, 사진, 영상 등 지시 대상을 구체적이며 사실적인 형상으로 재현한 형태이며, '도상'이라고도 부른다.

대표적으로 사진은 인덱스와 아이콘의 특성을 동시에 지니는 매체다. [그림 11-6]의 (a)는 총을 맞아 쓰러져가는 한 군인의 상황을 재현한 사진으로, 이름 없는 병사의 죽음뿐만 아니라, 전쟁에 대한 역사적인 증언으로 전달된다. 반면, 컴퓨터로 매개된 이미지는 디지털 기술을 이용한 가상현실Virtual Reality로 재생산된다는 측면에서 기존의 매체와는 기술적, 인식론적 차원에서 크게 구별되며, 이는 또 다른 새로운 개념의 이미지라고 보아야 한다.

그 외에 아이콘은 올림픽 종목 픽토그램Pictogram, 컴퓨터 바탕화면의 아이콘이나 스마트폰의 앱 아이콘 등에서 나타난다. 아이콘은 지시하는 대상의 특징을 포착하거나 사회적인 약속 체계를 표현하기도 한다.

(a) 전쟁 사진

(b) 에스콰이어 잡지 표지

(c) 올림픽 종목 픽토그램

(d) 스마트폰 앱 아이콘

그림 11-6 아이콘의 예 [05] [06] [07] [08]

■ 심벌

심벌Symbol은 '상징'이라고도 부르며, 인덱스나 아이콘과는 달리 지시 대상과의 직접적인 연관성 없이 오직 사회적인 약속이나 관습 체계에 의해서 표현되는 형태다. 대표적인 예로는 기업의 CICorporate Identity, 제품의 BIBrand Identity, 교통신호(적색=정지, 황색=주의, 녹색=진행), 언어 등이 심벌에 속한다.

(a) 메르세데스 벤츠의 CI

(b) 코카콜라의 BI

(c) 교통신호

그림 11-7 **심벌의 예** [09] [10] [11]

이미지를 통한 콘셉트 시각화 작업은 문자보다 짧은 시간 안에 전달할 수 있으며, 상황과 내용을 전달하는 양이 더 많아 의미를 적용하기 위한 커뮤니케이션 수단으로서의 효율성이 높다. 콘셉트를 대표할 수 있는 이미지 활용 및 컴퓨터 합성을 통한 가상 이미지 연출과 더불어 인덱스, 아이콘, 심벌을 활용해 도식화하여 한눈에 알아보기 용이하도록 표현한다.

여기서 잠깐 **이미지를 활용한 콘셉트 시각화의 사례**

[그림 11-8]은 롯데인터넷면세점에서 L-CARD라는 가상의 서비스를 이용하여 상품을 구매하는 과정을 한눈에 알아보기 쉽게 콘셉트 시각화한 사례다.

콘셉트 시각화

1. 롯데인터넷면세점 L-CARD SHOP에서 원하는 L-CARD 상품을 구매한다.

콘셉트 시각화

2. 구매완료 MMS로 L-CARD 상품 교환 QR 코드가 발송된다.

콘셉트 시각화

3. 한국 입국 후 공항면세점/시내면세점 L-머신을 찾고, 발송된 QR 코드를 인식시킨다.

콘셉트 시각화

4. 면세품 추가 구매시, L-CARD에 들어있는 L-CASH를 감한 가격을 지불한 후 구매한다.

그림 11-8 이미지를 활용한 콘셉트 시각화의 예 : 롯데인터넷면세점 구매 과정 [12]

타입

타입Type은 정보를 의미적으로 전달하는 데 있어서 가장 강렬한 전달 형태로, 콘셉트를 설명해 주기도 하고 상황을 전달하기도 한다. 타입을 활용한 콘셉트 시각화는 주로 제목, 타이틀, 본문 등에 적용된 서체Type Face와 활용 범위에 대한 속성을 결정하는 단계로, 웹, 앱 등 제공되는 서비스 매체에 표준화된 질서를 부여하여 전체적으로 일관성 있게 표현한다.

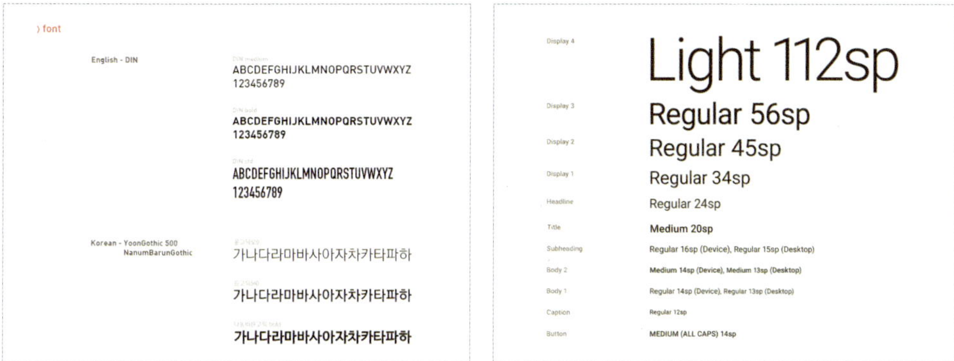

그림 11-9 타입을 활용한 콘셉트 시각화의 예

여기서 잠깐 **타이포그래피**

타이포그래피(Typography)는 '글자'의 의미를 지닌 'Typo'라는 그리스어에서 유래되었으며 전통적으로 활판인쇄술을 가리키는 말이다. 이후 산업혁명의 영향으로 디자인(Design)이라는 새로운 학문이 탄생하면서 그 의미도 현대적 의미로 변형되었는데, 현대에 와서는 '활자를 기능과 미적인 면에서 보다 효율적으로 운용하는 기술이나 학문'의 의미로 변화되어 활판인쇄술뿐만 아니라 시각 커뮤니케이션의 하나의 수단으로 활용되고 있다. 타이포그래피는 크게 전통적인 기능적 타이포그래피와 현대적인 실험적 타이포그래피로 나누어진다.

■ 기능적 타이포그래피

기능적 타이포그래피Functional Typography는 활자 그 자체의 미적인 가치보다는 글자의 가장 근본적인 기능인 의미를 전달하기 위한 가독성에 중점을 둔 방식으로, [그림 11-10]과 같은 형태다.

그림 11-10 **기능적 타이포그래피의 예** [13]

■ 실험적 타이포그래피

실험적 타이포그래피Experimental Typography는 단순히 읽기 위한 글자보다는 다양한 조형 요소를 활용하여 시각적으로 아름답고 심미적인 장식에 중점을 둔 방식으로, [그림 11-11]과 같은 형태다.

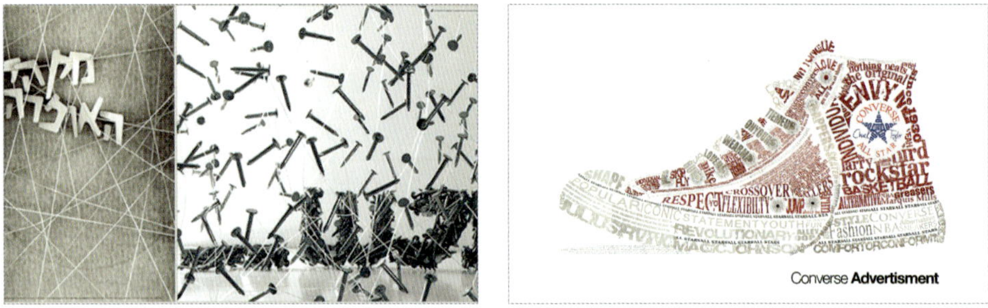

그림 11-11 **실험적 타이포그래피의 예** [14] [15]

레이아웃

레이아웃Layout은 컬러, 이미지, 기호, 타입 등의 디자인 요소를 제한된 공간에 다양한 형태로 조직화한 후, 배치와 배열을 통해 시각적 질서를 만드는 과정이다. 레이아웃을 활용한 콘셉트 시각화 방법은 먼저 대략적인 스케치를 통해 콘셉트에 부합하는 전체적인 프레임을 그려준다. 다음으로 그리드 시스템을 이용하여 로고Logo, 내비게이션Navigation, 요소Component, 푸터Footer 등과 같은 전체 화면에 공통적으로 들어갈 영역을 먼저 지정한 후, 이미지 영역, 타이틀, 본문 등으로 구분하여 화면에 질서를 부여한다.

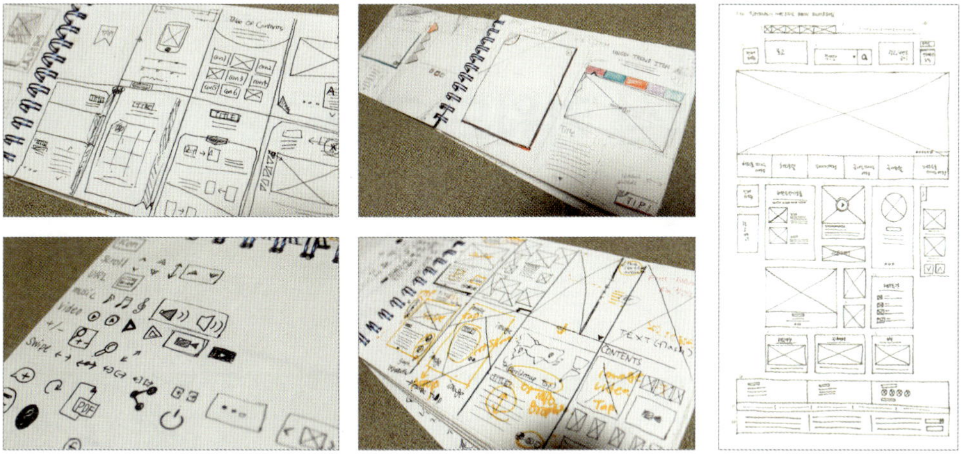

그림 11-12 **레이아웃 아이디어 스케치**

대략적인 스케치가 끝났다면 포토샵을 이용하여 스케치 위에 그리드 가이드라인을 설정하여 구조를 만들고 컬러 콘셉트 단계에서 도출된 컬러를 이용하여 주요 영역이 강조될 수 있도록 구성한다. 텍스트 타이틀 영역은 굵고 기다란 박스로, 본문은 라인으로 표현하여 종합적인 화면의 구성과 조합을 점검한다.

그림 11-13 **레이아웃을 활용한 콘셉트 시각화의 예**

SECTION 02

핵심 키워드 도출

1 핵심 키워드 개념

핵심 키워드란 제공하고자 하는 서비스의 콘셉트를 가장 잘 드러내고 대표할 수 있는 단어 또는 문장Slogan을 말한다. 핵심 키워드 도출은 향후 톤&매너Tone&Manner 및 디자인 에센스Design Essence로 연결되기 때문에 콘셉트를 시각화하기 위한 중요한 단계다. 핵심 키워드는 앞에서 소개한 브레인스토밍Brainstorming, 브레인라이팅Brainwriting, 마인드 맵핑Mind Mapping, 소셜 매트릭스 분석Social Matrix Analysis 등 다양한 방법을 통해 도출할 수 있다.

그림 11-14 핵심 키워드 사용의 예 : 동국대학교의료원

2 핵심 키워드 도출 방법

핵심 키워드를 도출하는 또 다른 방법으로는 단어Word와 서비스의 특정 기능, 콘텐츠와의 상관관계를 분석하는 단어-개념 매칭Word-Concept Association을 이용하면 도움이 된다.

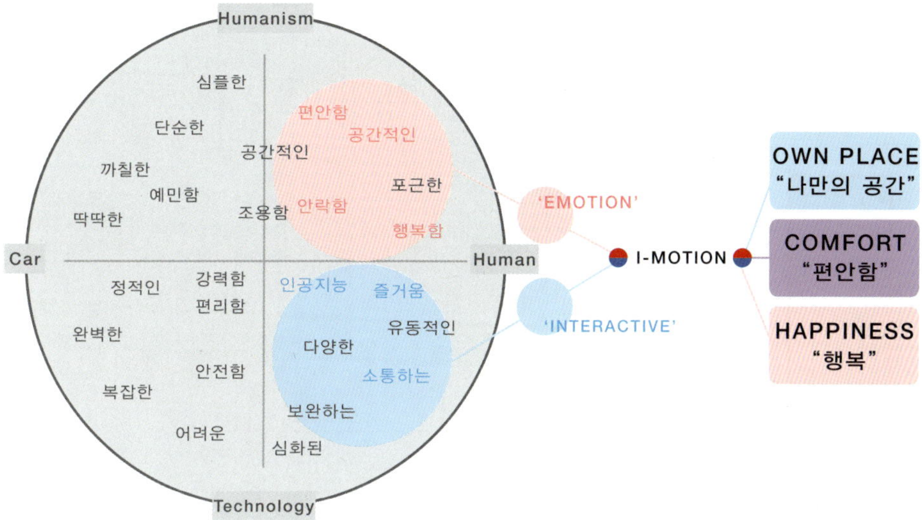

Bixby With Project

콘셉트 - 키워드 도출 작업

배려	썸	소개팅	고민 상담사	나를 잘 아는 친구	나를 파악해 주는 사람	소울메이트	미끼	리스너	사회자	조종
또 다른 나	커스터마이징	알라딘	주선자	거울	대변인	앵무새	카우치	부부/노부부	논의	통합 제어
캐릭터화	트랜스포머	레고	밈(meme)	클러스트	세포	아메바	보이지 않는	꿀벌	현명한	인텔리전스
벌집	개미집	퍼스널+퍼블릭	퍼즐	필터링	비둘기	통역가	진화론	포스트맨	소통	결정자
그룹콜	예약메시지	다자 음성	쪽지	클라우드	전송	연결	중재자	쉐어	합리적	사령관
감시/감시자	판 옵티콘	이사	공리주의자	빅브라더	CCTV	세콤	가드	경비	전략	여왕벌
컨트롤	제안	매니저	UN	재판	추천	판사	천칭	솔로몬	제어	오더

그림 11-15 **핵심 키워드 도출 사례**

먼저 리서치와 마인드 맵핑 등을 통해 수집된 키워드를 엑셀을 이용하여 나열하고, 제공하고자 하는 서비스에 부합하는 키워드별 중요도에 따라 점수를 부여해서 방사형 차트Radar Chart 형태로 도식화한다. 기획자 혼자 진행할 수도 있지만 팀원들이 모두 참여해서 각자 자신이 생각하는 주요 키워드를 점수화하고 집계를 통해 공통된 핵심 키워드를 도출한다.

예제 엑셀을 활용한 단어-개념 매칭

엑셀을 활용한 단어-개념 매칭 방법은 다음과 같은 순서로 진행한다.

① 수집된 키워드를 나열한다.

② 키워드별 중요도에 따라 점수를 부여한다.

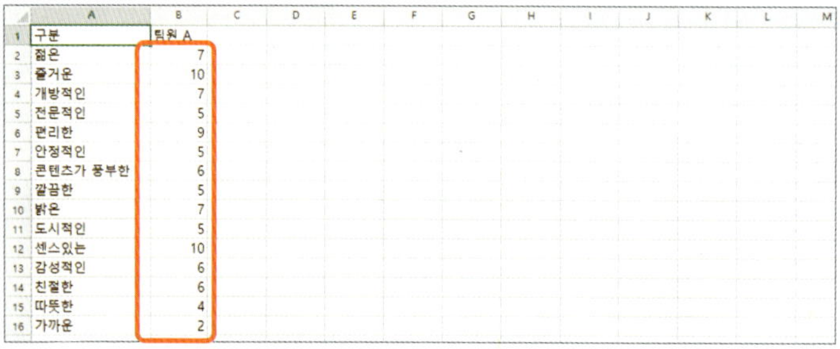

③ 입력된 모든 셀을 마우스로 드래그하여 선택한 후 메뉴에서 [삽입]-[차트]에서 [주식형, 표면형 방사형 차트 삽입]을 클릭한 후 [방사형]-[채워진 방사형]을 선택한다.

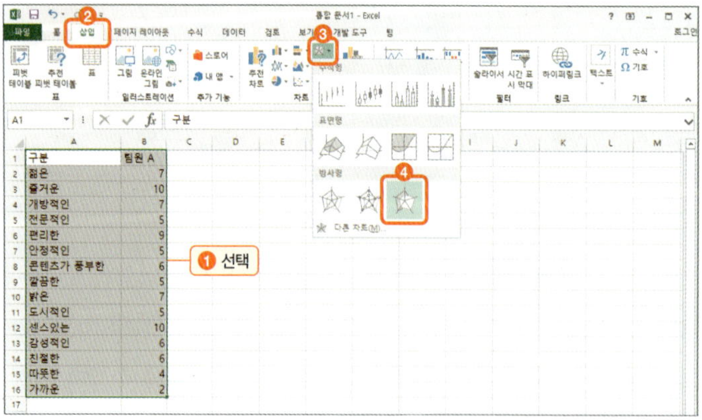

④ 다음과 같이 '팀원 A'에 대한 방사형 차트가 만들어진다.

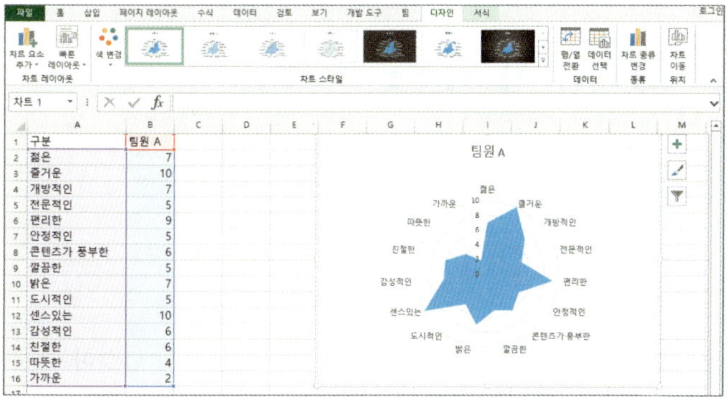

⑤ 같은 방식으로 팀원들이 모두 참여하여 각자 자신이 생각하는 주요 키워드를 점수화해서 가장 높게 나오는 키워드를 핵심 키워드로 도출한다.

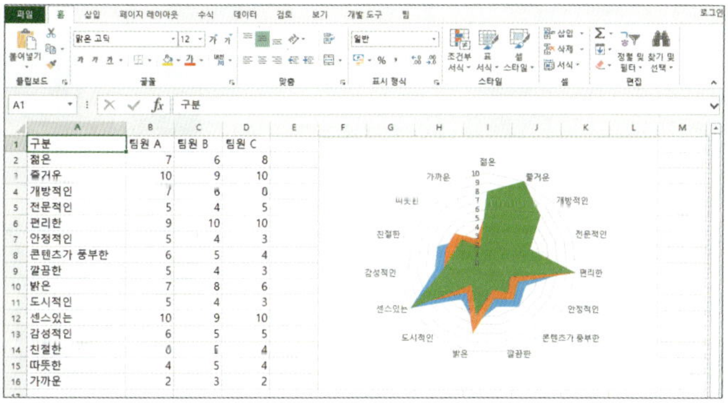

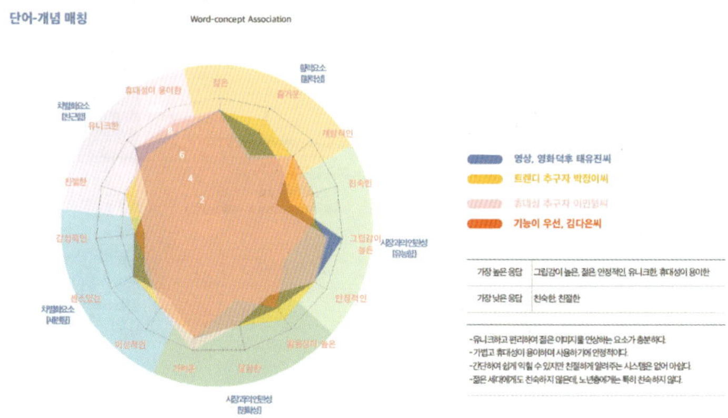

그림 11-16 단어 개념 매칭 사례

SECTION 03

콘셉트 시각화 표현

1 콘셉트 시각화 표현 방법

핵심 키워드가 도출되었다면 마지막으로 키워드를 바탕으로 핵심 콘셉트를 선정하고, 선정된 콘셉트를 구체화할 수 있도록 컬러, 이미지, 타입, 레이아웃을 이용하여 서비스의 주요 개념이나 프로세스, 주제와 키워드 사이의 관계를 한눈에 알아볼 수 있도록 다이어그램을 통해 표현한다.

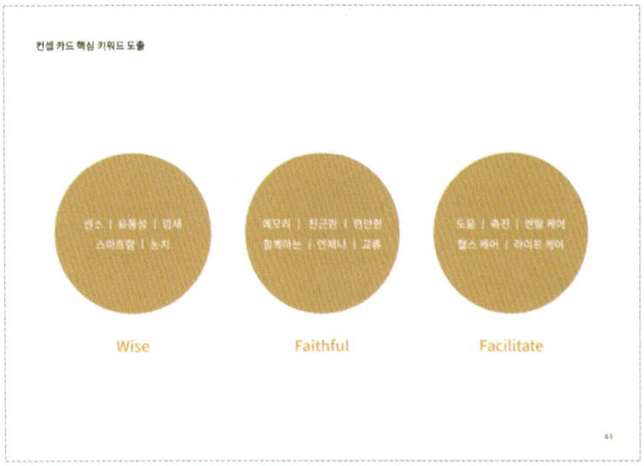

그림 11-17 콘셉트 시각화 표현 과정

2 콘셉트 시각화 사례

[그림 11-18]은 스마트카 헤드업 디스플레이 및 계기판 콘텐츠 디자인을 시각화한 사례다. 스마트카가 추구하는 방향은 자동차가 단순한 운송 수단으로만 머무는 것이 아니라 지극히 개인화된 공간으로써 사용자에게 안락하고 편안한 서비스를 제공하여 미래지향적인 경험을 제공하는 것이다. [그림 11-18]을 살펴보며 콘셉트 시각화의 방식을 확인해 본다.

(a) 키워드

(b) HUD 주행 중(메일/내비게이션)

(c) HUD 주행 중(통화 중/내비게이션)

(d) 계기판

그림 11-18 콘텐츠 시각화의 예 : 스마트카 헤드업 디스플레이 및 계기판

[그림 11-19]는 공항에 위치한 상호작용형 미디어 월과 키오스크의 기획 과정을 콘셉트 시각화한 사례다. 상호작용형 미디어 월과 키오스크를 통해 무국적자에게 주는 소액 기부 캠페인 서비스의 진행 과정을 시각화로 인해 쉽게 이해할 수 있을 것이다.

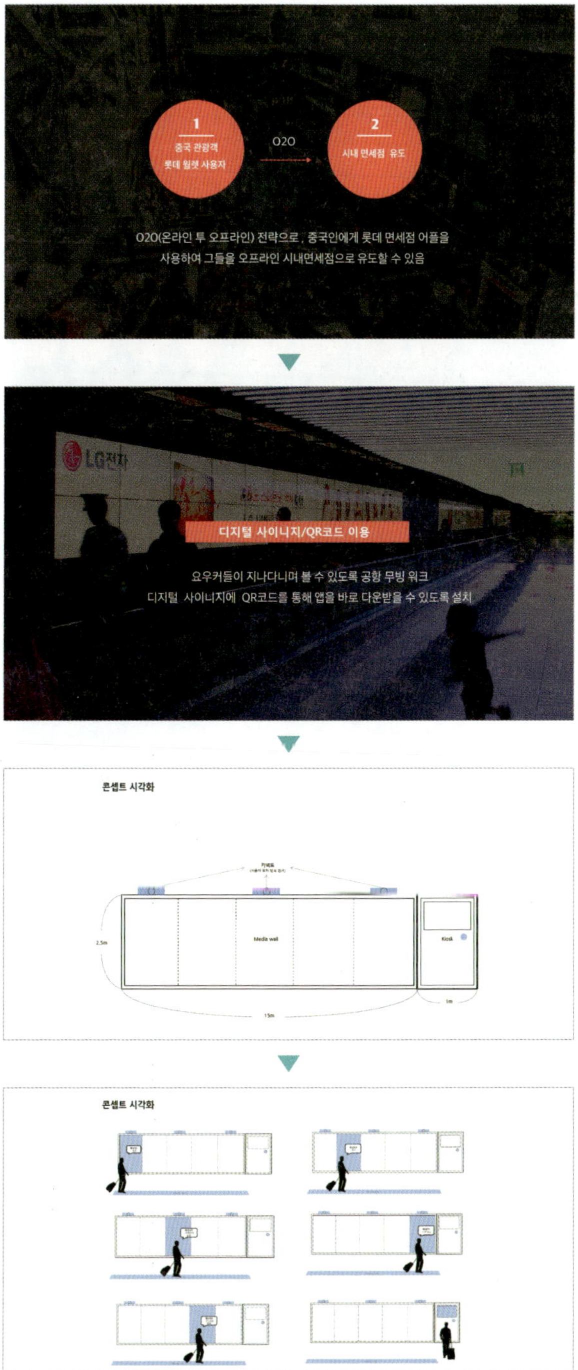

그림 11-19 콘셉트 시각화의 예 : 상호작용형 미디어 월과 키오스크

[그림 11-20]은 셰어하우스와 같은 공용 공간 내에서 거주자들과 상호 건강한 의사소통을 도와주는 인공지능 서비스의 기획 과정을 시각화한 사례다. 개개인의 니즈와 성격을 학습하여 또 다른 나의 역할을 대행하고 노드와 허브의 개념을 적용하여 사용자와의 연결이라는 콘셉트를 시각화하였다.

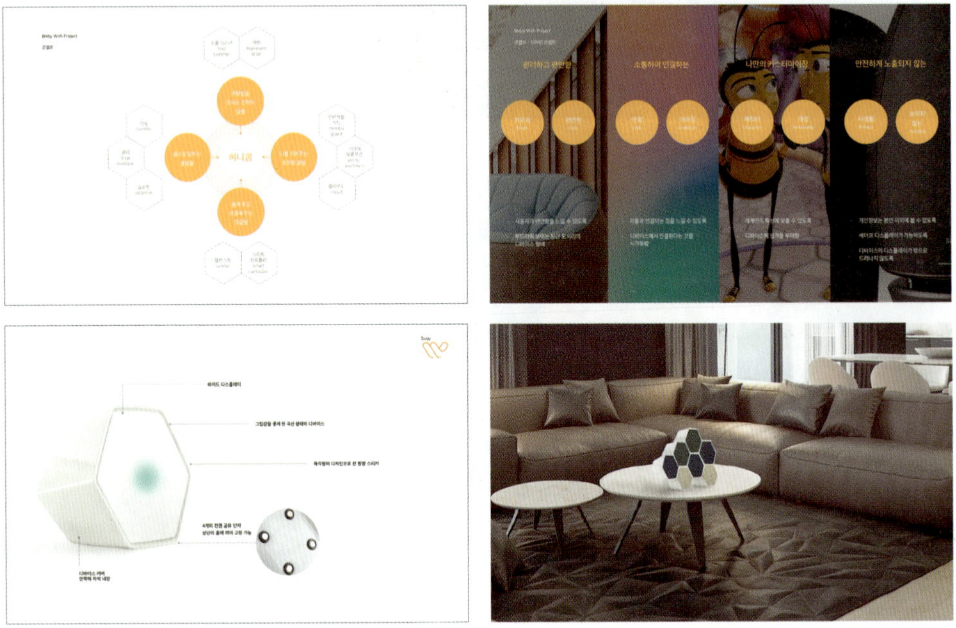

그림 11-20 콘셉트 시각화의 예 : 셰어하우스 메이트들의 똑똑한 소통 플랫폼

요약

1. 콘셉트 시각화

눈에 보이지 않는 핵심 메시지나 생각 또는 정보를 가시화하는 것을 말하며, '콘셉트 구상화'나 '콘셉트 개념화'로도 해석될 수 있다. 또한 생각, 이미지, 개념, 주제들 사이의 관계를 표현하기 위해 다이어그램, 도표, 차트 등을 이용하여 도식적인 형태로 표현할 수 있다.

2. 콘셉트 시각화의 디자인 요소

- **컬러** : 사용자가 느끼는 해당 서비스에 대한 첫인상으로 연상 작용을 일으키는 매우 중요한 요소이며 컬러 맵에 의해 키워드에 부합하는 단일색, 배합색 등으로 표현된다.
- **이미지** : 해당 서비스에 대한 키워드를 시각적으로 구체화시키는 요소로 심벌(Symbol), 패턴(Pattern), 사진, 그림, 일러스트 등으로 표현된다.
- **타입** : 글자를 활용하여 정보를 전달하는 요소로, 글꼴에 따른 자간과 행간, 활자의 무게, 넓이, 대비, 강조, 해체 등으로 표현되며 때에 따라 시각적 이미지로 사용되기도 한다.
- **레이아웃** : 컬러, 이미지, 타입 등의 디자인 요소를 제한된 공간에 다양한 형태로 조직화한 후, 배치와 배열을 통해 시각적 질서를 만드는 과정이다.

3. 핵심 키워드 도출

- **개념** : 핵심 키워드 도출은 콘셉트를 시각화하기 위한 매우 중요한 단계다. 핵심 키워드는 브레인스토밍, 브레인라이팅, 마인드 맵핑, 소셜 매트릭스 분석 등 다양한 방법을 통해 도출할 수 있다.
- **단어-개념 매칭** : 핵심 키워드를 도출하는 또 다른 방법으로는 단어(Word)와 서비스의 특정 기능, 콘텐츠와의 상관관계를 분석하는 단어-개념 매칭(Word-Concept Association)을 이용하면 도움이 된다.

4. 콘셉트 시각화 표현

핵심 키워드가 도출되었다면 마지막으로 키워드를 바탕으로 핵심 콘셉트를 선정하고, 선정된 콘셉트를 구체화할 수 있도록 컬러, 이미지, 타입, 레이아웃을 이용하여 서비스의 주요 개념이나 프로세스, 주제와 키워드 사이의 관계를 한눈에 알아볼 수 있도록 다이어그램을 통해 표현한다.

실습 과제

핵심 키워드 도출을 통한 콘셉트 시각화하기 아래 레이더 차트를 이용하여 리서치 및 마인드 맵핑 등을 통해 수집된 단어들을 각 꼭지점에 나열하고 단어-개념 매칭을 통해 핵심 키워드를 도출해 보자.

핵심 키워드 도출을 통한 콘셉트 시각화하기			
작성자		작성일	년 월 일

프로젝트 명	

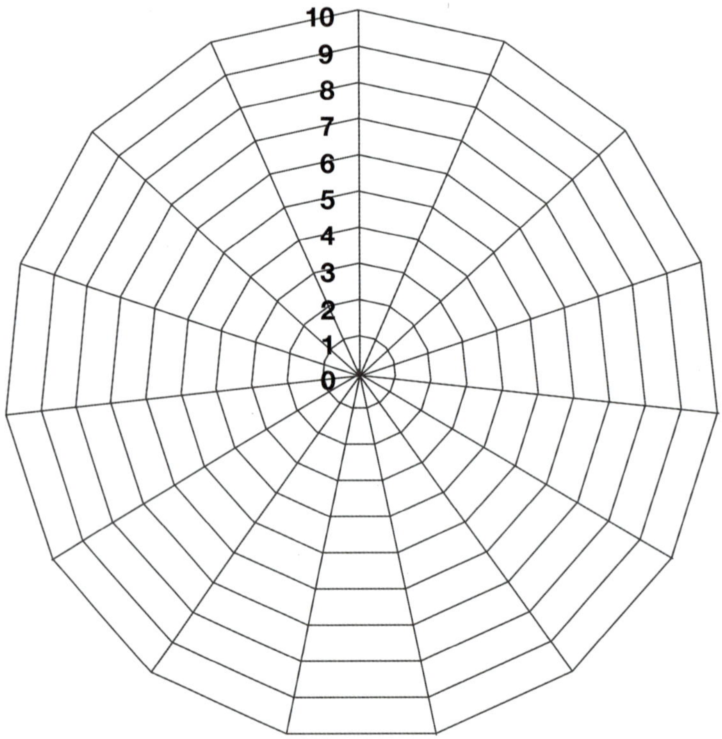

핵심 키워드 도출	

CHAPTER 12

톤&매너 설정

PREVIEW

톤&매너를 설정하는 것은 디자인 결과물을 어떤 느낌으로 전개해 나갈 것인지에 대해 전반적인 계획을 세우는 것이다. 이번 장에서는 제공하고자 하는 서비스에 부합하는 톤&매너 설정 방법에 대해 알아본다.

SECTION
01 톤&매너 설정의 이해

1 톤&매너의 개념

톤&매너Tone&Manner란 시각광고·디지털 디자인 등의 분야에서 작업의 결과물을 어떠한 느낌으로 전개해 나갈 것인지에 대해 전반적인 계획을 세우는 것이다. 쉽게 말해, 시각적으로 전달하고자 하는 분위기Mood, 뉘앙스Nuance, 태도Attitude, 룩&필Look&feel 등을 의미한다. 톤&매너 설정을 자세히 파악하기 위해 색조를 나타내는 톤Tone과 표현 기법을 나타내는 매너Manner에 대해 알아보자.

톤 = 색조

매너 = 표현 기법

그림 12-1 **톤&매너의 개념**

톤(Tone)

톤은 주로 컬러에서 드러나는 요소로 색상, 명도, 채도의 조화에 의해 지각되는 색조로 표현할 수 있다. 예를 들어, '빨간색=정열', '초록색=자연', '하얀색=순수' 등 다른 색과 구별되는 단일색이 가지는 고유한 상징에 의해 톤을 표현할 수도 있고, 따뜻함, 차가움, 부드러움 등 여러 색채가 서로 조합하여 배합된 색이 만들어 내는 연상 작용이나 느낌으로도 표현할 수 있다. 또한 밝고 어두운 명도의 차이에 의해 화사함, 어두움 등의 분위기를 전달할 수도 있다.

(a) Namale

(b) Quay

(c) Pablo the Flamingo

(d) Tens Life

(e) Teye

(f) QED Group

그림 12-2 **톤 적용의 예** [01] [02] [03] [04] [05] [06]

매너(Manner)

매너는 주로 표현 기법에 의해 나타낼 수 있는데 면 분할, 선 드로잉, 일러스트레이션Illustration, 캘리그래피Calligraphy 등의 시각적인 표현 기법이나 심플Simple, 모던Modern, 매터리얼Material, 플랫Flat, 레트로Retro 등의 스타일로 표현한다.

(a) 플랫 디자인 스타일 : B&O Play

(b) 일러스트레이션 스타일 : Dconstruct

(c) 매터리얼 디자인 스타일 : 구글 매터리얼 디자인

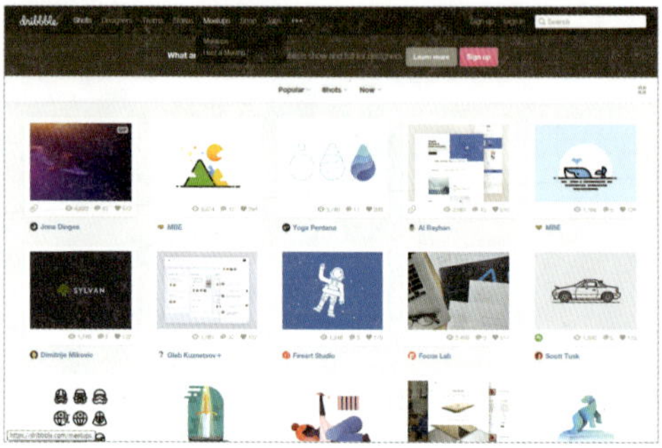

(d) 카드 디자인 스타일 : Dribble

그림 12-3 매너 적용의 예 [07] [08] [09] [10]

2 톤&매너 설정의 필요성

톤&매너가 결정되면 세부적인 컬러Color, 이미지Image, 타입Type, 레이아웃Layout 등 다양한 디자인 요소를 활용하여 통일된 스타일을 유지하면서 일관성 있게 작업을 진행할 수 있다. 톤&매너 설정은 제공하고자 하는 서비스의 정체성Identity을 전달하거나 창조적인Creative 전략을 구체화할 수 있는 수단으로써 일관성과 조화에서 나타나는 전체적인 분위기를 설정하는 것을 말한다. 다음 [그림 12-4]는 앱 서비스의 톤&매너를 설정한 예다.

그림 12-4 앱 서비스의 톤&매너

3 톤&매너 설정을 위한 자세

톤&매너를 설정하기 위해서는 트렌디Trendy 표현 기법이나 스타일에 대한 다양한 사례를 분석하도록 하고, 톤&매너의 구성 요소인 컬러, 이미지, 타입, 레이아웃, 표현 기법 등 각 요소를 일목요연하게 정리하여 전체적인 분위기를 한눈에 알아볼 수 있도록 제작한다.

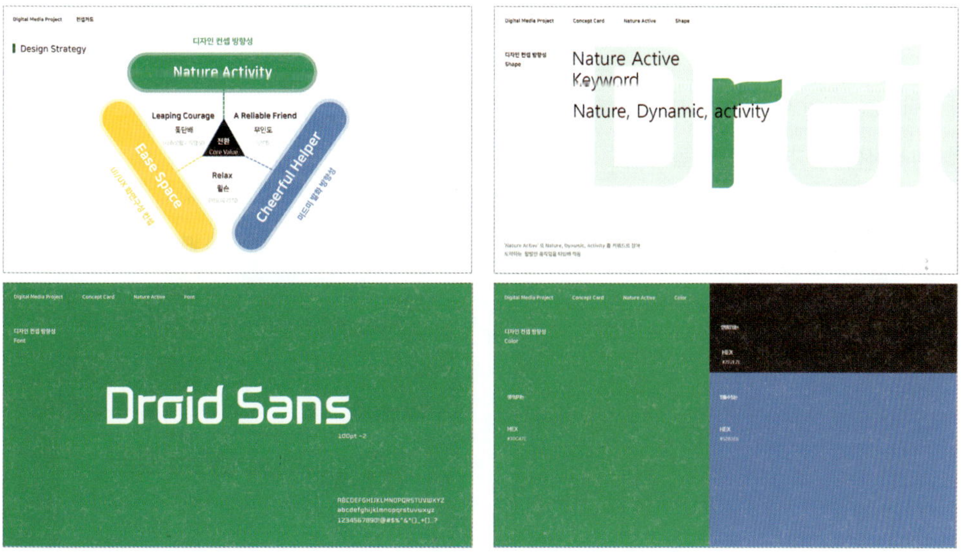

그림 12-5 톤&매너 사례

SECTION 02

색채 이미지 공간

1 색채 이미지 공간의 구성

색의 기능 중 단일색이 가지고 있는 연상 작용이나 배합색에 의해 형성되는 추상적인 느낌은 사람들에게 오랜 인상으로 남게 된다. IRI 색채연구소에서 개발한 색채 이미지 공간은 색채에 의해 연상되는 이미지를 형용사 의미 분별법에 의해 구분하였으며, 색을 사용하거나 색의 이미지를 연상할 때 그 이미지를 결정하는 심리적인 요인에 따라 분류하였다.

이러한 색채 이미지 공간은 단색 이미지 공간, 배색 이미지 공간, 형용사 이미지 공간으로 구분되어 있는데, 모두 세로 방향으로는 부드러움Soft, 딱딱함Hard을 기준축으로, 가로 방향으로는 동적Dynamic, 정적Static을 기준축으로 동일하게 이루어져 있어 각각 고유의 위치를 가지고 있다.

2 단색 이미지 공간

[그림 12-6]의 단색 이미지 공간에서 알 수 있듯이 색은 채도와 명도의 변화에 따라 다양한 느낌을 전달한다. 채도가 높아질수록 강한 주목성을 가지며 역동적인 느낌을 자아내고, 채도가 낮아질수록 정적인 느낌을 전달한다. 또한, 명도가 높아질수록 가볍고 부드러운 느낌을 전달하는 반면, 명도가 낮아질수록 무겁고 딱딱한 느낌을 전달한다.

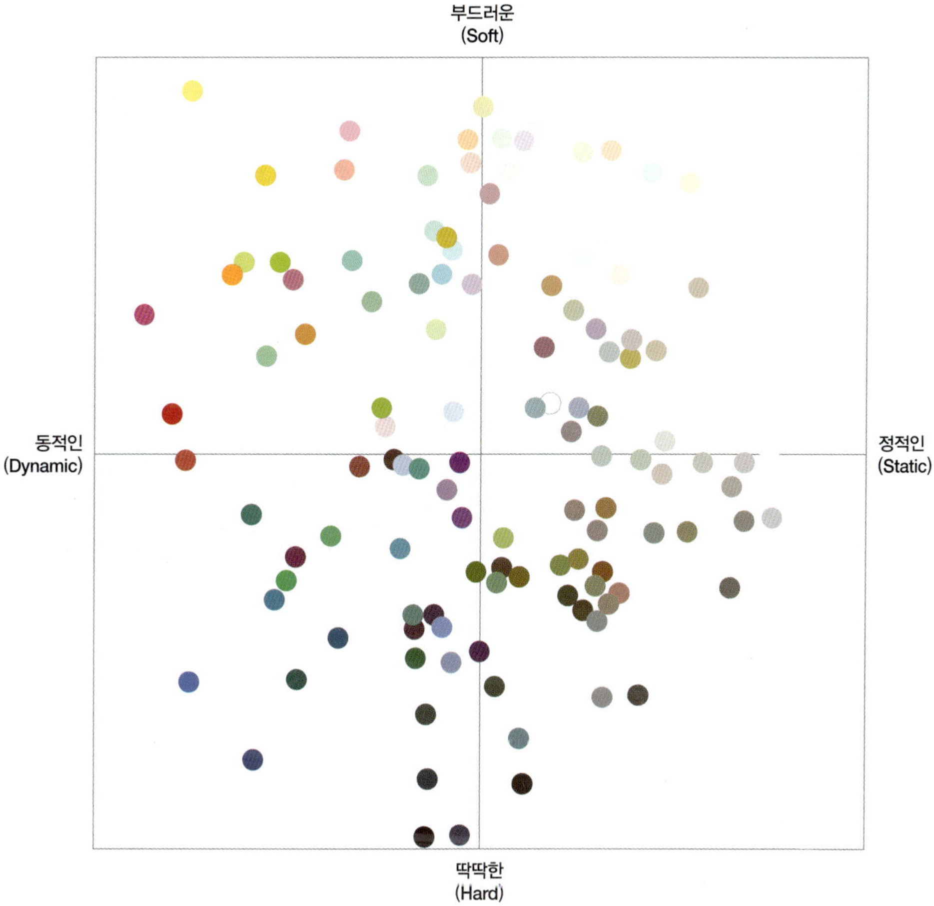

그림 12-6 **단색 이미지 공간** [11]

그렇다면 단색 이미지 공간에서 표현된 다양한 컬러 중 색상별 상징 이미지와 해당 컬러를 사용하는 주요 브랜드에 대해 알아보자.

■ 빨간색

빨간색Red은 정열, 관능, 도발, 사랑, 피, 힘, 불, 정지, 위험, 혁명 등을 상징한다. 빨간색은 주로 웹 사이트나 앱 등의 디스플레이Display 기반 매체에서 주목성을 높이기 위한 포인트 컬러 브랜드는 탄산음료 브랜드 코카콜라Coca-Cola, 청바지 브랜드 리바이스Levi's, 패스트푸드 체인점 케이에프씨KFC, 동영상 전문 커뮤티니 유튜브Youtube, 유료 동영상 스트리밍 서비스 넷플릭스Netflix 등이 있다.

(a) DADA DATA (b) Triple 9

그림 12-7 **빨간색을 사용한 예** [12] [13]

■ 주황색

주황색Orange은 원기, 약동, 활력, 다정, 만족, 유쾌, 적극 등을 상징하며, 밝고 활기찬 느낌과 친근하고 명랑한 분위기를 전달한다. 또한, 빨간색, 주황색 등의 난색은 주로 식감을 자극하는 효과가 있어 레스토랑, 패스트푸드 등의 음식 관련 브랜드에서 많이 사용하고 있다. 주황색을 주요 컬러로 사용하는 브랜드는 모터사이클을 판매하는 할리데이비슨Harley-Davidson, 네덜란드 금융기업 ING 생명, 프랑스 명품 브랜드 에르메스Hermes, 청량 음료 브랜드 환타Fanta 등이 있다.

(a) 에르메스 (b) 환타

그림 12-8 **주황색을 사용한 예** [14] [15]

■ **노란색**

노란색Yellow은 희망, 유쾌, 명랑, 주목, 황금, 햇빛 등을 상징하며, 밝고 긍정적이면서 유쾌한 분위기를 전달한다. 특히, 검정색, 파란색, 빨간색과 함께 사용하면 주의를 집중시키는 효과도 있다. 대표적인 브랜드는 경남제약의 비타민C 레모나, 일본의 카메라 브랜드 니콘Nikon, 패스트푸드 체인점 맥도날드McDonald's, 3M 접착식 메모지 브랜드 포스트잇Post-it 등이 있다.

(a) arte

(b) Hlvticons

그림 12-9 **노란색을 사용한 예** [16] [17]

■ **파란색**

파란색은Blue은 차가움, 냉정, 심원, 명상, 평온, 고요, 온전함, 편안함, 영원, 바다 등을 상징하며, 시원하고 청명한 느낌이나 때로는 고독함과 우울함도 전달한다. 대표적인 브랜드는 알카리성 이온음료 포카리 스웨트Pocari Sweat, 대한민국의 대표 기업 삼성Samsung, 글로벌 소셜 네트워크 서비스 페이스북Facebook 등이 있다.

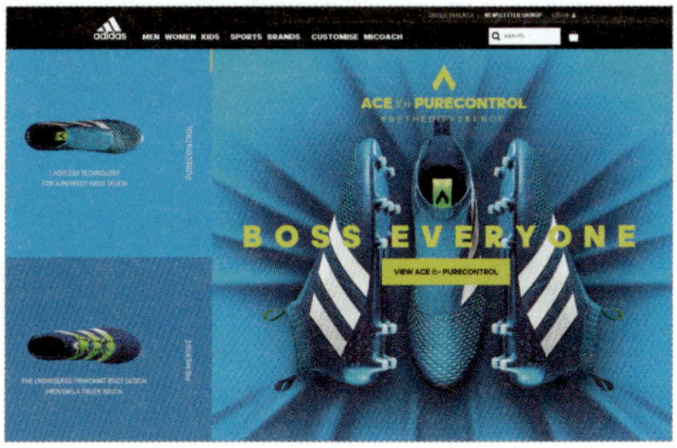

(a) 아디다스 에이스

(b) 사이클몬

그림 12-10 **파란색을 사용한 예** [18] [19]

■ 초록색

초록색Green은 안식, 안전, 평화, 휴식, 여름, 식수 등을 상징하며, 깨끗하고 신선하면서 대중적인 이미지를 전달한다. 대표적인 브랜드는 커피 프랜차이즈 브랜드 스타벅스Starbucks, 네덜란드 맥주 브랜드 하이네켄Heineken, 검색 포털 사이트 네이버Naver 등이 있다.

(a) QVC+머펫

(b) 포배럴커피

그림 12-11 **초록색을 사용한 예** [20] [21]

■ 보라색

보라색Purple은 창조, 신비, 우아, 사치, 고귀, 존엄, 예술, 개성, 불안, 질투 등을 상징하며, 화려하면서도 신비로운 이미지를 전달한다. 대표적인 브랜드는 현대카드의 'The Purple', 국제 화물 서비스 전문업체 페덱스Fedex, 식음료 업체 웰치스Welch's 등이 있다.

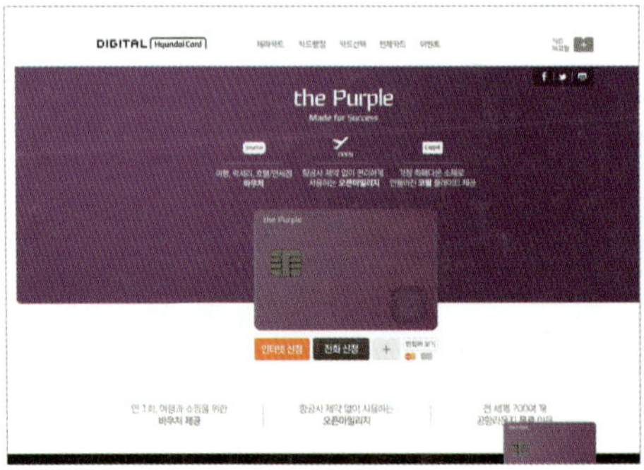

(a) 현대카드 the Purple

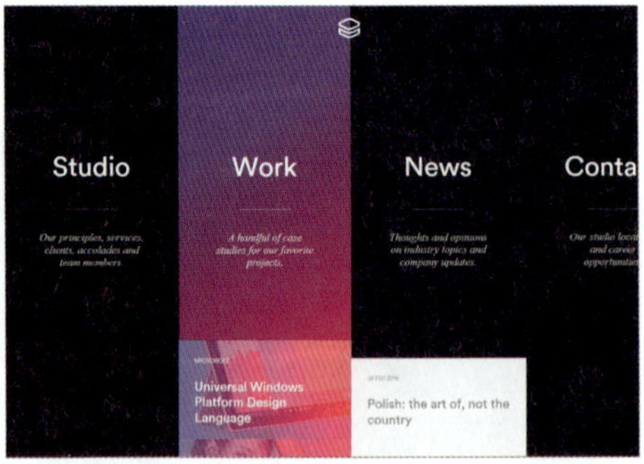

(b) Impossible-Bureau

그림 12-12 **보라색을 사용한 예** [22] [23]

■ **하얀색**

하얀색White은 순수, 순결, 소박, 청결, 정직, 정의, 절제, 눈, 빛, 성스러움 등을 상징하며, 숭고하고 깨끗한 이미지를 전달한다. 대표적인 브랜드는 일본의 소형 가전 발뮤다Balmuda, 스마트폰을 생산하는 중국의 샤오미Xiaomi, 독일의 백색 주방가구 브랜드 불탑Bulthaup 등이 있다.

(a) Sonik Pass (b) Nikos Koulis

그림 12-13 **하얀색을 사용한 예** [24] [25]

■ **회색**

회색Gray은 절제, 침착, 평범, 겸손, 우울, 도시, 보수 등을 상징하며, 웹 사이트나 앱 등의 매체에서 배경 및 보조색으로 많이 사용한다. 또한 원색과 함께 사용하면 도시적이면서 현대적인 이미지를 전달할 수 있다. 대표적인 브랜드는 컴퓨터와 스마트기기를 생산하는 애플Apple, 독일의 자동차 회사 메르세데스 벤츠Mercedes-Benz와 아우디Audi 등이 있다.

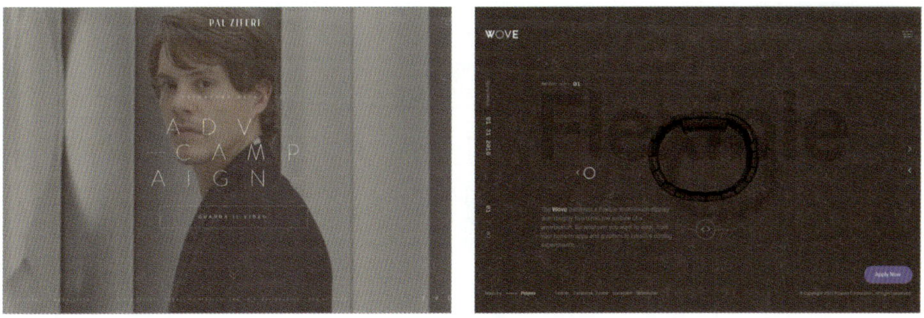

(a) Pal Zileri (b) Wove

그림 12-14 **회색을 사용한 예** [26] [27]

■ **검정색**

검정색Black은 고상함, 권위, 밤, 허무, 절망, 침묵, 죽음, 애도, 공포, 암흑 등을 상징하며, 냉담함과 두려움이나 고급스러운 이미지를 전달한다. 대표적으로 샤넬Chanel, 프라다Prada, 버버리Burberry, 까르띠에Cartier 등과 같이 주로 명품 브랜드에 적용되고 있다.

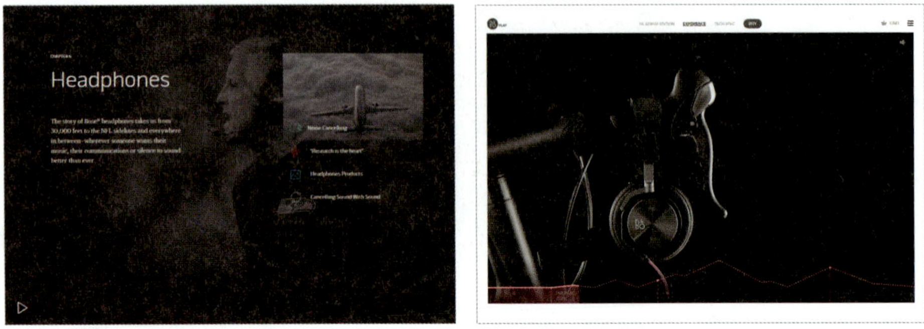

(a) Dream&Reach (b) B&O Play

그림 12-15 검정색을 사용한 예 [28] [29]

3 배색 이미지 공간

배색 이미지 공간은 단색 이미지 공간과 마찬가지로 가로 방향은 '동적-정적'을, 세로 방향은 '부드러움-딱딱함'을 기준축으로 한다. 명도가 높고 채도가 낮은 은은한 파스텔 톤의 배색은 부드럽고 정적인 느낌을, 명도가 낮고 채도가 낮은 배색은 정적이며 딱딱한 느낌을 전달한다. 또한 채도가 높고 명도가 낮은 배색은 동적이며 딱딱한 느낌을, 채도가 높고 명도가 높은 배색은 동적이며 부드러운 느낌을 전달한다. 배색 이미지 공간에서 가로-세로축을 기준으로 상호 간의 위치가 멀리 떨어질수록 서로 상반된 이미지를 전달한다.

배색 이미지를 활용한 색채 계획은 서비스 및 콘텐츠의 성격, 내용에 따라 주조색, 보조색, 강조색 등으로 구성할 수 있다. 주조색은 전체 분위기를 조성하며, 보조색은 주조색과 조화 또는 차별화를 이루고, 강조색은 주의를 환기시키거나 활기를 부여한다.

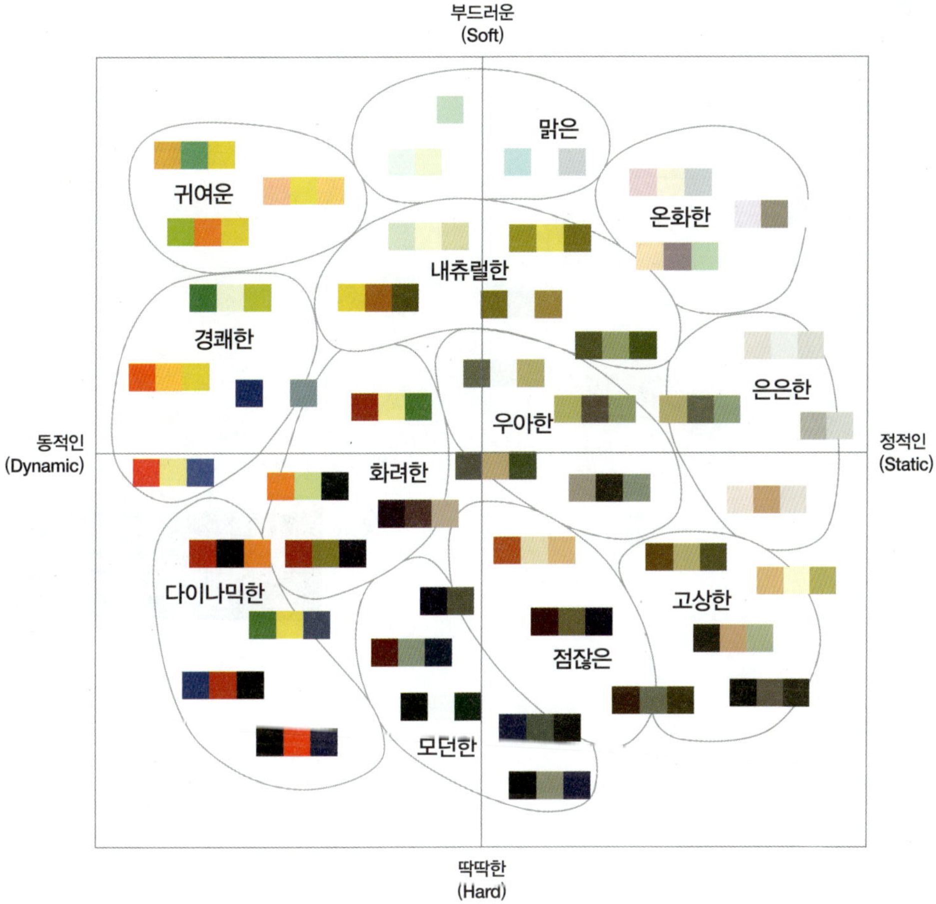

그림 12-16 **배색 이미지 공간** [30]

배색 이미지 공간에서는 동일 색상 배색, 유사 색상 배색, 그라데이션 배색, 액센트 배색, 보색 배색, 톤 온 톤 배색, 톤 인 톤 배색, 세퍼레이션 배색 등 다양한 방법으로 배색이 가능하다. 각종 배색에 대한 느낌과 예시에 대해 알아보자.

■ 동일 색상 배색

동일한 색상을 배색하면 한 가지 색의 명도와 채도의 조화를 이루기 때문에 부드러우면서 은은한 느낌을 전달할 수 있다.

그림 12-17 **동일 색상 배색**

■ 유사 색상 배색

유사한 색상을 배색하면 인접한 색과의 조화로운 배색을 이루기 때문에 정적이며 상냥한 느낌을 전달할 수 있다.

그림 12-18 **유사 색상 배색**

■ 그라데이션 배색

그라데이션 배색은 상호 간 인접한 색의 변화에 의해 자연스럽고 조화로운 분위기를 연출할 수 있다.

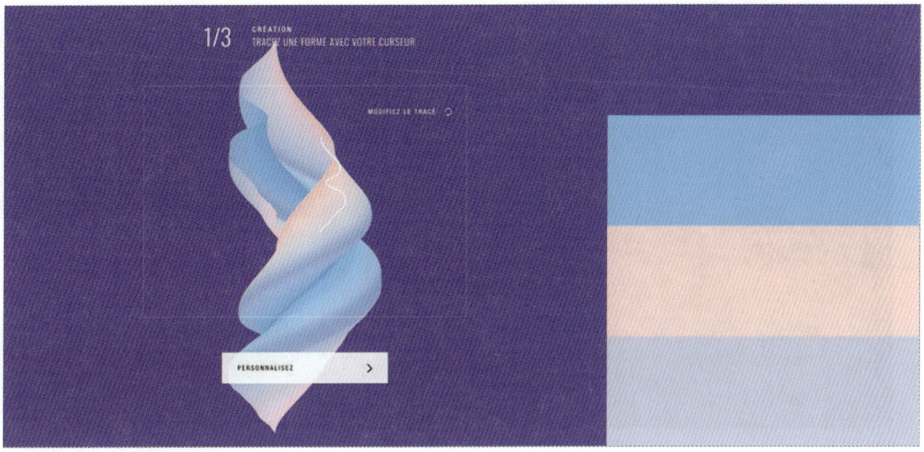

그림 12-19 그라데이션 배색

■ 액센트 배색

액센트 배색은 주조색인 포인트 컬러를 강조하여 배색 전체의 느낌을 상승시키는 효과를 전달할 수 있다.

그림 12-20 액센트 배색

■ 보색 배색

보색 배색은 색상환Color Wheel에서 상호 간에 마주보고 있는 반대색을 배색하는 것으로, 화려하고 생동감 있는 분위기를 연출할 수 있다.

그림 12-21 **보색 배색**

■ 톤 온 톤Tone On Tone 배색

톤 온 톤 배색은 한 가지 색을 이용하여 명도와 채도를 변화시켜 배색을 한 것으로, 차분하고 무난하면서 세련된 느낌을 연출할 수 있다.

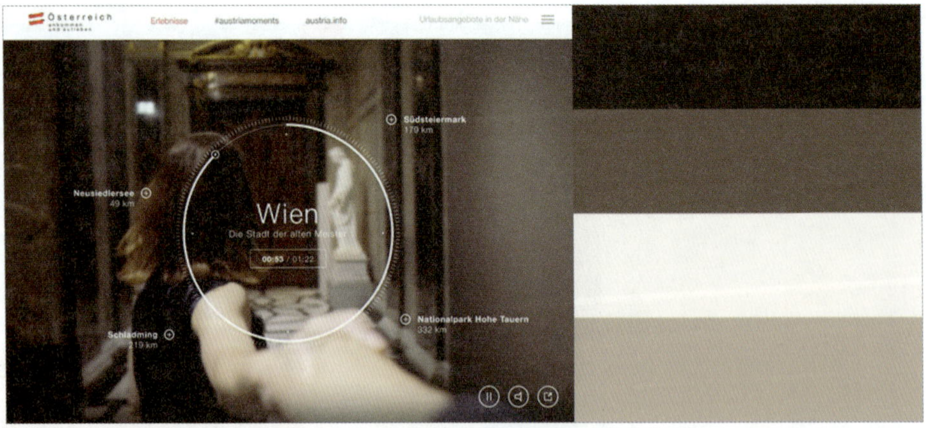

그림 12-22 **톤 온 톤 배색**

■ 톤 인 톤Tone In Tone 배색

톤 인 톤 배색은 다양한 색을 이용하여 유사한 명도와 채도를 조합한 배색으로, 톤 온 톤 배색과는 달리 좀 더 개성 있는 느낌을 연출할 수 있다.

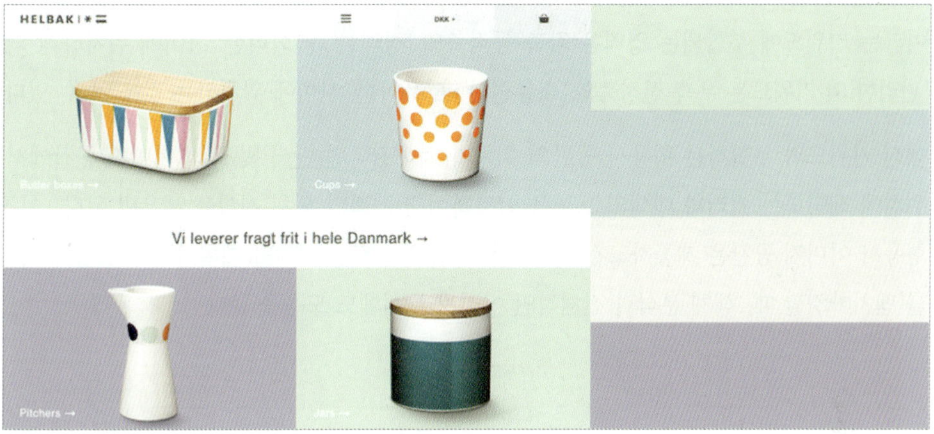

그림 12-23 **톤 인 톤 배색**

■ 세퍼레이션Separation 배색

세퍼레이션 배색은 근접한 색의 중간 부분에 분리색을 사용한 것으로, 조화로운 분위기를 연출할 수 있다.

그림 12-24 **세퍼레이션 배색**

4 형용사 이미지 공간 : 컬러 맵핑

컬러 맵핑Color Mapping은 서비스의 핵심 키워드에 부합하는 단일색 및 배합색 등 전반적인 색채 계획을 세우는 단계로, 형용사 이미지 공간을 활용하면 유용하다. 예를 들어, '다양한'과 '편리한'이라는 핵심 키워드에 부합하는 컬러를 형용사 이미지 공간에서 찾아본다면, '다양한'이라는 키워드에 부합되는 영역은 좌측 동적축의 '경쾌한'과 '화려한' 사이에 위치하게 되고, '편리한'의 키워드는 우측 정적축의 '내츄럴한'과 '우아한' 사이에 위치하는 것을 알 수 있다.

핵심 키워드와 부합하는 형용사 공간의 위치가 정해졌다면 단색 및 배색 이미지 공간에서 그 위치에 해당하는 컬러와 배색의 느낌을 참조하여 전체적인 색채 계획을 세우면 된다. 이처럼 형용사 이미지 공간은 제공하고자 하는 서비스의 전반적인 색채를 계획하거나 경쟁사 서비스를 벤치마킹할 때, 색채 분석과 전체적인 이미지 분석에도 도움을 준다.

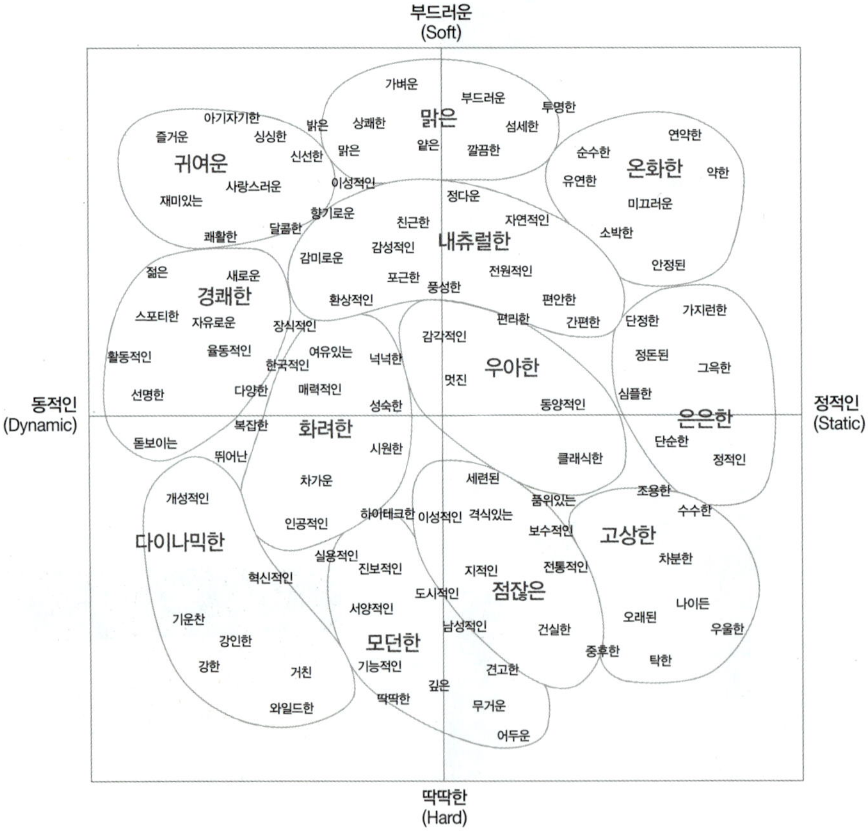

그림 12-25 **형용사 이미지 공간** [30]

컬러 배색 및 조합에 의한 느낌은 미리 제공되는 샘플이나 다른 사용자가 만들어 놓은 배색 이미지를 통해 공유받을 수 있다. [그림 12-26]은 전반적인 색채 계획을 수립할 때, 참고할 수 있는 서비스들을 나열한 것이다.

(a) KULER

(b) Color Scheme Designer

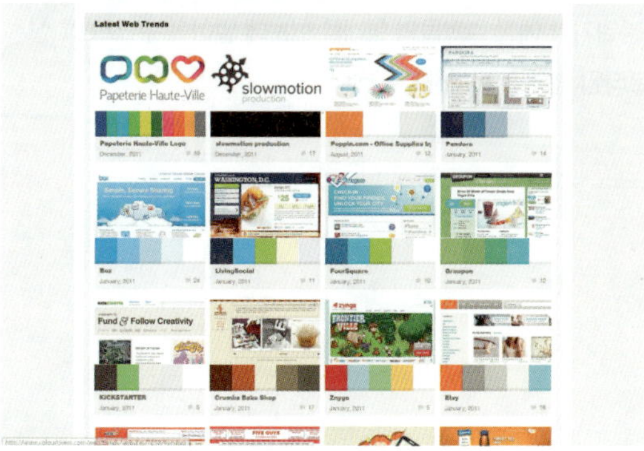

(c) Colour Lovers

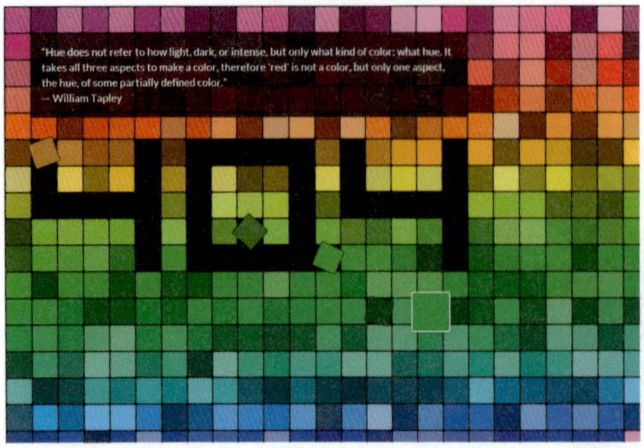

(d) Color Jack

그림 12-26 **컬러 배색 및 조합 서비스** [31] [32] [33] [34]

여기서 잠깐 타입과 레이아웃

콘셉트 시각화를 통해 도출된 타입(Type)의 종류와 크기, 색상, 자간, 행간, 장평 등의 정보를 제시하고 타이틀, 메뉴, 본문 등 다양한 적용 예시를 함께 보여 주도록 한다.

그림 12-27 **타입**

레이아웃(Layout)도 마찬가지로 전체적인 화면의 구조 및 그리드 시스템을 이미지, 텍스트, 컬러 등이 포함된 형태로 제시하도록 한다. 타입과 레이아웃은 전체적인 분위기나 예상 결과물의 형태를 한눈에 알아볼 수 있도록 실제 디바이스(웹, 모바일, 키오스크 등)에 적용된 프로토타입 형태로 제시하도록 한다.

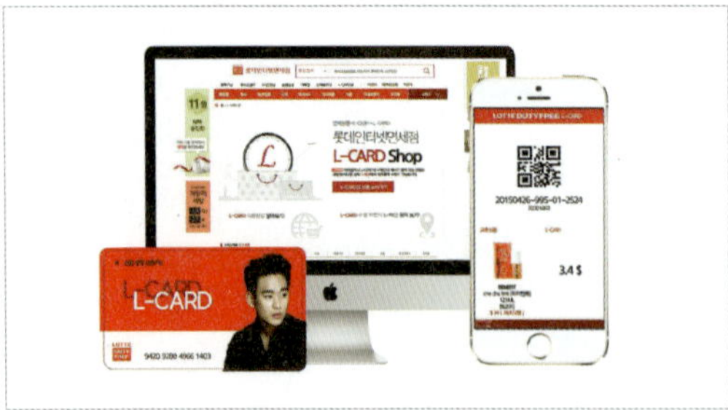

그림 12-28 **레이아웃**

[그림 12-29]는 전체 디자인의 방향성에 대한 키워드를 제시하고, 컬러, 이미지, 표현 방법, 타이틀, 메뉴, 본문 등에 사용되는 타입, 레이아웃 등의 요소를 일목요연하게 정리하여 디자인 스타일을 한눈에 알아볼 수 있도록 보여주는 톤&매너 무드보드의 사례다.

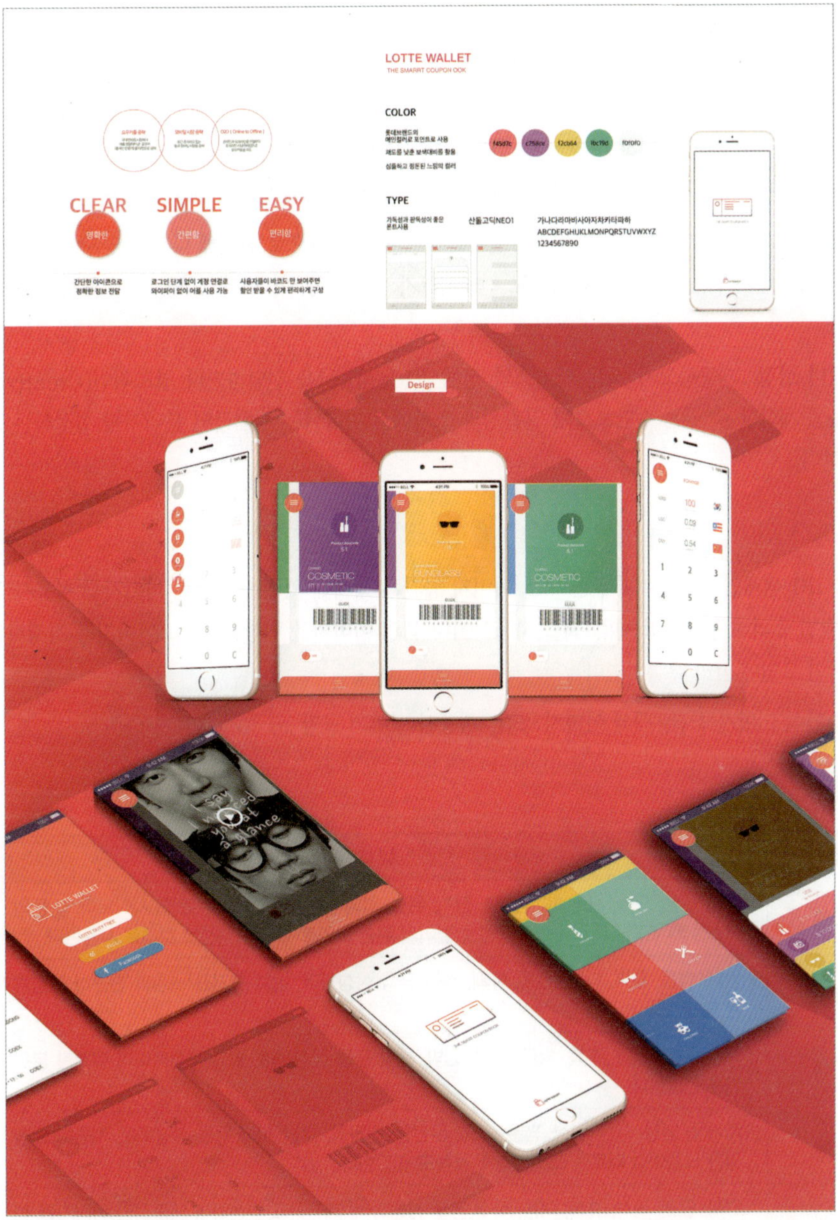

그림 12-29 **무드보드**

요약

1. 톤&매너

- **톤** : 주로 컬러에서 드러나는 요소로 컬러의 세 가지 속성인 색상, 명도, 채도의 조화에 의해 지각되는 색조로 표현할 수 있다.
- **매너** : 주로 표현 기법에 의해 나타낼 수 있는데 면 분할, 선 드로잉, 일러스트레이션, 캘리그래피 등의 시각적인 표현 기법이나 심플, 모던, 매터리얼, 플랫, 레트로 등의 스타일로 표현한다.
- **톤&매너** : 모든 디자인 분야에서 작업의 결과물을 어떠한 느낌으로 전개해 나갈 것인지에 대해 전반적인 계획을 세우는 것으로 시각적으로 전달하고자 하는 분위기, 뉘앙스, 태도, 룩&필 등을 의미한다.
- **톤&매너 설정** :제공하고자 하는 서비스의 정체성(Identity)을 전달하거나 창조적인(Creative) 전략을 구체화할 수 있는 수단으로써 일관성과 조화에서 나타나는 전체적인 분위기를 설정하는 것을 말한다.

2. 색채 이미지 공간

- **의미** : IRI 색채연구소에서 개발한 색채 이미지 공간은 색채에 의해 연상되는 이미지를 형용사 의미 분별법에 의해 구분하였으며, 색을 사용하거나 색의 이미지를 연상할 때 그 이미지를 결정하는 심리적인 요인에 따라 분류하였다.
- **분류** : 단색 이미지 공간, 배색 이미지 공간, 형용사 이미지 공간

3. 단색 이미지 공간

구분	내용
빨간색	정열, 관능, 도발, 사랑, 피, 힘, 불, 정지, 위험, 혁명 등을 상징하며, 주로 웹 사이트나 앱 등의 디스플레이 기반 매체에서 주목성을 높이기 위한 포인트 컬러나 액센트 컬러로 사용한다.
주황색	원기, 약동, 활력, 다정, 만족, 유쾌, 적극 등을 상징하며, 밝고 활기찬 느낌과 친근하고 명랑한 분위기를 전달한다.
노란색	희망, 유쾌, 명랑, 주목, 황금, 천박, 경박, 햇빛 등을 상징하며, 밝고 긍정적이며 유쾌한 분위기를 전달한다.
파란색	차가움, 냉정, 심원, 명상, 평온, 고요, 온전함, 편안함, 영원, 바다 등을 상징하며, 시원하고 청명한 느낌이나 때로는 고독함과 우울함도 전달한다.
초록색	안식, 안전, 평화, 휴식, 여름, 식수 등을 상징하며, 깨끗하고 신선하며 대중적인 이미지를 전달한다.

요약

구분	내용
보라색	창조, 신비, 우아, 사치, 고귀, 존엄, 예술, 개성, 불안, 질투 등을 상징하며, 화려하면서도 신비로운 이미지를 전달한다.
하얀색	순수, 순결, 소박, 청결, 정직, 정의, 절제 등을 상징하며, 숭고하고 깨끗한 이미지를 전달한다.
회색	절제, 침착, 평범, 겸손, 우울, 도시, 보수 등을 상징하며, 웹 사이트나 앱 등의 매체에서 배경 및 보조색으로 많이 사용한다.
검정색	고상함, 권위, 밤, 허무, 절망, 침묵, 죽음, 애도, 공포, 암흑 등을 상징하며, 냉담함과 두려움이나 고급스러운 이미지를 전달한다.

4. 배색 이미지 공간

구분	내용
동일 색상 배색	동일한 색상을 배색하면 한 가지 색의 명도와 채도의 조화를 이루기 때문에 부드러우면서 은은한 느낌을 전달할 수 있다.
유사 색상 배색	유사한 색상을 배색하면 인접한 색과의 조화로운 배색을 이루기 때문에 정적이며 상냥한 느낌을 전달할 수 있다.
그라데이션 배색	상호 간 인접한 색의 변화에 의해 자연스럽고 조화로운 분위기를 연출할 수 있다.
액센트 배색	주조색인 포인트 컬러를 강조하여 배색 전체의 느낌을 상승시키는 효과를 전달할 수 있다.
보색 배색	색상환에서 상호 간에 마주보고 있는 반대색을 배색하는 것으로, 화려하고 생동감 있는 분위기를 연출할 수 있다.
톤 온 톤 배색	한 가지 색을 이용하여 명도와 채도를 변화시켜 배색을 한 것으로, 차분하고 무난하면서 세련된 느낌을 연출할 수 있다.
톤 인 톤 배색	다양한 색을 이용하여 유사한 명도와 채도를 조합한 배색으로, 톤 온 톤 배색과는 달리 좀 더 개성 있는 느낌을 연출할 수 있다.
세퍼레이션 배색	근접한 색의 중간 부분에 분리색을 사용한 것으로, 조화로운 분위기를 연출할 수 있다.

5. 컬러 맵핑

서비스의 핵심 키워드에 부합하는 단일색 및 배합색 등 전반적인 색채 계획을 세우는 단계로, 형용사 이미지 공간을 활용하면 유용하다.

실습 과제

무드보드 제작하기 톤&매너 이미지, 타입, 레이아웃 등을 이용하여 무드보드를 제작해 보자.

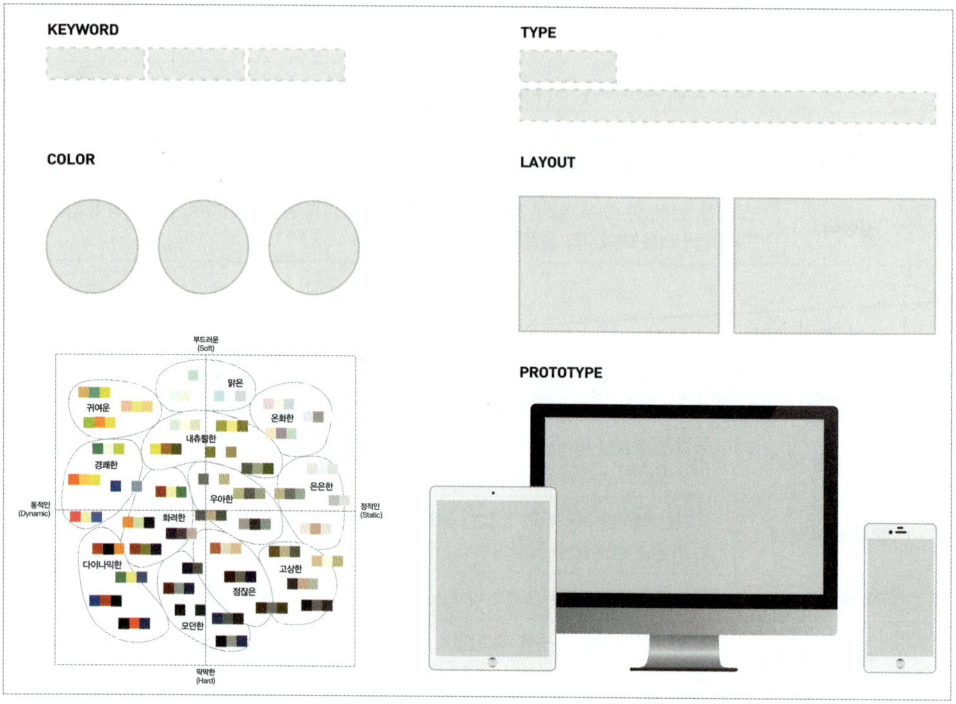

PART 05

시나리오 작성 및 정보구조 설계

PART 05

콘셉트를 수립하고 차별화 전략과 톤&매너 설정을 통해 서비스 시각화까지 진행하였다면 이제부터는 사용자에게 제공할 서비스의 구체적인 골격을 세우는 단계에 들어가게 된다. PART 05에서는 사용 시나리오 작성을 위한 조사 방법과 시나리오 작성 및 정보구조 설계에 대해 알아보도록 한다.

CHAPTER 13

시나리오 기획 및 작성

PREVIEW

이번 장에서는 시나리오 기획 프로세스에 대해 이해하고, 시나리오의 구성 요소 및 작성 방법에 대해 알아본다.

SECTION 01

시나리오 기획

1 시나리오의 개념

시나리오Scenario란 영화를 만들기 위하여 집필된 각본으로, 각 장면의 순서나 흐름, 배우의 행동, 대사, 지문 등을 상세히 표현한 것을 말한다. 다시 말해, 특정한 상황에서 일어날 수 있는 여러 가지 사건의 과정과 결과를 자세한 묘사를 통해 장면Scene으로 표현한 것을 의미한다. 디지털 콘텐츠 분야에서 시나리오란 사용자가 서비스를 이용하게 되는 다양한 상황과 과정을 마치 영화의 대본이나 각본처럼 구체적으로 가정해 보고, 이를 이야기 방식으로 서술하는 것을 말한다.

시나리오를 작성하기 위해서는 사용자가 실생활에서 경험한 정보를 수집해야 하는데 이를 통해 사용자의 니즈와 원츠, 이용 동기와 이유 등에 대한 리서치가 필요하며 이러한 과정을 통틀어서 시나리오 기획이라 말한다.

2 시나리오의 목적

시나리오의 목적은 사용자의 이용 행태를 분석하여 사용자의 서비스 이용 동선을 파악하기 위한 것이다. 하지만 책상에 앉아서 인터넷만 검색하는 수동적인 데스크 리서치Desk Research만으로 사용자의 행동을 예측하기가 쉽지 않기 때문에 가장 좋은 리서치 방법은 현지 조사와 실제 사용자와의 인터뷰를 통해 생생한 VOCVoice of Customer를 수집하는 것이다. 이를 위해서는 구체적인 계획이 필요하다.

3 시나리오 기획 프로세스

시나리오 기획 프로세스는 자료 수집 목표, 조사 대상자 선정, 리서치 방법 결정과 같은 사용자에 대한 기초적인 자료를 수집하는 계획을 세운 후, 소개 글, 참가 동의서, 사전 설문지 작성 등 구체적인 조사 자료를 준비한다. 이후 인터뷰 도구, 일정 확인 및 역할 분담 등 인터뷰에 필요한 계획을 세우고, 장비와 서류를 준비하여 인터뷰를 진행한다. 인터뷰가 끝나면 인터뷰 결과 내용을 분석하고 자료를 정리하여 시나리오 기획안을 작성하면 시나리오 기획이 마무리된다.

그림 13-1 **시나리오 기획 프로세스**

❶ 자료 수집 계획

시나리오를 기획하기 위해 가장 먼저 해야 할 일은 자료 수집에 대한 분명한 목표를 세우는 일이다. 예를 들어, 미처 예상하지 못한 사용자의 행동을 파악하거나 이미 알고 있는 사용자의 시스템 사용 흐름을 재확인하기 위한 것과 같은 분명한 목표가 필요하다. 또한 시나리오 작성을 위한 적합한 조사 대상을 선정한 후 1:1 심층 인터뷰를 통해 심도 있는 질문을 할 것인지, 카드 소팅에 참여시킬 것인지, 사용자의 행위를 관찰만 할 것인지 등 목적에 맞는 리서치 방법도 결정해야 한다. 마지막으로 리서치의 퍼실리테이터Facilitator 역할을 할 사람을 선정, 섭외, 기록하는 역할을 분담하여 리서치 팀을 구성한다.

❷ 조사 자료 준비

자료 수집 계획이 세워졌다면 참가자에게 설명할 조사의 목적과 활용 계획, 소개 글, 참가 동의서, 비밀 보장 각서 작성 등 리서치에 필요한 구체적인 자료를 준비하고 절차를 계획한다. 경우에 따라서는 조사 대상자의 긴장감을 해소하고 자연스러운 리서치를 위해 질문지를 사전에 먼저 발송하여 미리 조사 내용과 방법을 파악한 후, 리서치에 임하는 경우도 있다. 리서치 시작 전이나 종료 후에 실시하는 사전 및 사후 설문지를 준비하기도 하고, 인터뷰 종료 후 조사 참여에 대한 사례나 간단한 답례품을 준비하는 것도 조사 자료의 준비 단계에서 중요한 일이다.

❸ 인터뷰 준비

자료 준비가 모두 끝났다면 최종적으로 인터뷰 장소를 확인하고, 참가자들의 참여 일정과 역할 분담을 재점검한다. 질문의 순서와 무엇을 어떻게 물어볼 것인지에 대한 가이드를 정리한 후, 인터뷰에 필요한 보이스 리코더, 녹화용 카메라, 삼각대, 필기구 등 각종 장비와 준비물을 확인한다. 인터뷰 성격에 따라 가벼운 인터뷰는 녹화용 카메라 없이 스마트폰의 리코딩 앱이나 간단한 녹취 장비만으로도 인터뷰 진행이 가능하다.

(a) 보이스 리코더 (b) 리코딩 앱 (c) 녹화용 카메라 (d) 삼각대

그림 13-2 **인터뷰 장비** [01] [02] [03] [04]

❹ 인터뷰

인터뷰 대상자Interviewee가 미팅 장소에 도착하면 인터뷰어Interviewer는 간단히 자기소개를 한 후, 인터뷰 목적과 소요 시간 등을 설명하면서 인터뷰 대상자의 긴장감을 해소하기 위한 아이스 브레이킹을 진행한다. 아이스 브레이킹은 첫 대면의 어색함을 해소하기 위한 사적인 대화나 평소 서비스 이용 경험 등에 대한 질문으로 자연스럽게 실시한다.

본격적으로 인터뷰 가이드에 따라 진행하면서 상세 질문에 대한 대상자의 답변을 기록하고 반응을 관찰한다. 직접 기능 및 작업Task을 수행하는 과정에 대한 관찰을 할 때에는 "거기서는 왜 그렇게 하셨나요?" 식의 행위에 대한 리뷰Review를 통해 대상자의 정확한 의도를 파악하고 "조금 더 구체적으로 말씀해 주신다면?" 식의 질문을 통해 좀 더 구체적인 의견을 이끌어 내는 것이 중요하다. 또한 질문은 짧게 하도록 하고 대상자의 말을 주의 깊게 경청하면서 고개를 끄덕인다든지, 적극적인 추임새를 넣는 반응을 보이며 긴 답변을 이끌어 내도록 한다.

대상자의 답변은 보이스 리코더로 녹음하여 인터뷰 종료 후에 내용을 분석할 때 활용하도록 하고 질문자 외에 기록자와 관찰자가 참가자의 말투, 표정 등 의도적이지 않게 드러나는 비언어적 반응 또한 면밀히 관찰하여 기록한다. 때로는 의도하지 않은 솔직한 반응들이 오히려 참가자의 답변보다 맥락을 제대로 파악할 수 있는 의미 있는 자료가 될 수 있기 때문에 때에 따라서는 카메라를 이용해 녹화하기도 한다. 인터뷰 종료 시에는 정중히 감사의 말을 전하며 인터뷰를 마무리 한다.

⑤ 내용 분석

리서치가 종료되면 답변 및 관찰 내용을 정리하고 해석한다. 사용자를 어떻게 해석하고 어떤 관점으로 이해하는지에 따라 목표 서비스의 가치를 창출할 수 있기 때문에 사용자의 답변과 행위에 투영된 니즈, 동기, 원인이나 물리적 맥락과 인지적 맥락을 면밀히 해석하고 분석한다.

SECTION 02

시나리오 작성

1 시나리오 작성의 특징

인터뷰를 통해 수집된 데이터를 토대로 사용자가 서비스나 시스템을 사용하는 행태를 시나리오로 작성하게 된다. 이러한 시나리오 작성을 통해 사용자에게 최적의 경험을 제공하기 위한 사용자와 서비스의 상호작용 관계를 설정하고 사용자가 목적을 달성하기 위해 어떤 방식으로 시스템을 사용하는지 사용자의 이용 행태를 파악한다.

시나리오는 한명의 행위자(페르소나)나 연령, 지역, 주요 관심사 등 공통된 목적을 가진 다수의 사용자가 포함된 사용자 그룹이 포함될 수 있다. 시나리오에서 사용자는 서비스 이용 동기에 따라 자신이 원하는 목적을 이루려 한다는 특징이 있는데, 그 목적에 따라 다수의 사용자의 스토리를 담을 수 있다. 이를 통해 어떤 경로로 서비스에 접근하는지, 어떻게 사용하는지, 어떤 과정을 거쳐 구매를 결정하는지 등 각 단계Task에서 사용자가 경험하게 되는 다양한 상황을 시나리오를 통해 상세히 기술하여 사용자의 니즈를 파악할 수 있고, 서비스 이용 시 발생하게 되는 긍정적 요인과 부정적 요인을 프로파일링Profiling 할 수 있다.

2 시나리오 구성 요소

시나리오를 작성하기 전 시나리오 구성 요소를 살펴보면 설정, 행위자, 플롯이 있다. 사용자가 실제 서비스나 시스템을 이용하게 되는 장소나 공간, 시간을 설정Setting하고 행위자Actor&Agent가 누구인지에 대한 가상의 등장인물을 설정한다. 다음으로 행위자의 성격이나 흥미 유발 요소를 고려하여 발단, 전개, 위기, 절정, 결말 등 서비스를 이용하는 과정이나 이용 경험을 플롯Plot으로 구성하여 실제 일어날 수 있는 이야기의 형태로 작성한다.

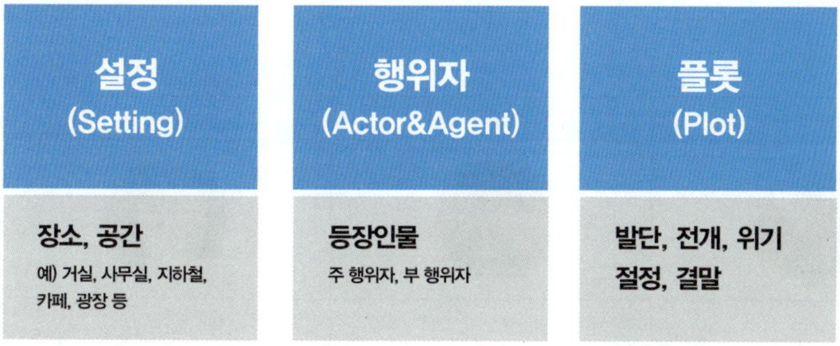

그림 13-3 시나리오 구성 요소

3 시나리오 작성 순서

시나리오를 작성하는 순서는 다음과 같다.

그림 13-4 시나리오 작성 순서

먼저 시스템 사용자의 사용 장소와 시간을 결정한 후, 주 행위자와 부 행위자와 같은 등장인물을 설정한다. 다음으로 행위자의 성격이나 흥미 유발 요소를 생각하며, 본격적인 행위를 발단, 전개, 위기, 절정, 결말의 수으로 전개하여 실제 일어날 수 있는 일의 순서에 따라 전체적인 스토리를 구성한다. 구성한 스토리를 토대로 줄거리를 써내려가듯이 글로 작성하고 마지막으로 사용자 경험에 미칠 수 있는 긍정적 요소와 부정적 요소를 비교 분석한다.

4 시나리오 작성 사례

좋은 시나리오는 서비스의 이해를 돕는 데 매우 중요한 역할을 한다. [그림 13-5]는 쉐어하우스에 거주하는 사용자가 거주자들끼리의 상호 소통에 대한 니즈와 원츠를 파악하기 위한 시나리오 사례다. 사람들과 친해지고 싶지만 쉽게 먼저 다가가지 못하는 주인공의 소심한 성격을 인공지능 스피커가 중재자로서 그 역할을 대신해 줄 수 있고, 소통에 의한 문제 발생 시 해결 방안을 시나리오를 통해 제시하고 있다.

Bixby With Project

시나리오 - 상황 및 등장인물

구분	A룸 거주	B룸 거주	C룸 거주
인물			
이름(나이)	이가형(24)	연이원(23)	지다영(26)
직업	브랜딩 스튜디오 디자이너 / 170만 원	컴퓨터 공학과 재학생 / 100만 원 (과외)	편의점 아르바이트생 / 160만 원
상황	#개인주의적 #유행 #1인 방송 • 1인방송을 시작한지 얼마 안되었으며 주로 일상을 담은 영상을 업로드함 • 요즘 뜨고 있는 삼성 쉐어하우스에 대한 후기, 이용모습을 보여주고 싶은 마음이 커서 입주하게 되었음 • 평소 성격이 장점으로는 낙천적이지만 단점으로는 약간 눈치가 없으며 자기 주의자적 성격이 강해 갈등이 생겼을 때 화해할 수 있게 도와주는 사람이 필요 • 원만한 교우관계를 통한 자신의 좋은 이미지를 부각하고 싶어 자신이 만든 갈등을 해결해줄 수 있는 중재자 역할 필요	#자신의 생활 중요 #소통 원치 않음 • 자신의 생각을 대신 전달하여 적당한 인간관계를 누군가 알아서 유지해 줬으면 함 • 빅스비 위드가 전달자의 역할을 할 때 적극적으로 나서게 하도록 빅스비 성격유형이 설정되어 있음 • 평소 예민하고 신경 쓰는 성격에 여러사람들과 지내는 것이 어렵지만 재정적으로 부족해 어쩔 수 없이 쉐어하우스에 거주 중 사람들과 말하는 것이 싫어 꼭 필요한 말만 하고 싶어하여 유일하게 대화하는 대상은 빅스비 • 사람보다 빅스비 위드에 대한 신뢰가 높아 개인정보, 쿠키내역등 정보제공을 하여 더 정확한 딥러닝을 하게 동의함 • 서울에서 자취방을 구해 사는 것이 어려워서 쉐어하우스에 입주 • 성격이 예민해서 일반 쉐어하우스보다는 비싸지만 빅스비 위드를 통해 불편한점이 해소된다고 해 삼성 쉐어하우스에 입주	#낯가림 #외로움 #소심 #소심한 인싸 • 혼자 지내는 것을 선호하지만 적은 월급 때문에 쉐어하우스 거주 결심 • 사람들과 친하게 지내고 싶지만 낯가림 때문에 쉽게 다가서지 못하는 성격 • 이야기를 꺼내기 어려운 상황일 때 내 말을 대신 전해 줄 수 있는 수단이나 사람이 있었으면 함 • 타인의 감정에 해가 되지 않는 선에서 갈등을 해결하고 싶어 함 • 문제를 인지하기 전에 누군가 나서서 말을 대신 전해 줬으면 함 • 역할 분담이나 모여서 해야 할 일에 대해서도 원활하게 진행될 수 있으면 좋겠음

Bixby With Project

시나리오 - 상황 시나리오

사용자 정보

이름	지다영
나이	26
사는 지역	경기도 의왕
직업/월급	편의점 아르바이트/160만 원

개략적 묘사

- 소심한 인싸 성격으로 사람들과 가까이 지내고 싶지만 낯가림 때문에 쉽게 다가서지 못하는 성격
- 사람들과 같이 있는 공간만큼 개인 공간 또한 중요하게 생각하는 성격
- 어려운 이야기를 할 때 말을 대신 전해 줄 수 있는 수단이나 사람이 있었으면 함
- 타인의 감정에 해가 되지 않는 선에서 갈등을 해결하고 싶어 함

사용환경	이미지	내용	서비스/기능
[# 01] 삼성 쉐어하우스 체험		지다영 씨는 졸업 후 취직을 하지 못해 편의점에서 일을 하고 있는 26세 아르바이트생이다. 지다영 씨는 얼마 안 되는 월급에서 빠져나가는 생활비와 터무니없이 비싼 월세 비용을 보며 지출 내역을 줄여야겠다고 생각하게 된다. 마트를 가던 도중 삼성 쉐어하우스 팜플렛 받게 된 지다영 씨는 쉐어하우스 체험장이라는 것을 알게 되어 방문하게 되고, 시설이 좋다고 생각되어 입주를 결심하게 된다.	• 삼성 쉐어하우스 체험장
[# 02] 쉐어하우스 입주 패밀리 보드 사용		낯가림이 심하고, 공동 생활에 익숙치 않은 지다영 씨는 1인실로 생활해서 돈을 모은 후 독립할 계획을 세우게 된다. 하우스 메이트와의 원활한 관계를 위해 좋은 첫인상을 남기기로 결심한 지다영 씨는 사람들과 마주치면 간단한 소개를 할 계획이었다. 하지만 하우스 메이트들의 패턴이 모두 달라 인사할 타이밍을 놓치게 된 지다영 씨는 삼성 쉐어하우스 팜플렛에서 보았던 삼성 허브 냉장고 패밀리 보드를 사용하기로 한다. '저는 지다영이에요 ^-^ 친하게 지내실 분..? 계시면 밑에 이름 적어 주세요', '저는 청소 언제 하면 될까요?'라는 메시지를 남기는 등 사람들과의 소통을 시작하기로 한다.	• 삼성 허브 냉장고 패밀리 보드
[# 03] 쉐어하우스 카페 가입		며칠 동안 계속 메시지를 남긴 지다영 씨는 일주일 뒤에 패밀리 보드를 확인해 보게 된다. 아무도 관심을 가져 주지 않자 속이 상한 지다영 씨는 용기를 내 적극적으로 하우스 메이트와 인사하려고 했으나, 막상 다가가려니 어려움을 느낀다는 문제점도 존재하거니와, 메이트들의 생활 패턴과 맞지 않아 번번이 실패하고는 했다. 계속 이대로 가다가는 유령처럼 집에 남아 있을 거라는 생각에 '삼성 쉐어하우스 모임 ^^*' 카페에 가입하게 되었고, 빅스비 위드를 활용하면 소통이 더 원활해질 것이라는 댓글을 발견하게 된다	

Bixby With Project

시나리오 - 상황 시나리오

사용환경	이미지	내용	서비스/기능
[# 04] MBTI 연동 빅스비 위드 첫 사용	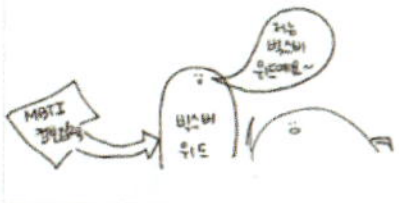	사용법에 따라 MBTI 테스트를 걸쳐서 나온 결과를 빅스비에 저장을 해 두자 '안녕하세요 지다영 님! 저는 개인 음성 비서 빅스비 위드예요~ 무엇을 도와드릴까요?'라는 음성이 빅스비에서 나오기 시작한다. 한낱 음성 AI가 사람간의 소통 문제를 해결해 줄 수 있을지 의심이 들기 시작했지만, 아무것도 하지 않는 것보다 나을 거라고 생각하여 빅스비를 이용해 소통을 하기로 결심한다.	• MBTI 테스트 • 빅스비 위드 - 실행
[# 05] 빅스비 위드 - 전달자 하우스 메이트와 인사	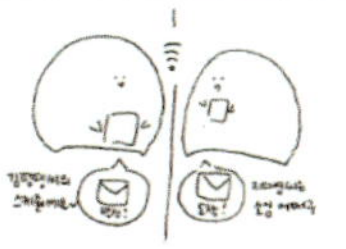	사람들의 패턴을 먼저 알고 싶어진 지다영 씨는 현재 하우스 메이트의 패턴을 알려 달라고 한 뒤, 그 시간대에 맞춰 음성 메시지를 보내게 된다. 메시지를 받은 하우스 메이트는 '지다영 씨가 소심한 성격이니 적극적으로 다가가 주는 게 좋을 것 같아요!'라는 조언을 받게 되어 지다영 씨 방에 들어가 인사를 나누게 되었다. 지다영 씨는 즉각적으로 반응이 오는 것에 감탄하며 소소하게 사람들과 소통을 하기 시작했다.	• 하우스메이트 정보 확인 서비스 • 빅스비 위드 - 전달자 기능 • 빅스비 조언 기능
[# 06] 공유공간 빅스비 허브 생성 후 의견 조율		안면을 튼 구성원들과 함께 밥을 먹게 된 지다영 씨는 말주변이 없어 고민이라는 말을 빅스비에게 하게 된다. 어색하게 밥을 먹고 있던 도중에 구성원들의 빅스비 위드를 하나로 합쳐 하나의 허브로 만들어 주게 된다. 허브 상태가 된 빅스비 위드는 구성원의 공통 관심사를 분석하여 화젯거리를 하나씩 던져 주며 어색한 분위기를 밝게 전환시켜 주었다. 밥을 먹으면서도 참 편리한 시대가 왔구나 하는 생각이 든 지다영 씨는 청소와 설거지 당번도 빅스비 위드를 이용해 나누어 보자고 제안하게 된다.	• 빅스비 딥 러닝 • 빅스비 모듈 → 빅스비 허브 • 빅스비 위드 - 조율자 기능
[# 07] 빅스비 → 빅스비 연동		삼성 쉐어하우스에 지내면서 사람들간에 일어날 수 있는 갈등 상황을 미연에 방지해 주는 빅스비 위드에 큰 매력을 느끼게 되었다. 삼성에 대한 신뢰도가 올라간 지다영 씨는 휴대 전화를 갤럭시로 바꾸었고, 외출 시에는 휴대 전화에 있는 빅스비를 사용하여 빅스비 위드와 함께 연동할 수 있도록 설정하였다. 이 년 후 계약이 다 되어 집을 나가게 된 지다영 씨는 빅스비 위드에 저장된 모든 정보가 아깝다고 생각되어 쉐어하우스에 사용하던 빅스비를 갤럭시에 옮기게 되었다. 학습된 빅스비는 참 스마트하구나라고 느낀 지다영 씨는 안족스럽게 집에 들어가게 된다.	• 빅스비 연동 서비스

그림 13-5 시나리오 작성의 예

요약

1. 시나리오

- **개념** : 특정한 상황에서 일어날 수 있는 여러 가지 사건의 과정과 결과를 자세한 묘사를 통해 장면으로 표현한 것을 의미한다. 디지털 콘텐츠 분야에서는 사용자가 서비스를 이용하게 되는 다양한 상황과 과정을 마치 영화의 대본이나 각본처럼 구체적으로 가정해 보고 이를 이야기 방식으로 서술하는 것을 말한다.
- **목적** : 사용자의 이용 행태를 분석하여 서비스 이용 동선을 파악하기 위한 것이다.

2. 시나리오 기획 프로세스

❶ 자료 수집 계획 → ❷ 조사 자료 준비 → ❸ 인터뷰 준비 → ❹ 인터뷰 → ❺ 내용 분석

3. 시나리오 작성

- **특징** : 사용자에게 최적의 경험을 제공하기 위한 사용자와 서비스의 상호작용 관계를 설정하고 사용자가 목적을 달성하기 위해 어떤 방식으로 시스템을 사용하는지 사용자의 이용 행태를 파악한다.
- **구성 요소** : 설정, 행위자, 플롯

4. 시나리오 작성 순서

장소, 시간 설정 → 등장인물 설정 → 스토리 구성 → 시나리오 작성 → 사용자 경험 분석

실습 과제

시나리오 작성하기 인터뷰를 통해 수집된 자료를 바탕으로 아래 양식을 이용하여 시나리오를 작성해 보자.

시나리오 작성하기			
구분			
인물	User	User	User
이름(나이)			
직업			
상황			

실습 과제

User

사용자 정보

개략적 묘사

사용환경	이미지	내용	서비스/기능
[# 01]			
[# 02]			
[# 03]			
[# 04]			
[# 05]			
[# 06]			
[# 07]			

CHAPTER **14**

정보구조 설계

PREVIEW

정보구조 설계는 서비스를 이용하는 사용자가 직관적이며 편리하게 이용할 수 있도록 정보를 효과적으로 배치하는 과정이라 볼 수 있다. 이번 장에서는 정보구조의 의미와 유형에 대한 이해, 효과적인 정보구조 설계 방법, 정보를 빠르게 찾을 수 있도록 가이드 역할을 수행하는 내비게이션 시스템에 대해 알아본다.

SECTION
01 정보구조 설계의 이해

웹, 앱, 디지털 사이니지 등 우리가 이용하는 디지털 미디어 서비스는 텍스트, 이미지, 영상, 사운드 등의 다양한 정보로 구성되어 있다. 정보구조를 설계하는 일은 마치 집을 지을 때 제일 먼저 설계 도면을 그리며 전체 계획을 세우는 과정처럼 건물의 뼈대를 세우는 일과 같다. 아무리 외관이 화려하고 멋진 집일지라도 그 골격이 부실하거나 생활하기 힘든 동선과 구조를 가지고 있다면 결국 그 집에 사는 사람은 불편함을 호소할 수밖에 없다. 이와 같이 디지털 콘텐츠 기획을 위해서는 정보구조 설계 과정이 무엇보다도 중요하다.

1 정보구조 설계의 개념

정보구조Information Architecture란 제공되는 서비스를 콘텐츠의 순서, 배치, 그룹핑Grouping 등 정보의 성격과 유형, 우선순위, 위계에 따라 구조화하는 것을 의미한다. 정보구조 설계는 이러한 구조화된 정보를 사용자가 보다 편리하고 쉽게 의도한 목적을 달성할 수 있도록 그 구성과 흐름Navigation을 설계하는 것을 말한다.

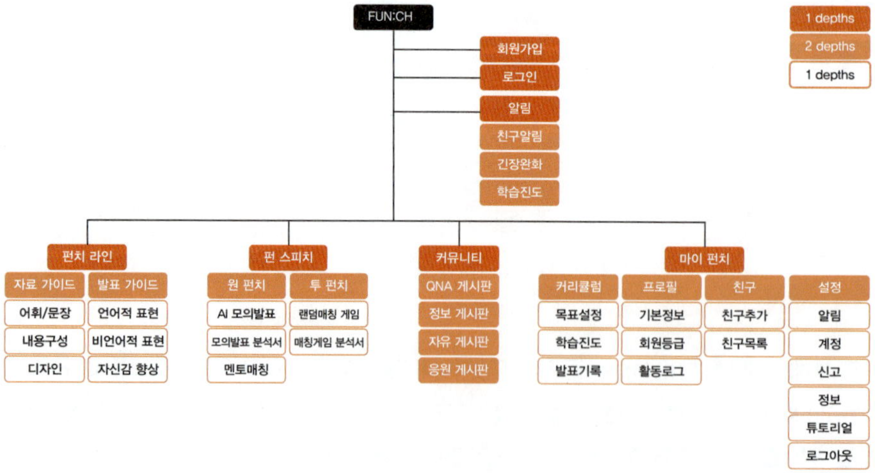

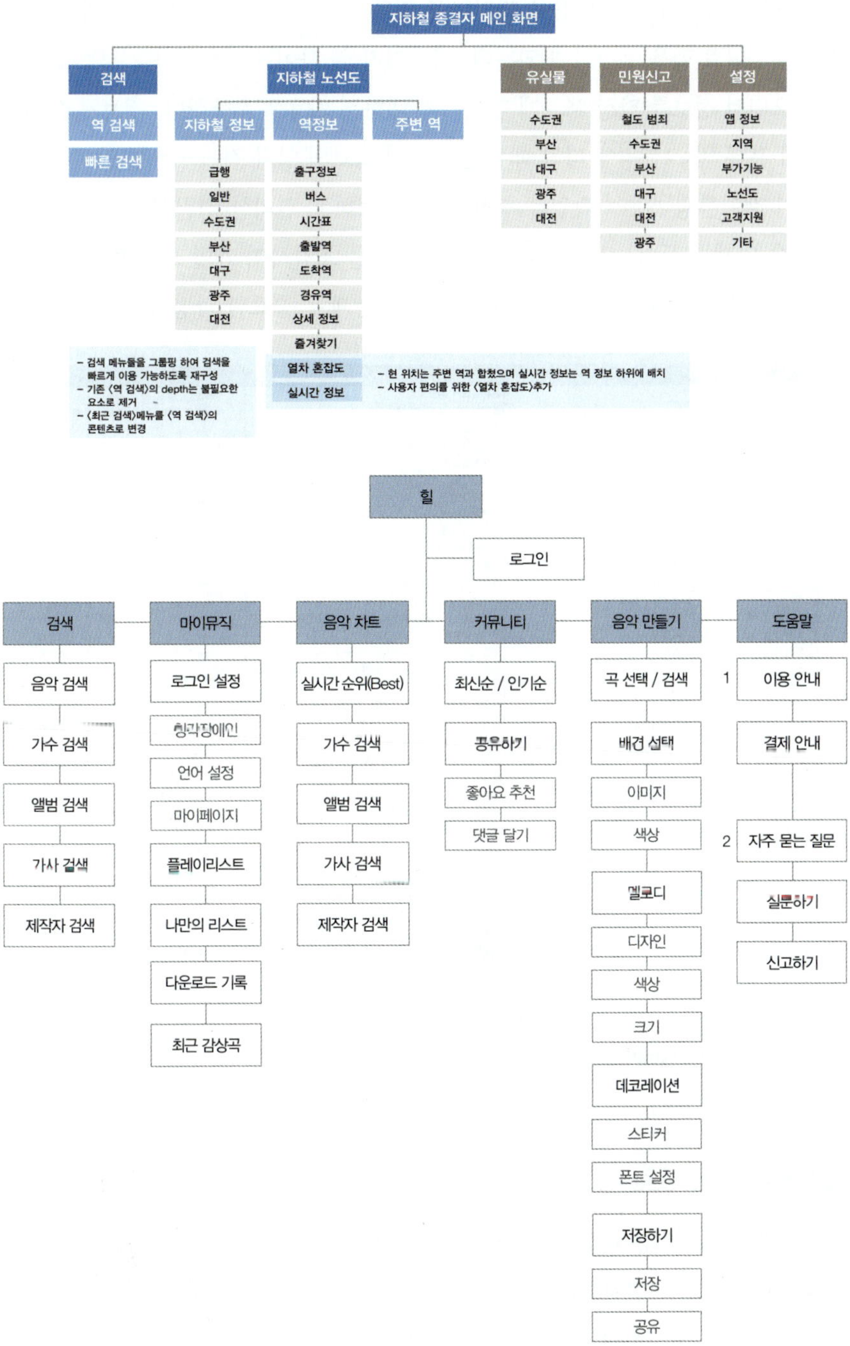

그림 14-1 정보구조도의 예

좀 더 쉽게 말하면 책의 전체 내용을 파악하고 인덱싱Indexing 할 수 있는 목차와 웹 사이트에서 제공되는 사이트 맵을 생각하면 되는데, 사용자가 웹 사이트에서 원하는 정보를 한눈에 파악할 수 있으면서 정보를 가장 빠르게 찾도록 안내하는 기능을 수행한다. 정보구조 설계는 정보의 체계와 분류 및 그룹핑에 따라 메뉴를 만들어 정보의 양과 깊이Depth를 알 수 있고, 사용자 친화적인 레이블링Labeling 작업을 통해 예측 가능하고 편리한 접근성으로 원하는 정보를 빨리 찾을 수 있게 만든다. 또한, 전체 페이지의 양을 조감하여 개발 스케줄 및 개발에 필요한 투입 인력을 산출할 수 있게 하는 기획 단계에서는 매우 중요한 과정이다.

화면 ID	화면 ID		1 Depth	2 Depth	3 Depth	Content	유형	데이터타입	권한정책
Main	0	0.1	공지사항			커뮤니티 > 공지사항	lately (3~5)	DB	비회원
		0.2	예약가이드			예약하기 > 실시간예약	예약프로그램	DB	회원, 비회원
		0.3	버츄얼투어			테마파크가이드> 버츄얼투어	3D, VR	DB	비회원
		0.4	보도자료			회사소개 > 보도자료	lately (3~5)	DB	비회원
GNB	1	1.1	테마파크소개	테마파크개요		전체개요안내	Img,Text	DB	비회원
		1.2		대표인사말		대표 인사말	Img,Text	DB	비회원
		1.3		시설안내		주요시설안내	Img,Text	DB	비회원
		1.4		요금안내		이용요금안내	Img,Text	DB	비회원
		1.5		이용시간		이용시간안내	Img,Text	DB	비회원
		1.6		광고모음		온, 오프라인 광고모음	Img,Text, 동영상	DB	비회원
		1.7		보도자료		언론에 소개된 보도자료 안내	Img,Text	DB	비회원
		1.8		찾아오시는 길		테마파크 약도, 연락처, 교통편 소개, 주차안내	Img,Text	DB	비회원
	2	2.1	프로그램안내	50여개의 직업체험		각 프로그램별 소개	Img,Text	DB	비회원
		2.2		개인이벤트		신제품 런칭 기념일 이벤트 및 행사프로그램 안내	Img,Text	DB	비회원
		2.3		생일파티		개인생일파티 진행 프로그램 안내	Img,Text	DB	비회원
		2.4		요리학교		직접 요리하여 먹을 수 있는 체험프로그램 안내	Img,Text	DB	비회원
		2.5		댄스파티		춤추는 법을 배우거나 DJ, 노래방 시설등 체험프로그램 안내	Img,Text	DB	비회원
		2.6		마법학교		마술을 배워보고 직접 시연할 수 있는 프로그램안내	Img,Text	DB	비회원
		2.7		학교단체관람안내		학교 및 그룹 단체관람프로그램	Img,Text	DB	비회원
		2.8		전체대여안내		테마파크 전체 대여 프로그램 안내	Img,Text	DB	비회원
	3	3.1	테마파크가이드	버츄얼투어		3D, Flash를 이용하여 다이나믹 가상 체험	3D, VR	DB	비회원
		3.2		각 부스 안내		테마파크안의 각 부스별 설명	Img,Text	DB	비회원
		3.3.1		각종시설안내	음식	테마파크에서 먹을 수 있는 음식 및 레스토랑 안내	Img,Text	DB	비회원
		3.3.2			기념품	기프트상점 및 각종 기념출 안내	Img,Text	DB	비회원
		3.3.3			사진	테마파크 체험 중간중간 사진촬영 및 구입안내	Img,Text	DB	비회원
		3.3.4			학부모라운지	성인만을 위한 학부모 라운지 안내	Img,Text	DB	비회원
		3.3.5			생일파티룸	개인생일파티용 테마룸안내	Img,Text	DB	비회원
		3.3.6			개인이벤트	신제품 런칭 기념일 이벤트 및 행사프로그램 안내	Img,Text	DB	비회원
		3.3.7			응급실	테마파크내 구급요원 및 간호사 등 응급실 안내	Img,Text	DB	비회원
		3.3.8			안내소	테마파크 내 키오스크 및 안내도우미안내	Img,Text	DB	비회원
		3.3.9			물품관리소	물품관리 서비스 안내	Img,Text	DB	비회원
		3.3.10			분실물센터	분실물센터 안내	Img,Text	DB	비회원
		3.3.11			미아찾기	RFID를 이용한 자녀위치확인 안내	Img,Text	DB	비회원
		3.3.12			공중전화	테마파크내 공중전화 안내	Img,Text	DB	비회원
		3.3.13			화장실	테마파크내 각 화장실 시설안내	Img,Text	DB	비회원
		3.3.14			현금지급기(ATM)	테마파크내 현금지급기 안내	Img,Text	DB	비회원

그림 14-2 어린이 직업체험 테마파크의 웹 사이트 정보구조도

2 정보구조 설계 프로세스

정보구조 설계 프로세스는 다음과 같다. 먼저, 제공하고자 하는 서비스의 성격과 목적을 파악하고 정보구조 유형을 설정한다. 이후 카드소팅을 통해 정보를 분류하는데 주제별, 콘텐츠 유형별, 사용자 구분별 정보를 카테고리에 맞게 조직, 배열, 그룹핑한다. 그런 다음 분류된 정보의 성격에 부합하는 메뉴별 이름Label을 붙여 엑셀 파일로 정리한 후, 내비게이션 시스템

을 구상한다. 마지막으로 도형과 다이어그램을 이용하여 메뉴별 흐름과 내비게이션 시스템이 적용된 정보구조도를 작성하여 정보구조 설계를 마무리한다.

그림 14-3 정보구조 설계 프로세스

3 정보의 분류 방법

정보구조 설계에 앞서 정보를 분류할 때는 서비스 목적과 정보의 성격 및 유형에 대한 맥락을 이해할 필요가 있다. 정보를 분류하는 방법으로는 가나다/알파벳 순 분류, 주제 및 카테고리별 분류, 연대 및 날짜, 시간 순 분류, 지리적 위치에 따른 분류, 동적 분류 등이 있다.

그림 14-4 정보의 분류 방법

■ 가나다/알파벳 순 분류

가나다/알파벳 순 분류는 가나다 또는 알파벳 글자의 순서에 따라 분류하는 체계로, 포털 사이트나 백과사전 등에서 주로 사용한다.

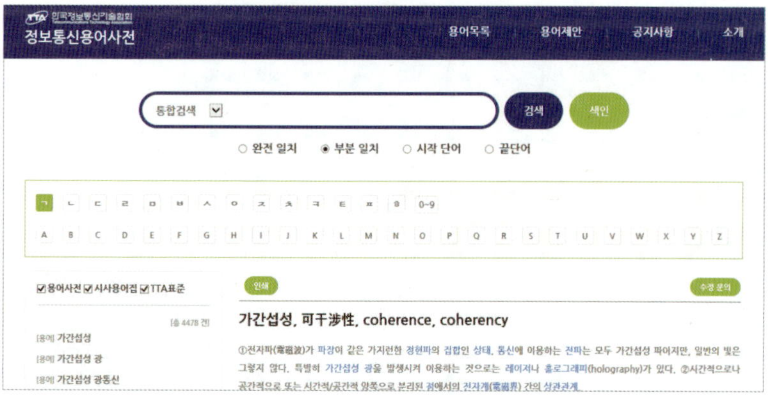

그림 14-5 가나다/알파벳 순 분류의 예 : 한국정보통신기술협회 정보통신 용어사전 [01]

■ 주제 및 카테고리별 분류

주제 및 카테고리별 분류는 많은 양의 정보나 주제, 복잡한 카테고리를 다양한 속성에 따라 분류하는 체계로, 인터넷 쇼핑몰이나 온라인 서점, 여행 등에서 주로 사용한다.

그림 14-6 **주제 및 카테고리별 분류의 예 : 하나투어** [02]

■ 연대 및 날짜, 시간 순 분류

연대 및 날짜, 시간 순 분류는 시간의 흐름에 따른 분류 체계로 뉴스 기사나 주식 정보, 일기예보, 예매 서비스 등에서 주로 사용한다.

지역	09일(월)		10일(화)		11일(수)		12일(목)		13일(금)		14일(토)	15일(일)	16일(월)
	오전	오후	오전	오후	오전	오후	오전	오후	오전	오후			
서울 인천 경기도	보통	낮음	낮음	보통	보통	보통	보통	보통	보통	보통	보통	보통	보통
강원도 영서	보통	낮음	낮음	보통	보통	보통	보통	보통	보통	보통	보통	보통	보통
강원도 영동	보통	보통	보통	낮음	보통	보통	보통	보통	보통	보통	보통	보통	보통
충청북도	낮음	보통	낮음	보통	보통	보통	보통	보통	보통	보통	보통	보통	보통
대전 세종 충청남도	낮음	보통	낮음	보통	보통	보통	보통	보통	보통	보통	낮음	보통	보통
전라북도	보통	보통	낮음	보통	보통	보통	보통	보통	보통	보통	보통	보통	보통
광주 전라남도	보통	보통	낮음	보통	보통	보통	보통	보통	보통	보통	보통	보통	보통

그림 14-7 **연대 및 날짜, 시간 순 분류의 예 : 기상청** [03]

■ 지리적 위치에 따른 분류

지리적 위치에 따른 분류는 위치 기반에 따른 분류 체계로 부동산이나 교통, 배달, 맛집, 숙박, 일기예보 등의 서비스에서 주로 사용한다.

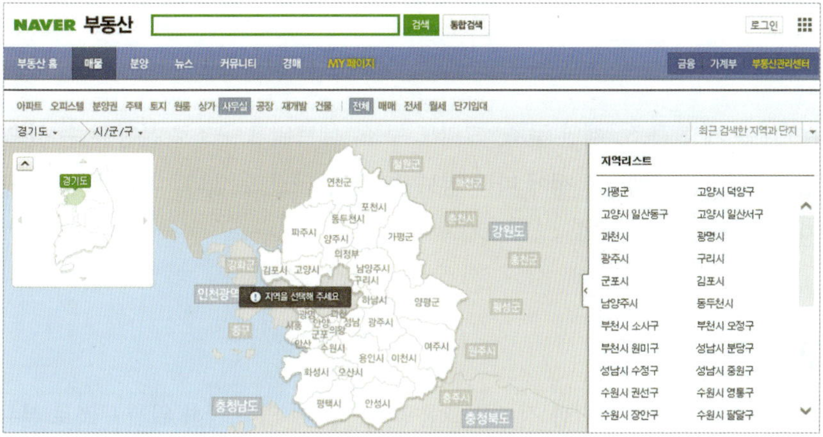

그림 14-8 **지리적 위치에 따른 분류의 예 : 네이버 부동산** [04]

■ 동적 분류

동적 분류는 인기도, 정확도, 다운로드 횟수, 추천 횟수 등 사용자의 관심사나 참여에 의해 배열이 바뀌는 유동적인 분류 체계로 주로 커뮤니티, SNS, 온라인 쇼핑몰, 학술 정보, 포털 사이트의 실시간 이슈 키워드 등의 서비스에서 주로 사용한다.

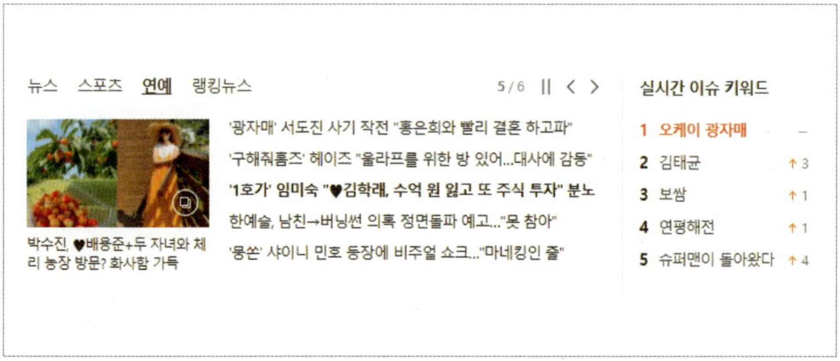

그림 14-9 **동적 분류의 예 : 네이트 실시간 이슈 키워드** [05]

SECTION 02

정보구조의 유형

정보구조의 형태는 계층 구조, 계열 구조, 그리드 구조, 네트워크 구조로 분류할 수 있으며, 제공되는 정보의 형태나 매체의 특성에 따라 정보구조는 달라질 수 있다. 대표적인 정보구조의 유형을 자세히 살펴보도록 하자.

1 계층 구조

계층 구조Hierarchical Structure는 복잡한 정보를 그룹핑Grouping에 의해 상하 위계 구조로 분류하여 톱다운Top-Down 방식으로 이동할 수 있는 구조다. 장점으로는 사용자 경험에 의해 익숙한 구조라는 점이지만, 각 계층 간에 분류가 모호하거나 레이블링Labeling이 잘못 되었을 때에는 정보를 검색하기 어렵다는 단점도 있다.

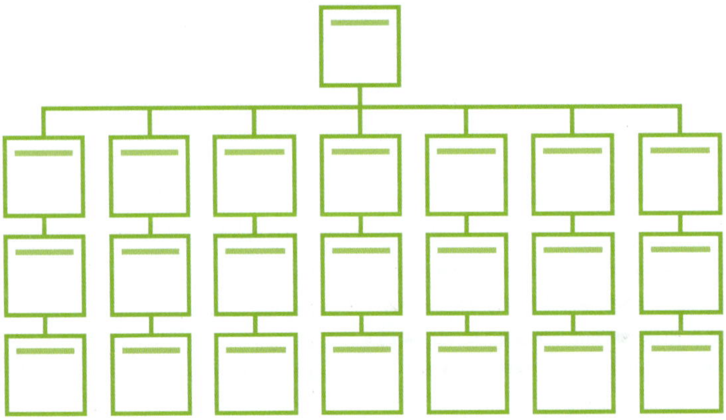

그림 14-10 계층 구조

계층 구조는 정보의 양을 너비와 깊이에 맞도록 적절히 분배하는 것이 중요한데, 웹 사이트의 경우 상단의 메인 메뉴는 수평적인 너비Width, 서브 메뉴는 수직적인 깊이Depth에 속한다.

상단 메인 메뉴의 수가 많아 선택의 폭을 넓게 한다거나 서브 메뉴의 깊이가 깊어 현재 위치를 파악하기 어렵게 만들면 사용자가 혼란을 겪을 수 있기 때문에 깊이가 너무 깊지 않도록 하는 것이 좋다.

그림 14-11 **계층 구조의 예 : 한빛출판네트워크**

2 계열 구조

계열 구조Series Structure는 정보를 한 페이지씩 차례대로 나열하여 보여주는 가장 단순한 구조다. 시간의 흐름에 따라 제공되는 서술적인 정보나 각 페이지별 정보의 양이 적고 비교적 단순한 정보를 제공할 때 효과적이다.

그림 14-12 **계열 구조**

계열 구조는 각 단계별 과정을 반드시 거쳐야 하는 선형적 구조Linear Structure이기 때문에 순차적 정보를 제공할 때 주로 사용된다. 이 구조는 사용자가 복잡하게 느끼지 않는다는 장점이 있지만, 사용자가 원하는 페이지로 바로 이동하기가 불편하다는 단점도 있기 때문에 각 페이지 간의 이동을 위해서는 이전/다음 페이지의 링크를 제공해야 한다. 대표적인 예로 웹 사이트에서의 회원가입, 예매, 결제, 게임, 태블릿 PC용 상호작용Interactive 동화책, 자동현금입출금기ATM, 키오스크KIOSK 등이 있다.

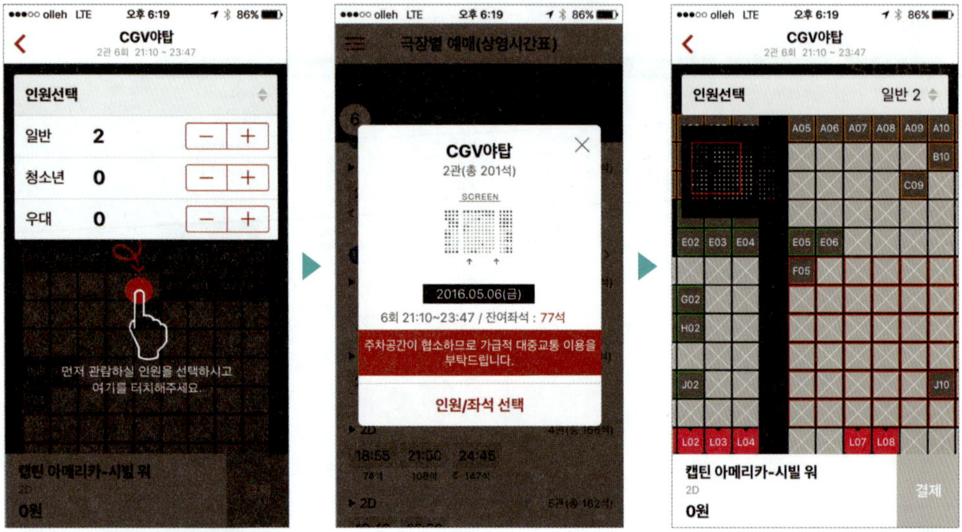

그림 14-13 계열 구조의 예 : CGV 모바일 앱

3 그리드 구조

그리드 구조Grid Structure는 상·하위 정보의 이동은 수직적 링크, 이전·다음 정보의 이동은 수평적 링크로 마치 바둑판의 그리드처럼 격자형으로 연결되어 있는 구조다. 정보의 양이 많거나 다양한 분류 기준이 필요할 때 주로 사용한다.

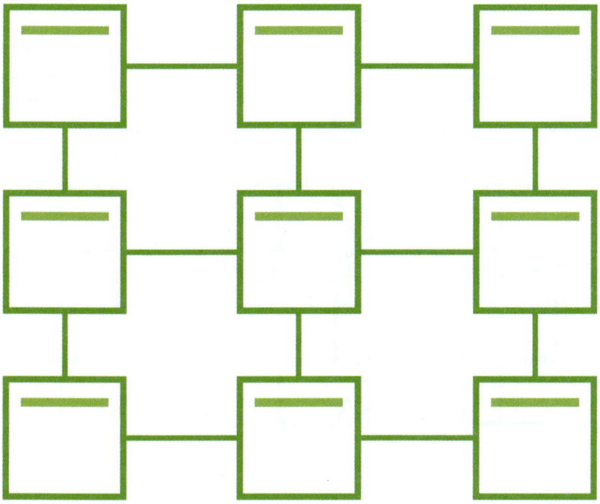

그림 14-14 그리드 구조

사용자가 분류 기준과 정보 제공 방식의 전체적인 구조를 파악할 수 있는 경우 효율적인 정보 검색이 가능하다는 장점이 있지만, 분류 기준을 잘 파악하지 못하면 이해하기 힘들다는 단점도 있다. 주로 항공, 여행, 티켓 예매, 음악, 학술 정보 등 DB 검색을 제공하는 서비스에서 사용한다.

그림 14-15 그리드 구조의 예 : 현대자동차 견적내기 [06]

4 네트워크 구조

네트워크 구조Network Structure는 비선형적 구조Nonlinear Structure로 정보가 순차적으로 제공되지 않고 복잡한 네트워크 형식으로 상호 연결되어 사용자가 원하는 페이지로 이동하는 것이 자유로운 구조다. 네트워크 구조는 주로 본문 텍스트의 하이퍼링크Hyperlink를 통해 페이지 간에 자유로운 이동을 하거나 트위터, 페이스북 등 소셜 네트워크 서비스에서 주로 사용되고 있다.

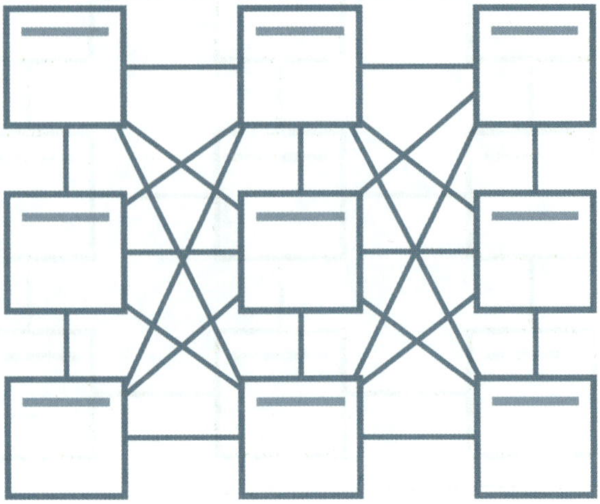

그림 14-16 네트워크 구조

사용자 스스로 자유로운 정보 탐색이 가능하여 상호작용성이 높은 장점이 있지만, 익숙하지 않은 사용자에게는 거쳐 왔던 페이지의 경로나 전체 정보구조 속에서 자신의 현재 위치를 파악하기 어렵기 때문에 페이지를 이탈할 수 있다는 단점이 있다.

그림 14-17 네트워크 구조의 예 : 트위터 [07]

SECTION 03 카드소팅

1 카드소팅의 개념

정보구조나 내비게이션을 설계하기 위해 주로 사용되는 카드소팅Card Sorting은 정보를 배열한 후, 분류 및 그룹핑Grouping하여 정보의 상하 위계나 상관관계 구조화를 통해 정보를 파악하는 방법이다.

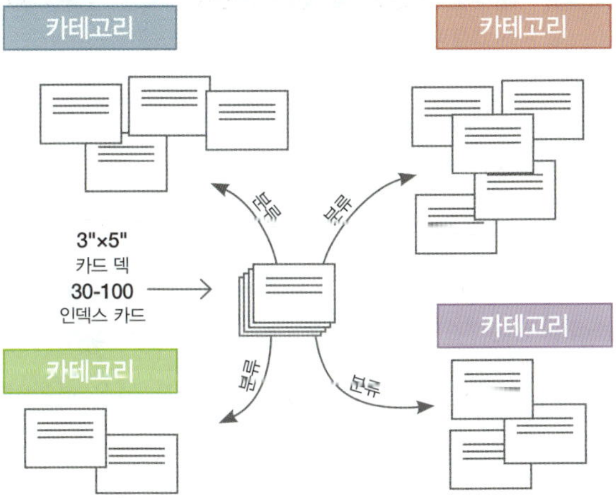

그림 14-18 카드소팅

2 카드소팅의 분류

카드소팅은 크게 열린 카드소팅Open Card Sorting과 닫힌 카드소팅Close Card Sorting으로 구분할 수 있다. 열린 카드소팅은 정해진 카테고리Category 없이 정보구조와 메뉴의 구성을 생성, 분류, 그룹핑하는 방법으로 주로 신규 서비스의 정보구조를 설계할 때 사용한다. 닫힌 카드소팅은 이미 주어진 카테고리에 따라 하위 구조를 병합, 추가, 분해하여 개선해 나가는 방법으로 기존 서비스를 보완하거나 확장하는 리뉴얼 개발 시 주로 사용하는 방법이다.

3 카드소팅의 진행 방법

카드소팅을 진행하기 위해서는 먼저 정보의 주제나 핵심 내용을 종이 형태의 인덱스카드Index Card에 기입하는데, 이때 종이카드 대신 탈부착이 용이한 포스트잇을 사용하기도 한다. 이렇게 기입된 카드 중, 상호 간에 관련된 정보를 카테고리 분류를 통해 트리 형태의 계층 구조로 그룹핑하여 각 그룹을 대표할 수 있는 이름을 부여하는 순서로 진행한다.

(a) 정보의 주제나 핵심 내용을 카드에 기입

(b) 그룹핑 작업 후 이름 부여

그림 14-19 **카드소팅 진행**

4 사용자 카드소팅

카드소팅은 정보구조 설계 단계에서 사용할 수 있지만, 사용자가 직접 수행하는 사용자 카드소팅User Card Sorting을 통해 사용할 수도 있다. 이미 설계된 정보구조를 사용자들이 동일하게 구성할 수 있는지 확인할 수 있는 사용자 카드소팅은 사용자의 멘탈모델Mental Model을 파악하기 위한 정보구조의 평가와 사용성 테스트Usability Test에도 사용한다.

기존 카드소팅 방법과 달리 사용자 카드소팅의 진행 방법은 다음과 같다. 먼저 이미 결정된 주제나 핵심 내용을 사용자가 각각의 카드 리스트에 미리 기입하여 제공하게 한 후, 카드 리스트들을 사용자 스스로 상호 관련된 카드끼리 그룹핑하여 분류하고 각 그룹의 이름을 부여하게 한다. 이때, 퍼실리테이터Facilitator의 역할을 하는 진행자는 사용자 카드소팅 참가자의 선택에 도움을 주거나 절대 관여해서는 안 되며, 종료 후에는 보다 정성적인 데이터를 얻기 위해 분류에 대한 동기나 이유를 간단한 인터뷰를 통해 수집하도록 한다. 사용자 카드소팅의 결과는 기존에 설계된 정보구조와 비교하여 그 차이를 분석하게 되는데, 물론 100% 동일한 결과가 나오기는 힘들겠지만 사용자가 정보를 인식하는 모형을 파악하거나 기존 정보구조 개선 작업에 반영한다.

SECTION 04

레이블링

1 레이블링의 개념

표지, 표제어를 뜻하는 레이블링Labeling은 내비게이션에 이름Label을 부여하는 것으로, 쉽게 말하면 레이블링 작업의 결과는 메뉴명, 버튼명 및 각 섹션Section의 타이틀Title이 된다. 흔히 레이블링을 대수롭지 않게 여기는 경우가 많은데 레이블링은 해당 서비스의 정체성을 나타내기도 하고, 원하는 정보로의 이동을 용이하게 도와주며 무엇보다 사용자가 서비스를 계속 이용할지 여부를 결정하기도 하는 매우 중요한 작업이다.

2 레이블링의 원칙

레이블링은 대소문자의 사용이나 어법, 표현의 일관성을 유지하고, 사용자의 언어로 이해하기 쉽게 작성해야 한다. 대표적인 레이블링의 원칙을 정리하면 다음과 같다.

- **보편성**

  레이블은 서비스 제공자가 아닌, 사용자들이 쉽게 이해할 수 있는 사용자 중심의 보편적인 언어로 제공되어야 한다. 약어의 사용이나 해당 종사자만이 이해할 수 있는 전문 기술 용어는 지양하고 평균 사용자의 입장에서 이해할 수 있는 일반적인 용어를 사용하는 것이 좋다. 또한, 낯선 용어의 사용으로 인한 혼란을 방지하기 위해 이미 관습과 경험에 의해 익숙한 형태의 레이블을 사용하는 것이 좋다. 사용자는 기획자의 생각보다 훨씬 습관적이고 보수적이라는 사실을 명심해야 한다.

- **직관성**

  너무 긴 문장을 사용하거나 직관적이지 못한 서술형의 레이블은 지양하고, 되도록 간결한 제목을 사용하도록 한다. 또한, 해당 콘텐츠의 주제나 내용을 포괄할 수 있는 대표성과 현재 위치를 파악할 수 있는 맥락Context을 제공해야 한다. 해당 정보에 대해 미리 예상할 수 있도록 글로벌 내비게이션 바 메뉴에 마우스를 위치시켰을 때 직관적인 설명 피드백을 제공하여 어떤 내용을 담은 페이지인지 대략적인 예측이 가능하도록 피드백을 제공하는 것도 매우 중요하다.

■ **일관성**

폰트나 언어 및 형용사, 명사 등의 표현 스타일은 일관성을 지켜주는 것이 좋다. 이해하기 어려운 영문 메뉴명이라든지 검색–찾기, 등록–확인, PR–홍보 등의 단어 선택도 일관성을 유지하는 것이 중요하다.

■ **상호배타성**

서비스 내에서 각 정보는 하나의 이름만 가져야 한다. 유사한 이름을 부여하면 상호 영향을 주기 때문에, 상호배타성 결여로 인한 정보의 독립성과 메뉴 간 정보의 중복 인지가 불가피할 수밖에 없어서 사용자가 정보를 탐색하는 과정에서 어려움을 겪을 수 있으니 주의하도록 한다.

SECTION 05

내비게이션 시스템

1 내비게이션의 개념

내비게이션Navigation은 '항해', '항해술', '항법'을 뜻하며, 항공기나 선박을 어느 한 지점으로부터 목표로 하는 다른 지점까지 안내하여 도달할 수 있도록 유도하는 방법 또는 장치를 의미한다. 즉, 내비게이션은 배의 방향을 조정하고 결정짓는 '방향키'이자 '조타기Wheel Stand'이고 방향키를 조작하는 사람을 조타수Wheelman라고 하듯이, 사용자가 원하는 정보를 탐색하기 쉽도록 방향을 설정하고 이동을 돕기 위해 내비게이션을 설계하는 기획자가 바로 조타수다.

그림 14-20 방향키의 역할을 하는 내비게이션 [08]

2 내비게이션의 목적

내비게이션은 사용자가 제공되는 서비스를 이용하면서 원하는 정보를 빠르게 찾을 수 있도록 하는 안내 시스템으로, 사용성을 결정하는 매우 중요한 요소다. 이러한 내비게이션의 주 역할은 사용자에게 지나온 경로를 보여주고(Where have I been?), 현재 위치를 알려주며

(Where am I?), 어디로 갈 수 있는지(Where can I go?)에 대한 정보 탐색 가이드를 제공한다. 또한, 사용자가 복잡한 정보구조 속에서 길을 잃지 않고 원하는 콘텐츠를 쉽게 찾을 수 있도록 하는 것을 목표로 한다.

역설적이겠지만 잘 설계된 내비게이션은 사용자가 인식하지 못하는 내비게이션이다. 내비게이션이 정보 탐색 과정에 즉각적인 피드백과 오류 없이 원활하게 이동을 돕는다면 사용자는 내비게이션 자체를 인식하지 못한다. 반대로 이동이 원활하지 못하거나 원하는 정보를 찾지 못해 이리저리 헤매며 길을 잃게 되는 경우는 불편한 내비게이션의 설계 결과라고 할 수 있다. 이처럼 내비게이션은 사용자로 하여금 정보 탐색의 수단이자 각 페이지 간 이동을 연결하는 역할을 수행하기 때문에 정보구조 설계에서 매우 중요하다.

3 내비게이션의 유형

내비게이션의 형태는 글로벌 내비게이션, 로컬 내비게이션, 콘텍스트 내비게이션과 같이 위치와 역할에 따라 달라질 수 있다. 다양한 내비게이션의 유형을 살펴보자.

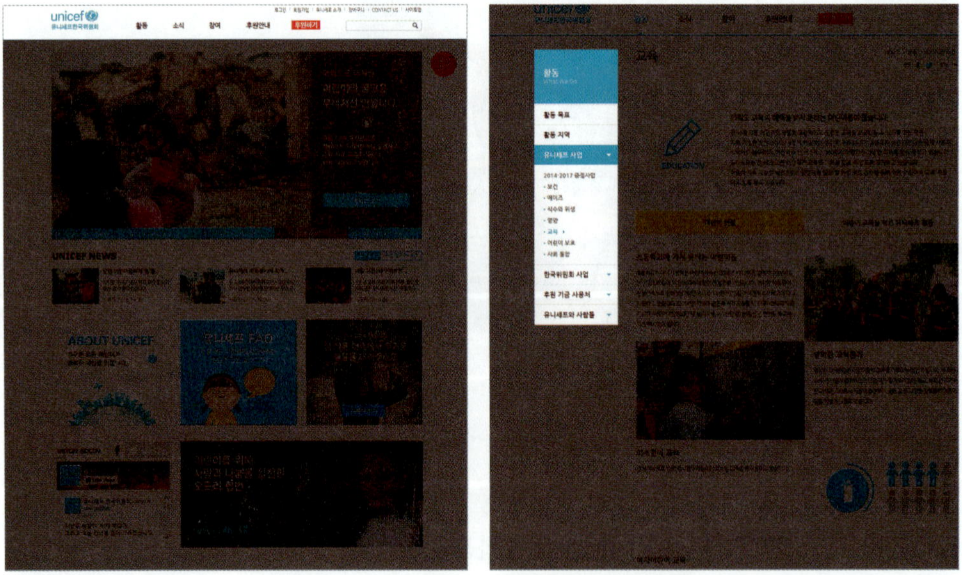

(a) 글로벌 내비게이션의 예 (b) 로컬 내비게이션의 예

그림 14-21 내비게이션의 예 : 유니세프 [09]

■ 글로벌 내비게이션

글로벌 내비게이션Global Navigation은 정보구조 중 가장 상위에 위치하고, 모든 페이지에서 접근이 가능하기 때문에 내비게이션 시스템에서 가장 중요한 역할을 한다. 웹 사이트의 경우 대체로 상단에 위치한 글로벌 내비게이션 바Global Navigation Bar, GNB와 하단의 푸터Footer를 지칭하며 앱의 경우 하단에 위치한 고정된 공통 메뉴가 글로벌 내비게이션이다.

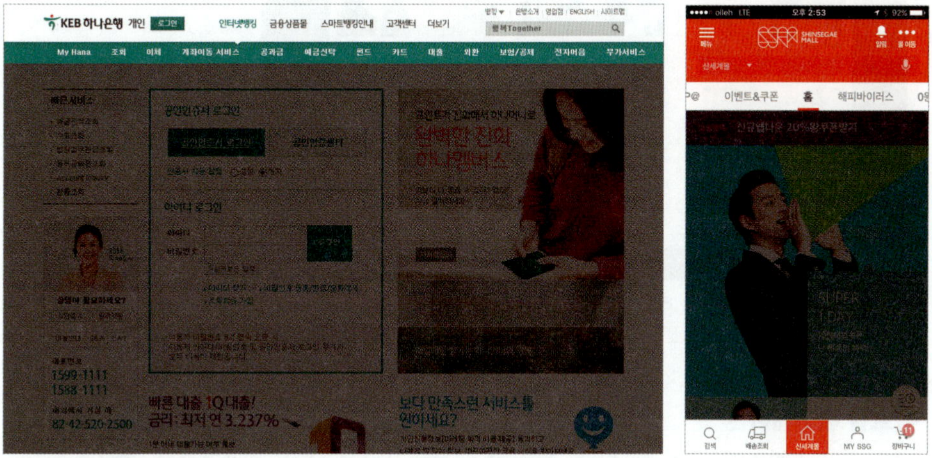

(a) KEB 하나은행 웹 사이트 (b) 신세계몰 앱

그림 14-22 **글로벌 내비게이션 바의 예** [10]

이러한 글로벌 내비게이션은 원하는 정보로의 신속한 접근을 가능하게 하고, 빠른 맥락Context 제공에 유리하며 다른 페이지로 신속하게 이동할 수 있게 도와준다. 최근에는 신속한 이동이 용이한 메가 메뉴Mega Menu의 제공이 점점 증가하고 있는데, 상단 글로벌 내비게이션 바에 마우스 커서를 위치시켰을 때 해당 메뉴에 속한 모든 서브 메뉴가 대형창에 나타나는 형태로 이미지와 혼용하여 제공되기도 한다. 주로 정보의 양이 많거나 카테고리 분류가 복잡한 쇼핑몰이나 온라인 서점에서 많이 사용되고 있다.

여기서 잠깐 **메가 메뉴(Mega Menu)**

글로벌 내비게이션 바에 위치한 메뉴에 마우스를 오버했을 때 나타나는 메뉴로, 하위 메뉴를 모두 보여줌으로써 전체 정보구조를 한눈에 파악할 수 있으며 때에 따라 이미지를 사용하기도 한다.

그림 14-23 메가 메뉴의 예 : SSG닷컴 [11]

■ 로컬 내비게이션

로컬 내비게이션Local Navigation은 글로벌 내비게이션의 하위 내비게이션으로 서브 페이지나 특정 섹션Section에만 존재한다. 주로 서브 페이지 좌측에 위치한 로컬 내비게이션 바Local Navigation Bar, LNB를 말하며 해당 메뉴 내에서의 이동만 가능하다.

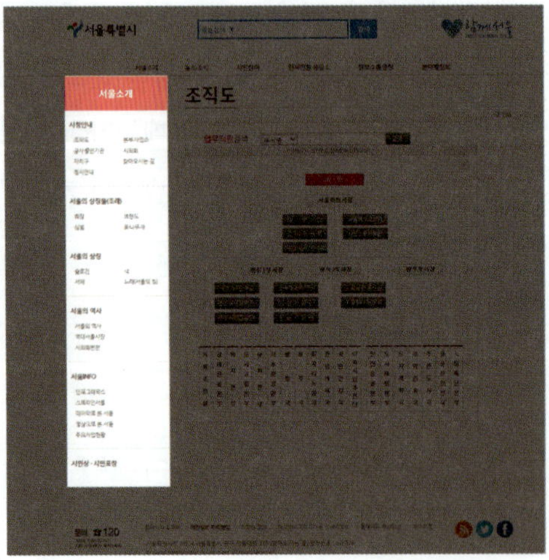

그림 14-24 로컬 내비게이션 바의 예 : 서울특별시 웹 사이트 [12]

화면 구조에 따라 글로벌 내비게이션의 바로 아래나 서브 페이지의 오른쪽에 위치하기도 하는데, 최근에는 고정관념을 깨고 화면 좌측에 로컬 내비게이션과 함께 위치하여 화면을 보다 시원하게 활용하는 사례도 늘고 있다.

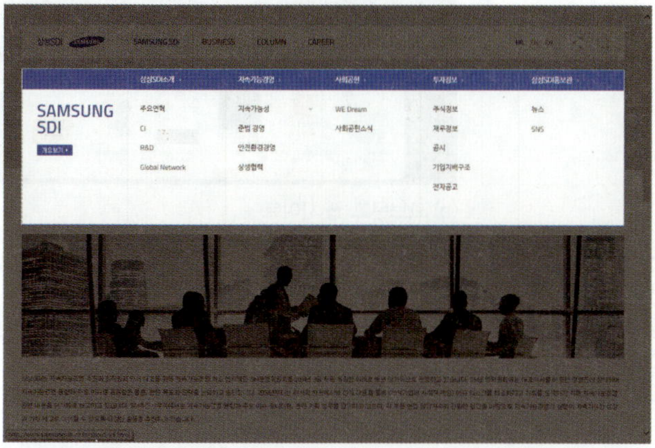

(a) 상단 글로벌 내비게이션 아래 위치한 예 : 삼성 SDI 웹 사이트

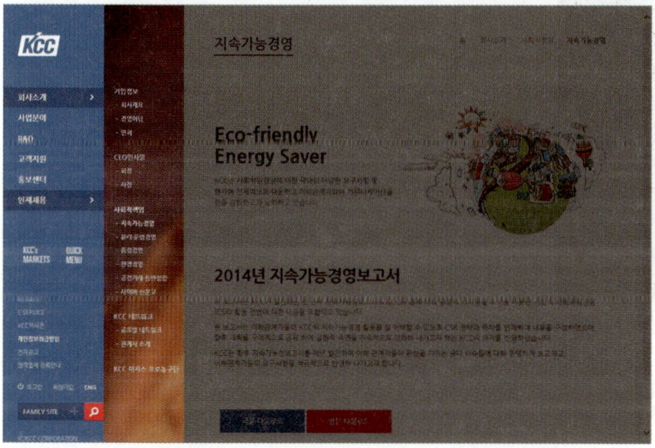

(b) 좌측 글로벌 내비게이션 오른쪽에 위치한 예 : KCC 웹 사이트

그림 14-25 로컬 내비게이션의 다양한 배치 [13] [14]

■ 콘텍스트 내비게이션

콘텍스트 내비게이션Contextual Navigation은 정보의 맥락상 유사한 정보로의 이동이 용이하도록 특정 이미지와 단어에 관련 페이지를 연결하는 방식을 말한다. 대표적인 예로 백과사전 검색 결과 내에서 특정 텍스트의 하이퍼텍스트 링크, 쇼핑몰의 상품 상세 페이지 하단의 관련 제품, 관련 이벤트, 블로그, SNS의 태그 등을 들 수 있다.

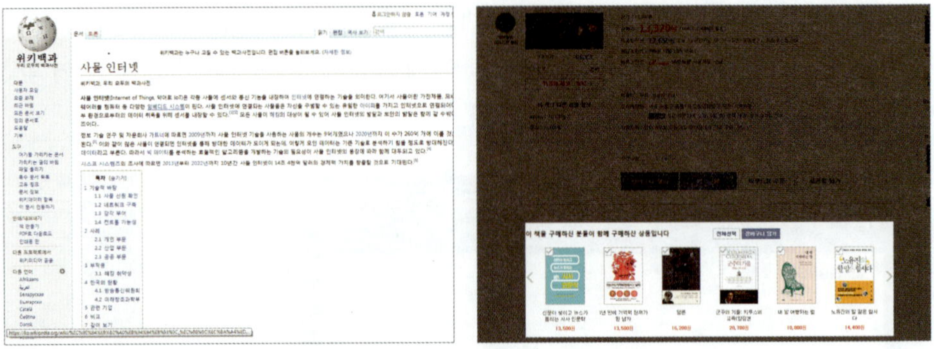

(a) 위키백과 웹 사이트 (b) 교보문고 웹 사이트

그림 14-26 **콘텍스트 내비게이션의 예** [15] [16]

콘텍스트 내비게이션은 유연성을 제공한다는 장점이 있지만, 사용자가 현재 위치를 인식하지 못하고 길을 잃고 당황하는 경우가 발생한다는 단점이 있다.

그림 14-27 **해시태그의 예 : 인스타그램 앱**

요약

1. 정보구조

제공되는 서비스를 콘텐츠의 순서, 배치, 그룹핑 등 정보의 성격과 유형, 우선순위, 위계에 따라 구조화하는 것을 말한다.

2. 정보구조 설계

구조화된 정보를 사용자가 편리하고 쉽게 의도한 목적을 달성할 수 있도록 그 구성과 흐름을 설계하는 것을 말한다.

3. 정보구조 설계 프로세스

정보구조 유형 설정 → 카드소팅 → 레이블링 → 내비게이션 시스템 검토 → 정보구조도 작성

4. 정보구조의 유형

- **계층 구조** : 복잡한 정보를 그룹핑에 의해 상하 위계 구조로 분류하여 톱다운 방식으로 이동할 수 있는 구조다.
- **계열 구조** : 정보를 한 페이지씩 차례대로 나열하여 보여 주는 가장 단순한 구조다.
- **그리드 구조** : 마치 바둑판의 그리드처럼 격자형으로 연결되어 있는 구조다.
- **네트워크 구조** : 비선형적 구조로, 정보가 순차적으로 제공되지 않고 복잡한 네트워크 형식으로 상호 연결되어 사용자가 원하는 페이지로 이동하는 것이 자유로운 구조다.

5. 카드소팅

정보구조나 내비게이션을 설계하기 위해 주로 사용되며, 정보를 배열한 후 분류 및 그룹핑하여 정보의 상하 위계나 상관관계 구조화를 통해 정보를 파악하는 방법이다.

6. 레이블링

내비게이션에 이름을 부여하는 것으로, 쉽게 말하면 레이블링 작업의 결과는 메뉴명, 버튼명 및 각 섹션의 타이틀이 된다.

요약

7. 내비게이션

'항해', '항해술', '항법'을 뜻하며, 항공기나 선박을 어느 한 지점으로부터 목표로 하는 다른 지점까지 안내하여 도달할 수 있도록 유도하는 방법 또는 장치를 의미한다.

8. 내비게이션의 유형

- **글로벌 내비게이션** : 정보구조 중 가장 상위에 위치하고 내비게이션 시스템에서 가장 중요한 역할을 한다.
- **로컬 내비게이션** : 글로벌 내비게이션의 하위 내비게이션으로 서브 페이지나 특정 섹션에만 존재한다.
- **콘텍스트 내비게이션** : 정보의 맥락상 유사한 정보로의 이동이 용이하도록 특정 이미지와 단어에 관련 페이지를 연결하는 방식을 말한다.

실습 과제

정보구조 설계하기 카드소팅을 통해 정보를 분류해 보고, 분류된 정보로 아래 양식을 이용하여 정보구조를 설계해 보자.

화면 ID	화면 ID		1 Depth	2 Depth	3 Depth	Content	유형	데이터타입	권한정책
Main	0	0.1							
		0.2							
		0.3							
		0.4							
		0.5							
GNB	1	1.1							
		1.2							
		1.3							
		1.4							
		1.5							
	2	2.1							
		2.2							
		2.3							
		2.4							
		2.5							
	3	3.1							
		3.2							
		3.3							
		3.4							
		3.5							

실습 과제

화면 ID	화면 ID	1 Depth	2 Depth	3 Depth	Content	유형	데이터타입	권한정책
Footer								

PART 06

스토리보드 제작

PART 06

정보구조 설계와 내비게이션 시스템 구성이 끝났다면, 이제는 세부적인 화면 구조를 예상해볼 수 있도록 와이어프레임을 제작한다. 와이어프레임은 화면 설계에 가장 기초가 되는 작업으로 정보 배치에 대한 전체적인 레이아웃 구상을 의미한다. PART 06에서는 와이어프레임 제작을 통한 화면 레이아웃 구성과 스토리보드 제작에 대해 알아본다.

CHAPTER 15

와이어프레임 작성

PREVIEW

이번 장에서는 제공하고자 하는 서비스의 화면 레이아웃 구성과 정보의 우선순위 및 유형에 따른 배열 그리고 인터페이스의 다양한 종류에 대한 이해를 바탕으로 와이어프레임을 작성하는 방법에 대해 알아본다.

SECTION 01

와이어프레임의 이해

1 와이어프레임의 개념

와이어프레임Wireframe은 화면 배치, 내비게이션 시스템, 버튼, 입력창과 같은 인터페이스 요소들을 간단한 선Wire으로 단순화하여 요약한 스케치로, 주로 손으로 직접 그리거나 파워포인트와 같은 툴로 제작한다. 와이어프레임은 주로 세부 내용과 상세 기능이 포함된 스토리보드Storyboard를 작성하기 전, 짧은 시간동안 빠르게 대략적인 화면 구조와 각 페이지 간의 연결 구조 등을 파악할 때 사용된다. 와이어프레임을 작성할 때에는 콘텐츠의 세부 내용과 디자인적인 요소는 배제하고, 레이아웃과 내비게이션 시스템 및 주요 인터페이스 위주로 구성하여 전체 구조를 조감할 수 있도록 간략하게 작성하는 것이 좋다.

2 와이어프레임의 사례

- **모바일용 앱 와이어프레임**

  [그림 15-1]은 모바일용 앱의 메인 화면, 메뉴 내비게이션, 기타 서비스 화면을 와이어프레임으로 작성한 사례다.

좌측 메뉴 아이콘을 선택하고 스와이프하면, 타이머 모양으로 메뉴가 정렬된다.

마이페이지 – 내 글/공감 글/답변 글 목록형으로 글이 정렬된다(공감과 댓글은 마이페이지에서 확인 가능).

내가 올린 글에 댓글을 남기거나 공감을 하면 실시간 알림 서비스로 확인할 수 있다(스크롤).

(a) 모바일용 앱 내비게이션 화면

다른 사용자가 나의 글에 댓글을 달았다는 배너 알림을 선택해 앱을 실행한다.

알림을 눌러 실시간 알림창에서 선택해 해당 글로 이동한다.

나의 글에 작성된 댓글을 확인할 수 있다.

(b) 모바일용 앱 기타 서비스 화면

그림 15–1 모바일용 앱 와이어프레임의 예

■ 웹 사이트 와이어프레임

[그림 15-2]는 웹 사이트의 공유하기와 문의하기 서비스를 와이어프레임으로 작성한 사례다.

Title : 공유하기

사용자가 웹 사이트의 콘텐츠를 직접 공유한다.
갤러리 – 내용보기 – 공유하기

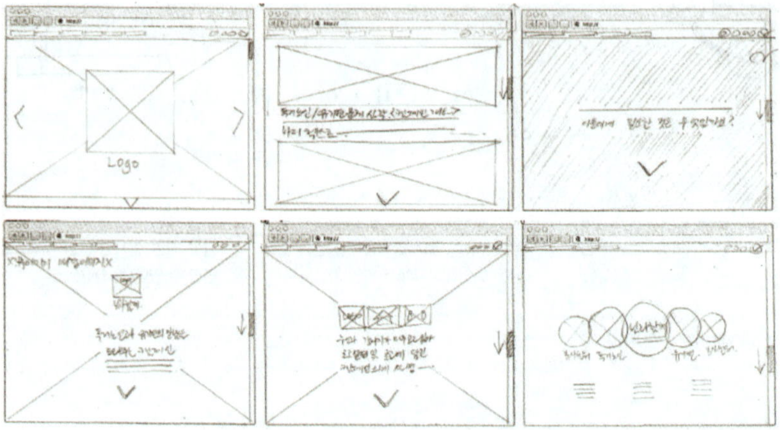

(a) 웹 사이트의 공유하기 서비스

Title : 문의하기

사용자가 웹 사이트에 직접 문의한다.

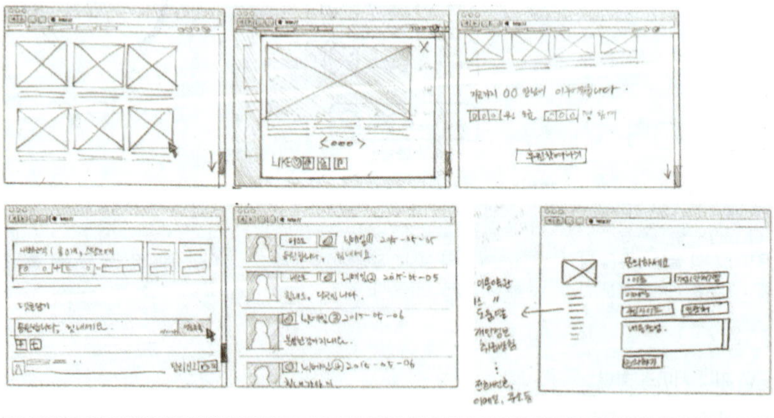

(b) 웹 사이트의 문의하기 서비스

그림 15-2 **웹 사이트 와이어프레임의 예**

■ 키오스크 와이어프레임

[그림 15-3]은 키오스크의 서비스 흐름을 와이어프레임으로 작성한 사례다.

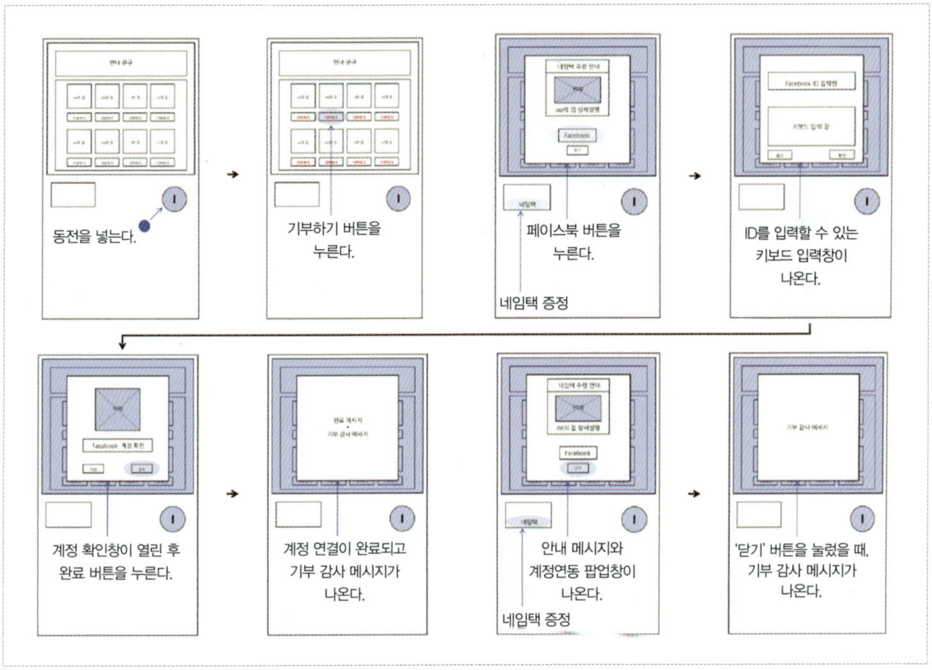

그림 15-3 **키오스크 와이어프레임의 예**

3 와이어프레임 제작 워크숍

와이어프레임을 제작하기 위해서는 컴퓨터나 스마트폰, 와이어프레임 제작 용지, 펜 등과 같은 준비물이 필요하며, 다음과 같은 순서로 진행한다.

❶ **팀 구성하기** : 2인 1조로 팀을 구성한다.

❷ **매체 선택하기** : 팀 구성원 중에서 한 명은 A 웹 사이트(또는 스마트폰, 태블릿 PC, 스마트워치), 다른 한 명은 B 웹 사이트를 선정한다.

❸ **와이어프레임 그리기** : 각자 자신이 선정한 웹 사이트를 보면서 미리 나누어준 와이어프레임 스케치 용지에 자유롭게 그려본다.

(a) 웹 사이트 (b) 스마트폰 (c) 태블릿 PC (d) 스마트워치

그림 15-4 매체별 와이어프레임 스케치 용지 [01]

❹ **스케치 용지 교환하기** : 스케치 용지에 그린 와이어프레임을 서로 바꾸어서 살펴본다.

❺ **질문하기** : 다음과 같은 내용을 질문해 본다.

- 상대방이 그린 와이어프레임만 보고도 어떤 서비스의 웹 사이트인지 상상이 되는가?
- 자신이 디자이너나 개발자라면 이 와이어프레임을 통해 어떤 프로젝트인지 예상할 수 있는가?
- 해당 와이어프레임이 가능하지 않다면, 와이어프레임에 어떤 내용이 더 필요한가?

❻ **수정 및 보완하기** : 다시 본인이 그린 와이어프레임을 수정하고 보완한다.

❼ **마무리하기** : 완성된 와이어프레임을 보면서 보충하는 설명글을 적고 마무리한다.

그림 15-5 와이어프레임 제작 워크숍

SECTION

02 화면 레이아웃 구성

1 화면 레이아웃의 구성 요소

화면 레이아웃은 CI가 포함된 상단 영역인 헤더Header, 메인 내비게이션에 해당하는 GNBGlobal Navigation Bar, 서브페이지 좌·우측 서브 내비게이션에 해당하는 LNBLocal Navigation Bar, 페이지별 내용이 나타나는 콘텐츠 영역Contents Area, 하단의 링크와 푸터Footer로 구성된다.

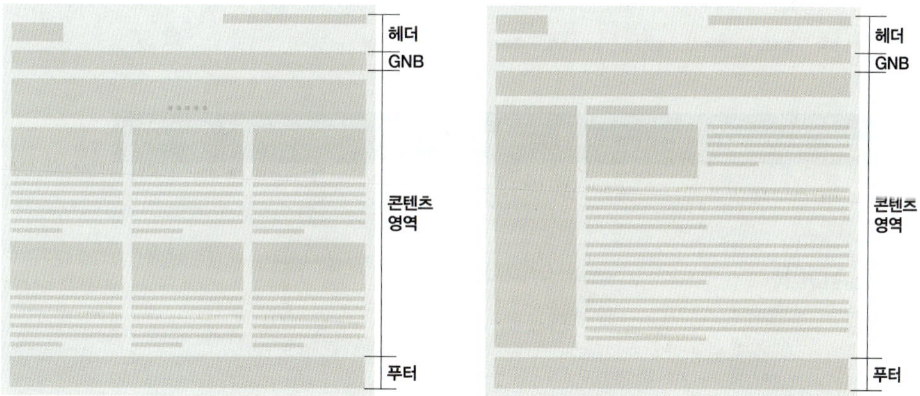

(a) 메인 화면 (b) 서브 화면

그림 15-6 웹 사이트 화면 레이아웃 구성

헤더

헤더Header는 페이지 상단에 위치하며 가장 노출이 많이 되는 영역으로, 사용자에게 페이지의 첫인상과 전체적인 이미지를 전달해 주는 주요 요소다. 보통 로고, 홈, 회원가입, 로그인, 로그아웃, 마이페이지, SNS, 사이트 맵, 다국어 웹 사이트, 장바구니, 주문/배송조회 등의 메뉴가 위치하며 포털사이트, 쇼핑몰 등 방대한 정보를 제공하는 웹 사이트의 경우 검색 창이 위치하기도 한다.

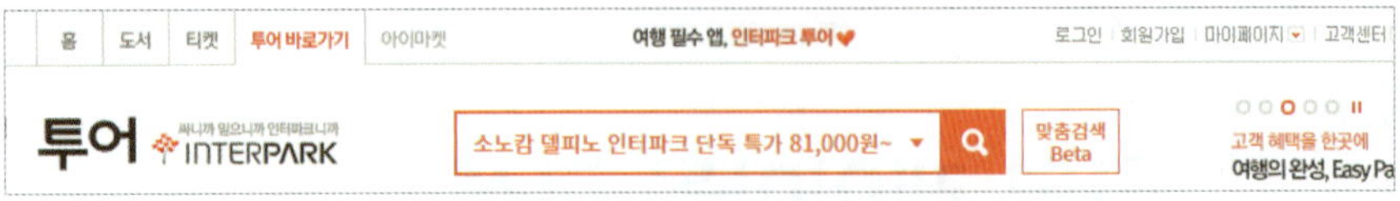

(a) 인터파크 투어

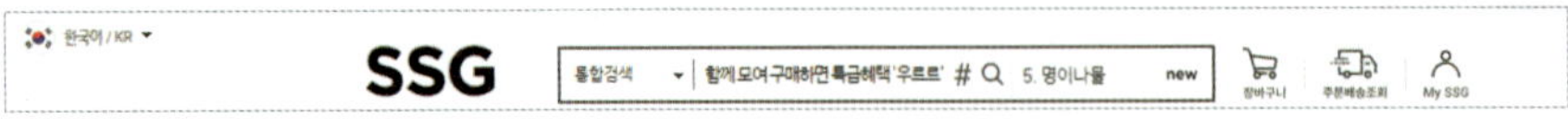

(b) SSG

그림 15-7 **웹 사이트 헤더의 예** [02] [03]

GNB

GNB[Global Navigation Bar]는 보통 헤더 아래에 위치하거나 헤더와 같은 영역에 사용되기도 한다. 대부분 동일한 위치와 디자인으로 일관성 있게 적용되어 어느 페이지에서든 GNB를 이용하여 원하는 페이지로 이동이 가능하도록 구성한다.

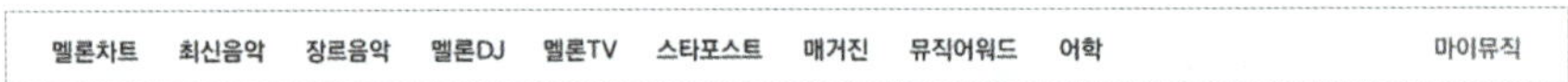

(a) 멜론

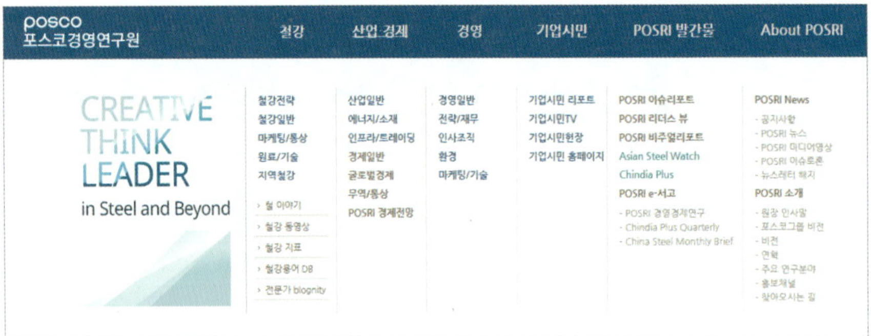

(b) 포스코 경영연구원

그림 15-8 **웹 사이트 GNB의 예** [04] [05]

LNB

LNB[Local Navigation Bar]는 GNB 하위 계층의 서브 메뉴 영역으로 서브 페이지의 좌측 또는 우측이나 때에 따라서는 GNB 바로 아래에 위치하기도 한다. 과거에는 주로 서브 페이지의 좌측에 위치하였으나 최근에는 GNB에 마우스를 오버했을 때 전체 메뉴를 한눈에 볼 수 있도록 펼쳐지는 메가 메뉴의 트렌드로 점차 자리잡고 있는 추세다.

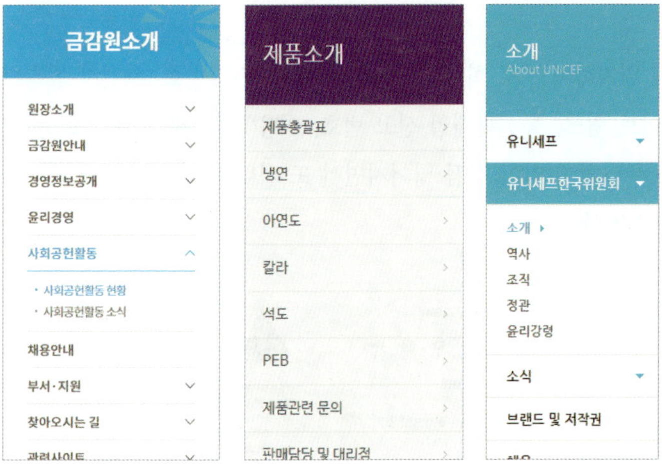

(a) 금융감독원 (b) KG 동부제철 (c) 유니세프

그림 15-9 웹 사이트 LNB의 예 [06] [07] [08]

콘텐츠 영역

콘텐츠 영역Contents Area은 각 페이지별로 주요 내용이 구성되는 영역으로 웹 사이트의 유형에 따라 다양한 형태로 구성된다. 최근에는 콘텐츠 영역과 내비게이션 영역의 경계가 사라지면서, 콘텐츠 영역의 화면 디자인과 동적인 요소를 강조하여 보다 심미성이 드러나게 표현하는 경향을 보여주고 있다.

(a) 멜론 (b) Mini Convertible

그림 15-10 웹 사이트 콘텐츠 영역의 예 [09]

푸터

푸터Footer는 페이지 최하단에 위치하며 주로 회사명, 주소, 이메일, 전화번호, 사업자 등록번호, 관련 사이트, 패밀리 사이트 링크, 통신판매업 신고 번호, 이용약관, 개인정보 보호정책 등의 정보가 제공된다. 최근 푸터의 영역이 점점 넓어지면서 또 하나의 새로운 정보 제공과 내비게이션 영역으로 활용되고 있다.

그림 15-11 **웹 사이트 푸터의 예 : MSR** [10]

2 화면 레이아웃의 구조

각 매체별로 대표적인 레이아웃의 구조를 살펴보며, 화면 레이아웃의 구성에 대해 알아보자.

■ 스마트폰

스마트폰 앱의 화면 레이아웃의 구조는 [그림 15-12]와 같다.

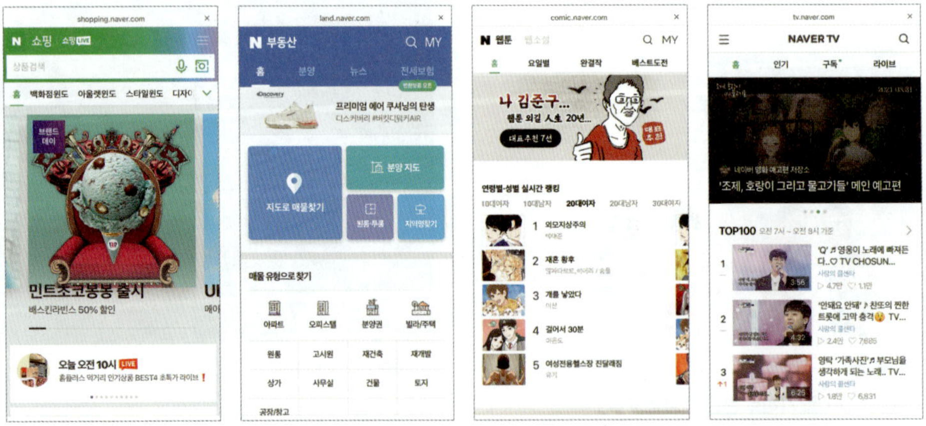

(a) 네이버 쇼핑 (b) 네이버 부동산 (c) 네이버 웹툰 (d) 네이버 TV

그림 15-12 **스마트폰 앱의 화면 레이아웃 : 네이버**

■ 웹 사이트

일반적인 기업 홍보용 웹 사이트의 화면 레이아웃의 구조는 [그림 15-13]과 같다.

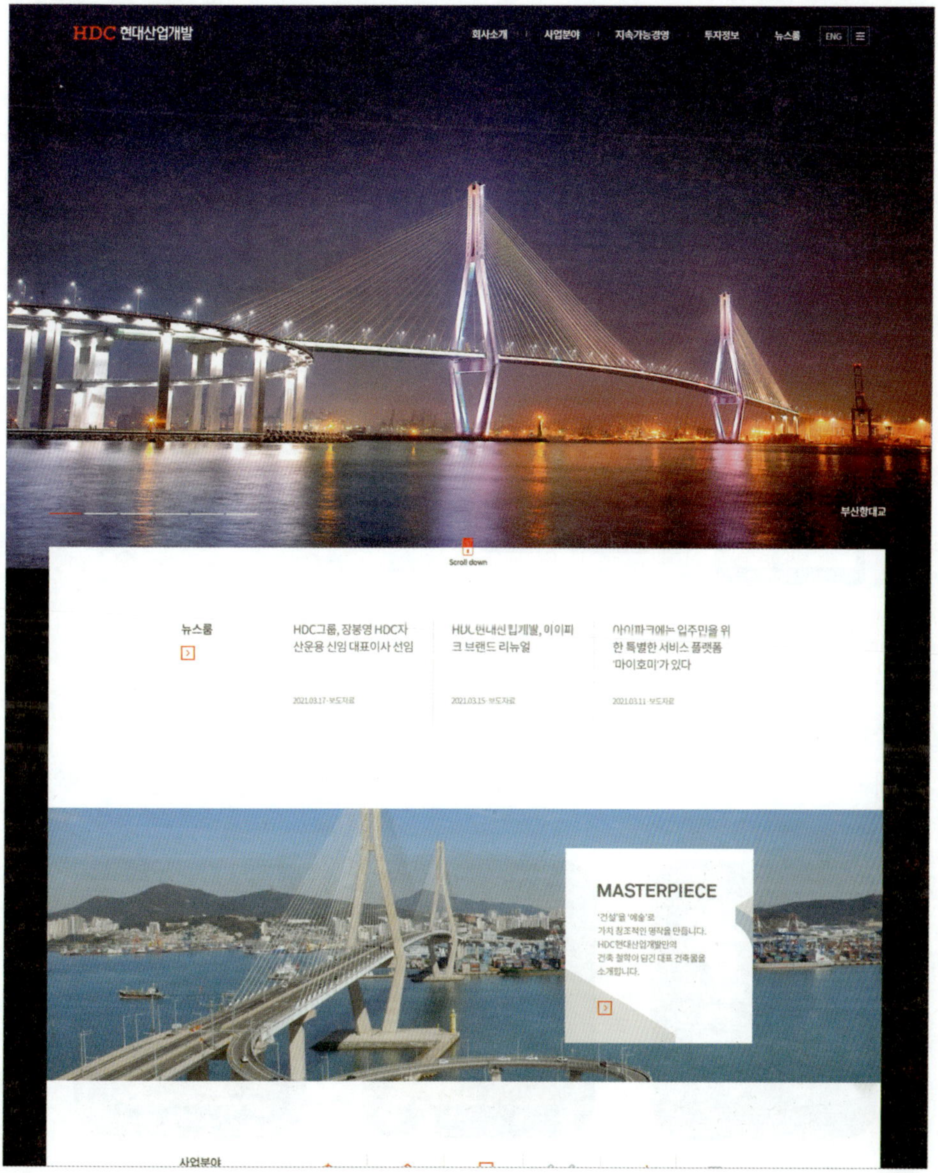

그림 15-13 웹 사이트의 화면 레이아웃 : 현대산업개발 [11]

■ 태블릿 PC

태블릿 PC의 화면 레이아웃의 구조는 [그림 15-14]와 같다.

그림 15-14 **태블릿 PC의 화면 레이아웃 : 아이패드** [12] [13]

■ 스마트워치

대표적인 웨어러블 디바이스인 스마트워치의 화면 레이아웃의 구조는 [그림 15-15]와 같다.

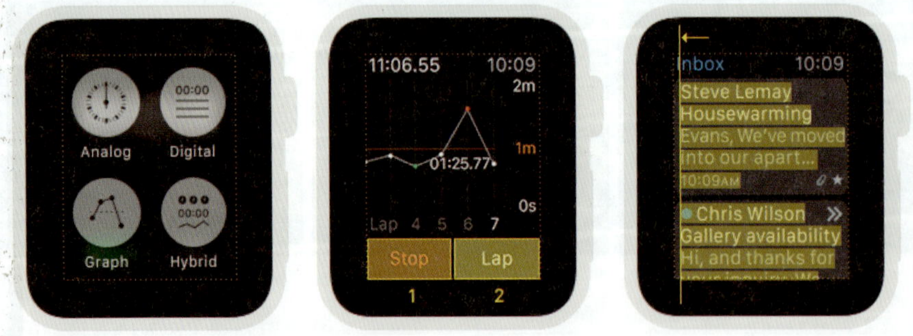

그림 15-15 **스마트워치의 화면 레이아웃 : 애플워치** [14]

■ **스마트 TV**

스마트 TV의 화면 레이아웃의 구조는 [그림 15-16]과 같다.

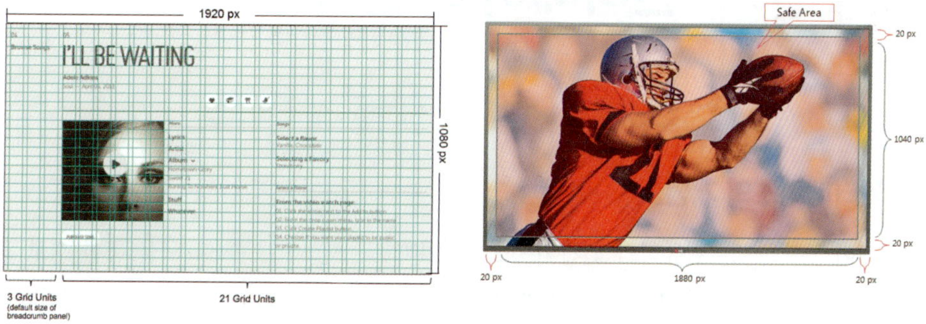

그림 15-16 **스마트 TV의 화면 레이아웃 : LG 웹 OS TV** [15]

■ **스마트 글래스**

스마트 글래스의 화면 레이아웃의 구조는 [그림 15-17]과 같다.

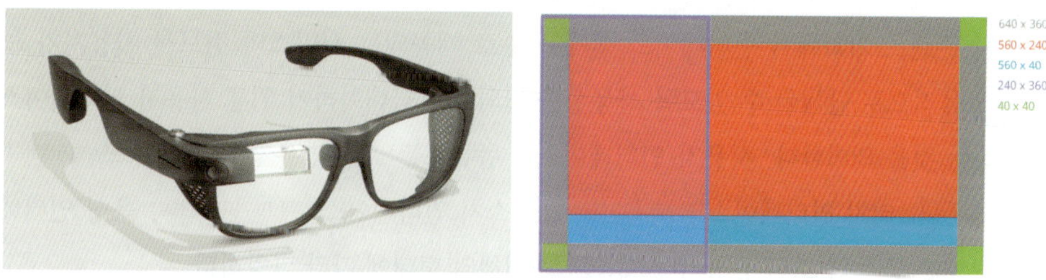

그림 15-17 **스마트 글래스의 화면 레이아웃 : 구글 글래스** [16]

SECTION

03 인터페이스 설계

1 인터페이스의 개념

인터페이스Interface는 컴퓨터와 인간의 상호작용Human Computer Interface, HCI을 통한 정보 교환 시스템이다. 마우스, 키보드, 리모컨과 같이 하드웨어적 입출력 장치인 물리적 인터페이스Physical Interface와 사용자가 컴퓨터나 프로그램 등을 쉽고 편리하게 조작할 수 있도록 도와주는 사용자 인터페이스User Interface로 구분할 수 있다.

2 사용자 인터페이스의 종류

디지털 콘텐츠 기획에서 인터페이스 설계는 주로 제공되는 서비스의 정보를 사용자가 보기 쉽고 효율적으로 탐색할 수 있도록 사용성과 편의성을 극대화하기 위해 사용자 인터페이스를 설계하는 것을 의미한다. 사용자 인터페이스의 종류로는 그래픽 유저 인터페이스Graphical User Interface, GUI, 터치 인터페이스Touch Interface, 제스처 인터페이스Gesture Interface, 음성 인터페이스Voice Interface 등 정보의 유형이나 제공되는 매체의 형태에 따라 다양하다.

그래픽 유저 인터페이스

그래픽 유저 인터페이스Graphic User Interface는 문자 위주가 아닌 그래픽 위주의 사용자 인터페이스 방식이다. [그림 15-18]과 같이 iOS 14.5 GUI, 윈도우 10 메트로 UI가 그래픽 유저 인터페이스의 대표적인 예다.

(a) iOS 14.5 GUI (b) 윈도우 10 메트로 UI

그림 15-18 **그래픽 유저 인터페이스의 예** [17]

터치 인터페이스

터치 인터페이스Touch Interface는 직접 손으로 터치하는 인터페이스 방식이며, 모바일용 접촉식 터치 인터페이스의 예는 [그림 15-19]와 같다.

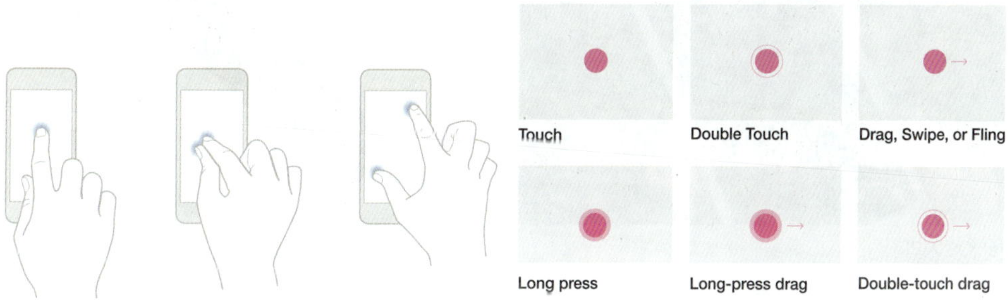

(a) iOS의 터치 인터페이스 (b) 안드로이드의 터치 인터페이스

그림 15-19 **터치 인터페이스의 예** [18]

제스처 인터페이스

제스처 인터페이스Gesture Interface는 사용자의 움직임을 인식하는 동작 기반의 비접촉식 인터페이스 방식이다. [그림 15-20]과 같이 닌텐도 제스처 인터페이스, BMW 제스처 컨트롤이 제스처 인터페이스의 대표적인 예다.

(a) 닌텐도 제스처 인터페이스

(b) BMW 제스처 컨트롤

그림 15-20 제스처 인터페이스의 예 [19] [20]

음성 인터페이스

음성 인식을 기반으로 한 음성 인터페이스Voice Interface의 예는 [그림 15-21]과 같다.

(a) iOS 시리

(b) LG TV 매직 리모컨 음성인식

그림 15-21 음성 인터페이스의 예 [21] [22]

3 사용자 인터페이스의 설계 원칙

인터페이스를 설계하기 위해서는 몇 가지 원칙이 있다. 다음은 애플의 사용자 인터페이스 설계 원칙 중 주요 내용만 요약한 것으로, 인터페이스를 설계할 때 참고하면 유용하다.

■ **메타포**

메타포Metaphors는 처음 사용자들이 시스템에 빨리 적용할 수 있도록 도와주는 요소로 사용자 경험에 의한 지식을 이용하여 조작하고자 하는 대상의 개념과 특징을 이해하는 것을 말한다. 예를 들어 폴더는 문서 보관, 휴지통은 파일 삭제와 같이 누구나 쉽게 알 수 있는 물리적 모습과 유사하며 사용자 경험에 유추한 메타포를 사용하는 것이 좋다.

■ 직접 조작

직접 조작Trect Manipulation은 제공되는 오브젝트를 사용자가 직접 제어하며 시스템을 다루고 있다는 느낌을 가지게 하는 것을 말한다. 예를 들어 드래그, 클릭 등을 통해 사용자는 그 행위에 대한 결과를 기대하기 때문에 사용자가 조작을 하고 있는 동안에는 해당 오브젝트가 화면상에 계속해서 나타나면서Animation 조작 결과에 대한 피드백을 바로 제공해야 한다.

■ 눈으로 보고 지정하기

눈으로 보고 지정하기See and Point는 사용자와 시스템 간의 상호작용하는 과정을 보여주는 것으로 사용자가 하고 있는 일을 화면상에서 보여주어 자신이 무엇을 하고 있는지를 알려준다. 또한, 관심 있는 오브젝트나 다른 목록, 대안들을 제시하여 사용자가 보고 있는 것을 직접 선택하고 지정할 수 있어야 한다.

■ 일관성

일관성Consistency의 원칙은 인터페이스 표준에 의해 한 번 학습된 내용이 다른 유사한 상황에 효과적인 영향을 미칠 수 있도록 상호 공통성을 부여하는 것을 말한다. 그래픽 요소, 메타포, 클릭, 마우스 우측 버튼, 드래그 등의 조작 방식이 일관성 있게 제공되면 한 번의 학습에 의한 인터페이스 학습이 가능하다. 이를 통해 유사 시스템이나 다음 조작을 사용자가 예측할 수 있기 때문에 시스템 사용을 용이하게 할 수 있다.

■ 사용자 조절

사용자 조절User Control은 사용자가 자신이 실제로 참여하고 있다고 느끼도록 만드는 것을 말한다. 참여에 의한 학습 능률이 가장 뛰어나기 때문에 컴퓨터가 사용자의 행위를 제한하여 사용자가 수동적으로 느껴지도록 하는 것이 아니라 작업 수행에 필요한 주도권을 사용자에게 제공해야 한다. 작업의 최종 확인 단계에서 해당 작업에 대해 다시 한번 확인하거나 취소하는 선택을 제공하여 사용자가 최종적으로 컨트롤할 수 있도록 한다.

■ 피드백과 대화

피드백과 대화Feedback and Dialogue는 사용자 조작에 대한 상태를 알려주는 것으로 행위에 대한 결과와 작업 수행 반응을 시각적, 청각적 신호로 제공해야 한다. 예를 들어 메뉴에 마우스를 오버할 때 버튼, 텍스트, 크기, 색상, 선택 영역을 하이라이트를 통해 사용자가 무엇을 선택했는지 시각적 피드백을 제공하거나 조작 오류가 발생했을 때 주의를 줄 수 있도록 경고음을 이용한 청각적 신호를 제공해야 한다. 또한 다른 작업으로 해당 작업 처리가 불가능할 때는 대기 시간을 디스플레이 하거나 해결 방법과 같은 빠른 피드백을 제공하여 최종 확인 및 작업 취소 등의 선택이 가능하도록 해야 한다.

■ 관대함

사용자의 실수를 관대하게 허용하고 잘못된 행위에 대해 철회할 수 있도록 하여 사용자가 시스템의 손상 없이 자유롭게 다양한 조작을 시도해 볼 수 있는 느낌을 갖도록 한다. 사용에 있어 편안하고 자연스러운 시스템이 되도록 설계되어야 하며, 치명적인 오류나 데이터 손실 등 사용자의 실수에 대해서는 경고 메시지를 사용한다.

■ 심미적 완전함

심미적 완전함Aesthetic Integrity이란 시각디자인의 원칙과 일치하여 정보가 잘 조직되어 보이고 미적으로도 아름다움을 전달하는 것을 말한다. 작업을 수행하는 데 있어 효율적인 인터페이스라고 할지라도 그 외형적인 측면을 고려해야 한다. 임의적이거나 독단적인 그래픽 이미지를 지양하고, 그래픽 요소가 너무 많이 나타나지 않도록 시각적 정보의 양을 조절하는 것이 좋다. 가능한 표준화된 그래픽 유저 인터페이스를 사용하여 인터페이스의 의미를 바꾸지 않도록 유의하며, 사용자가 기대하는 상호작용Interaction을 충족할 수 있도록 한다.

요약

1. 와이어프레임

화면 배치, 내비게이션 시스템, 버튼, 입력창과 같은 인터페이스 요소들을 간단한 선으로 단순화하여 요약한 스케치로 주로 손으로 직접 그리거나 파워포인트와 같은 문서 작성 툴로 제작한다. 와이어프레임은 주로 세부 내용과 상세 기능이 포함된 스토리보드를 작성하기 전, 짧은 시간동안 빠르게 대략적인 화면 구조와 각 페이지 간의 연결 구조 등을 파악할 때 사용된다.

2. 와이어프레임 제작 워크숍

❶ 팀 구성하기 ❷ 매체 선택하기 ❸ 와이어프레임 그리기 ❹ 스케치 용지 교환하기 ❺ 질문하기 ❻ 수정 및 보완하기 ❼ 마무리하기

3. 화면 레이아웃 구성 요소

- **헤더** : 페이지 상단에 위치하며 가장 노출이 많이 되는 영역으로, 사용자에게 페이지의 첫인상과 전체적인 이미지를 전달해 주는 주요 요소다.
- GNB : 보통 헤더 아래에 위치하거나 헤더와 같은 영역에 사용되기도 한다.
- LNB : GNB 하위 계층의 서브 메뉴 영역으로, 보통 서브 페이지의 좌측 또는 우측이나 때에 따라서는 GNB 바로 아래에 위치하기도 한다.
- **콘텐츠 영역** : 각 페이지별로 주요 내용이 구성되는 영역으로, 웹 사이트의 유형에 따라 다양한 형태로 구성된다.
- **푸터** : 페이지 최하단에 위치하며, 주로 회사명, 주소, 이메일, 전화번호, 사업자 등록번호, 관련 사이트, 패밀리 사이트 링크, 통신판매업 신고 번호, 이용약관, 개인정보 보호정책 등의 정보가 제공된다.

4. 인터페이스

컴퓨터와 인간의 상호작용을 통한 정보 교환 시스템으로 물리적 인터페이스와 사용자 인터페이스로 구분할 수 있다.

5. 사용자 인터페이스의 종류

사용자 인터페이스 종류로는 그래픽 유저 인터페이스, 터치 인터페이스, 제스처 인터페이스, 음성 인터페이스 등 정보의 유형이나 제공되는 매체의 형태에 따라 다양하다.

실습 과제

와이어프레임 작성하기 제공하고자 하는 서비스의 화면 레이아웃을 구상해 보고, 아래의 각 매체별 양식을 이용하여 와이어프레임을 작성해 보자.

① 웹 사이트

실습 과제

② 스마트폰

③ 태블릿 PC

실습 과제

④ 스마트워치

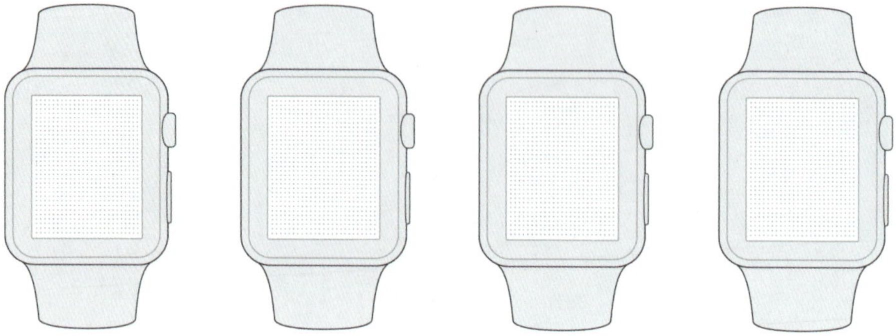

CHAPTER 16

스토리보드 작성

PREVIEW

이번 장에서는 디지털 콘텐츠 기획자가 해야 할 가장 중요한 작업 중 하나인 스토리보드를 학습하고 스토리보드의 구성 요소와 서비스의 흐름에 대한 이해를 바탕으로 스토리보드를 작성하는 방법에 대해 알아본다.

SECTION 01

스토리보드의 이해

1 스토리보드의 개념

스토리보드Storyboard란 영화, 드라마, 광고, 애니메이션을 작업할 때, 실제 촬영에 앞서 핵심 아이디어나 각 장면의 줄거리를 담아내는 것으로 인물의 위치, 카메라의 앵글, 조명의 각도, 배경음과 효과음 등을 콘티의 형식으로 작성한 문서를 의미한다.

디지털 콘텐츠 기획에서 스토리보드는 '화면 설계서'를 의미하며 제공하고자 하는 서비스의 상세 화면에 대한 구성, 내용, 흐름, 동작 방식, 기능을 설계하고 정의하는 것을 말한다. 현업에서는 간단히 줄여서 SB 또는 SDScreen Definition라고도 부른다. 와이어프레임이 화면의 구조와 흐름을 파악하거나 전체 구조를 조감하기 위한 작업이라면 스토리보드는 각 화면 및 페이지의 상세 내용과 흐름을 작성하는 작업을 의미한다.

2 스토리보드의 목적

스토리보드를 제작하는 목적은 각 화면의 상세 설계를 통해 프로젝트를 진행할 때 작업 지침이나 가이드라인의 역할을 수행하기 위함이다. 또한, 이러한 화면 설계를 바탕으로 프로토타이핑Prototyping 작업을 통해 구체적인 디자인 작업에 들어가기 전, 사용성 테스트를 시행하여 UI 설계에 대한 문제점들을 보완할 수 있다. 또 다른 목적으로는 기획자, 디자이너, 개발자, 클라이언트와 같이 프로젝트에 참여하는 모든 구성원들과의 의견 조율 및 효과적인 커뮤니케이션 도구로 사용된다.

3 스토리보드의 구성

스토리보드의 구성은 대략적으로 표지, 개정 이력, 공통 UI 정의, 정보구조도, 서비스 흐름도Flow Chart, 화면 설계 등의 순서로 이루어지는데 구체적으로 어떤 내용과 형식으로 구성되는지 사례를 통해 살펴보자.

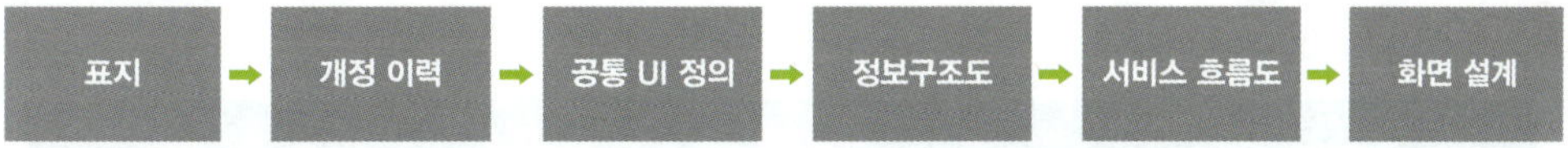

그림 16-1 스토리보드의 구성

표지

표지에는 프로젝트명, 문서명, 서비스 ID, 작성자의 이름 및 소속, 작성 연월일, 문서 버전, 담당자별 결재 영역 등의 정보로 구성된다.

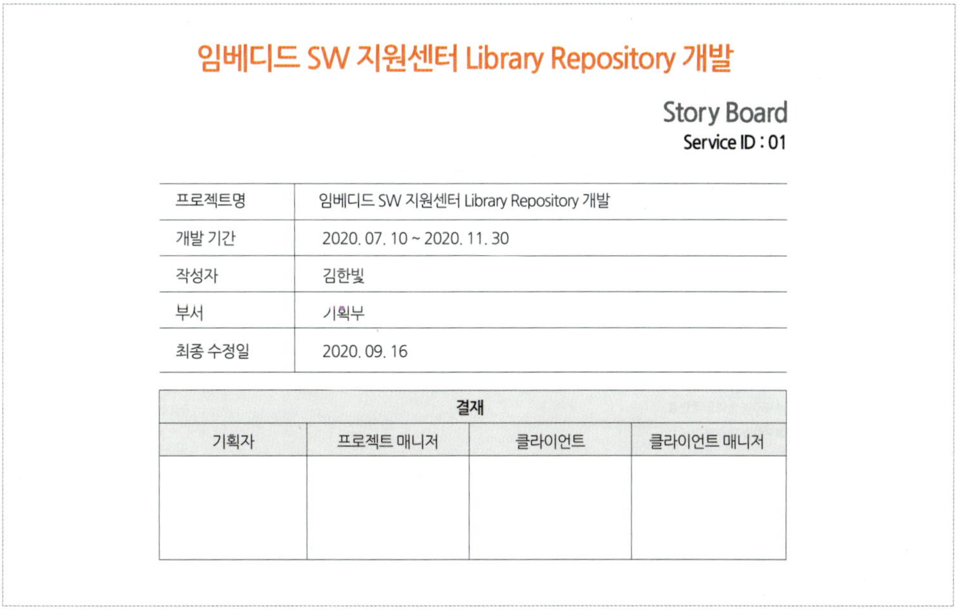

임베디드 SW 지원센터 Library Repository 개발

Story Board

Service ID : 01

프로젝트명	임베디드 SW 지원센터 Library Repository 개발
개발 기간	2020. 07. 10 ~ 2020. 11. 30
작성자	김한빛
부서	기획부
최종 수정일	2020. 09. 16

결재			
기획자	프로젝트 매니저	클라이언트	클라이언트 매니저

그림 16-2 스토리보드 표지의 예

개정 이력

스토리보드는 협업을 위한 도구이기 때문에 디자이너, 개발자, 클라이언트와 회의를 하며 많은 수정 과정을 거치게 된다. 수정된 내용을 한눈에 알아볼 수 있도록 수정 버전, 날짜, 상세 내용 등이 개정 이력에 표시된다.

개정 이력

Update	Version	작업 및 갱신 내용	비고
2020.09.06	1.1	- 문서 생성	
2020.09.19	1.2	- Navigation Structure 변경에 따른 통합검색 화면 변경. My Edu Search 대메뉴 추가	- 9월 16일(금) 미팅 결과 내용 반영
2020.09.22	1.3	- 검색 결과 정렬 조건바 통합검색 결과에서만 노출 - 통합검색 결과 마우스 오버 시 스크랩 및 단어장 추가 박스 활성화 - My Edu Search 게시물 정렬 방식 변경 - 검색어 저장 목록에서 검색 건수 삭제 - 문제은행 페이지 추가 - 단어장 파형 제공 서비스 삭제 - 단어장 추가 시 기본단어장 제공 - 단어장 학습기능(깜빡이) 추가	- 9월 20일(수) 미팅 결과 내용 반영
2020.09.25	1.4	- My Edu 와 개인정보수정 이원화(My Edu- 검색어저장, 스크랩, 단어장), 개인정보수정-개인정보수정, 검색환경설정) - GNB 우측에 "My Edu" 버튼 위치 - 메인 우측 하단의 에듀서치 DB현황 영역을 "추천검색어"로 변경 - 메인 상세검색 화면에서 검색 구분자 And / Not / Or 하나의 DB에서만 Search, 검색 창 및 버튼 위치 변경 - 검색 결과 화면에서 '스크랩' 및 '단어장저장' 버튼 마우스 오버 형식이 아닌 디폴트로 위치 - 이미지, 멀티미디어 대메뉴로 변경, GNB로 올라감. - 사전의 검색결과 화면에서 우측 학습영역은 단어장 및 학습기로 대체	- 9월 23일(금) 미팅 결과 내용 반영
2020.09.30	1.5	- 문제은행의 2depth 개별문제, 문제지로 구분 - 문제지의 출력형태 변경 - 예문학습기 추가	- 9월 30일(금) 미팅 결과 내용 반영
2020.10.20	1.6	- 대메뉴(백과사전, 사전, 문제은행, 이미지, 멀티미디어) 메인 화면 추가	

그림 16-3 **스토리보드 개정 이력의 예**

공통 UI 정의

글로벌 내비게이션 바GNB, 로컬 내비게이션 바LNB, 푸터Footer, 로그인 영역, 버튼, 입력창, 팝업 등 스토리보드에 공통으로 표현되는 UI에 대한 종류와 설명이 공통 UI 정의에 포함된다.

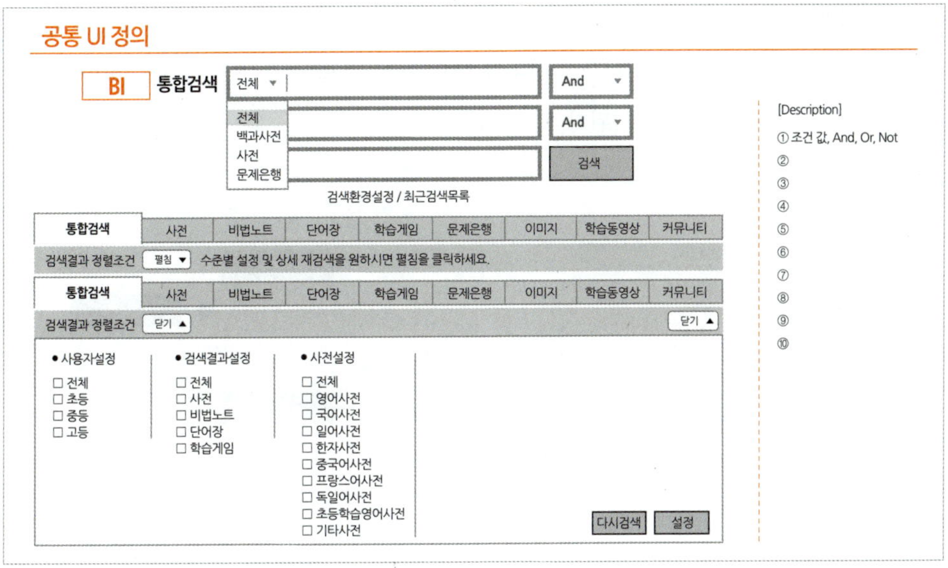

그림 16-4 스토리보드 공통 UI 정의의 예

정보구조도

전체 정보의 흐름을 파악할 수 있도록 정보구조도Information Architecture, IA가 표시된다.

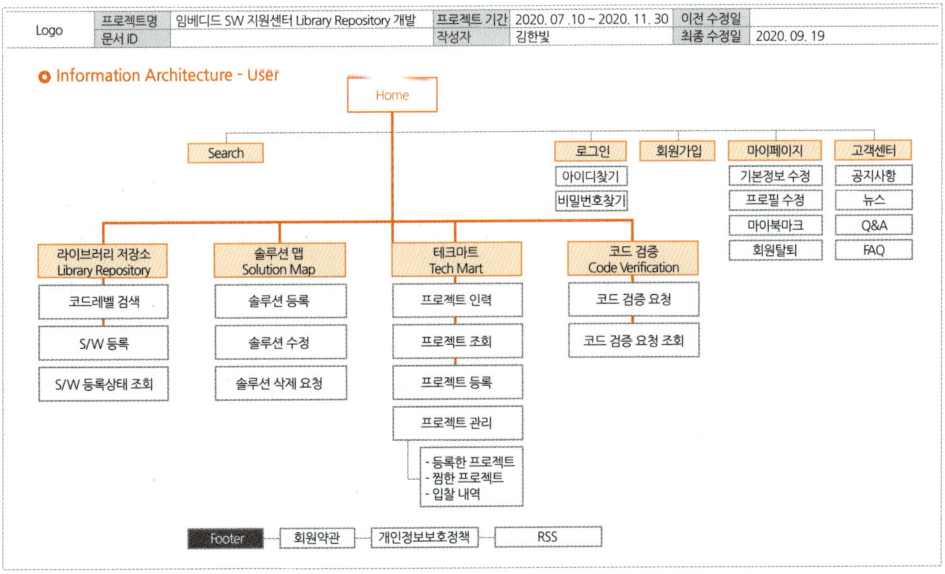

그림 16-5 스토리보드 정보구조도의 예

서비스 흐름도

회원가입, 로그인, 결제와 같은 각각의 메뉴와 주요 업무Task별 상세 프로세스를 파악할 수 있는 서비스 흐름도Flow Chart가 표시된다.

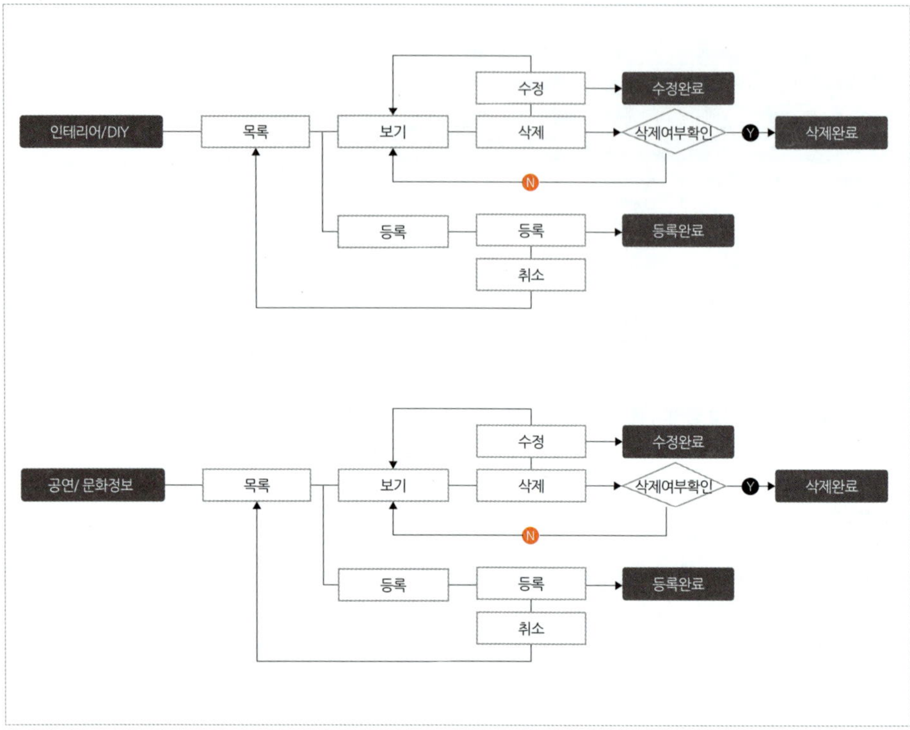

그림 16-6 **스토리보드 서비스 흐름도의 예**

화면 설계

상세 화면 설계 페이지의 구성은 다음과 같다. 각 화면의 고유명이 될 수 있는 화면 ID와 화면 이름, 화면 경로 등의 문서 정보가 상단에 위치하고, 그 아래 상세 화면 설계 영역, 화면에 대한 상세 설명을 기입할 수 있는 '설명Description'과 '노트Note' 영역이 우측에 위치한다. 상세 화면 설계 영역은 헤더Header, 글로벌 내비게이션 바GNB, 로컬 내비게이션 바LNB, 푸터Footer 등의 상세 화면 구조, 내비게이션, 인터페이스, 페이지 링크, 타이틀, 세부 콘텐츠, 동작 방식, 기능 등에 구체적인 화면 설계에 대한 내용이 표시된다. 각 영역과 기능에 대한 상세 설명은 '설명'과 '노트'에 표시되어 작업자 간의 상호 이해를 도울 수 있도록 구성된다.

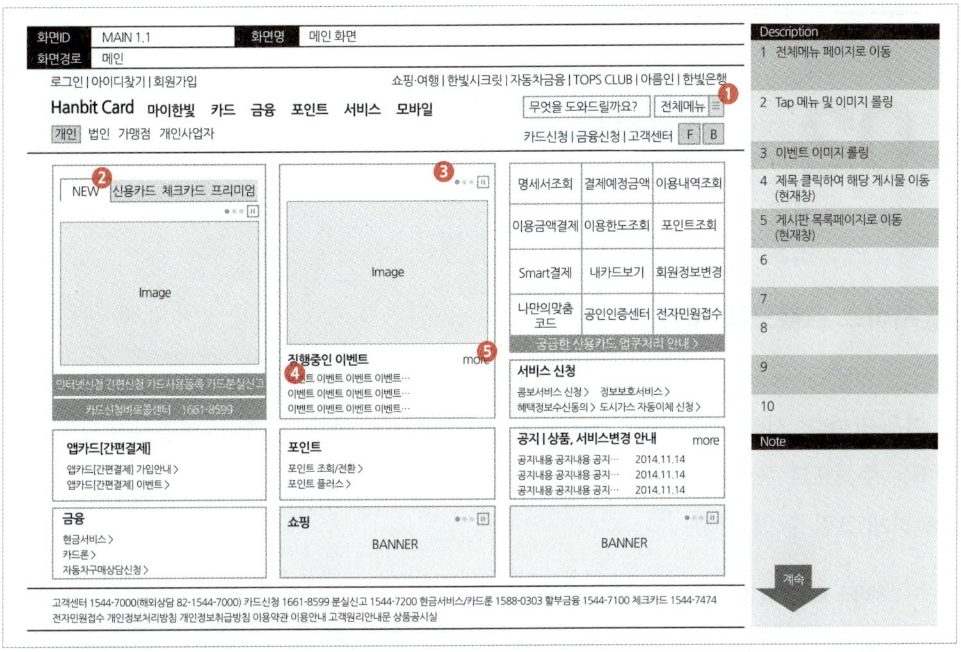

(a) 웹 사이트 스토리보드 화면 설계의 예

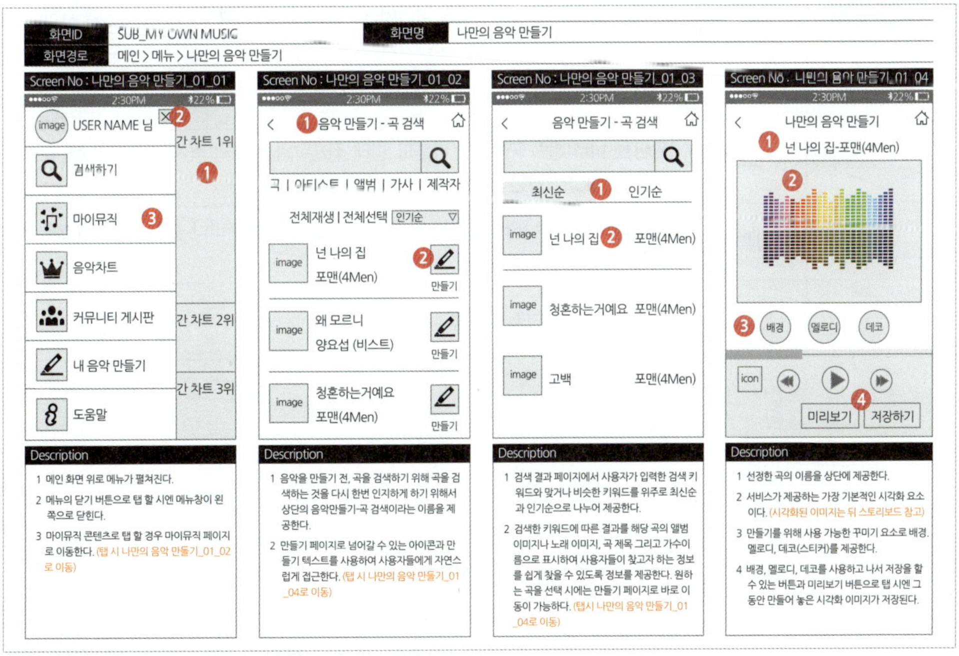

(b) 앱 스토리보드 화면 설계의 예

그림 16-7 스토리보드 화면 설계의 예

SECTION 02

서비스 흐름도

1 서비스 흐름도의 개념

서비스 흐름도Flow Chart는 각 메뉴와 주요 서비스의 흐름을 한눈에 알아볼 수 있도록 도식화한 것을 말한다. 서비스 흐름도는 대부분 시작과 끝, 처리, 판단, 입출력, 연결선과 설명에 해당하는 주석으로 구성된다. 주로 파워포인트에 있는 도형 메뉴의 '선'과 '순서도'를 이용하여 간단하게 그릴 수 있다.

표 16-1 **서비스 흐름도의 기호 범례**

기호	이름	설명
	시작과 끝	서비스 흐름도의 시작과 끝을 나타내는 기호로 START와 STOP의 의미를 가진다.
	처리	처리 과정을 나타내는 기호로 모든 처리 내용을 기호 내에 작성한다.
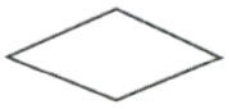	판단	판단을 나타내는 도형으로 마름모 형태 좌/우/위/아래의 꼭지점을 각각 Y(Yes) 또는 N(No)로 조건에 따라 분기되는 과정을 결정한다.
	입출력	입/출력 내용을 나타내는 기호로 입력에 필요한 자료준비나 출력 결과에 대한 산출물을 정의할 수 있다.
	연결선	각 단계의 상호 연결 구조를 나타낸다.

2 서비스 흐름도의 사례

서비스 흐름도Flow Chart의 예시를 통해 서비스의 처리 과정과 사용자의 선택에 따라 달라지는 단계별 프로세스를 파악해보자. [그림 16-8]은 회원 가입 서비스 흐름도의 예다.

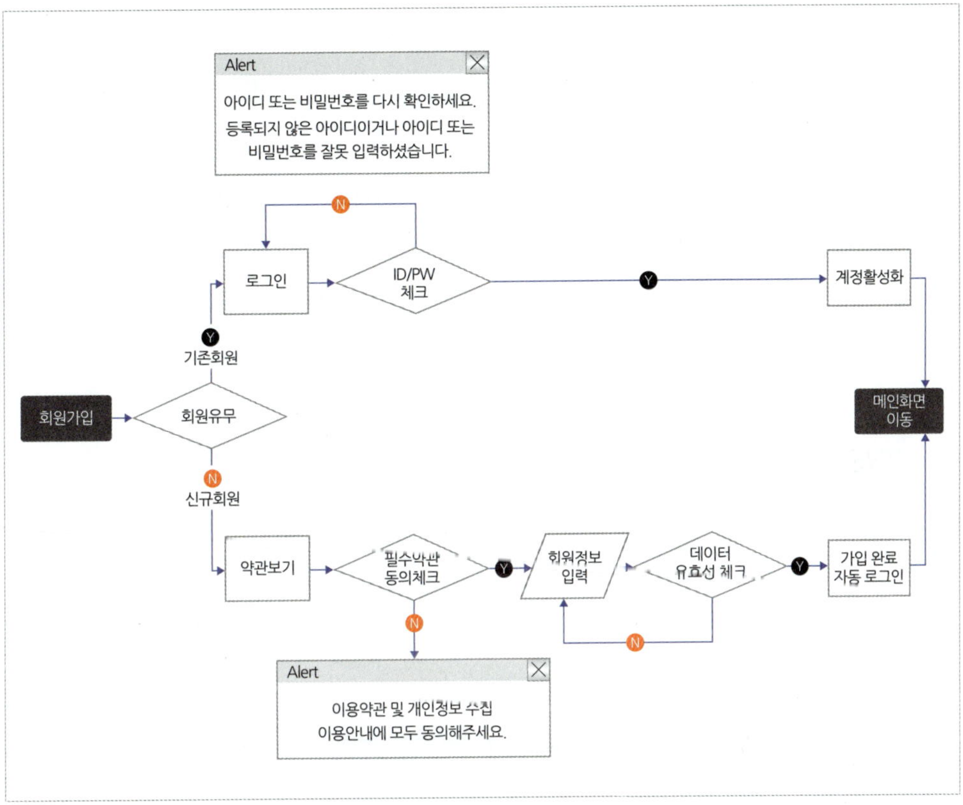

그림 16-8 **회원가입 서비스 흐름도의 예**

처리, 판단, 입출력 단계에서 부가적으로 필요한 설명은 주석으로 표시하는데 주석이 풍부할수록 전체적인 흐름에 대한 논리Logic를 이해하는 데 도움이 된다.

SECTION
03 스토리보드의 화면 설계

1 화면 설계의 필요성

스토리보드의 화면을 설계할 때에는 디지털 콘텐츠 기획자의 의도가 명확하게 전달될 수 있도록 상세 콘텐츠의 내용이나 마우스 이벤트, 슬라이딩 등의 인터페이스 동작 방식 및 페이지의 흐름, 링크될 페이지의 위치, 팝업 메시지, 경고Alert 메시지와 같이 디자인과 개발 작업에 필요한 모든 정보가 상세히 명시되어야 한다.

2 화면 설계 페이지의 구성

스토리보드의 화면을 설계하는 페이지의 구성은 제작하는 회사나 기획자마다 조금씩 다를 수 있으며 표준화된 규격은 없다. 하지만 일반적으로 화면을 설계할 때에는 페이지 정보 영역, 상세 화면 설계 영역, 부가 설명 영역으로 구성한다. [그림 16–9]의 화면 설계 페이지의 구성을 참고하도록 한다.

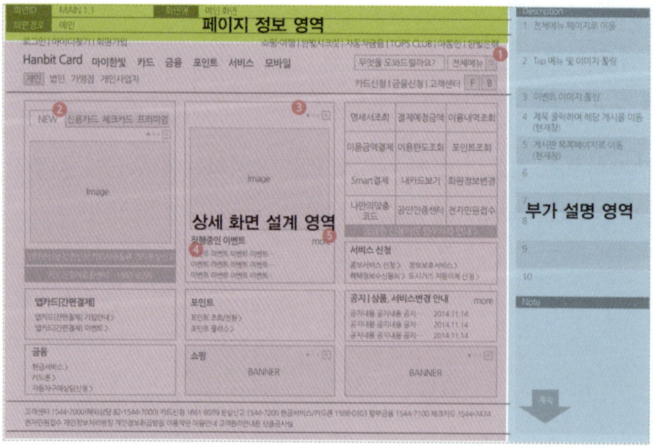

그림 16–9 화면 설계 페이지의 구성

■ 페이지 정보 영역

페이지 정보 영역에는 화면의 고유 코드명에 해당되는 화면 ID, 해당 화면의 이름이나 주제, 목적에 해당되는 화면 이름, 전체 페이지 중 어느 단계에 속하는지에 대한 화면 경로를 표시한다. 때에 따라서는 우측 상단에 수정된 버전, 내용, 날짜 등 업데이트 히스토리를 기입하여 화면 설계의 변화 과정을 클라이언트나 작업 관계자와 공유할 수 있다.

■ 상세 화면 설계 영역

상세 화면 설계 영역에는 로그인, 회원가입 등 하나의 프로세스나 각 상세 페이지의 화면 구조, 기능, 내용 구성 등을 표시한다. 기획자가 작성한 화면 설계는 디자이너의 디자인 콘셉트에 따라 위치, 모양, 표현 방식 등을 협의를 거쳐 변경될 수 있기 때문에 예쁘게 그리기 보다는 서비스 화면의 구조, 필요한 인터페이스와 링크에 의한 랜딩 페이지까지의 흐름, 페이지의 내용 구성과 같은 전체적인 스토리를 담을 수 있도록 한다.

표 16-2 스토리보드의 기호 범례

종류	형태
버튼	
입력	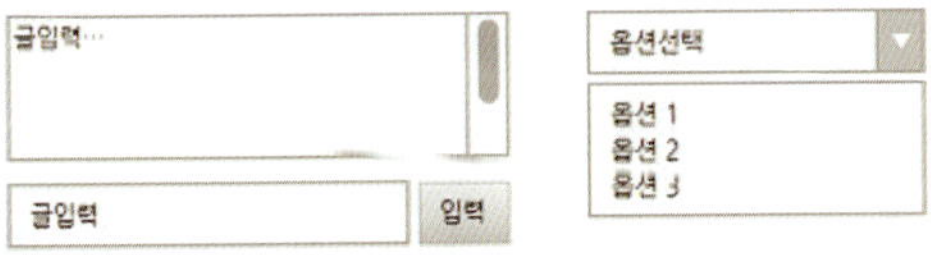
시스템 경고	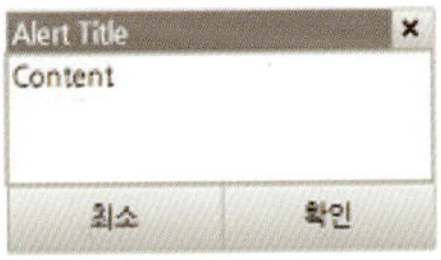
팝업	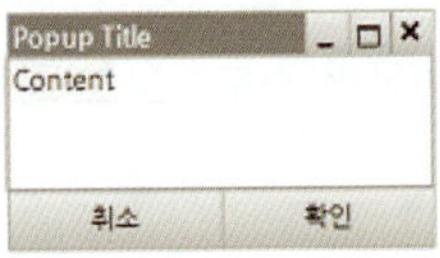
탭	

종류	형태
인디케이터	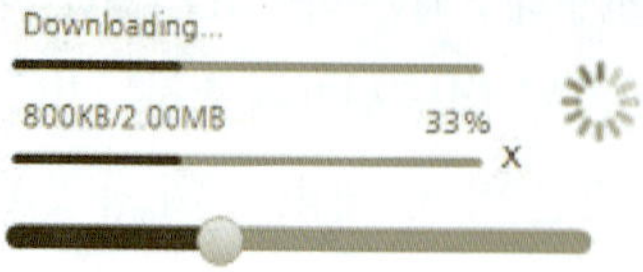
이미지	
레이어 팝업	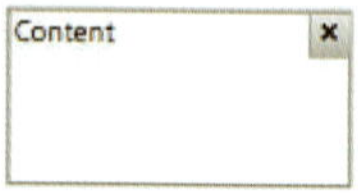

■ **부가 설명 영역**

부가 설명 영역에는 상세 화면 설계 영역에 대한 링크 주소, 상세 동작 방식, 상세 기능과 같이 부가 설명이 필요한 부분은 넘버링하고, 우측의 부가 설명 영역에 상세 내용을 작성하여 디자이너나 개발자들의 이해를 도울 수 있도록 한다.

■ **하단 영역**

하단 영역에는 작성자와 회사명 등 카피라이트를 기입하고, 클라이언트, 디자이너, 개발자와의 협업 시 해당 페이지를 바로 찾을 수 있도록 페이지 숫자를 작성한다.

3 스토리보드 사례

웹, 앱, 스마트워치, 디지털 사이니지 등 매체별 스토리보드의 사례를 살펴보자. [그림 16-10]은 웹 사이트의 검색 서비스 메인 화면과 검색 결과 화면 스토리보드 화면 설계의 예다.

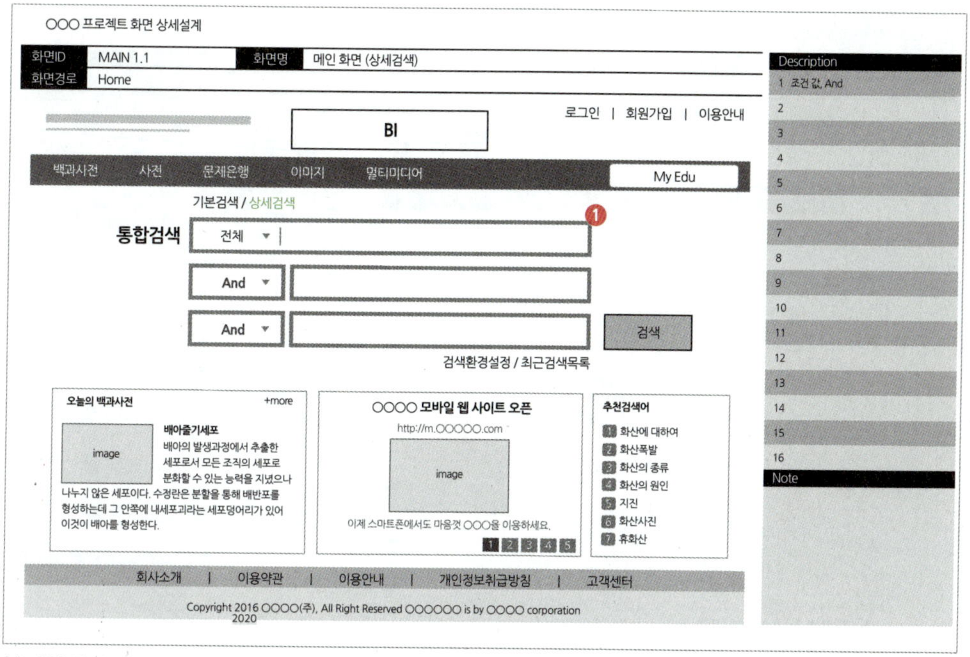

(a) 메인 화면화면

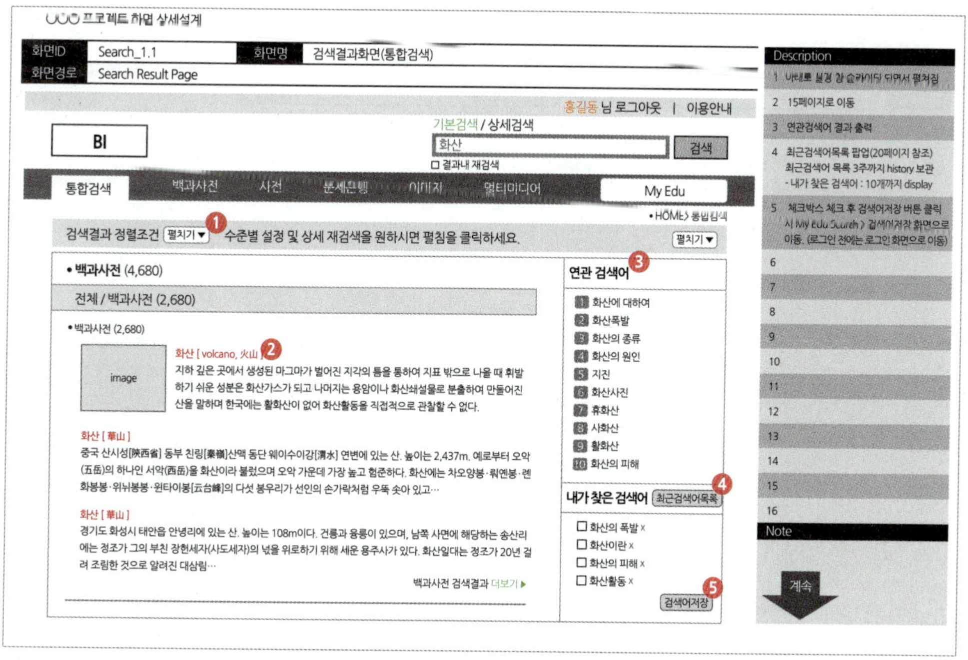

(b) 검색 결과 화면 1

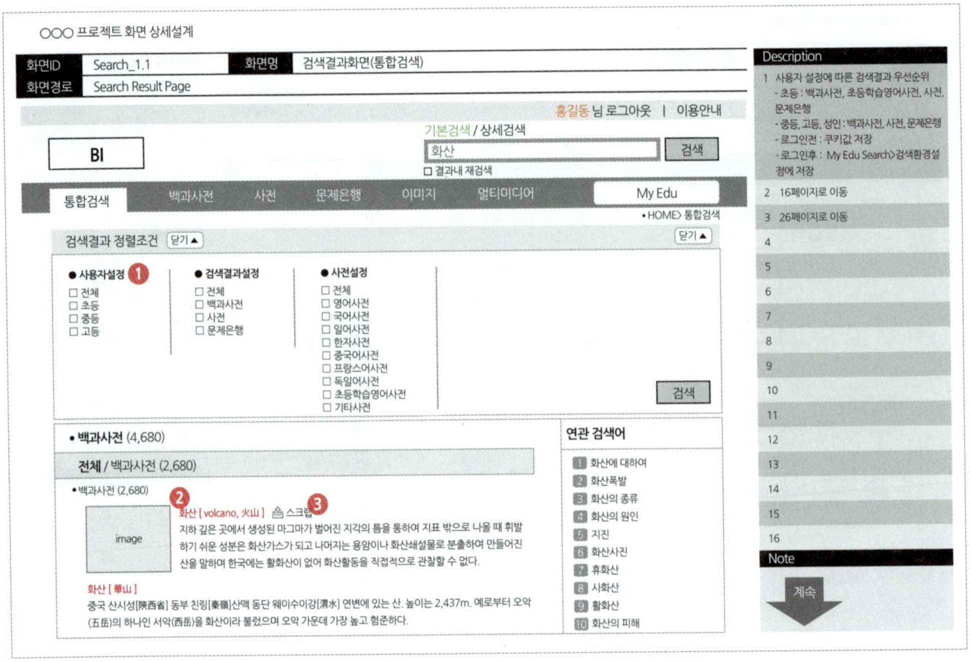

(c) 검색 결과 화면 2

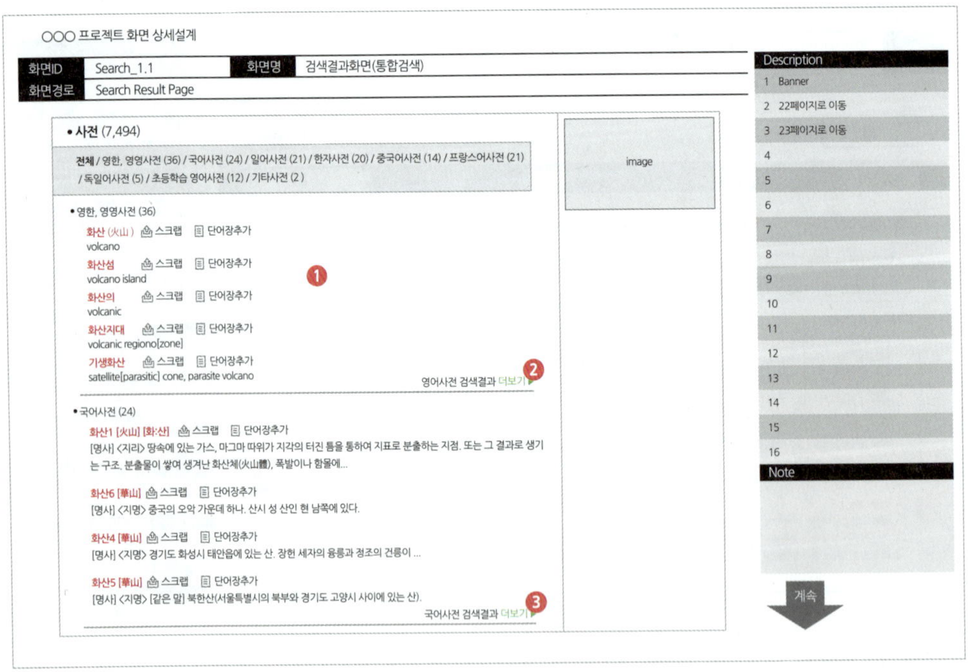

(d) 검색 결과 화면 3

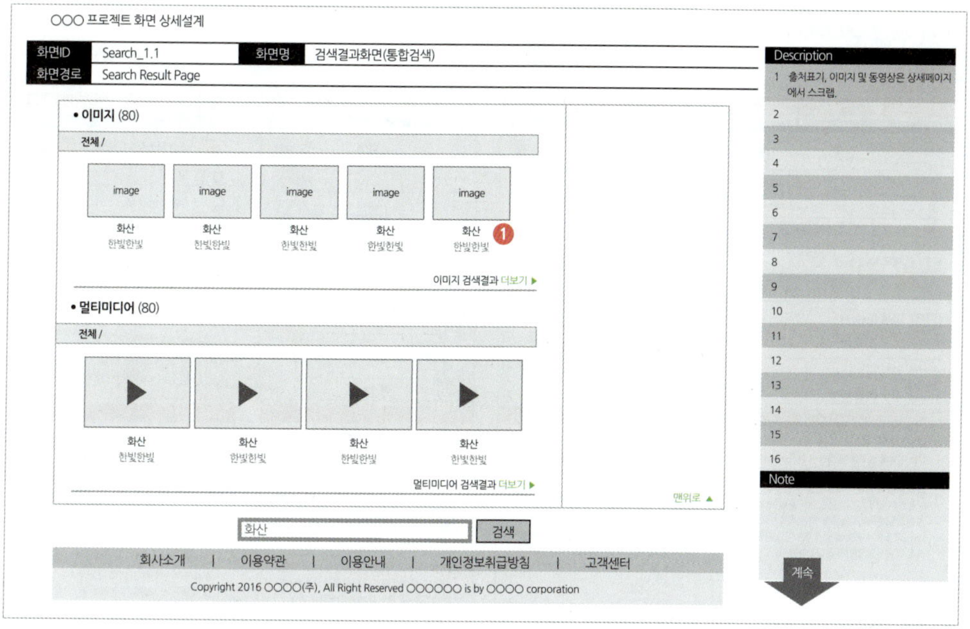

(e) 검색 결과 화면 4

그림 16-10 웹 사이트 스토리보드 화면 설계의 예

다음 [그림 16-11]은 모바일 앱 스토리보드 화면 설계의 예다.

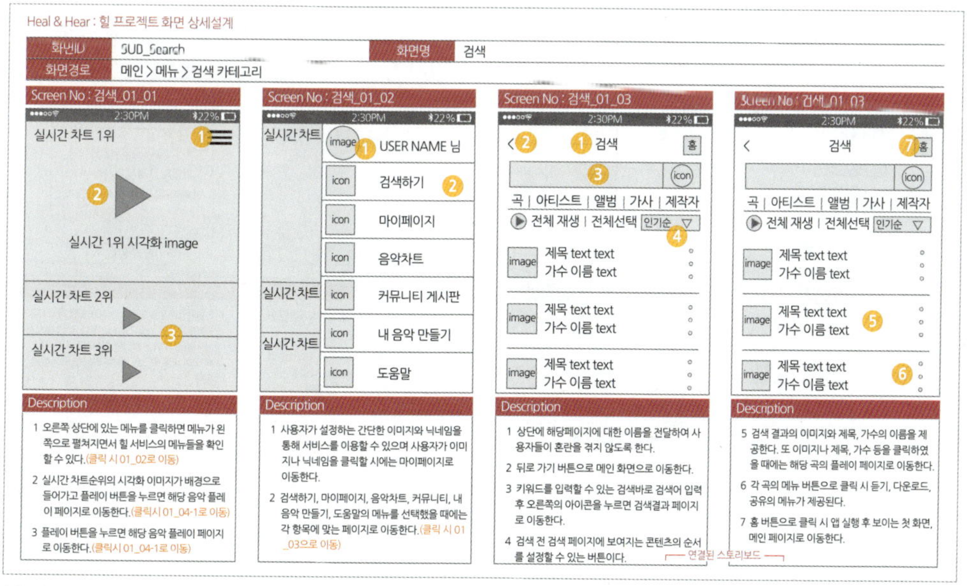

(a) 검색 카테고리 1

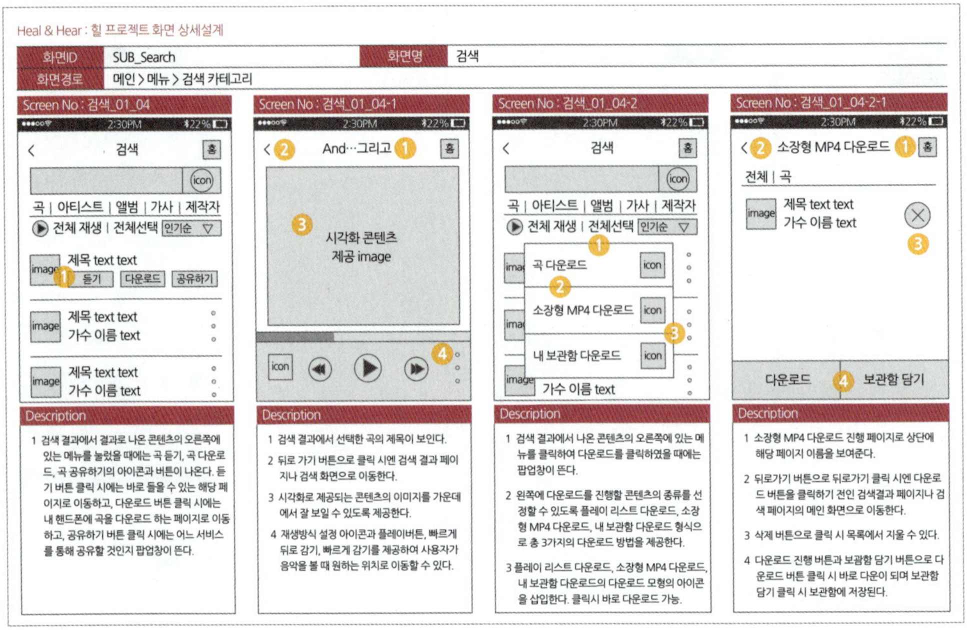

(b) 검색 카테고리 2

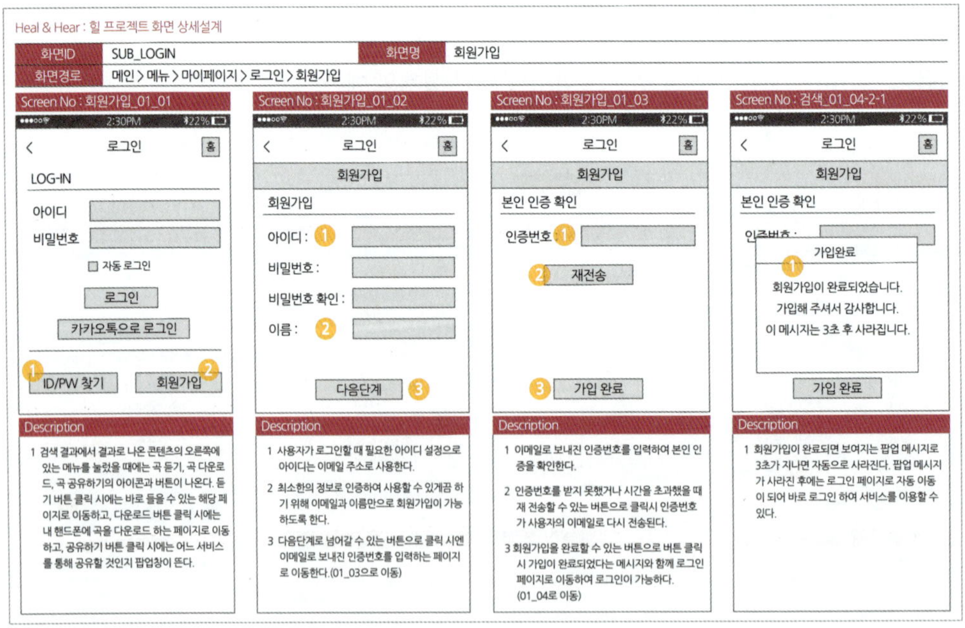

(c) 회원가입

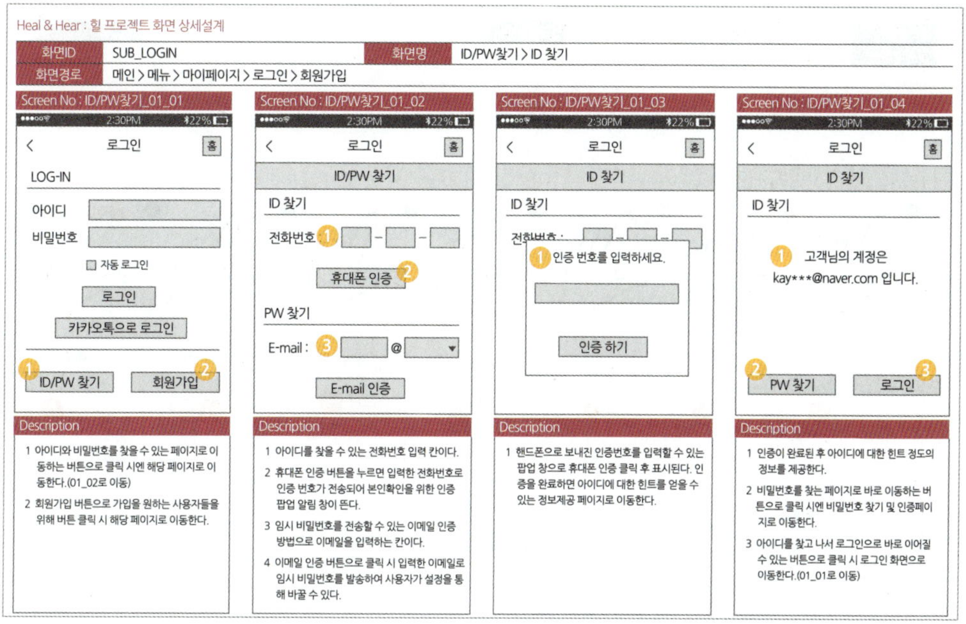

(d) ID 찾기

그림 16-11 모바일 앱 스토리보드 화면 설계의 예

다음 [그림 16-12]는 스마트워치 스토리보드 화면 설계의 예다.

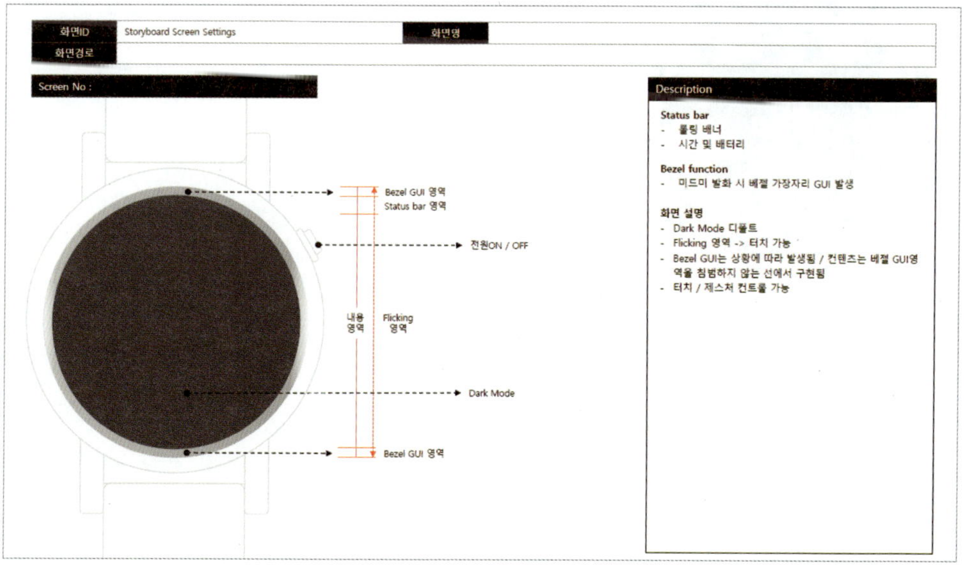

(a) 스크린 셋팅

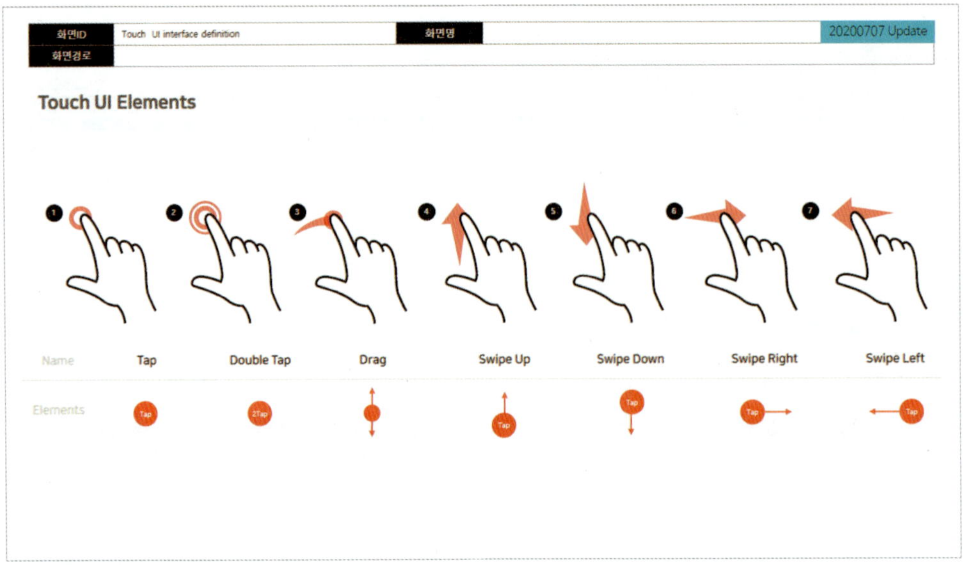

(b) 인터페이스 정의

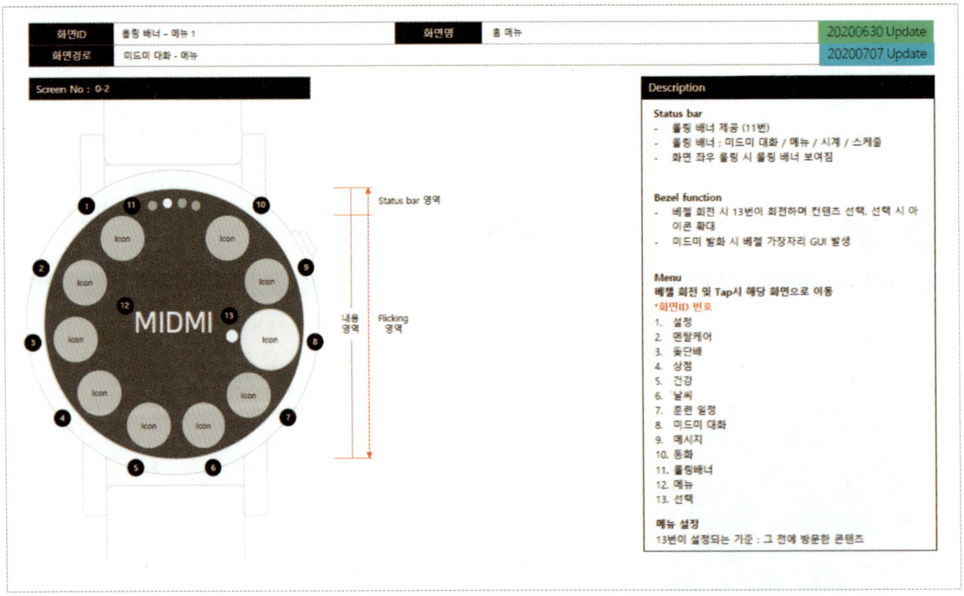

(c) 대화 메뉴

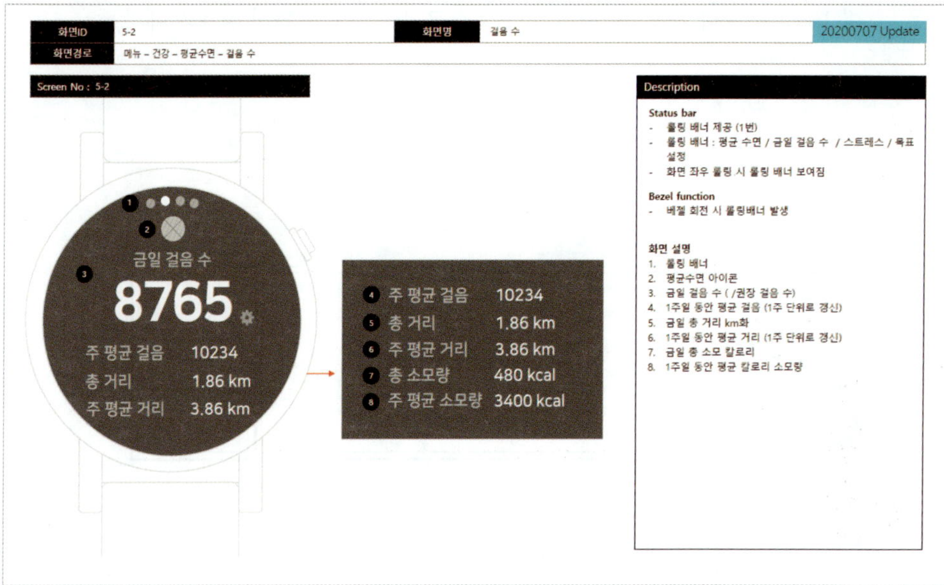

(d) 건강 메뉴

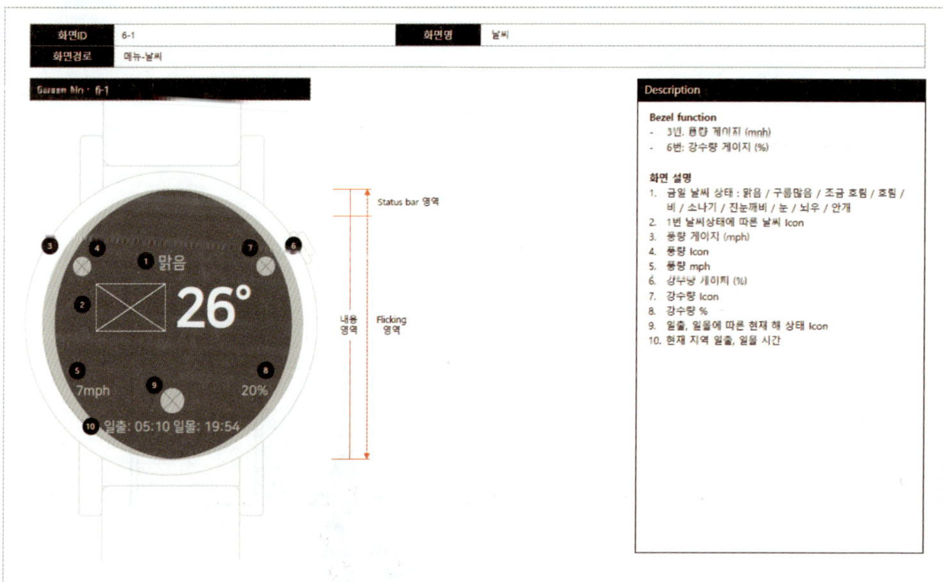

(e) 날씨 메뉴

그림 16-12 스마트워치 스토리보드 화면 설계의 예

다음 [그림 16-13]은 디지털 사이니지 및 키오스크 스토리보드 화면 설계의 예다.

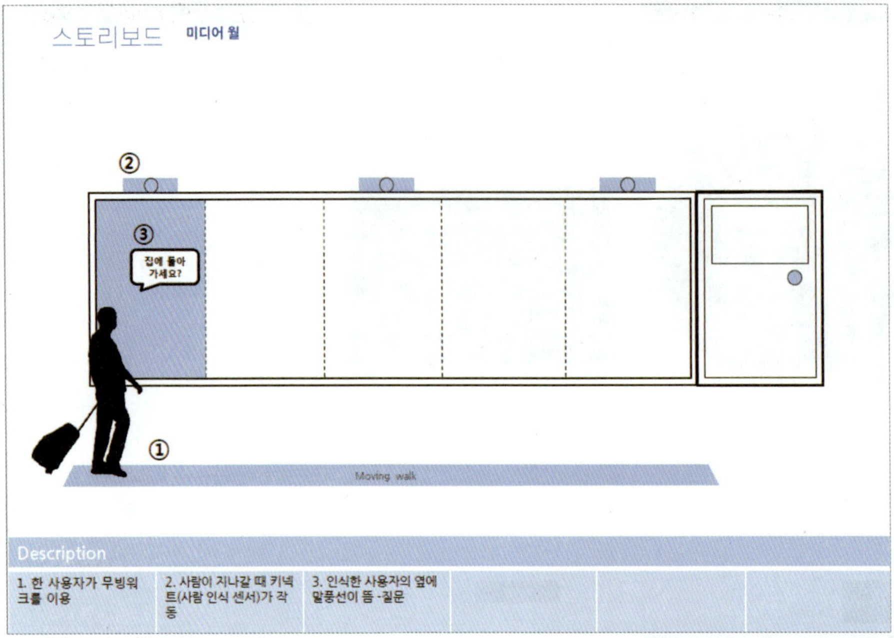

(a) 미디어 월 1

(b) 미디어 월 2

스토리보드 **키오스크**

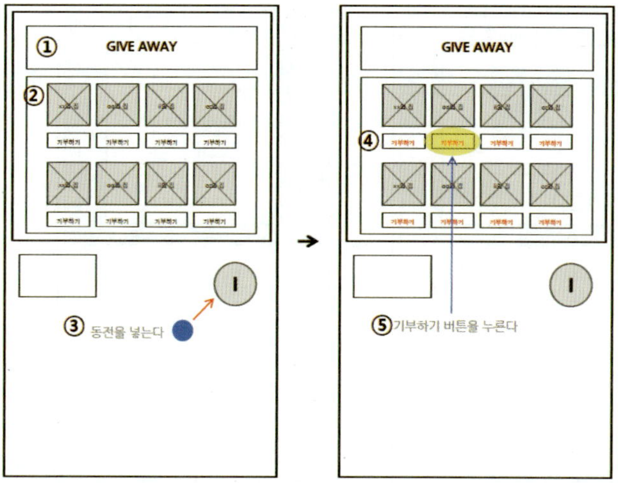

Description					
1. 자판기(프로젝트)네임	2. 실제 난민의 이름과 집의 사진	3. 사용자가 동전을 넣는다	4. 동전을 넣자 기부하기 버튼이 빨간색으로 활성화된다	5. 사용자가 원하는 난민의 집을 선택. 기부하기 버튼을 누른다	

(c) 키오스크 1

스토리보드 **키오스크**

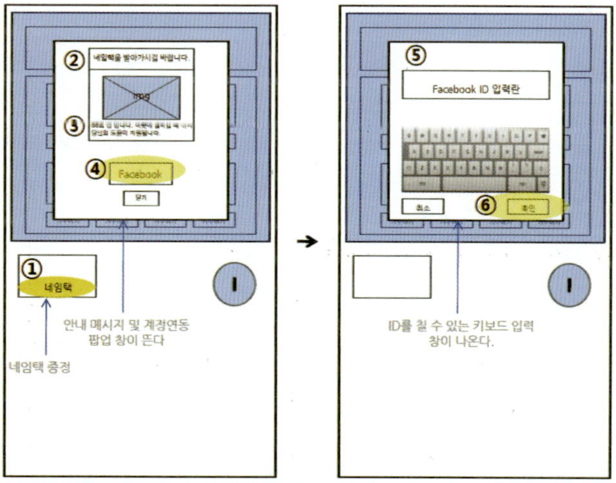

Description					
1. 네임택이 수령구에 떨어진다.	2. 네임택을 받아가라는 문구가 뜬다.	3. 실제 난민의 집사진과 함께 사용자의 돈이 이 집 돌아가기 위한 난민에게 쓰인다는 메시지가 나온다.	4. 사용자가 Facebook 버튼을 누른다.	5. 사용자가 화면의 키보드를 터치하여 자신의 facebook ID를 입력한다.	6. 입력 완료 후 확인 버튼을 누른다.

(d) 키오스크 2

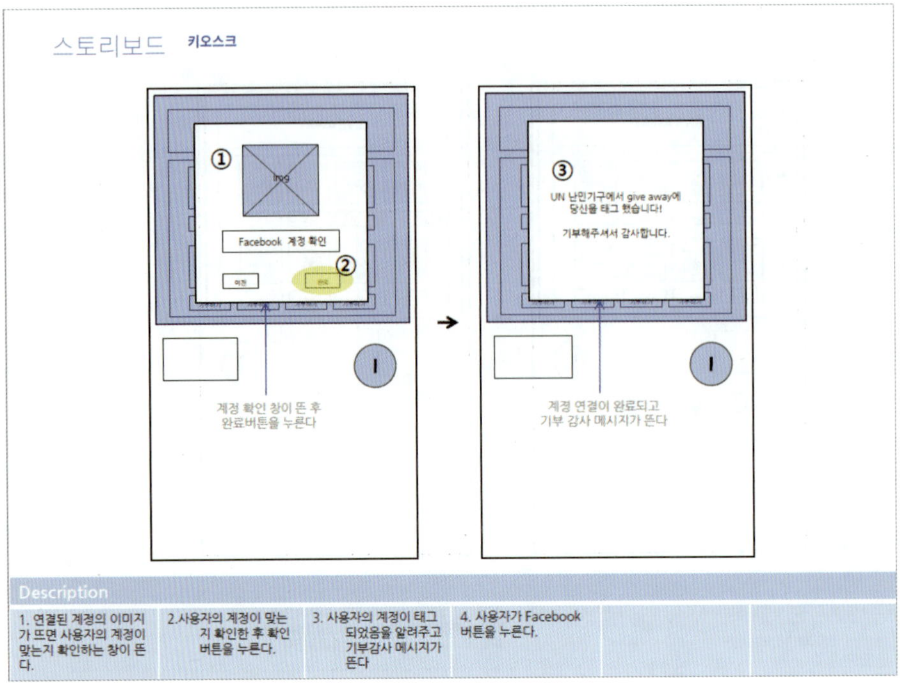

(e) 키오스크 3

그림 16-13 디지털 사이니지 및 키오스크 스토리보드 화면 설계의 예

요약

1. 스토리보드의 개념

- **일반적 의미 :** 영화, 드라마, 광고, 애니메이션을 작업할 때, 실제 촬영에 앞서 핵심 아이디어나 각 장면의 줄거리를 담아내는 것으로 인물의 위치, 카메라의 앵글, 조명의 각도, 배경음과 효과음 등을 콘티의 형식으로 작성한 문서를 의미한다.
- **디지털 콘텐츠 기획에서의 의미 :** '화면 설계서'를 의미하며, 제공하고자 하는 서비스의 상세 화면에 대한 구성, 내용, 흐름, 동작 방식, 기능을 설계하고 정의하는 것을 말한다. 현업에서는 간단히 줄여서 SB또는 SD라고 부른다.

2. 스토리보드의 구성

표지 → 개정 이력 → 공통 UI 정의 → 정보구조도 → 서비스 흐름도 → 화면 설계

3. 서비스 흐름도

각 메뉴와 주요 서비스의 흐름을 한눈에 알아볼 수 있도록 도식화한 것을 말한다. 서비스 흐름도는 대부분 시작과 끝, 판단, 입출력, 처리, 연결선과 설명에 해당하는 주석으로 구성된다.

4. 화면 설계 페이지의 구성

- **페이지 정보 영역 :** 화면의 고유 코드명에 해당되는 화면 ID, 해당 화면의 이름이나 주제, 목적에 해당되는 화면 이름, 그리고 전체 페이지 중 어느 단계에 속하는지에 대한 화면 경로를 표시한다.
- **상세 화면 설계 영역 :** 로그인, 회원가입 등 하나의 프로세스나 각 상세 페이지의 화면 구조, 기능, 내용 구성 등을 표시한다.
- **부가 설명 영역 :** 상세 화면 설계 영역에 대한 링크 주소, 상세 동작 방식, 상세 기능과 같이 부가 설명이 필요한 부분은 넘버링하고, 우측의 부가 설명 영역에 상세 내용을 작성하여 디자이너나 개발자들의 이해를 도울 수 있도록 한다.
- **하단 영역 :** 작성자와 회사명 등 카피라이트를 기입하고, 클라이언트, 디자이너, 개발자와의 협업 시 해당 페이지를 바로 찾을 수 있도록 페이지 숫자를 작성한다.

실습 과제

스토리보드 작성하기 아래 양식을 이용하여 스토리보드를 작성해 보자.

ООО 프로젝트 화면 상세설계

화면ID		화면명	
화면경로			

❶

Description
1
2
3
4
5
6
7
8
9
10

Note

계속

ООО 프로젝트 화면 상세설계

화면ID		화면명	
화면경로			

Screen No : 01_01	Screen No : 01_02	Screen No : 01_03	Screen No : 01_04
2:30PM 22%	2:30PM 22%	2:30PM 22%	2:30PM 22%
❶			

Description	Description	Description	Description
1	1	1	1
2	2	2	2
3	3	3	3
4	4	4	4
5	5	5	5

PART 07

프로토타이핑 &사용성 테스트

PART 07

프로토타이핑을 제작하고 사용성 테스트 및 평가한다는 것은 제공되는 서비스의 만족도를 분석할 수 있다는 것을 의미한다. 이번 PART 07에서는 프로토타이핑 제작 방법 및 사용성 테스트의 개념과 사용성 테스트를 진행하고 평가하는 방법에 대해 알아본다.

CHAPTER 17

프로토타이핑

PREVIEW

이번 장에서는 프로토타이핑에 대한 개념을 이해하고 이를 바탕으로 프로토타이핑의 종류와 제작 도구를 활용한 제작 방법을 다양한 사례를 통해 알아본다.

SECTION 01

프로토타이핑의 이해

1 프로토타이핑의 개념

프로토타이핑Prototyping이란 제품 또는 서비스의 출시 전, 설계 단계에서 시행되는 일종의 테스트이며 서비스의 흐름을 파악하고 사용자 테스트 그룹으로부터 다양한 피드백을 수집하는 시뮬레이션 과정을 의미한다. 이를 통해 개선이 필요한 사항에 대한 수정 및 사용성 문제를 해결할 수 있고 디자이너 및 개발자와 같은 프로젝트 내부 인력과 클라이언트 및 외부 이해관계자와의 의사결정 및 커뮤니케이션 용도로 활용되기도 한다.

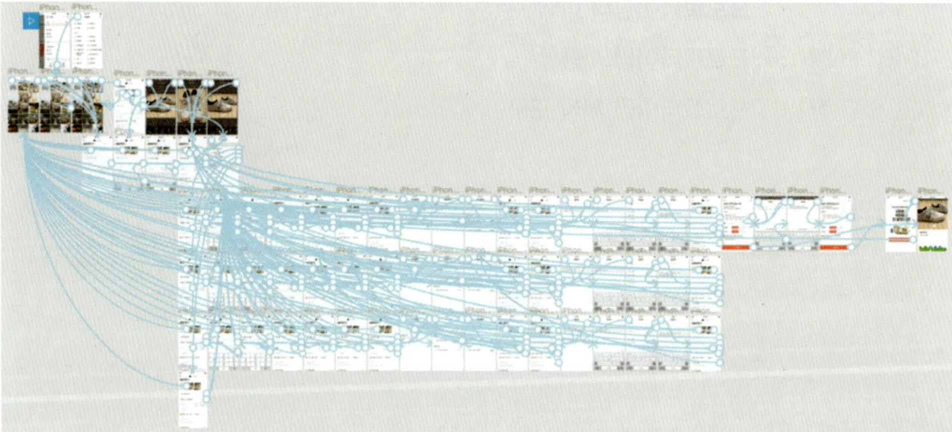

그림 17-1 **프로토타이핑 : 앱 서비스 내에서의 페이지 간의 연결 및 전체 흐름**

2 프로토타이핑의 필요성

글로벌 서비스 디자인 기업 IDEO의 Tom과 David Kelley는 프로토타이핑의 중요성을 다음과 같은 문장으로 요약했다. “사진이 1,000 단어의 가치가 있다면 프로토타이핑은 1,000 회의 가치가 있다” 이처럼 프로토타이핑은 빠른 테스트를 통해 오류를 미리 발견할 수 있고, 검증과 보안의 과정을 통해 예상치 못한 문제점을 찾아내어 실수를 반복하지 않도록 미연에 방지하며 최종 결과물을 만들어 내는 데 있어 시간과 비용을 절약할 수 있다.

그림 17-2 **프로토타이핑을 이용한 의사결정** [01]

무엇보다도 프로토타이핑은 프로젝트 이해 관계자들과의 신속한 의사결정을 위한 협업 도구로써 훌륭한 역할을 수행하며 이를 통해 프로젝트 기간을 단축시킬 수 있도록 도와준다.

3 프로토타이핑 프로세스

프로토타이핑의 순서는 다음과 같이 6단계에 걸쳐 수행하게 되는데, 마지막 단계인 평가에서 도출된 개선안을 보완하여 동일한 사이클로 점진적으로 반복하며 수행한다.

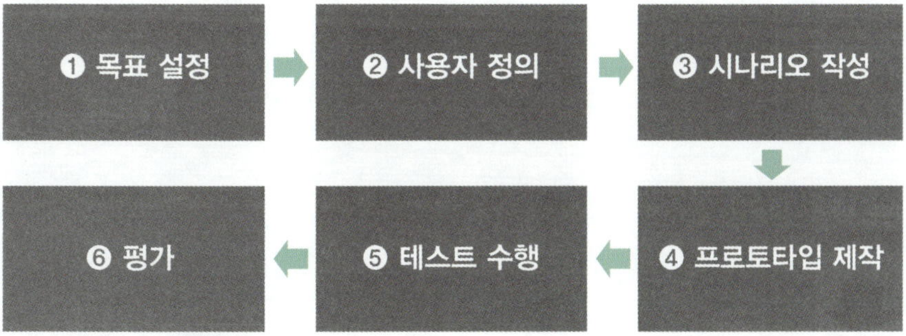

그림 17-3 **프로토타이핑 프로세스**

❶ **목표 설정** : 테스트를 통해 발견하고자 하는 것이 무엇인지 명확한 목표를 설정한다.

❷ **사용자 정의** : 성별, 연령, 숙련도, 서비스 이용 경험 등 목표 사용자를 정의한다.

❸ **시나리오 작성** : 사용자가 수행해야할 과업Task을 시나리오 형태로 작성한다.

❹ **프로토타입 제작** : 테스트에 사용될 프로토타이핑의 형태를 결정하고 작성된 과업 시나리오를 기반으로 프로토타입을 제작한다.

❺ **테스트 수행** : 제작된 프로토타입을 이용하여 테스트를 수행한다.

❻ **평가** : 가장 중요한 단계로 테스트를 통해 발견된 문제점을 개선 및 보완하고 해결 방안을 도출한다.

SECTION 02

프로토타이핑의 종류

프로토타이핑의 유형을 충실도에 따라 구분하면 크게 저 충실도 프로토타이핑low-fidelity prototyping과 고 충실도 프로토타이핑high-fidelity prototyping으로 구분할 수 있다. 저 충실도 프로토타이핑은 간단한 스케치나 페이퍼 프로토타이핑, 혹은 스케치나 페이퍼 프로토타입 간의 상호 흐름을 파악할 수 있도록 링크 정보로 연결된 클릭 스루 프로토타이핑과 같은 방법을 말한다. 주로 프로젝트 초기, 도출된 아이디어에 대한 빠른 검증이 필요한 경우에 사용된다. 고 충실도 프로토타이핑은 최종 테스트 및 구현을 위해 심미적으로 보다 완성된 형태를 갖추며, 화면과의 연결 구조나 인터랙션을 통해 상호 작용하는 방식을 구체적으로 확인하기 위한 목적으로 사용된다.

1 저 충실도 프로토타이핑

저 충실도 프로토타이핑low-fidelity prototyping은 일반적으로 프로젝트 초기 단계에서 시행해볼 수 있는 방법으로 제품 및 서비스 아이디어를 스케치 형태로 러프하게 표현하여 빠르고 간단하게 서비스의 흐름을 개략적으로 설명하고 가시화하여 서비스의 유용성을 테스트하는 방법을 말한다. 인터랙션과 정보의 연결 구조는 한눈에 볼 수 있을 만큼 시각적으로 세련되지 않았지만, 프로젝트 목표 및 아이디어를 손쉽게 검증 및 수정할 수 있어 팀원들과 협업하기에 용이하다. 무엇보다도 빠르고 쉽고 비용이 저렴하며 특별한 기술적 지식이 필요하지 않다는 장점이 있다.

그림 17-4 **저 충실도 프로토타이핑** [02]

저 충실도 프로토타이핑의 대표적인 방식은 페이퍼 프로토타이핑이다. 종이에 와이어프레임 형태의 간략한 화면을 손으로 그려 과업 수행 단계에 필요한 사용성을 검증하기 위한 도구로 UI의 개발, 평가, 수정 단계에서 주로 활용된다. 또한, 특별한 장비나 장소의 구애 없이 저렴한 비용으로 피실험자에게 친숙하고 빠르게 테스트를 수행할 수 있다는 장점이 있다.

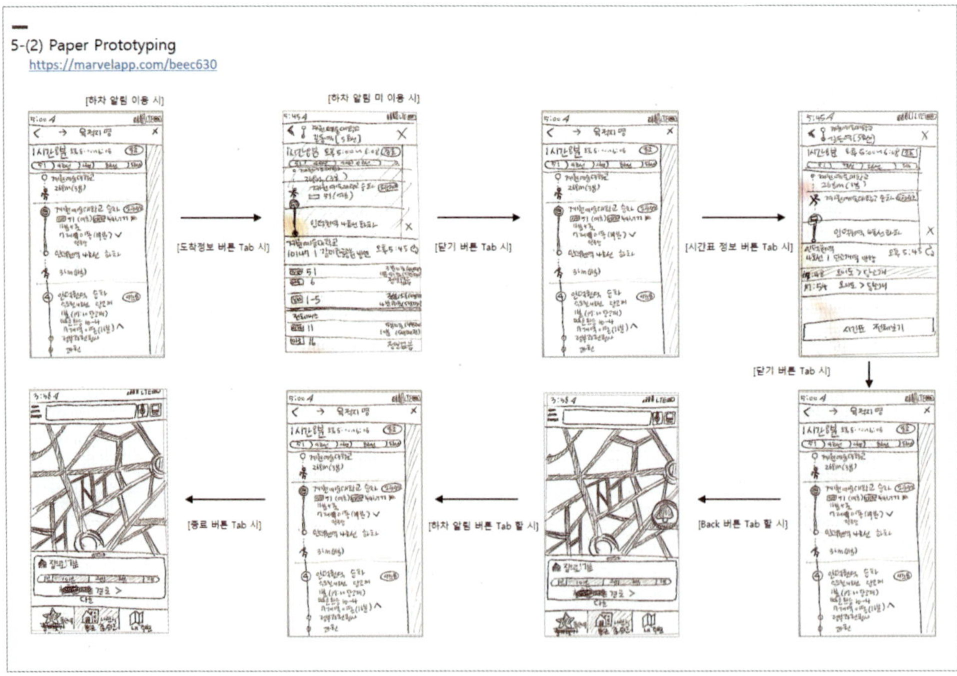

그림 17-5 **페이퍼 프로토타이핑**

2 고 충실도 프로토타이핑

고 충실도 프로토타이핑high-fidelity prototyping은 제품이나 서비스의 최종 구현 단계 전 최종 결과물에 가장 가까운 형태의 프로토타입을 제작하여 테스트 하는 방법으로 각 화면별 UI 디자인이 적용되어 심미적으로 아름답고 마우스 클릭 및 화면 전환, 애니메이션 등 실제 대화형 인터랙션을 통해 실질적인 사용성 테스트를 수행할 수 있다. 이러한 고 충실도 프로토타이핑의 결과는 프로젝트 내부 부서간의 최종 검증을 위해 활용되거나 클라이언트와 같은 외부 프로젝트 관계자의 승인 및 피드백을 요청하는데 용이하다.

대표적인 고 충실도 프로토타이핑의 방식은 사용자 행위에 반응하는 대화형 인터랙션 및 화면간의 트랜지션 효과까지 지원하는 인터랙티브 프로토타이핑, 디지털 프로토타이핑, 그리고 실제 HTML 및 CSS로 코딩된 프로토타이핑 등이 있다.

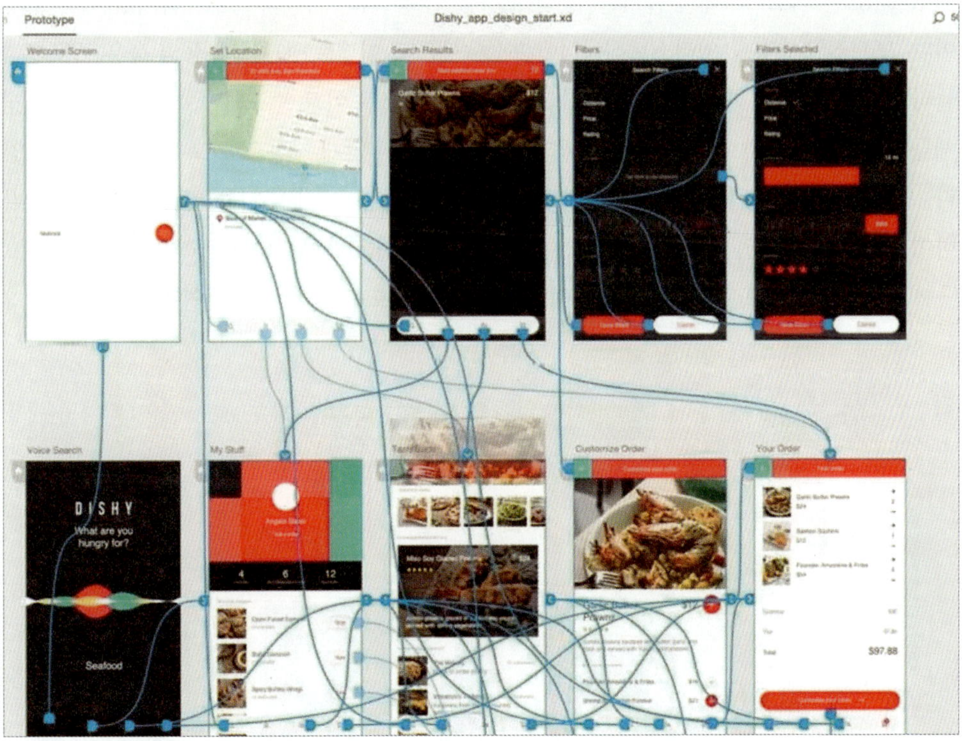

그림 17-6 고 충실도 프로토타이핑 [03]

SECTION 03

프로토타이핑 제작 도구

최근 가장 많이 사용되고 있는 대표적인 인터랙티브 및 디지털 프로토타이핑 제작 도구에 대해 알아보도록 하자.

1 어도비 XD

어도비 XD는 어도비사에서 출시한 웹 및 모바일 앱 용 벡터 기반의 프로토타이핑 제작 도구이다. 포토샵Photoshop, 일러스트레이터Illustrator, 애프터 이펙트After Effects 등의 응용 프로그램들과 상호 호환 가능하며, 반응형 크기 조정이 지원되므로 아트 보드의 이미지 또는 기타 개체들을 휴대폰, PC와 같은 다양한 크기의 플랫폼 화면에 맞게 자동으로 크기를 조정할 수 있다. 또한 맥Mac이나 윈도우, iOS 및 안드로이드 등 다양한 OS에서 사용 가능하며 모바일 디바이스에서 직접 작업 결과를 미리 볼 수 있으며, 어도비 크리에이티브 클라우드Adobe Creative Cloud나 마이크로소프트 팀즈Microsoft Teams와 같은 다른 도구 및 서비스에 연결하여 협업도 가능하다.

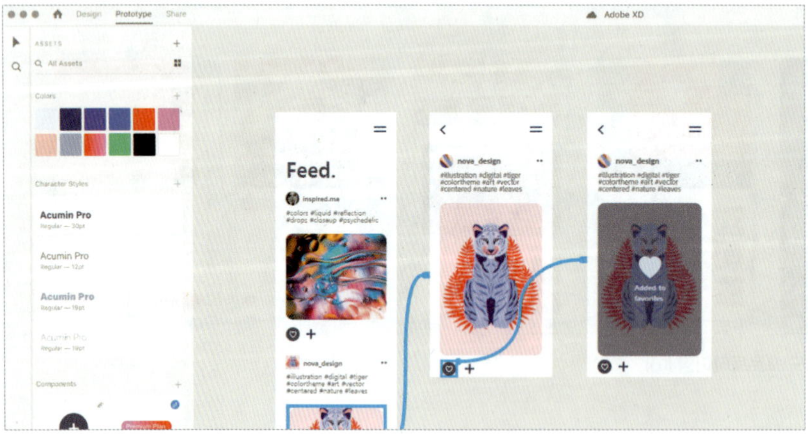

그림 17-7 어도비 XD [04]

2 스케치

스케치Sketch는 구글과 페이스북, 애플, 마이크로소프트 XBOX 등 글로벌 IT 기업에서 사용되면서 유명세를 타기 시작하였고, 삼성이나 네이버 같은 국내 대기업에서도 선호하는 프로토타이핑 제작 도구다. 직관적인 인터페이스와 다양한 템플릿 및 확장 플러그인 제공을 통해 비교적 사용이 쉬운 편이며 시간 대비 높은 작업 효율을 보여준다. 또한 프로그램 설치 파일이 38MB정도로 매우 가볍고 벡터 기반이라 리사이징이 편리하여 다양한 디바이스에 적용 가능하다는 장점이 있다. 하지만 맥에서만 사용 가능하다는 점은 스케치의 가장 치명적인 단점으로 윈도우 사용자들에게는 다소 아쉬운 부분이다.

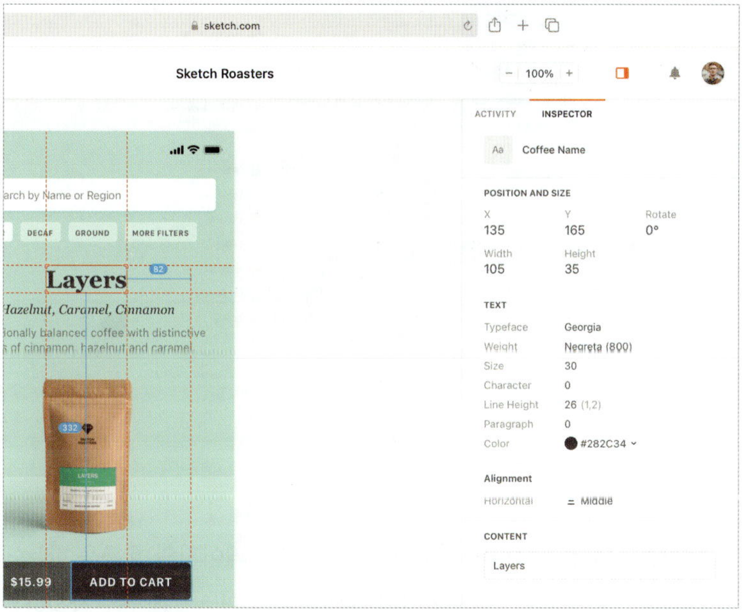

그림 17-8 **스케치** [05]

3 피그마

피그마Figma는 브라우저 기반의 프로토타이핑 제작 도구로 구글의 크롬 뿐만 아니라 애플의 사파리, 마이크로소프트의 엣지 등 다양한 브라우저에서 실행 가능하며, 스케치와는 달리 윈도우, 맥 iOS, 리눅스 등 다양한 운영체제에서 사용할 수 있다. 또한, 동시에 여러 사람이 실시간으로 온라인 협업을 통한 작업이 가능하며, 웹 하드 형태의 클라우드 스토리지를 무제한으로 제공하여 장소 제약 없이 언제 어디서나 로그인을 통해 작업할 수 있다는 장점이 있다. 작업을 수행하기 위해서는 일단 무조건 온라인 상태여야 한다는 점은 오히려 단점이 될 수 있는데, 이러한 단점을 보완하기 위해 실시간 협업이 필요하지 않은 작업이거나 네트워크 환경이 불안정한 환경의 경우 자신의 데스크톱에 다운로드 받아 작업할 수 있는 기능을 제공해주고 있다.

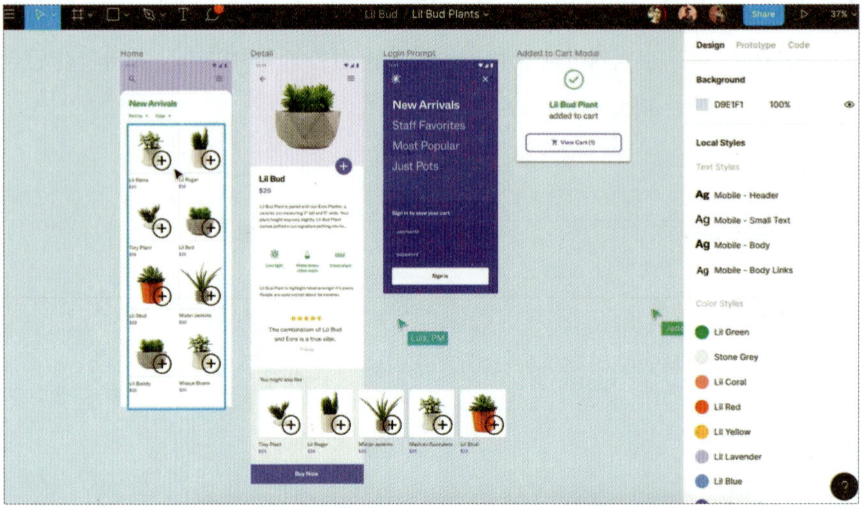

그림 17-9 **피그마** [06]

4 엑슈어

엑슈어Axure는 디지털 스토리보드와 프로토타이핑의 제작 툴로 전체 페이지의 흐름을 한눈에 보여주는 서비스 흐름도FlowChart와 각 화면 세부 영역에 디테일한 설명Description을 작성하는 것이 용이하다는 장점이 있다. 또한, 작성된 와이어프레임을 HTML로 생성해 보여주기 때문에 화면의 흐름이나 구동 방식을 프로토타입 형식으로 미리 테스트하여 명확한 기획 의도를 보여줄 수 있어 디자이너 및 개발자와의 커뮤니케이션과 빠른 의사결정이 가능하다.

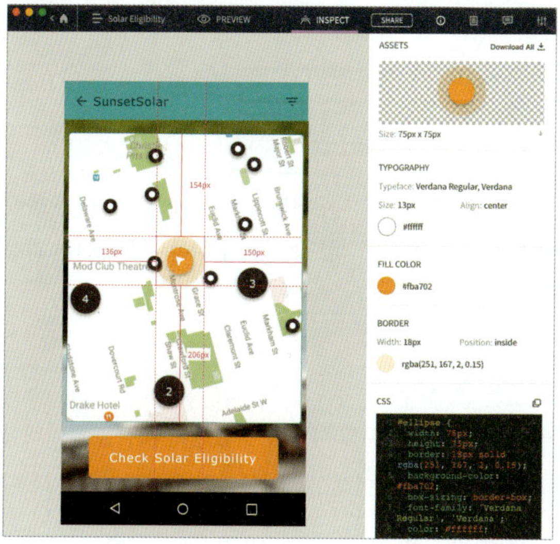

그림 17-10 **엑슈어** [07]

5 카카오 오븐

카카오 오븐Kakao Oven은 카카오에서 제공하는 무료 웹 기반 프로토타이핑 툴이다. 13개의 카테고리에 총 100여 개의 UI 컴포넌트와 1,200여 개의 방대한 벡터 아이콘을 제공하며, 모바일 및 태블릿 PC의 스크린 크기까지 다양한 크기 선택을 지원한다. 비교적 사용이 간편하여 복잡한 화면 구성보다는 프로젝트 초기 서비스의 대략적인 화면 구조 설계에 적합하다.

그림 17-11 **카카오 오븐** [08]

요약

1. 프로토타이핑

프로토타이핑이란 제품 또는 서비스의 출시 전, 설계 단계에서 시행되는 일종의 테스트로 이를 통해 서비스의 흐름을 파악하고 사용자 테스트 그룹으로부터 다양한 피드백을 수집하는 시뮬레이션 과정을 의미한다.

2. 프로토타이핑의 필요성

오류를 사전에 미리 발견할 수 있고 검증과 보완의 과정을 통해 예상치 못했던 문제점을 찾아내어 값 비싼 실수를 반복하지 않도록 미연에 방지하며, 프로젝트 이해 관계자들과의 의사결정 및 커뮤니케이션 용도로 활용된다.

3. 프로토타이핑 프로세스

❶ **목표 설정** : 테스트를 통해 발견하고자 하는 것이 무엇인지 명확한 목표를 설정한다.

❷ **사용자 정의** : 성별, 연령, 숙련도, 서비스 이용 경험 등 목표 사용자를 정의한다.

❸ **시나리오 작성** : 사용자가 수행해야할 과업을 시나리오 형태로 작성한다.

❹ **프로토타입 제작** : 테스트에 사용될 프로토타이핑의 형태를 결정하고 작성된 과업 시나리오를 기반으로 프로토타입을 제작한다.

❺ **테스트 수행** : 제작된 프로토타입을 이용하여 테스트를 수행한다.

❻ **평가** : 가장 중요한 단계로, 테스트를 통해 발견된 문제점을 개선 및 보완하고 해결 방안을 도출한다.

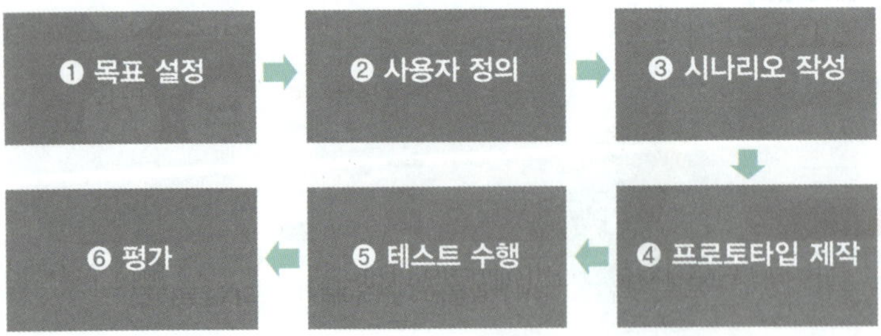

요약

4. 프로토타이핑의 종류

- **저 충실도 프로토타이핑** : 제품 및 서비스 아이디어를 스케치 형태로 러프하게 표현하여 빠르고 간단하게 서비스의 흐름을 개략적으로 설명하고 가시화하여 서비스의 유용성을 테스트하는 방법을 말한다.
- **고 충실도 프로토타이핑** : 최종 구현 단계 전 최종 결과물에 가까운 형태의 프로토타입을 제작하여 테스트 하는 방법으로, 각 화면별 UI 디자인이 적용되어 심미적으로 아름답고, 마우스 클릭 및 화면 전환, 애니메이션 등 실제 대화형 인터랙션을 통해 실질적인 사용성 테스트를 수행할 수 있다.

5. 프로토타이핑 제작 도구

대표적인 인터랙티브 및 디지털 프로토타이핑 제작 도구로 어도비 XD, 스케치, 피그마, 엑슈어, 카카오 오븐 등이 있다.

실습 과제

페이퍼 프로토타이핑 워크샵 앱 서비스를 하나 선정하고 아래 양식에 맞춰 서비스 이용 흐름을 스케치한 후, 사용자를 대상으로 페이퍼 프로토타이핑을 수행해 보자.

CHAPTER 18

사용성 테스트 개요

PREVIEW

이번 장에서는 사용성 테스트에 대한 개념을 이해하고, 이를 바탕으로 사용성 테스트의 종류와 수행 방법을 다양한 사례를 통해 알아본다.

SECTION 01

사용성 테스트의 이해

1 사용성의 개념

사용성Usability은 인간과 컴퓨터의 상호작용Human Computer Interaction, HCI에 가장 핵심이 되는 개념으로 사용자가 어떤 시스템을 사용하는 데 있어 원하는 목적을 달성하기 위해 얼마나 쉽고 편리하게 시스템을 이용하는지에 대한 서비스 이용 과정과 결과의 만족 여부를 결정하는 매우 중요한 요소다.

대표적인 사용성 연구자 제이콥 닐슨Jacob Nielsen은 이러한 사용성의 속성을 얼마나 쉽고 빠르게 작업을 수행할 수 있는지에 대해 학습의 용이성, 학습의 효율성, 기억의 용이성, 오류 복구의 용이성, 심미적 만족감 등 총 5가지로 구분하였다. 이러한 사용성의 속성들은 사용자를 제공하는 서비스에 더 오래 머무를 수 있도록 잡아두는 매우 중요한 역할을 수행한다.

2 사용성 테스트의 개념

사용성 테스트Usability Test, UT는 사용자가 서비스를 이용하며, 자신이 원하는 목적을 달성하기까지의 과정에서 느끼는 인지적, 경험적 반응들을 관찰, 인터뷰, 테스트 등의 방법으로 평가하는 것을 말한다. 구체적으로는 주요 수행도를 측정할 수 있는 과업Task을 제시한 후 주어진 과업을 완료하는 데 걸리는 시간, 클릭 수, 오류의 빈도 등을 테스트를 통해 평가하게 된다. 사용성 테스트의 궁극적인 목적은 사용자가 서비스를 이용할 때, 사용자에게 불편을 줄 수 있는 문제를 발견하고 그 문제를 해결하기 위해 필요한 대안을 찾아내어 사용자에게 보다 나은 사용자 경험User eXperience, UX을 제공하기 위한 것이다.

그림 18-1 사용성 테스트 [01] [02]

3 사용성 테스트의 목적

디자인의 룩&필Look&Feel, 디자인 선호도Design Preference, 사용자 경험User Experience과 같은 요소들은 일반적인 설문 조사로는 파악하기 어렵고, 인터뷰와 같은 보편적인 정성 조사로도 접근하기 곤란한 주제다. 그 이유는 일관성이나 선호도가 매우 미묘한 차이이고, 사용자의 경험이나 관심이 가는 시각적 요소Visual Factor 등은 본인 스스로도 파악하기 어렵기 때문이다. 이를 해결하고자 보다 나은 사용자 경험을 제공할 수 있는 사용성 테스트가 필요하다. 사용성 테스트Usability Test를 한다는 것은 사용자의 내면에 존재하는 선호도와 장애 요인을 추출하고 분석하여 제품이나 서비스에 대한 다양한 통찰Insight을 통해 서비스를 개선하고 사용자의 니즈를 파악하는 것이다.

4 사용성 테스트의 구분

사용성 테스트는 오류 횟수, 과업Task 수행 시간과 같이 수치로 된 데이터를 측정하는 정량적 테스트Quantitative Test와 씽크 어라우드Think Aloud, 인터뷰Interview, 아이 트래킹Eye Tracking 등 사용자 행동에 대해 보다 포괄적이며 깊이 있는 결과를 도출하여 분석하는 정성적 테스트Qualitative Test로 구분할 수 있다.

닐슨 노먼 그룹Nielsen Norman Group의 연구 결과에 따르면, 정량적 테스트는 테스트 결과를 일반화하기 위해 피실험자 수가 약 20명 이상 필요하며, 20명 이상의 피실험자를 통해 테스트를 한다면 오차 범위 내에서 의미 있는 결과를 얻을 수 있다.

반면, 정성적 테스트는 상대적으로 적은 수의 테스트 참여자만 있어도 신뢰성 있는 결과를 얻을 수 있다. 단지 세 사람의 피실험자 수만으로도 전체 70% 이상의 사용성과 관련된 문제를 발견할 수 있으며, 피실험자의 수가 다섯 명이 넘으면 아무리 피실험자 수가 많아도 발견되는 문제점은 비슷하다.

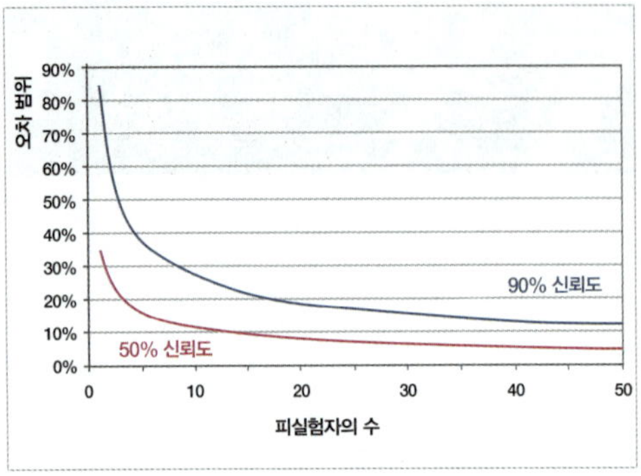

(a) 정량적 테스트

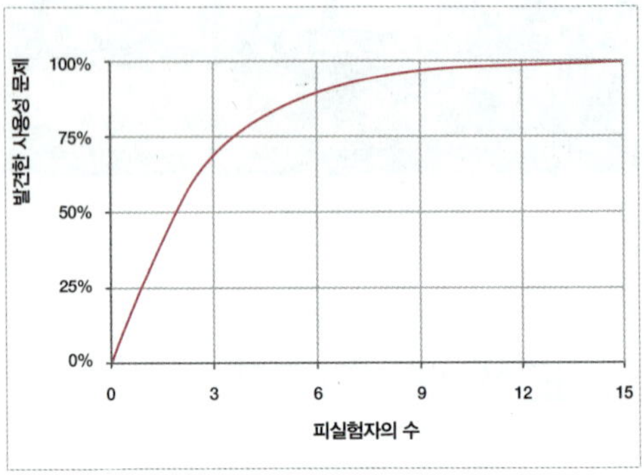

(b) 정성적 테스트

그림 18-2 **사용성 테스트 결과에 영향을 미치는 피실험자 수** [03]

5 사용성 테스트의 수행

사용성 테스트는 일반적으로 서비스를 리뉴얼하기 위해 웹 사이트나 앱 등 완성된 형태의 서비스를 대상으로 수행한다. 때로는 프로젝트 초기에 스토리보드를 기반으로 제작된 디자인 시안이나 프로토타입을 대상으로 설계된 UI에 대한 사용자의 반응을 관찰하거나 그에 따른 문제점을 발견하고 개선안을 찾기 위해 수행되기도 한다. 이렇듯 사용성 테스트의 시기는 테스트의 목적과 방법에 따라 달라진다.

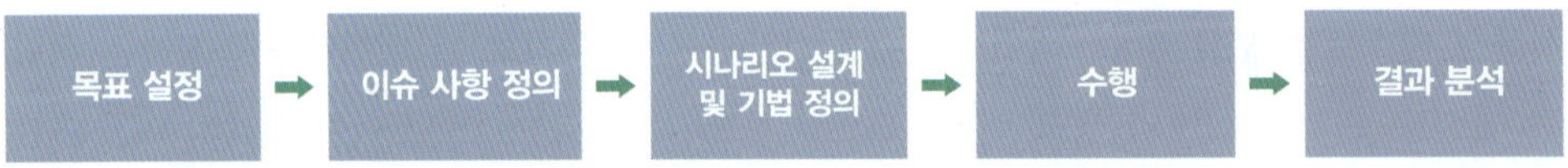

그림 18-3 **사용성 테스트 프로세스**

여기서 잠깐 사용성 평가 원칙과 인터페이스 디자인 원칙

웹 사용성 연구의 선구자인 제이콥 닐슨(Jacob Nielsen)은 사용성을 평가하기 위해 필요한 원칙 10가지를 제시했는데, 그 내용은 [표 18-1]과 같다.

표 18-1 제이콥 닐슨의 10가지 사용성 평가 원칙

원칙	설명
가시성	시스템의 현재 상태를 시각적으로 보여주는가?
현실 세계와의 부합	현실 세계와 일치하는 시스템인가?
사용자 조작의 자유도	사용함에 있어 적절한 통제권을 부여하는가?
일관성과 표준화	일관성과 표준성이 나타나는가?
오류 방지	실수를 미연에 방지하기 위한 설계가 되어 있는가?
즉각적 인지	적은 인지적 노력으로도 시스템을 사용할 수 있는가?
유연성과 효율성	시스템을 유연하고 효율성 있게 사용할 수 있는가?
심미성	심미적이고 간결한 디자인을 제공하는가?
오류 해결	사용자들은 오류 발생 시 스스로 문제를 파악하고 수정할 수 있는가?
도움말 제공	사용자에게 충분한 도움말을 제공하는가?

인지 과학자이자 디자이너인 도널드 노먼(Donald Norman)은 인터페이스 디자인의 원칙을 제시했는데, 그 내용은 [표 18-2]와 같다.

표 18-2 도널드 노먼의 인터페이스 디자인 원칙

원칙	설명
직접 대응	머릿속의 지식과 세상 속의 지식을 모두 이용해야 한다.
구조의 단순화	과제의 구조를 단순화해야 한다.
시각화에 의한 효과	시스템이 가시적이게 만들고 수행의 간격과 평가의 간격을 좁혀야 하며, 사용자 눈에 보이게 하여 수행된 내용을 쉽게 이해하도록 해야 한다.
대응 관계	시스템의 내부 상태와 출력 상태, 시스템의 상태와 사용자의 의도 등에 맞추기 위해 자연스러운 대응 관계가 필요하다(부분 대응과 완전한 대응).
행위 유도	자연스러운 제약 및 인간 공학적 제약의 위력을 활용하고, 아이콘이나 기호를 통해 다양한 내비게이션은 행동을 유도해야 한다.
오류 대비 디자인	오류의 가능성 도출을 통한 대처 방안을 미리 준비해야 한다.
표준화	이 모든 것이 잘되지 않는 경우에 표준화해야 한다.
피드백	적절한 피드백은 동기 부여에 중요한 요소이다

SECTION 02

사용성 테스트의 종류

1 사용성 테스트 방법

사용성 테스트를 수행하는 방법은 사용되는 기법에 따라 크게 세 가지로 분류할 수 있다. 먼저, 설문 조사, 질문, 인터뷰를 통해 사용자의 니즈를 파악하는 조사법Inquiry, 제시하는 과업 시나리오Task Scenario에 대한 수행도 평가, 사용자 행위 관찰, 실험 등을 통해 인과 관계를 규명하는 검증법Usability Test, 미리 세운 측정 기준이나 평가 항목을 선정된 전문가에 의해 평가하는 감정법Inspection으로 분류된다.

표 18-3 사용성 테스트 방법

평가 기법	분류
조사법(Inquiry)	질문지법(Survey), 맥락 질문법(Contextual Inquiry), 문법(Questionnaire), 인터뷰(Interview), 포커스 그룹 인터뷰(Focus Group Interview)
검증법(Usability Test)	씽크 어라우드(Think Aloud), 아이 트래킹(Eye Tracking), 수행도 측정(Performance Measure)
감정법(Inspection)	휴리스틱 평가(Heuristic Evaluation), 가이드라인 체크리스트(Guideline Checklist), 인지적 워크스루(Cognitive Walk-through)

2 검증법

씽크 어라우드

발성 사고법이라고도 부르는 씽크 어라우드Think Aloud는 피실험자가 테스트를 진행하면서 보고, 느끼고, 생각한 것을 소리를 내어 말하게 하는 언어적 프로토콜 분석 방법으로 이를 통해 사용자의 심리를 파악할 수 있다.

테스트 방법은 피실험자가 말한 내용을 기록하거나 녹음하여 테스트가 종료된 후, 사후 인터뷰를 진행할 때 피보험자의 답변에 대한 원인을 분석하면 된다. 조사 방법이 어렵지 않고 카메라나 음성 녹음 장비 외에는 특별한 장비가 필요하지 않기 때문에 비교적 저렴한 비용으로도 가능하며, 스마트폰만 있다면 초보자도 쉽게 테스트를 진행할 수 있다.

그림 18-4 스마트폰을 이용한 씽크 어라우드

아이 트래킹

아이 트래킹Eye Tracking은 사용자 시선의 움직임Gaze Movement을 정밀하게 추적하여 응시 대상, 관심 구역, 응시 시간, 시선 흐름 등을 실시간으로 추적하는 기술이다. 이러한 방법을 통해 의지적으로 통제가 어려운 사용자의 관심을 직접 측정하고 초당 수회의 데이터를 실시간으로 얻을 수 있으며 과업 수행 시간, 시선 흐름의 순서, 영역에 대한 집중도, 오류의 횟수 등 평가 결과를 수치화한 정량적 비교가 가능하다. 또한, 시선 추적뿐만 아니라 피실험자의 표정을 녹화하거나 음성을 녹음할 수 있기 때문에 비디오 에스노그래피Video Ethnography와 씽크 어라우드Think Aloud의 기법을 동시에 사용할 수 있으며, 분석 소프트웨어가 제공하는 다양한 데이터를 통해 가장 과학적이고 정확한 결과를 얻을 수 있다. 하지만 고가의 아이 트래킹 장비와 전문적인 시설이 갖춰진 테스트룸이 요구된다는 단점도 있다. 프로토타입 테스트를 통한 수행도 측정, 사전 사후 인터뷰 등의 방법을 함께 사용하기도 한다.

그렇다면 아이 트래킹과 같은 정성 조사를 위해서 어느 정도의 인원을 조사하는 것이 적절할까? 일반적인 의견을 묻는 설문 조사와는 달리, 시선의 움직임이나 사람의 인지Cognition와 같은 반응은 비교적 일관되기 때문에, 설문 조사에 비해 적은 숫자의 조사만으로도 유효한 신뢰도를 가질 수 있다. 연구 결과에 따르면, 단지 세 사람의 피실험자 수만으로도 전체 70% 이상의 사용성과 관련된 문제를 발견할 수 있다. 아이 트래킹은 사용자의 흥미와 관심 수준 측정, 웹 페이지의 시선 추적과 노출 효과 분석, 기기Device의 버튼 및 화면 UI 분석, 광고 노출 측정과 효과 분석 등 다양한 분야에서 활용되고 있다.

그림 18-5 시선 추적 장비를 이용한 아이 트래킹 [04]

수행도 측정

수행도 측정은 테스트를 통해 요구되는 사용자 수행 능력을 측정하는 방법이다. 또한 서버에 기록된 사용자의 이동 경로, 검색 로그 등의 파일을 분석하거나 캠타시아, 반디캠과 같은 소프트웨어를 이용하여 사용자의 데스크톱 화면을 녹화한 후 마우스 궤적 추적, 수행 흐름 등 사용자의 다양한 경험을 정량적인 데이터로 측정할 수 있다. 아이 트래킹 역시 수행도 측정 방법의 대표적인 예다.

그림 18-6 **캠타시아를 활용한 수행도 측정** [05]

3 감정법

휴리스틱 평가

휴리스틱 평가Heuristic Evaluation는 제시되는 측정 기준과 평가 항목을 관련 분야 전문가의 경험, 지식, 판단에 의해 서비스를 평가하고 점수화하는 방법으로 특별한 절차나 준비 없이 상대적으로 저렴한 비용으로 진행할 수 있고 원격으로도 평가가 가능하다는 장점이 있다. 휴리스틱 평가는 전문가에 의한 주관적 평가이기 때문에 평가자 개인의 기준보다는 각자 평가한 후 평가 결과에 대한 상호 비교를 통해 발견한 사실을 종합하여 평가하도록 한다.

Criteria	No.	Checklist	Bad <- - -- - - -> Good					N/A	Comments
Visibility	1.1	검색시스템의 전반적인 인터페이스가 전체 정보구조의 이해에 도움이 되는가?	1	2	3	4	5		
	1.2	전반적인 인터페이스들이 각 검색기능이 명확하게 이해되도록 도움을 주는가?	1	2	3	4	5		
	1.3	검색어를 입력하는 단계의 인터페이스에서 그 기능의 정보전달이 명확하게 이해되도록 도움을 주는가?	1	2	3	4	5		
	1.4	검색결과가 나타나는 단계의 인터페이스에서 그 기능의 정보전달이 명확하게 이해되도록 도움을 주는가?	1	2	3	4	5		
	1.5	전반적으로 **텍스트** 정보전달요소들(용어,메뉴레이블 등)이 이해하기 쉽게 되어 있는가?	1	2	3	4	5		
	1.6	전반적으로 **이미지** 정보전달요소들(아이콘, 일러스트 등)이 이해하기 쉽게 되어 있는가?	1	2	3	4	5		
	1.7	검색결과(상품상세보기, 미리보기등)의 **텍스트** 정보전달요소들(용어,메뉴레이블 등)이 이해하기 쉽게 되어 있는가?	1	2	3	4	5		
	1.8	검색결과(상품상세보기, 미리보기등)의 **이미지** 정보전달요소들(아이콘, 일러스트 등)이 이해하기 쉽게 되어 있는가?	1	2	3	4	5		
	1.9	이미지와 텍스트의 검색결과 보기가 정보의 이해를 돕는가?	1	2	3	4	5		
	1.11	하이퍼링크 된 텍스트, 이미지의 마우스 이벤트에 대한 반응은 적절한가?	1	2	3	4	5		
	1.12	검색결과 페이지의 조건검색창의 크기가 적절한가?	1	2	3	4	5		
	1.13	검색결과 페이지의 조건검색창의 위치가 적절한가?	1	2	3	4	5		
	1.14	검색결과 페이지의 상품리스트가 검색에 필요한 순위로 정렬되는가?	1	2	3	4	5		
	1.15	메인페이지에 조건검색문이 검색에 유용한가?	1	2	3	4	5		
Simplicity & Aesthetic	2.1	전반적으로 11번가의 성격과 디자인은 조화로운가?	1	2	3	4	5		
	2.2	전반적으로 11번가의 검색시스템의 텍스트와 이미지가 조화로운가?	1	2	3	4	5		
	2.3	전반적으로 11번가의 이미지 아이덴티티가 검색시스템에 잘 적용되어있는가?	1	2	3	4	5		
	2.4	검색결과리스트의 텍스트의 가독성이 좋은가?	1	2	3	4	5		
	2.5	검색결과리스트의 텍스트의 의미가 직관적으로 쉽게이해(이독성)하기 좋은가?	1	2	3	4	5		
	2.6	검색시스템에 사용된 그래픽이 심미적인가?	1	2	3	4	5		
	2.7	검색시스템의 단위 페이지별 인터페이스구성이 복잡하지 않은가?	1	2	3	4	5		
	2.8	검색시스템의 전반적인 사용자 인터페이스가 편리한가?	1	2	3	4	5		
	2.9	검색시스템의 전반적인 사용자 인터페이스가 화면에 효율적인가?	1	2	3	4	5		
	2.11	검색시스템의 인터페이스의 심미성이 각 기능들과 적절히 부합되는가?	1	2	3	4	5		
Consistency	3.1	전체적인 디자인, 레이아웃 등의 일관성 및 표준이 있는가?	1	2	3	4	5		
	3.2	전체적인 메뉴, 버튼 등의 일관성이 있는가?	1	2	3	4	5		
	3.3	검색 시스템의 검색어과정 상에 일관성이 있는가?	1	2	3	4	5		
	3.4	검색 시스템의 검색결과 리스트상에 일관성이 있는가?	1	2	3	4	5		
	3.5	검색 조건문과 필드 결과값에 일관성이 있는가?	1	2	3	4	5		
	3.6	인터렉션(상호작용)에 있어 일관성이 있는가?	1	2	3	4	5		
	3.7	본문에 사용된 시스템 텍스트의 일관성이 있는가?	1	2	3	4	5		
	3.8	검색정보의 카테고리별 그룹핑이 적절한가?	1	2	3	4	5		
	3.9	검색결과 상품정보의 sorting이 목적에 부합하는가?	1	2	3	4	5		
	3.11	검색시스템의 각 단위 페이지별 정보의 시각적 스캐닝이 쉬운가?	1	2	3	4	5		
	3.12	하이퍼링크 된 텍스트, 이미지 등의 클릭시 진행될 상황이 예측되는가?	1	2	3	4	5		
	3.13	검색결과에 기능버튼이 클릭시 진행될 상황이 예측되는가?	1	2	3	4	5		
	3.14	상품검색진행시 크로스 브라우징(IE, FireFox, Safari)을 지원하는가?	1	2	3	4	5		
	4.1	상품 통합검색에서 검색조건이 충분한가?	1	2	3	4	5		
	4.2	검색창의 노출 및 위치는 사용하기에 편리한가?	1	2	3	4	5		
	4.3	검색결과리스트 메뉴의 노출 및 위치는 사용하기에 편리한가?	1	2	3	4	5		
	4.4	검색 정보의 시스템의 논리적 위계구조가 적절한가?	1	2	3	4	5		
	4.5	제공되고 있는 한글자동입력 조작방법이 편리한가?	1	2	3	4	5		
	4.6	제공되고 있는 연관검색어 기능이 편리한가?	1	2	3	4	5		
	4.7	제공되고 있는 키보드 단축키 기능이 편리한가?	1	2	3	4	5		
	4.8	검색문에 오타가 있을경우, 혹은 상품명이 정확하지 않을 경우에도 적절한 검색이 가능한가?	1	2	3	4	5		

그림 18-7 검색 시스템 휴리스틱 평가의 예

가이드라인 체크리스트

가이드라인 체크리스트Guideline Checklist는 휴리스틱 평가와 마찬가지로 제공되는 서비스가 전문가들이 설정한 사용성 평가 기준에 부합하는지에 대한 일치 여부를 평가하는 방법이다. 세부 속성별로 사용성 평가를 개념화할 수 있고, 구체적인 문제점을 발견할 수 있다.

표 18-4 모바일 전자정부 서비스의 가이드라인 체크리스트

문항	점수
1 전혀 그렇지 않다. 2 그렇지 않은 편이다. 3 보통이다. 4 그러한 편이다. 5 매우 그렇다.	
제공되는 서비스를 사용설명서 없이 사용할 수 있는가?	1 2 3 4 5
원하는 콘텐츠까지 최소한의 탭으로 이동이 가능한가?	1 2 3 4 5
사용 중 실수를 되돌릴 수 있는 기능이 제공되고 있는가?	1 2 3 4 5
불필요한 입력을 요구하지 않는가?	1 2 3 4 5
제공되는 서비스는 성격이 일관되며 간략한 느낌을 주는가?	1 2 3 4 5
내용을 찾기 위해 깊이 찾아들어가지 않아도 되도록 정보의 접근이 쉬운가?	1 2 3 4 5
메뉴항목들이 기억하기 쉽게 설계되어 있는가?	1 2 3 4 5
내용을 인지하는 속도와 비교하여 적당한 반응속도를 제공하는가?	1 2 3 4 5
현재 브라우징 하는 페이지가 어떤 페이지인지 유추할 수 있도록 되어있는가?	1 2 3 4 5
화면에서 선택 가능한 것과 불가능한 것은 시각적으로 명확히 구분되는가?	1 2 3 4 5
화면의 텍스트는 읽기에 충분한 크기로 제공되고 있는가?	1 2 3 4 5
적용된 디자인은 전체적으로 조화로우며 기능에 잘 부합하는가?	1 2 3 4 5
적용된 아이콘은 직관적으로 이해할 수 있는 메타포를 적용하고 있는가?	1 2 3 4 5
이미지와 배경의 대비가 명확하여 내용을 구분하기 쉬운가?	1 2 3 4 5
사용자 안내문은 공손한 느낌을 주는가?	1 2 3 4 5
사용된 용어는 충분히 이해하기 쉬운 용어를 사용하고 있는가?	1 2 3 4 5
링크된 메뉴들은 해당 화면을 유추할 수 있도록 되어 있는가?	1 2 3 4 5
터치반응영역은 적절한 크기로 제공되어 터치하기 쉬운가?	1 2 3 4 5
계	

인지적 워크스루

인지적 워크스루Cognitive Walkthrough는 주어진 과업의 수행 단계에서 요구되는 생각의 절차Mental Process를 평가하는 것으로 제공되는 서비스에 대한 학습의 용이성을 분석할 수 있는 방법이다. 예를 들어 로그인, 회원가입, 구매, 결제 프로세스 등 피실험자가 경험에 의해 축적된 지식을 기반으로 과업을 완수하기까지의 과정을 분석할 수 있다. 이러한 인지적 워크스루의 방법은 일반 사용자들을 대상으로도 할 수 있으나 전문가들에 의한 인지적 워크스루의 결과를 가장 신뢰할 수 있으며 과업 수행을 위한 최적의 경로를 도출할 수 있다.

요약

1. 사용성 테스트

- **사용성** : 인간과 컴퓨터의 상호작용에 핵심이 되는 개념이며, 시스템이 사용자의 목적에 맞게 얼마나 쉽고 편리하게 이용될 수 있는지에 대한 결과의 만족 여부를 결정하는 중요한 요소다.
- **사용성 테스트** : 사용자가 서비스를 이용하며, 자신이 원하는 목적을 달성하기까지의 과정에서 느끼는 인지적, 경험적 반응들을 관찰, 인터뷰, 테스트 등의 방법으로 평가하는 것을 말한다.

2. 사용성 테스트의 방법

- **조사법** : 설문 조사, 질문, 인터뷰를 통해 사용자의 니즈를 파악하는 방법으로, 질문지법, 맥락 질문법, 문법, 인터뷰, 포커스 그룹 인터뷰 등이 있다.
- **검증법** : 제시하는 과업 시나리오에 대한 수행도 평가, 사용자 행위 관찰, 실험 등을 통해 인과 관계를 규명하는 방법으로, 씽크 어라우드, 아이 트래킹, 수행도 측정 등이 있다.
  - **씽크 어라우드** : 피실험자가 테스트를 진행하면서 보고, 느끼고, 생각한 것을 소리를 내어 말하게 하는 언어적 프로토콜 분석 방법으로, 보다 솔직한 사용자의 심리를 파악할 수 있다.
  - **아이 트래킹** : 사용자의 시선을 추적하여 분석하는 실험적 평가 방법으로, 과업 수행 시간, 시선 흐름의 순서, 영역에 대한 집중도, 오류의 횟수 등 평가 결과를 수치화한 정량적 비교가 가능하다.
  - **수행도 측정** : 테스트를 통해 구체적인 과업 과정에서 요구되는 사용자 수행 능력을 측정하는 방법이다.
- **감정법** : 미리 세운 측정 기준이나 평가 항목을 선정된 전문가에 의해 평가하는 방법으로, 휴리스틱 평가, 가이드라인 체크리스트, 인지적 워크스루 등이 있다.
  - **휴리스틱 평가** : 제시되는 측정 기준과 평가 항목을 관련 분야 전문가의 경험, 지식, 판단에 의해 서비스를 평가하고 점수화하는 방법이다.
  - **가이드라인 체크리스트** : 휴리스틱 평가와 마찬가지로 제공되는 서비스가 전문가들이 설정한 사용성 평가 기준에 부합하는지에 대한 일치 여부를 평가하는 방법이다.
  - **인지적 워크스루** : 주어진 과업의 수행 단계에서 요구되는 생각의 절차를 평가하는 것으로, 제공되는 서비스에 대한 학습의 용이성을 분석할 수 있는 방법이다.

실습 과제

체크리스트 기법을 이용한 사용성 테스트 수행하기 모바일 웹 사이트를 하나 선정한 후, 아래 체크리스트 양식을 이용하여 사용성 테스트를 수행해 보자.

체크리스트 기법을 이용한 사용성 테스트 수행하기			
작성자		작성일	년 월 일

선정된 모바일 웹 사이트			
실험 참가자		성별	
서비스 사용 경험	유 / 무	연령	

문항	점수
1 전혀 그렇지 않다. 2 그렇지 않은 편이다. 3 보통이다. 4 그러한 편이다. 5 매우 그렇다.	
제공되는 서비스를 사용설명서 없이 사용할 수 있는가?	1 2 3 4 5
원하는 콘텐츠까지 최소한의 탭으로 이동이 가능한가?	1 2 3 4 5
사용 중 실수를 되돌릴 수 있는 기능이 제공되고 있는가?	1 2 3 4 5
불필요한 입력을 요구하지 않는가?	1 2 3 4 5
제공되는 서비스는 성격이 일관되며 간략한 느낌을 주는가?	1 2 3 4 5
내용을 찾기 위해 깊이 찾아들어가지 않아도 되도록 정보의 접근이 쉬운가?	1 2 3 4 5
메뉴항목들이 기억하기 쉽게 설계되어 있는가?	1 2 3 4 5
내용을 인지하는 속도와 비교하여 적당한 반응속도를 제공하는가?	1 2 3 4 5
현재 브라우징 하는 페이지가 어떤 페이지인지 유추할 수 있도록 되어있는가?	1 2 3 4 5
화면에서 선택 가능한 것과 불가능한 것은 시각적으로 명확히 구분되는가?	1 2 3 4 5
화면의 텍스트는 읽기에 충분한 크기로 제공되고 있는가?	1 2 3 4 5
적용된 디자인은 전체적으로 조화로우며 기능에 잘 부합하는가?	1 2 3 4 5
적용된 아이콘은 직관적으로 이해할 수 있는 메타포를 적용하고 있는가?	1 2 3 4 5
이미지와 배경의 대비가 명확하여 내용을 구분하기 쉬운가?	1 2 3 4 5
사용자 안내문은 공손한 느낌을 주는가?	1 2 3 4 5
사용된 용어는 충분히 이해하기 쉬운 용어를 사용하고 있는가?	1 2 3 4 5
링크된 메뉴들은 해당 화면을 유추할 수 있도록 되어 있는가?	1 2 3 4 5
터치반응영역은 적절한 크기로 제공되어 터치하기 쉬운가?	1 2 3 4 5
계	

평가 결과	

CHAPTER 19

사용성 테스트 수행

PREVIEW

이번 장에서는 사용성 테스트를 수행하는 전반적인 프로세스를 이해하고 사용성 테스트의 설계부터 각 단계별 구체적인 수행 방법까지 알아본다.

SECTION 01

사용성 테스트 목표 및 이슈 정리

1 사용성 테스트 목표 수립

사용성 테스트Usability Test를 수행하기 전에 선행되어야 할 일은 테스트를 통해 발견하고자 하는 목표가 무엇인지 설정하는 것이다. 예를 들어 사용성 테스트를 통한 사용자 선호도 조사, 사용자 인터페이스의 문제점 발견, 특정 기능과 사용자 만족도의 인과관계 규명과 같이 사용성 테스트의 목표를 분명히 해야 한다.

사용자들의 서비스 이용 동기, 목적, 기대 효과와 제품 검색 방법 등에 대한 다양한 사용자 패턴을 분석하여 사용성 개선, 쇼핑몰의 구매 프로세스 단축, 고객 커뮤니케이션 채널 강화 등의 구체적인 목표를 수립한다.

2 사용성 테스트 이슈

다음으로 과업 수행 시간의 문제, 기능과 메뉴 간 이동 동선, 사용자의 만족과 불만족의 원인, 사용자가 범하는 오류, 사용성 저해 요소와 같이 확인하고자 하는 이슈사항을 사용성 테스트를 수행하기 전에 명확히 정의하도록 한다.

목표 설정과 이슈사항이 정리되면 목적에 맞는 테스트의 방법을 결정하고, 결정된 방법에 따라 필요한 팀을 구성한다. 일반적인 사용성 테스트의 팀 구성과 역할은 [표 19-1]과 같다.

표 19-1 사용성 테스트의 팀 구성과 역할

구분	역할
진행자(Facilitator)	• 전체 테스트 총괄 • 참가자 섭외 및 안내 • 참가자 오리엔테이션 • 테스트 진행 • 관찰자 교육
기록자(Scriptor)	• 관찰룸에서 행위, 이벤트, 수행 시간 기록 • 테스트룸에 있는 진행자와의 커뮤니케이션
장비담당자(Engineer)	• 테스트룸 장비 설정 • 녹화/녹음 진행, 파일 백업
관찰자(Observer)	• 해당 프로젝트 수행 팀(기획자, 디자이너, 프로그래머 등) • 클라이언트 담당자 • 테스트 관찰

3 사용성 테스트 수행 계획서

사용성 테스트의 목표 및 이슈사항들이 정리되었다면, 구체적인 사용성 테스트 수행 계획서를 작성하도록 한다. 사용성 테스트 수행 계획서에 포함되는 내용은 다음과 같다.

❶ **목표** : 테스트를 통해 발견하고자 하는 것이 무엇인지, 명확한 테스트의 목적을 작성한다.

❷ **범위 및 예산** : 테스트하고자 하는 범위 및 소요되는 예산을 작성한다.

❸ **일정 및 장소** : 테스트의 세부 일정과 장소를 작성한다.

❹ **팀 구성** : 진행자, 기록자, 관찰자 등 테스트를 진행할 팀 구성에 대해 작성한다.

❺ **준비사항** : 필요 장비, 사례비, 기념품 등 테스트에 필요한 준비사항을 작성한다.

❻ **테스트 방법** : 휴리스틱 평가, 페이퍼 목업, 아이 트래킹 등 테스트 방법에 대해 작성한다.

❼ **참가자 선정 기준** : 성별, 연령, 숙련도, 서비스 이용 경험 등의 참가자 선정 기준을 작성한다.

❽ **과업 시나리오** : 수행 배경에 따른 과업 시나리오와 구체적인 수행 과제를 작성한다.

❾ **테스트 절차** : 오리엔테이션, 사전 인터뷰, 과업 시행, 사후 인터뷰, 설문 조사 등의 테스트 절차를 작성한다.

❿ **결과 분석 방법** : 테스트 결과를 취합하고 분석하는 방법에 대해 작성한다.

SECTION 02

사용성 테스트 프로세스

1 사용성 테스트 대상자 선정

사용성 테스트를 수행할 대상자를 선정하기 전, 제공하는 서비스의 역할을 정의하고 사전 리서치 단계를 통해 분석된 사용자 그룹의 이용 행태나 특성을 파악하여 테스트 대상자의 선정 기준을 미리 세워두는 것이 중요하다.

지양해야 할 테스트 대상자는 특정 브랜드의 서비스를 지나치게 선호하는 참가자, 전자기기의 숙련도가 너무 낮거나 높은 참가자와 같이 한쪽으로 심하게 편향된 참가자들이다. 만약 이러한 테스트를 진행한다면 해당 테스트의 결과를 신뢰할만한 결과로 볼 수 없을 것이다. 따라서 주 사용자의 성별, 연령층, 직업, 컴퓨터 숙련 정도, 자사 및 유사 서비스 이용 경험 등의 정보를 미리 파악하여 테스트의 목표에 부합하는 대상자를 선정하도록 한다.

*** 셰프
참가자 선별 기준

참가자 선별 기준

서비스명	*** 셰프	
직업	직장인	1
	주부	2
	학생	2
성별	여성	5
결혼 여부	미혼	3
	기혼	2
연령	25세 이하	2
	30-35세	3
스마트폰 숙련도*	스마트폰 숙련도가 낮은 사용자	3
	스마트폰 숙련도가 높은 사용자	2
서비스 사용 경험**	사용 기간이 긴 사용자	0
	사용 기간이 짧은 사용자	5
	사용 빈도가 높은 사용자	2
	사용 빈도가 낮은 사용자	3
사이트(앱) 방문 경험	방문 빈도가 높은 사용자	1
	방문 빈도가 낮은 사용자	4
요리 숙련도***	요리 숙련도가 낮은 사용자	2
	요리 숙련도가 높은 사용자	3

*스마트폰 숙련도 기준
1. 직접 스마트폰 재부팅이 가능하다.(예, 아니오)
2. 스마트폰에서 원하는 앱을 찾아 설치, 삭제가 가능하다.(예, 아니오)
3. 스마트폰 오류나 작동이 안될 때 스스로 장애 문제를 해결할 수 있다.(예, 아니오)
4. 스마트폰에 다운로드 한 파일을 찾아 열 수 있다.(예, 아니오)
5. 스스로 유료 앱을 결제할 수 있다.(예, 아니오)

**서비스 사용 경험 기준
1. 사용 기간 : 1개월
2. 사용 빈도(월) : 10회 이상

***요리 숙련도 기준
1. 요리 경력이 3년 이상이다.(예, 아니오)
2. 지인에게 요리를 해 준 경험이 3번 이상이다.(예, 아니오)
3. 직접 잡곡밥을 지을 수 있다.(예, 아니오)
4. 자신만의 레시피가 있다.(예, 아니오)
5. 국 종류 3가지 이상 요리할 수 있다.(예, 아니오)

그림 19-1 사용성 테스트 대상자 선정 기준의 예

먼저 온라인, SNS, 이벤트, 리쿠르팅 업체 등을 이용하여 참가자 모집 공고를 하고 테스트 대상자의 약 2배수 정도의 후보자를 모집한 후, 전화나 이메일을 통해 사용성 테스트 대상자로 적합한지 미리 준비한 UT 스크리너UT Screener를 이용하여 재확인 절차를 거친다. 또한 구글 드라이브 등의 설문 조사를 이용하여 참가자가 신청할 때, 미리 기입하게 하는 것도 좋은 방법이다.

[사용성 테스트 및 아이트래킹] 'T map 대중교통 앱 나만의 출.퇴근 경로' 서비스 사용성 향상을 위한 사용성 테스트 및 아이트래킹 참가자 모집

안녕하세요.
계원예술대학교 디지털미디어디자인과 2학년 기획 반 양다예입니다.

'T map 대중교통 앱 나만의 출.퇴근 경로' 서비스 사용성 향상을 위한 사용성 테스트 및 아이트래킹을 진행하고자 합니다.

자세한 모집 정보는 아래와 같습니다.

참가자 조건 :(1) 20~30세 대학생 또는 직장인
(2) 서울,경기도 지역 거주자 및 인터뷰 참여를 위해 계원예술대학교 방문이 가능한 분
(3) Map 관련 앱 설치 경험이 있으신 분
(4) T map 대중교통 앱 내 나만의 출.퇴근경로 메뉴 사용 경험이 없으신 분
(5) iPhone을 사용하시는 분

참가방법 : 휴대폰 010-4135-7133 또는 KakaoTalk ID: jh980929 로 참가 신청 해주시면 대상자 선정 후 개별 연락 드릴 예정이며,
선정 된 참가자에 한해 1분 내외의 설문조사가 진행 될 예정입니다.
설문 진행 시 솔직한 답변 부탁 드립니다.

모집기간 : 4월 7일(일)

진행방식 : T map 대중교통 앱 실행 및 나만의 출.퇴근 경로 메뉴 관련 기능 TASK수행에 대한 아이트래킹 및 사후인터뷰가 진행(약 60분 내외로 진행 예정)
될 예정이며 기록을 위해 동영상 촬영 및 녹음이 진행됩니다.(촬영 영상은 프로젝트 종료 후 폐기 처분될 예정입니다.)

진행기간 : 4월 0일(하) ~4월 12일(금)

진행장소 : 경기도 의왕시 내손동 계원예술대학교 디자인관 5층 UT실

사례비 : 평가 참여시 지급되며, 대상자에 한해 별도 연락예정

문의 : 양다예

많은 관심과 참여 부탁 드립니다.
감사합니다.

그림 19-2 앱 사용성 테스트 참가자 모집 공고의 예

[그림 19-3]은 교보 전자도서관 사용성 테스트에 앞서 테스트 대상자를 선정하기 위한 기준을 세운 기초 조사 과정의 예이다.

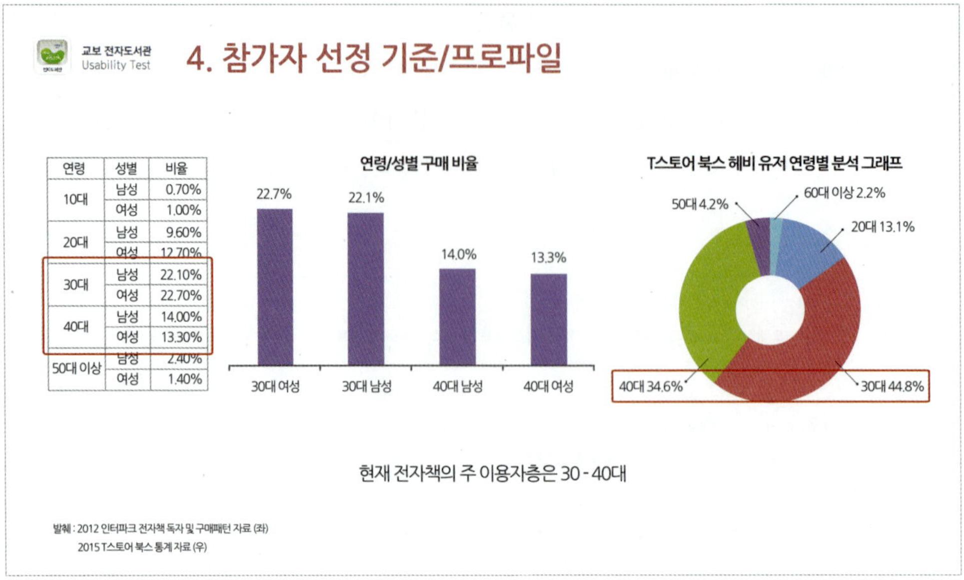

(a) 전자책의 주 이용자층 조사

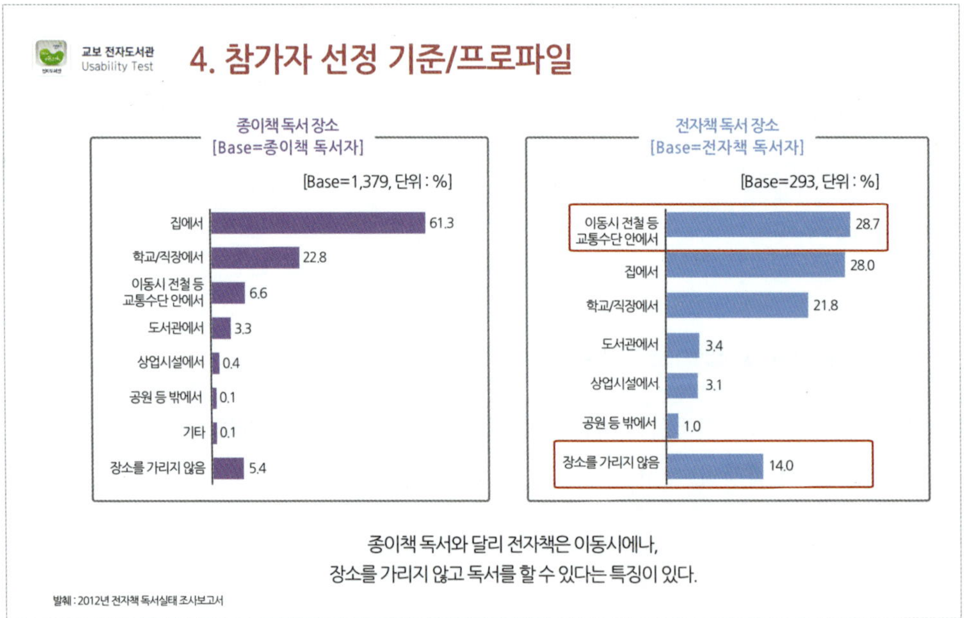

(b) 전자책의 이용 장소 조사

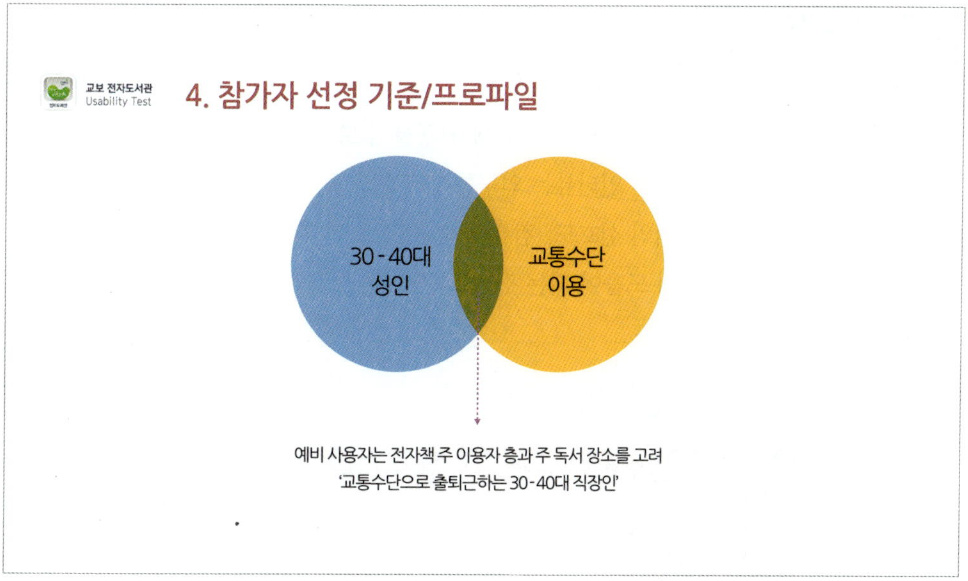

(c) 조사 대상자 압축

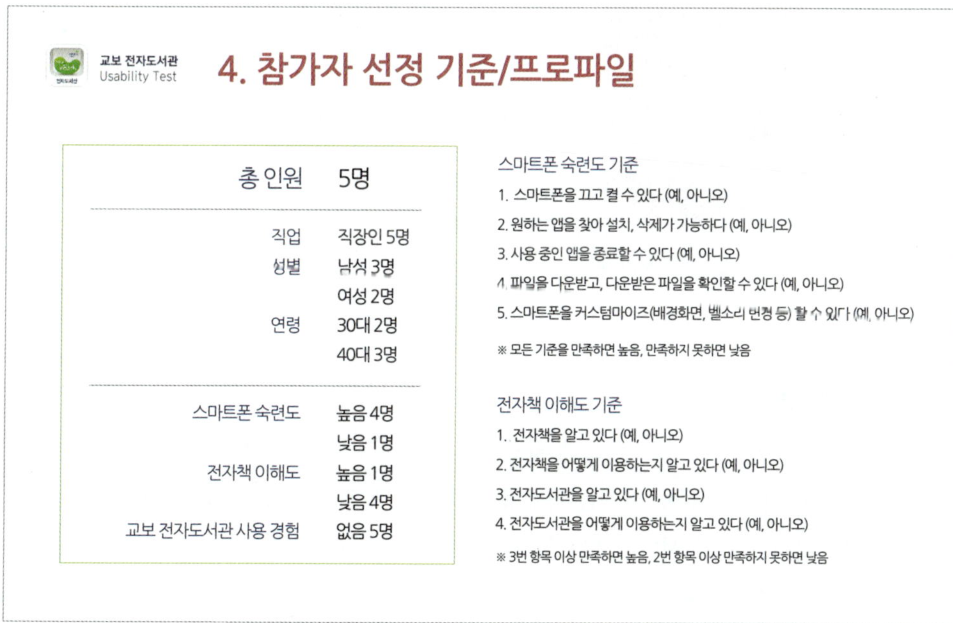

(d) 조사 대상자 접합성 검토

그림 19-3 **사용성 테스트 대상자 선정의 예** [01]

2 사전 인터뷰

선정된 참가자를 대상으로 사용성 테스트에 들어가기 전, 사전 인터뷰를 실시하게 된다. 사전 인터뷰는 테스트 당일 오리엔테이션을 할 때 진행할 수도 있고, 전화, 이메일, 설문 조사 등의 방법으로도 가능하다. 사전 인터뷰는 인구통계학적 정보, 서비스 이용 경험, 이용 빈도, 서비스에 대한 이미지, 전반적인 선호도, 컴퓨터 숙련도, 사전 지식 등과 같은 테스트 참가자들의 이용 행태를 이해하는 데 도움이 되는 정보로 구성한다.

사용성 테스트 사전 설문 조사

사용성 테스트 전, 피실험자를 대상으로 설문 조사를 실시합니다.

도서관 모바일 앱 사전 설문 조사		
신상 정보	이름 :	나이 :
	성별 :	직업 :
주로 어떤 목적으로 도서관 앱을 사용하십니까?	① 도서 검색(자료 검색) ② 도서 예약 및 연장 ③ 이벤트 참여 ④기타(:)	
도서관 앱을 얼마나 자주 사용하십니까?	① 주 5회 이상 ② 주 2~4회 ③ 주 1회 미만	
도서관 앱 사용 중 어려움이나 불편사항이 있었습니까?	① 없다 ② 있다 (있을 시 아래 괄호 안 작성) ( )	

그림 19-4 사용성 테스트 사전 설문 조사의 예

3 과업 시나리오 설계

과업 시나리오는 사용성 테스트를 통해 확인하고자 하는 이슈에 대한 구체적인 질문들을 모아놓은 것을 말하며, 사용자로 하여금 과제를 수행하는 데 필요한 사항이나 내용을 종합한 대본과도 같다. 이러한 과업 시나리오는 참가자가 테스트를 통해 경험할 수 있는 과제별 수행 능력을 측정하고, 진행자에게는 전체적인 테스트 수행 순서, 세부 내용, 질문 리스트 등 전반적인 사용성 테스트가 가능하도록 안내하는 가이드라인 역할을 하게 된다.

과업 시나리오에는 참가자가 어떤 원인과 동기로 해당 과제를 수행해야 하는지에 대한 수행 배경과 그에 따른 구체적인 세부 수행 과제가 제시되어야 한다. 예를 들어 회원가입, 로그인,

상품 검색, 장바구니, 결제, 주문/배송조회 등 각 단계별로 테스트를 통해 확인하고자 하는 이슈에 대해 예상되는 상황과 세부 과제를 목록화하여 시나리오를 작성한다. 수행 배경은 서비스 이용 시 발생할 수 있는 현실적인 상황을 참가자가 충분히 공감하고 흥미를 가질 수 있도록 이야기의 형태로 설정한다. 수행 과제는 한 번에 너무 많은 양의 정보를 처리하도록 요구하지 말고, 참가자가 쉽게 이해하고 즉시 수행할 수 있는 질문으로 구성한다.

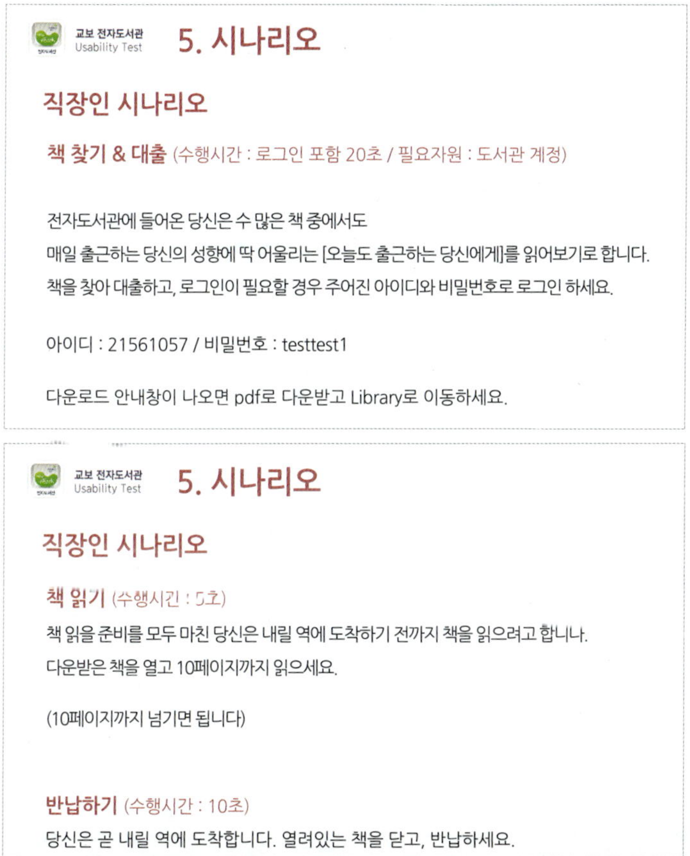

그림 19-5 전자 도서관 과업 시나리오의 예

수행 과제는 제시하는 안내에 따라 참가자가 그대로 따라 하도록 하는 행동 매뉴얼이 아니라 "이런 상황에서 당신이라면 어떻게 이용하시겠습니까?"라는 물음에 대한 답을 찾는 것이다. 예를 들어, "우측 상단에 위치한 회원가입 버튼을 누른 후 먼저 약관에 동의하십시오."는 잘못된 수행 과제이며, "회원 가입을 완료하시기 바랍니다."가 적절한 수행 과제다.

과업 시나리오가 결정되면 수행 배경별로 세부 수행 과제를 목록화한 후, 팀원들 간의 상호 동료 평가를 통해 수행 과제를 재점검한다.

| 사용성 테스트 시나리오

1	스케줄 알아보기	당신은 브라질에 가기 위해 한국 인천에서 상파울루로 가는 항공편을 알아봐야 합니다. 2016년 7월 10일 - 16일에 출발하는 미주의 상파울루로 가는 비행편의 스케줄을 알아보세요.
2	항공편 찾기	상파울루로 가는 인천 ICN 출발 항공편의 스케줄 중 2016년 7월 11일 - 7월 13일까지 비행시간이 가장 짧은 항공편을 찾아보세요.
3	항공편 찾기	상파울루로 가는 인천 ICN 출발 항공편의 스케줄 중 2016년 7월 11일 - 7월 13일 사이의 가장 저렴한 항공권을 찾아보세요.
4	마일리지 항공편 찾기	편도로 설정하여 찾은 상파울루로 가는 인천 ICN 출발 항공편의 스케줄 중 2016년 7월 13일의 가장 저렴한 항공권이 당신의 마일리지로 예매가 가능한지 알아보세요.
5	항공편 선택하기	항공권의 종류 중 스카이패스 마일리지 적립이 100% 가능하며, 스카이패스 좌석승급이 가능하고, 도착 변경이 가능한 가장 저렴한 항공권을 선택해보세요.
6	예약 확인하기	항공권을 선택한 후, 운임과 유류할증료, 세금, 수수료 및 기타요금의 가격을 확인해보세요.
7	예약 확인하기	처음 선택한 가장 저렴한 항공권의 비용과 최종 항공권의 비용의 차이를 확인해보세요.

그림 19-6 **항공권 예약 앱 과업 시나리오의 예**

4 사용성 테스트룸 준비

과업 시나리오 설계가 끝났다면 실제 테스트에 필요한 장비를 점검한 후, 테스트룸Test Room을 준비한다. 참가자가 다소 낯선 테스트룸에 들어서면 긴장하거나 경직될 수 있기 때문에 최대한 편안한 분위기를 연출하여 부담 없이 자연스럽게 테스트에 임할 수 있도록 유도한다. 일반적인 사용성 테스트의 준비물은 [표 19-2]와 같다.

표 19-2 **사용성 테스트 준비물**

장소	장비	수량	내용
테스트룸	테이블, 의자	2	참가자용, 진행자용
	컴퓨터 및 모니터	2	녹화 프로그램이 설치된 참가자용 컴퓨터 및 관찰 룸에 있는 관찰자와 실시간 의견이나 지시 사항을 전달받을 수 있는 메신저가 설치된 진행자용 컴퓨터
	마이크&녹음기	1	씽크 어라우드 및 테스트 내용 관찰룸에 전달

장소	장비	수량	내용
테스트룸	녹음기	1	씽크 어라우드 및 테스트 내용 녹음
	비디오 카메라	2	참가자의 표정 촬영용과 참가자가 테스트 중인 컴퓨터 모니터 촬영용
	사용성 테스트 스크립트	1	진행자용
	필기도구	1	진행자 노트 및 진행 내용 기록
관찰룸	테이블, 의자	인원수	관찰자용(기록팀, 클라이언트 등)
	대형 모니터	1	테스트 중인 컴퓨터 모니터 및 참가자의 표정 관찰용
	컴퓨터 및 모니터	1	테스트룸에 있는 진행자와의 커뮤니케이션 할 수 있는 메신저가 설치된 관찰자용 컴퓨터
	스피커	1	씽크 어라우드 및 테스트 내용 청취
	사용성 테스트 스크립트	인원수	테스트 진행 순서 확인
	필기도구	인원수	관찰자 노트 및 테스트 내용 기록

[그림 19-7]은 사용성 테스트룸의 구조도다. 그림과 같이 테스트룸과 관찰룸으로 나누고, 반투명 거울One Way Mirror을 사이에 설치한다.

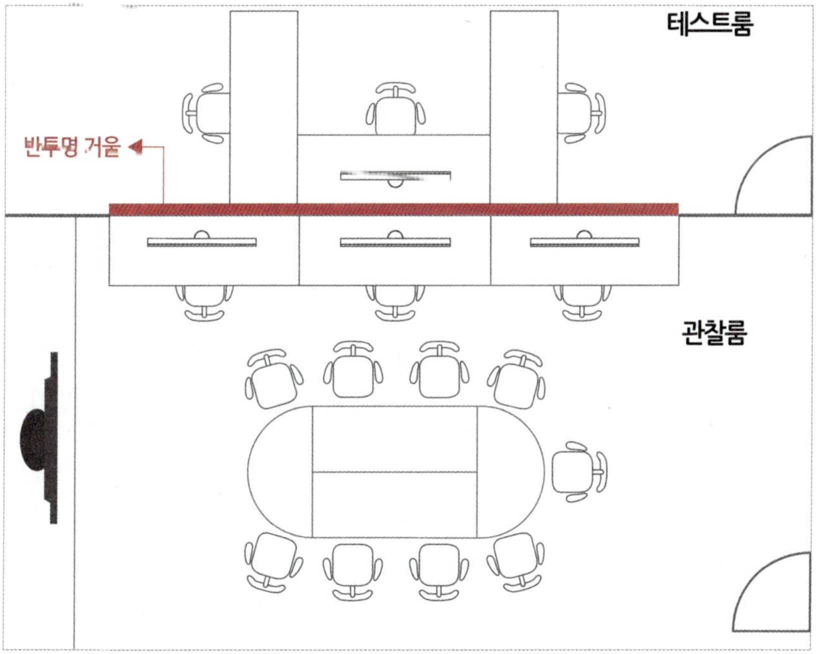

그림 19-7 사용성 테스트룸의 구조도

사용성 테스트룸의 준비가 끝나면 테스트 시나리오에 따른 수행 절차를 미리 확인하고, 예상 소요 시간과 수행 시 일어날 수 있는 실수를 미리 방지하기 위해 전체 진행 과정을 점검하기 위한 파일럿 테스트를 미리 실시하도록 한다.

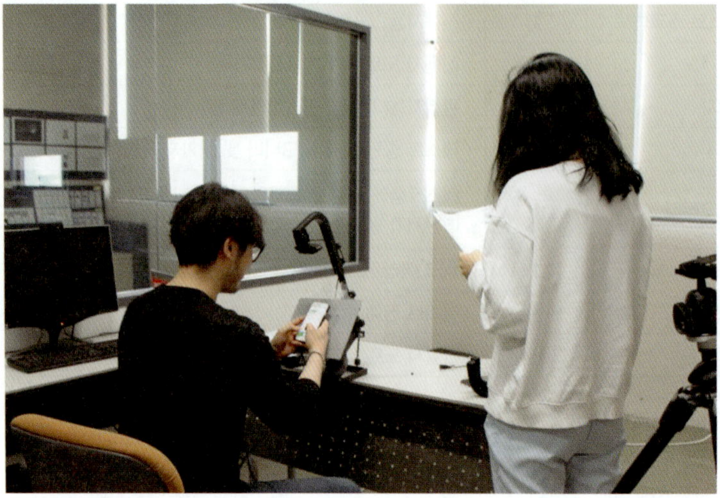

그림 19-8 파일럿 테스트

5 사용성 테스트 진행

오리엔테이션

참가자가 테스트룸에 도착하면 감사 인사를 건낸 후, 자리로 안내하도록 한다. 참가자를 처음 대면할 때 가장 중요한 것은 진행자와 참가자 간의 친밀감Rapport을 형성하는 것이다. 여기서 친밀감이란 상호 간에 신뢰하며, 감정적으로 친근감을 느끼는 인간관계를 말한다. 진행자의 간단한 소개와 함께 참가자와 친밀감과 유대감을 형성할 수 있는 가벼운 대화로 긴장감을 해소하고 자연스러운 분위기를 연출할 수 있도록 한다.

참가자가 어느 정도 테스트룸에 적응하게 되면 사용성 테스트의 목적, 순서, 소요 시간, 주의 사항, 진행 절차에 대해 충분히 설명한다. 특히 서비스를 테스트하는 것이지, 참가자를 테스트하는 것이 아니라는 점을 분명히 인지시켜 참가자가 실험의 도구로 이용된다는 느낌이나 그에 따른 부담을 가지지 않도록 안내한다.

참가자 기본 정보 및 동의서 작성

참가자 기본 정보 및 녹음, 녹화, 테스트 결과에 대한 활용 동의서를 작성한다. 참가자가 제공한 개인 정보는 연구 목적 이외에는 절대로 사용하지 않는다는 내용을 다시 한번 주지시킨다.

사용성 테스트 동의서 작성

사용성 테스트에 참가해 주셔서 감사드립니다.
아래 정보를 기입해 주시기 바랍니다.

1. 참가자 기본 정보
참가자 님의 기본 정보를 기입해 주세요. 제공해 주신 개인 정보는 연구 목적 외에 절대 사용되지 않습니다.

- 이름 ______________________
- 나이 ______________________
- 성별 ______________________
- 직업 ______________________

2. 녹화 및 녹음 동의서
참여하시는 사용성 테스트 진행과정을 비디오 녹화 및 음성 녹음하는 것에 동의하십니까?

- 예
- 아니오 ______________________

________ 년 ____ 월 ____ 일

사용성 테스트 참가자

______________________ (서명)

그림 19-9 **사용성 테스트 참가자 기본 정보 및 동의서 작성의 예**

사용성 테스트 수행

테스트룸의 진행자는 준비된 과업 시나리오에 따라 조사를 진행하게 된다. 참가자가 어떤 기능을 선택하려고 할 때 느끼는 감정이나 생각을 씽크 어라우드Think Aloud를 통해 말로 표현할 수 있도록 다시 한번 요청하고, 때에 따라서는 하나의 과업이 끝났을 때 어떤 의도에서 그 기능을 선택했는지 질문하여 행위에 대한 원인과 동기를 파악하도록 한다.

사용성 테스트는 진행자의 숙련도나 역할에 따라 테스트의 결과가 좌우되기도 한다. 참가자가 과업 수행 중에 질문을 할 경우, 진행자가 이에 대한 힌트나 정답을 제시하면 테스트 결과에 대한 신뢰도가 떨어지고 문제의 원인 파악이 어려워지기 때문에 유의하도록 한다. 또한 사용성 테스트를 수행할 때, 진행자가 사용하는 언어는 사용자가 이해할 수 있는 용어로 진행해야 한다.

참가자가 제시된 과업의 수행이 어려워 멈춰있다면, 원인을 파악한 후 다음 과업으로 넘어가도록 한다. 또한 참가자가 제시하는 의견이나 대안에 대해 절대 평가하지 않도록 하며, 제시된 전체 과업은 정해진 시간이 되면 테스트를 종료하고 바로 사후 인터뷰나 설문지 작성에 들어가도록 한다. 이 과정에서 관찰룸에 있는 관찰자는 참가자가 어려워하는 부분이나 사용성에 영향을 미치는 요인에 대해 상세히 기록하고 관찰하도록 한다. 이때, 클라이언트나 관찰자가 특별히 궁금해 하거나 참가자에게 실시간으로 확인해야 하는 상황이 발생되면 관찰자용 컴퓨터에 설치된 메신저를 이용하여 테스트룸의 진행자에게 필요한 가이드를 전달하여 바로 확인할 수 있도록 한다.

사용성 테스트는 사용자의 반응을 직접 확인할 수 있는 소중한 기회이기 때문에 프로젝트 제작에 관련된 관계자들이 모두 참석하도록 하여 발생하는 이슈에 대해 상호 공감하고 공유할 수 있도록 한다.

그림 19-10 **사용성 테스트 관찰룸**

6 사후 인터뷰

테스트가 종료되면 사후 인터뷰를 실시하여 참가자의 전반적인 만족도와 솔직한 의견을 청취하도록 한다. 대표적인 사후 인터뷰 질문 내용은 참가자가 수행한 과제의 결과에 대한 이유를 물어보는 것으로, 그 상황에서 어떤 이유로 그렇게 행동했는지를 리뷰할 수 있도록 질문을 유도한다. 참가자가 기억하지 못할 경우에는 지난 화면을 다시 보여 주면서 당시 과제 수행 결과에 대한 원인과 동기를 파악하도록 한다. 이때, 참가자가 이용 경험에 대한 주관적인 평가가 이루어질 수 있는데 평가 내용에 대해 반박하거나 단순히 참가자의 실수로 인한 오류로 치부해서는 안 된다.

사후 인터뷰는 설문 조사 형태로도 진행할 수 있는데 이때 설문은 너무 많은 문항으로 구성하지 않게 하여 참가자의 부담을 최소화 하도록 한다. 사후 인터뷰와 설문지 작성이 끝나면 사용성 테스트가 종료된 것으로 참가자에게 준비한 사례비나 기념품을 전달하며 모든 과정을 마무리한다.

사용성 테스트
사후 설문지

사용성 테스트에 참가해 주셔서 감사드립니다.
마지막 단계로 아래 설문 문항을 작성해 주시기 바랍니다.

1. 전혀 그렇지 않다. 2. 그렇지 않다. 3. 보통이다. 4. 그렇다. 5. 매우 그렇다.

문항	내용	평가				
		1	2	3	4	5
1	평소에 알고 있던 영화관 이미지와 앱의 이미지는 통일된 느낌을 준다.					
2	영화 검색 과정은 사용하기 편리하였다.					
3	영화를 소개하는 페이지는 전반적으로 흥미로웠다.					
4	원하는 상영일자, 영화관, 좌석 선택 과정은 사용하기 편리하였다.					
5	예매 및 결제 과정은 사용하기 편리하였다.					
6	회원가입 과정의 정보가 명확히 제공되고 사용이 편리하였다.					
7	메뉴 및 버튼의 용어와 위치가 찾기 쉬워 사용하기 편리하였다.					
8	전반적인 앱 사용 난이도는 쉬운 편이었다.					

기타 테스트를 통해 느끼신 점이나 의견 주실 내용이 있으시면 작성해 주시기 바랍니다.

수고하셨습니다.

그림 19-11 **사용성 테스트 사후 설문지의 예**

요약

1. 사용성 테스트의 목표 수립

사용성 테스트를 통한 사용자 선호도 조사, 사용자 인터페이스의 문제점 발견, 특정 기능과 사용자 만족도의 인과관계 규명과 같이 사용성 테스트의 목표를 분명히 해야 한다.

2. 사용성 테스트의 이슈 정리

과업 수행 시간의 문제, 기능과 메뉴 간 이동 동선, 사용자의 만족과 불만족의 원인, 사용자가 범하는 오류, 사용성 저해 요소와 같이 확인하고자 하는 이슈사항을 사용성 테스트를 수행하기 전에 명확히 정의하도록 한다.

3. 사용성 테스트 수행 계획서

사용성 테스트 수행 계획서에는 목표, 범위 및 예산, 일정 및 장소, 팀 구성, 준비사항, 테스트 방법, 참가자 선정 기준, 과업 시나리오, 테스트 절차, 결과 분석 방법 등과 같은 내용을 포함시킨다.

4. 사용성 테스트 프로세스

- **사용성 테스트 대상자 선정** : 주 사용자의 성별, 연령층, 직업, 컴퓨터 숙련 정도, 자사 및 유사 서비스 이용 경험 등의 정보를 미리 파악하여 테스트의 목표에 부합하는 대상자를 선정하도록 한다.
- **사전 인터뷰** : 인구통계학적 정보, 서비스 이용 경험, 이용 빈도, 서비스에 대한 이미지, 전반적인 선호도, 컴퓨터 숙련도, 사전 지식 등과 같은 테스트 참가자들의 이용 행태를 이해하는 데 도움이 되는 정보로 구성한다.
- **과업 시나리오 설계** : 과업 시나리오에는 참가자가 어떤 원인과 동기로 해당 과제를 수행해야 하는지에 대한 수행 배경과 그에 따른 구체적인 세부 수행 과제가 제시되어야 한다.
- **사용성 테스트룸 준비** : 과업 시나리오 설계가 끝났다면 실제 테스트에 필요한 장비를 점검한 후, 테스트룸을 준비한다.
- **사용성 테스트 진행** : 오리엔테이션을 통해 긴장을 해소하고, 참가자의 기본 정보 및 동의서를 작성한 후 사용성 테스트를 진행한다.
- **사후 인터뷰** : 테스트가 종료되면 사후 인터뷰를 실시하여 참가자의 전반적인 만족도와 솔직한 의견을 청취하도록 한다.

실습 과제

사용성 테스트 수행 계획서 작성하기 아래 양식을 이용하여 사용성 테스트 수행 계획서를 작성해 보자.

사용성 테스트 수행 계획서 작성하기			
작성자		작성일	년 월 일

프로젝트 명	

1. 사용성 테스트 목표

2. 사용성 테스트 범위 및 예산

3. 사용성 테스트 일정 및 장소

4. 사용성 테스트 팀 구성

5. 사용성 테스트 준비사항

6. 사용성 테스트 방법

7. 대상자 선정 기준

실습
과제

8. 과업 시나리오

9. 사용성 테스트 절차

10. 결과 분석 방법

CHAPTER 20

사용성 테스트 결과 분석

PREVIEW

이번 장에서는 사용성 테스트의 결과를 분석하는 방법을 알아보고 분석 결과를 종합하여 최종적으로 사용성 테스트 결과 보고서를 작성하는 방법에 대해 학습한다.

SECTION

01 사용성 테스트 분석

1 만족도 분석

사용자의 만족도는 전체 이용 만족도와 각 수행 과제별 이용 만족도로 구분할 수 있다. 전체 이용 만족도는 일반적으로 테스트를 종료한 후 사후 인터뷰를 통해 서비스의 전반적인 이용 경험에 관한 의견을 수집하는 것이고, 수행 과제별 만족도는 각 과제 수행을 종료할 때마다 수행 난이도의 수준을 질문을 통해 파악하는 것이다. 참가자별로 만족도를 조사하면 단순한 만족도의 수준이 아닌 사용자의 구체적인 불편사항이나 의견을 취합할 수 있다.

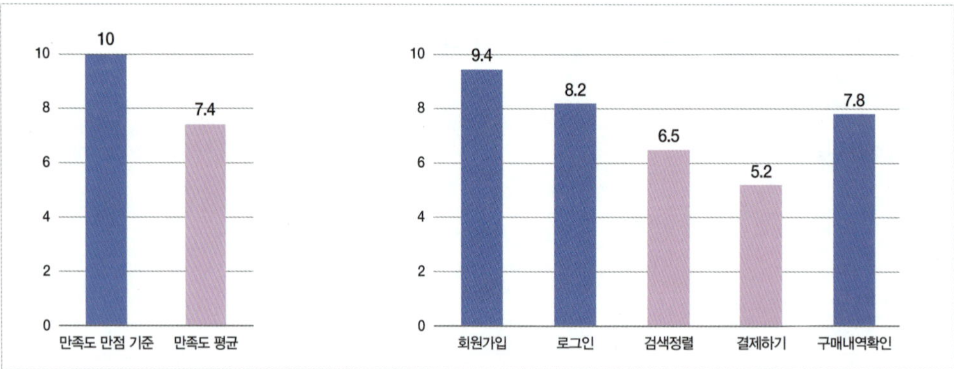

그림 20-1 만족도 분석의 예

2 효과성 분석

효과성은 사용성 원칙과 사용자 수행도와의 상관관계를 나타내는 것으로, 참가자의 과업에 대한 수행 여부를 전체 평균 점수와 각 과제별 점수를 비교하여 분석한다. 성공, 부분 성공, 실패, 오류 등의 기준은 평가 방법이나 참가자의 수에 따라 달라질 수 있다.

일반적으로 과업 수행 시간을 기준으로 할 경우 성공[Success, S]은 기준 시간 이내에 과업을 수행한 경우이고, 부분 성공[Partial Success, P]은 P1(기준 시간의 2배 이상 초과), P2(기준 시간의 3배 이상 초과), P3(기준 시간의 4배 이상 초과)로 보다 세부적으로 구분하여 점수를 부여할 수 있다. 과업을 수행하지 못했을 경우는 실패[Failure, F], 수행 과제와 전혀 다른 결과가 나왔을 때는 오류[Error, E]로 처리하여 결과값에 포함시키지 않고 제외한다. 측정된 데이터는 한눈에 알아보기 쉽게 그래프로 작성한다.

표 20-1 성공/실패 여부 측정표의 예

과업	A	B	C	D	E	계산 결과			
냉장고 재료 설정	P2	P2	P2	P3	P3	P2×2=100	P3×3=75		175÷5=35
유통기한 설정	S	P1	S	P1	P1	S×2=200	P1×3=225		425÷5=85
장보기 메모 추가	P2	P1	P1	P3	P2	P1×2=150	P2×2=100	P3×1=25	275÷5=55
부족한 재료 구매	P3	P3	P3	P3	P3	P3×5=125			125÷5=25
냉장고 재료만으로 레시피 검색	P1	P1	S	P2	S	S×2=200	P1×2=150	P2×1=50	400÷5=80
특별한 날 요리 검색	P1	S	S	P1	P1	S×2=200	P1×3=225		425÷5=85
북마크 위치 찾기	P1	P2	S	S	S	S×3=300	P1×1=75	P2×1=50	425÷5=85

〈S=100점(표준시간 이내), P1=75점(1~50초), P2=50점(50~100초), P3=25점(100~150초 이상), F=0점(실패)〉

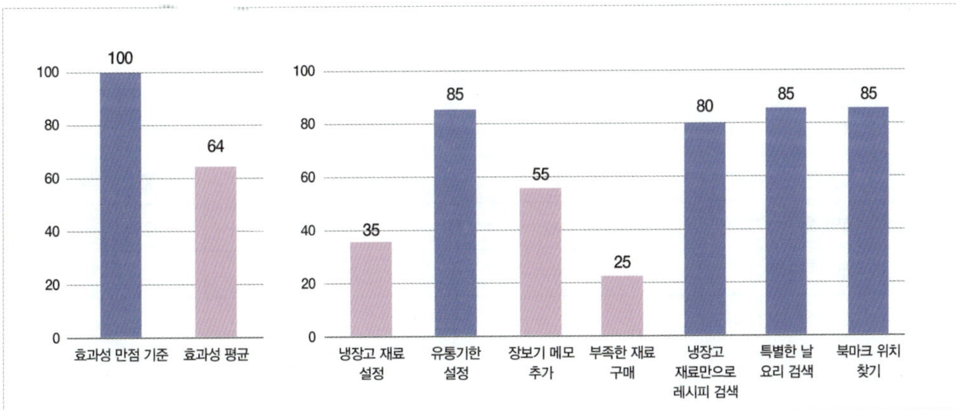

그림 20-2 성공/실패 여부 그래프의 예

3 효율성 분석

효율성은 과업을 수행할 때에 소요되는 총 시간을 말하며, 사용자가 원하는 작업을 빠르고 능률적으로 조작할 수 있는지를 분석한다. 분석에 기준이 되는 표준 시간과 각 과업별, 사용자별 수행 시간, 평균 점수를 각각 비교하여 분석한다. 그 외 사용성 테스트의 방식에 따라 이동 동선, 시선 이동 시간, 마우스 이동 시간, 클릭 수 등 과업 수행 과정의 효율성을 측정할 수 있다.

표 20-2 효율성 분석의 예

No	과업	표준	A	B	C	합계	평균
1	스케줄 알아보기	30	106	165	285	556	185
2	항공편 찾기	90	107	157	68	332	111
3	항공편 찾기	90	76	97	210	383	127
4	마일리지 항공편 찾아보기	60	136	69	65	270	90
5	항공편 선택하기	60	105	49	79	233	78
6	예약 확인하기	10	13	27	8	48	16
7	예약 확인하기	30	24	13	242	279	90

(a) 유사 서비스 사용 경험 많음

No	과업	표준	D	E	F	합계	평균
1	스케줄 알아보기	30	68	103	910	781	260
2	항공편 찾기	90	98	138	220	456	152
3	항공편 찾기	90	90	95	98	283	94
4	마일리지 항공편 찾아보기	60	95	141	82	318	106
5	항공편 선택하기	60	68	75	143	286	95
6	예약 확인하기	10	11	9	52	72	24
7	예약 확인하기	30	9	7	95	111	37

(b) 유사 서비스 사용 경험 적음

표 20-3 이동 동선 분석의 예

No	A	No	B	No	C
1	국제선 예매▷편도▷날짜▷이전▷날짜	1	국제선 예매▷편도▷날짜▷이전▷날짜	1	국제선 예매▷날짜▷이전▷편도▷날짜▷이전▷날짜▷스케줄 확인▷날짜▷이전▷확인▷**
2	국제선 예매▷편도▷날짜▷이전▷날짜▷이전▷날짜	2	국제선 예매▷편도▷날짜▷이전▷날짜▷이전▷날짜	2	국제선 예매▷편도▷날짜▷이전▷날짜▷이전▷날짜
3	국제선 예매▷편도▷날짜▷이전▷날짜▷이전▷날짜	3	국제선 예매▷편도▷날짜▷이전▷날짜▷이전▷날짜	3	국제선 예매▷편도▷날짜▷이전▷스케줄 확인▷이전▷스케줄 확인▷국제선 예매▷날짜▷이전▷날짜
4	국제선 예매▷편도▷날짜▷할인▷날짜▷****▷마이페이지▷사용가능 마일리지	4	국제선 예매▷편도▷날짜▷**▷이전▷보너스 예매▷날짜▷항공권 선택	4	국제선 예매▷편도▷날짜▷확인▷이전▷**▷보너스 예매▷날짜▷항공권 선택
5	국제선 예매▷편도▷날짜▷옵션1▷옵션▷**	5	국제선 예매▷편도▷날짜▷옵션1	5	국제선 예매▷편도▷날짜▷옵션1▷옵션2▷**
6	국제선 예매▷편도▷날짜▷옵션▷이전▷옵션▷확인	6	국제선 예매▷편도▷날짜▷옵션▷이전▷옵션▷스크롤▷**▷확인	6	국제선 예매▷편도▷날짜▷옵션▷이전▷옵션▷스크롤▷**▷확인
7	국제선 예매▷편도▷날짜▷옵션▷이전▷옵션▷확인▷스크롤	7	국제선 예매▷편도▷날짜▷옵션▷이전▷옵션▷확인▷스크롤	7	국제선 예매▷편도▷날짜▷옵션▷이전▷옵션▷확인▷스크롤

(a) 유사 서비스 사용 경험 많음

No	D	No	E	No	F
1	국제선 예매▷날짜▷이전▷편도▷날짜▷이전▷포기	1	국제선 예매▷날짜▷이전▷편도▷날짜▷이전▷날짜▷스케줄 확인▷날짜▷이전▷확인▷**	1	국제선 예매▷날짜▷이전▷편도▷날짜▷이전▷날짜▷스케줄 확인▷날짜▷이전▷확인▷**
2	국제선 예매▷편도▷날짜▷이전▷날짜▷이전▷날짜	2	국제선 예매▷편도▷날짜▷이전▷날짜▷이전▷날짜	2	국제선 예매▷편도▷날짜▷이전▷날짜▷이전▷날짜
3	국제선 예매▷편도▷날짜▷이전▷스케줄 확인▷이전▷스케줄 확인▷국제선 예매▷날짜▷이전▷날짜	3	국제선 예매▷편도▷날짜▷이전▷스케줄 확인▷이전▷스케줄 확인▷국제선 예매▷날짜▷이전▷날짜	3	국제선 예매▷편도▷날짜▷이전▷스케줄 확인▷국제선 예매▷날짜▷이전▷날짜
4	국제선 예매▷편도▷날짜▷이전▷날짜▷이전▷날짜▷F	4	국제선 예매▷편도▷날짜▷할인▷이전▷**▷이전▷보너스 예매▷날짜▷항공권 선택	4	국제선 예매▷편도▷날짜▷할인▷이전▷**▷이전▷**이전▷보너스 예매▷날짜▷항공권 선택

No	D	No	E	No	F
5	국제선 예매▷편도▷날짜▷옵션1▷옵션2▷옵션▷＊＊▷확인	5	국제선 예매▷편도▷날짜▷옵션1▷옵션2▷＊＊	5	국제선 예매▷편도▷날짜▷옵션1▷옵션2▷＊＊▷날짜▷옵션▷확인
6	국제선 예매▷편도▷날짜▷옵션▷이전▷옵션▷스크롤▷＊＊▷확인	6	국제선 예매▷편도▷날짜▷옵션▷이전▷옵션▷스크롤▷＊＊▷확인	6	국제선 예매▷편도▷날짜▷옵션▷이전▷옵션▷이전▷이전▷옵션▷확인▷스크롤
7	국제선 예매▷편도▷날짜▷옵션▷이전▷옵션▷확인▷스크롤	7	국제선 예매▷편도▷날짜▷옵션▷이전▷옵션▷확인▷스크롤	7	국제선 예매▷편도▷날짜▷옵션▷이전▷옵션▷확인▷스크롤(이전의 실패로 인한 실패)

(b) 유사 서비스 사용 경험 적음

4 오류 분석

오류 분석은 참가자가 과제를 수행할 때 발생한 실패와 오류의 횟수를 말하며, 주로 정량적인 빈도 데이터를 분석한다. 이러한 오류 데이터를 기반으로 어느 단계에서 오류가 발생했는지에 대한 원인을 구체적으로 파악하여 개선안을 도출할 수 있도록 한다.

표 20-4 오류 분석의 예

과업	메뉴 오류(M)	셀렉트 박스 선택오류(S)	기타 오류(E)	온라인 도움말 요청(O)	헬프데스크 도움 요청(H)	좌절(F)	평균
회원가입	2	2	1	1	0	0	1.00
로그인	1	1	1	0	1	0	0.67
검색 정렬	3	2	2	1	3	1	2.00
결제하기	2	3	2	2	3	2	2.33
구매내역 확인	1	1	0	0	1	0	0.50
평균	1.8	1.8	1.2	0.8	1.6	0.6	1.30

SECTION 02

사용성 테스트 결과 보고서 작성

1 사용성 테스트 결과 보고서의 내용

사용성 테스트 분석 결과를 종합하여 최종적으로 사용성 테스트 결과 보고서를 작성하게 되는데 보고서에 들어갈 내용은 아래와 같다.

❶ **사용성 테스트의 목표** : 테스트를 통해 발견하고자 하는 것이 무엇인지, 명확한 테스트의 목적을 작성한다.

❷ **사용성 테스트의 범위** : 테스트의 범위를 기능 위주로 작성한다.

❸ **사용성 테스트의 방법 및 절차** : 휴리스틱 평가, 페이퍼 목업, 아이 트래킹 등 적용된 테스트 방법에 대해 작성한다.

❹ **참가자 선정 기준 및 선정 결과** : 성별, 연령, 숙련도, 서비스 이용 경험 등 대상자 선정 기준과 최종 선정된 참가자 프로파일을 작성한다.

❺ **과업 시나리오** : 수행 배경에 따른 과업 시나리오와 구체적인 수행 과제를 작성한다.

❻ **결과 분석** : 만족도, 효과성, 효율성, 오류 분석 등 테스트 결과 데이터를 취합하고 분석한 내용을 작성한다.

❼ **개선안 도출** : 테스트 결과에 따른 개선안을 도출한다.

2 사용성 테스트 결과 보고서의 사례

[그림 20-3]은 아이 트래킹 방법을 이용한 모바일 앱의 사용성 테스트 결과 보고서의 예이다. 이 예를 통하여 프로젝트의 목표 설정과 과업 시나리오에 의한 테스트 수행, 결과 분석에 의한 개선안 도출 과정까지 사용성 테스트 결과 보고서의 전체적인 내용을 파악해 보자.

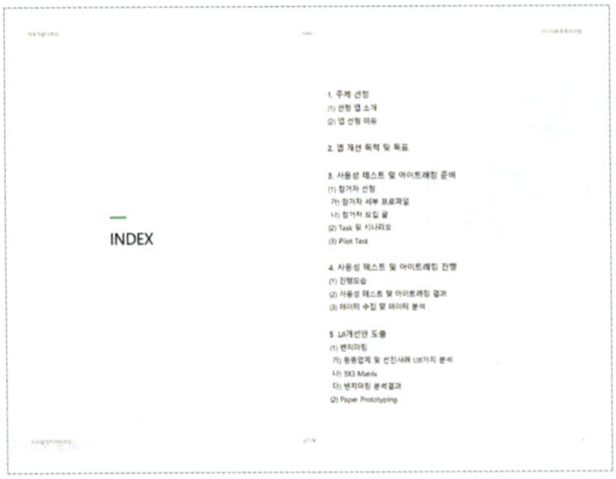

(a) 결과 보고서 내용 구성

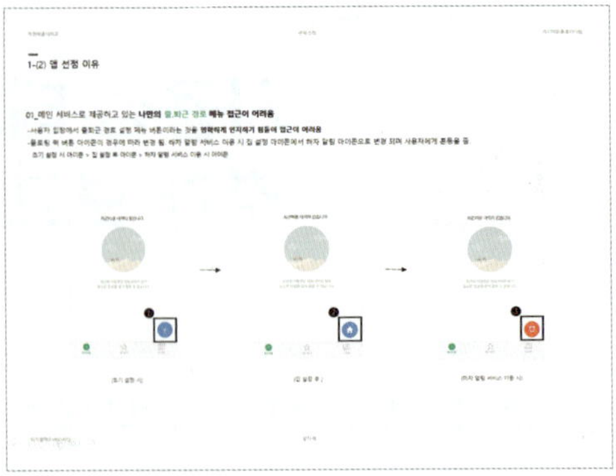

(b) 선정 이유

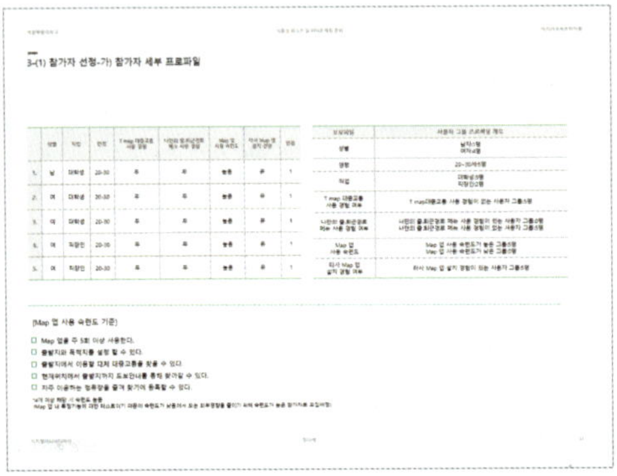

(c) 참가자 선정

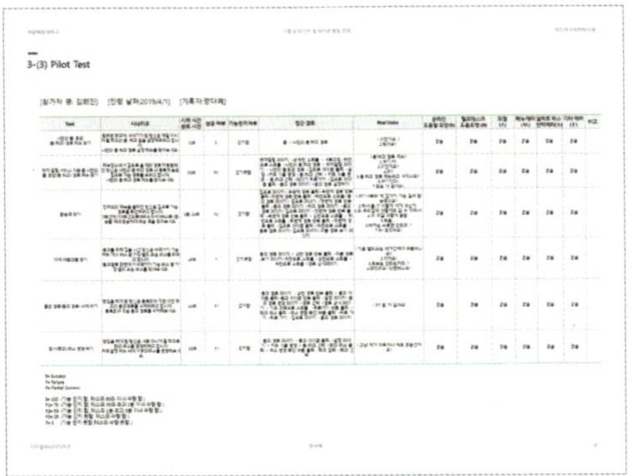

(d) 파일럿 테스트 1

(e) 파일럿 테스트 2

(f) 진행 모습

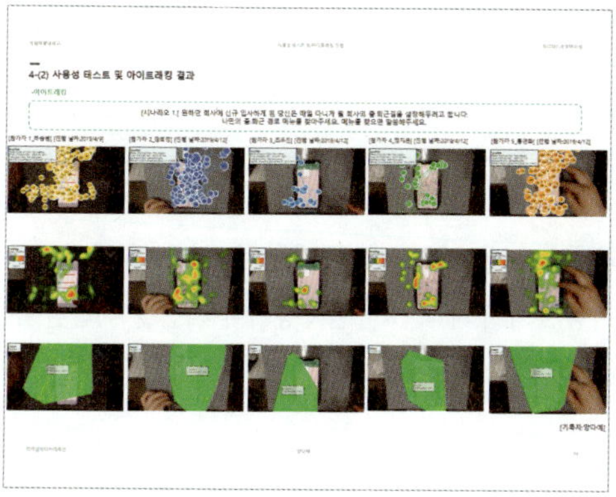

(g) 결과 분석 1

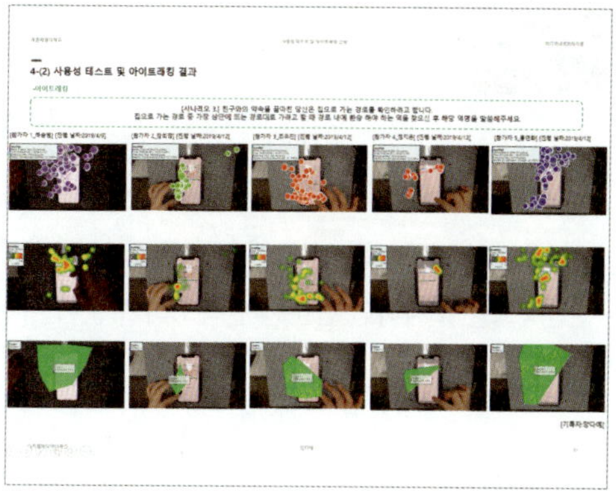

(h) 결과 분석 2

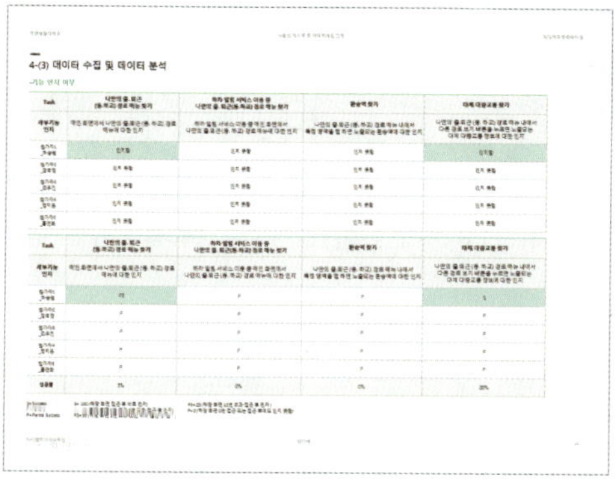

(i) 결과 데이터 분석

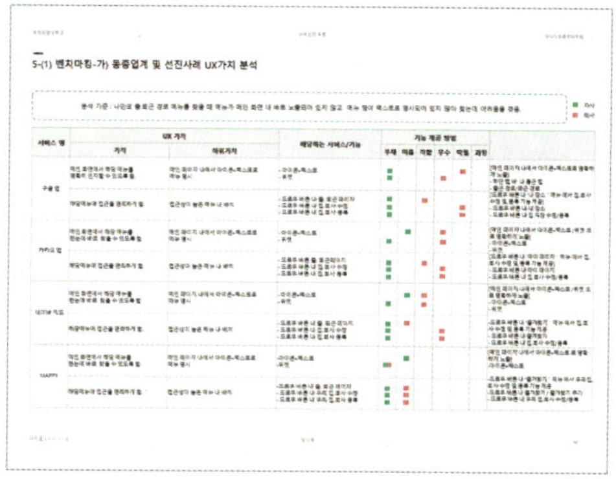

(j) 개선안 도출 1

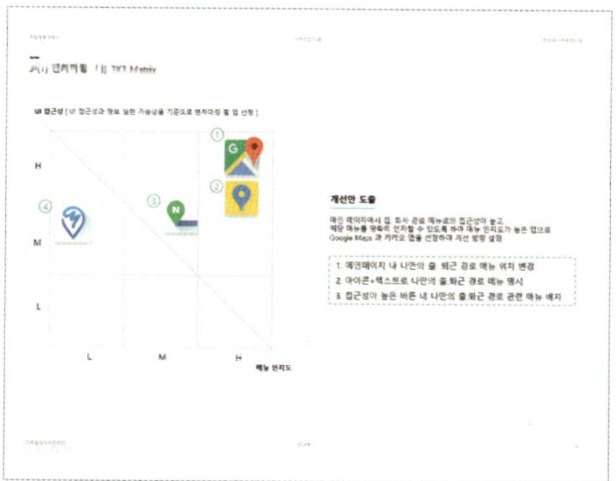

(k) 개선안 도출 2

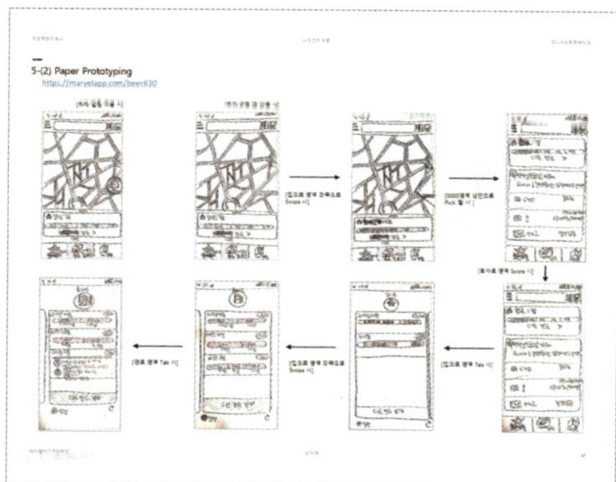

(l) 페이퍼 프로토타이핑

그림 20-3 사용성 테스트 결과 보고서의 예

요약

1. 만족도 분석

사용자의 만족도는 전체 이용 만족도와 각 수행 과제별 이용 만족도로 구분할 수 있다. 참가자별로 만족도를 조사하면 단순한 만족도의 수준이 아닌 사용자의 구체적인 불편사항이나 의견을 취합할 수 있다.

2. 효과성 분석

효과성은 사용성 원칙과 사용자 수행도와의 상관관계를 나타내는 것으로 참가자의 과업에 대한 수행 여부를 전체 평균 점수와 각 과제별 점수를 비교하여 분석한다.

3. 효율성 분석

효율성은 과업을 수행할 때에 소요되는 총시간을 말하며, 사용자가 원하는 작업을 빠르고 능률적으로 조작할 수 있는지를 분석한다.

4. 오류 분석

오류 분석은 참가자가 과제를 수행할 때 일어나는 실패 수, 오류 수 등 문제가 발생한 횟수를 말하며 주로 정량적인 빈도 데이터를 분석한다.

5. 사용성 테스트 결과 보고서 작성

사용성 테스트 분석 결과를 종합하여 최종적으로 사용성 테스트 결과 보고서를 작성하게 되며 보고서에는 사용성 테스트의 목표, 사용성 테스트의 범위, 사용성 테스트의 방법 및 절차, 참가자 선정 기준 및 선정 결과, 과업 시나리오, 결과 분석, 개선안 도출 등의 내용이 들어간다.

실습 과제

사용성 테스트 결과 보고서 작성하기 아래 양식을 이용하여 사용성 테스트 결과 보고서를 작성해 보자.

사용성 테스트 결과 보고서 작성하기			
작성자		작성일	년 월 일

프로젝트 명	

1. 목표

2. 범위

3. 방법 및 절차

4. 참가자 선정 기준 및 선정 결과

5. 과업 시나리오

실습 과제

6. 결과 분석

7. 개선안 도출

참고문헌

1. 그림 및 정보 출처

1장

[01] https://www.nipa.kr/main/index.do

[02] http://program.imbc.com/sundaynight

[03] https://instachronicles.com/2020/07/27/masked-singer-season-4-is-coming-back-this-news-is-going-to-make-fans-happy-in-this-situation/

2장

[01] https://www.abc.es/tecnologia/redes/20140312/abci-internet-timberners-201403120842.html

[02] https://upload.wikimedia.org/wikipedia/commons/4/4e/Eniac.jpg

[03] http://www.scieng.net/column/6356?page=3

[04] https://en.wikipedia.org/wiki/EDSAC

[05] https://playingintheworldgame.files.wordpress.com/2013/02/univac11.jpg

[06] http://i.ytimg.com/vi/fddOvhjyy8o/maxresdefault.jpg

[07] https://petetjohnson.files.wordpress.com/2011/04/first-mouse.jpeg

[08] https://kelseybemus.files.wordpress.com/2013/09/apple-1-2-steves.jpg

[09] http://www.vintagecomputing.com/wp-content/images/retrogif/APPLEI_2x.GIF

[10] https://www.mac-history.net/apple-history-2/apple-lisa/2007-10-12/apple-lisa

[11] https://www.cs.umd.edu/hcil/muiseum/systems/win1.html

[12] https://www.microsoft.com/en-us/p/surface-pro-7/8n17j0m5zzqs?activetab=overview

[13] https://www.apple.com/shop/buy-ipad/ipad-pro

[14] 2019년 방송매체 이용행태 조사, 방송통신위원회

[15] 2019년 방송매체 이용행태 조사, 방송통신위원회

[16] 2019년 방송매체 이용행태 조사, 방송통신위원회

[17] 2019년 방송매체 이용행태 조사, 방송통신위원회

[18] 2019년 방송매체 이용행태 조사, 방송통신위원회

[19] https://www.apple.com

[20] https://www.samsung.com

참고문헌

[21] https://www.whatmobile.net/Opinion/article/android-vs-ios-which-os-works-best-for-you

[22] https://www.visualcapitalist.com/personal-tech-market-2020/

[23] https://www.apple.com/app-store/

[24] https://www.androidpolice.com/2020/09/05/how-to-activate-dark-mode-in-the-google-play-store-app/

[25] https://public-media.interaction-design.org/images/uploads/8c7282f57b6c672fe0bfe9a54da5bfea.gif

[26] http://www.bokjinews.com/news/articleView.html?idxno=62082

[27] https://itskorea.kr/main.do

[28] https://www.hankyung.com/economy/article/201810156025a

[29] http://www.asiae.co.kr/news/view.htm?idxno=2011121514110784836

[30] https://www.lge.co.kr/kr/business/contents/installation/case-detail.do?division=BUSINESS&code=B2B00205&installFlag=T&seq=1231

[31] https://www.clien.net/service/board/park/13633144

[32] https://www.edaily.co.kr/news/read?newsId=01990966609464040&mediaCodeNo=257

[33] https://www.intel.co.kr/content/www/kr/ko/internet-of-things/iot-solutions/digital-signage/overview.html

[34] http://www.koreaherald.com/view.php?ud=20200828000617

[35] http://www.inews24.com/view/398178

[36] https://www.youtube.com/watch?v=3jdFFVPS1q0#t=106

[37] https://www.youtube.com/watch?v=n-Bf36DLLmk

[38] https://www.youtube.com/watch?v=s8ltRVCpf7M

[39] https://www.youtube.com/watch?v=fQ4eWWTK06w

[40] https://www.youtube.com/watch?v=kgv3xbJv0xc

3장

[01] https://creekvibes.com/2021/03/17/facebook-to-shut-down-watch-party-feature-in-april/

[02] https://www.phonearena.com/news/Facebook-uses-iPhone-camera-without-knowledge_id120366

[03] https://blog.daum.net/gtlbranddesign/244

[04] https://www.dw.com/en/donald-trump-moots-us-election-delay-on-twitter/a-54381322

[05] https://defendingdigital.com/instagram-security-privacy-guide/

[06] https://www.uplabs.com/posts/instagram-mockup-template-2019-psd-sketch-free

[07] https://www.itworld.co.kr/news/125367

[08] https://weekly.donga.com/List/3/all/11/1648229/1

[09] https://www.kakaocorp.com/service/KakaoTalk?lang=ko

[10] https://www.theguru.co.kr/mobile/article.html?no=5098

[11] https://1boon.kakao.com/techplus/5e8abcc4dbfab9509b6d333b

[12] https://apps.google.com/intl/ko/meet/

[13] https://zdnet.co.kr/view/?no=20200923103849

[14] https://www.donga.com/news/It/article/all/20201008/103314798/1

[15] http://afwbbs1.afreecatv.com/app/index.php?board=notice&b_no=6681&control=view

[16] https://vimeo.com/ko/ott/stream-church-service

[17] https://hireinfluence.com/blog/top-twitch-streamers/

[18] https://www.gbckl.kr:2017/newsletter/main.asp?id=81

[19] http://www.sukbakmagazine.com/news/articleView.html?idxno=51252

[20] http://www.businesskorea.co.kr/news/articleView.html?idxno=39083

[21] https://www.netflix.com/kr/

[22] https://www.netflix.com/kr/

[23] https://deadline.com/2020/05/hbo-max-launch-what-you-need-to-know-1202943369/

[24] https://www.primevideo.com/

[25] https://www.thedrum.com/news/2019/10/30/disney-leads-us-brand-awareness-and-subscriber-race-new-video-streaming-services#&gid=1&pid=1

[26] https://watcha.team/201fc7f6-5b6f-47b3-adf8-176d8e1306c0

[27] https://www.wavve.com/

[28] https://platum.kr/archives/155157

[29] http://media.aintitcool.com/media/uploads/2014/merrick/tumblr_n8be4usck11ruo93qo2_1280_large.jpg

참고문헌

[30] https://static0.colliderimages.com/wordpress/wp-content/uploads/the-truman-show-poster.jpg

[31] https://movie.naver.com/movie/bi/mi/basic.nhn?code=101950

[32] http://vignette4.wikia.nocookie.net/thecloser/images/d/dd/Bacon.jpg/revision/latest?cb=20130328201127

[33] https://www.samsung.com/sec/apps/smartthings/

[34] https://www.tesla.com/models

[35] https://www.apple.com/ios/carplay/

[36] http://i.ytimg.com/vi/ByhL_dlATos/maxresdefault.jpg

[37] https://photos-1.carwow.co.uk/blog/1600/14C1450_067-1.jpg

[38] https://www.apple.com/watch/

[39] https://www.youtube.com/watch?v=nFPEug-jk4o

[40] https://www.expatgo.com/my/2014/03/20/technologically-advanced-ring-precious/

[41] https://www.designstack.co/2014/01/myo-gesture-control-armband.html

4장

[01] https://www.hmc.edu/hcsed/2019/06/16/sustainability-focus-groups/

[02] https://www.korea.net/

5장

[01] https://www.elle.com/life-love/sex-relationships/a14461868/dating-app-ice-breakers/

[02] https://smartstore.naver.com/nanc/products/3465751221

[03] https://www.fmkorea.com/488829089

[04] https://static.squarespace.com/static/528a8437e4b071f22d94090c/t/52d4aa1be4b0dad117c4c534/1389668897553/Lightbulb?format=1500w

[05] https://ochf.wordpress.com/tag/farmer/

[06] https://medium.com/@jgoud/ideation-block-try-osborns-checklist-technique-8a9021081d2a

[07] http://data.whicdn.com/images/22815097/tumblr_lusf3e8E7P1qha2pqo1_500_large.jpg

[08] https://www.guideastuces.com/B1400-16-Astuces-etonnantes-a-faire-avec-un-trombone

[09] http://www.snpjoin.co.kr/samsung/Prin/SL-C473W/SL-C473W.htm

[10] http://core0.staticworld.net/images/article/2014/09/shutterstock_157897040-100413035-primary.idge.jpg

[11] https://gamehub-cbhe.deusto.es/wp-content/uploads/2016/04/KNTU_local_training_04052017_part4.pdf

[12] http://www.yankodesign.com/images/design_news/2013/06/25/dustpan3.jpg

[13] https://www.cnet.com/products/asus-transformer-book-t300-chi/specs/

[14] https://cdn0.vox-cdn.com/thumbor/2ege2j12-n7kpMqpcr4dgkrZ0j0=/0x0:640x360/1600x900/cdn0.vox-cdn.com/assets/3682273/unbrella.jpg

[15] https://www.pinterest.ch/pin/284360163942015899/

[16] http://blogs.elpais.com/.a/6a00d8341bfb1653ef017d40a7341d970c-pi

[17] https://www.gizmodo.com.au/2014/03/dysons-bladeless-fans-are-now-75-percent-quieter/

[18] http://m.danawa.com/product/product.html?code=2993964&cateCode=103158

[19] https://modernconsumers.com/the-hug-chair-by-illian-millinov/

[20] https://manualthinking.com/methods/brainwriting/

[21] https://www.pinterest.co.kr/pin/364017582362337637/

6장

[01] https://ko.wikipedia.org/wiki/%EB%8F%84%EB%84%90%EB%93%9C_%EB%85%B8%EB%A8%BC

[02] https://jnd.org/

[03] https://www.olingergroup.com/services/methods/one-one-depth-interviews/

[04] https://markjmores.netboard.me/focusgroupresearchbooks/?w=400502

[05] https://www.conversion-uplift.co.uk/why-should-you-stop-using-focus-groups/

[06] https://www.perey-anthropology.net/papuanewguinea.html

[07] https://www.cnbc.com/2020/11/02/walmart-ends-contract-with-robotics-company-bossa-nova-report-says.html

[08] https://design.seoul.go.kr/sdg/project/151

[09] http://t3.daumcdn.net/brunch/service/user/R0H/image/l3FD5ZQpDwgdZmhGt2gs58xa7IU.pngpek160114_273

참고문헌

[10] https://carstenknoch.com/wp-content/uploads/2014/08/Home-Visit-by-Nicolas-Nova-500px.jpg

[11] https://cdn1.tnwcdn.com/wp-content/blogs.dir/1/files/2015/04/DOCUMENT-SUPPORT-3_SHOPPING-DIARY-copy-540x331-520x319.jpg

[12] http://www.userexperience.co.nz/wp-content/uploads/2015/07/diary-kit-top-down.jpg

[13] https://www.beyonddesignchicago.com/wp-content/uploads/2014/01/ethnographic-research-main.jpg

[14] http://anuk-drupal.s3.amazonaws.com/uploadedStoryImages/ercqdqkmzklhqlwzwzqa.jpg

[15] https://www.bu.edu/summer/courses/high-school/neuroscience/

[16] https://mykindhappiness.files.wordpress.com/2012/12/behind_the_mask_iii_by_dinemiz.jpg?w=260&h=300

7장

[01] https://support.google.com/websearch/answer/134479?hl=ko&ref_topic=3036132

[02] https://help.naver.com/support/contents/contents.help?serviceNo=606&categoryNo=1911

[03] http://ojsfile.ohmynews.com/STD_IMG_FILE/2012/0719/IE001466210_STD.jpg

[04] http://pds21.egloos.com/pds/201306/18/25/c0151925_51bf407d52605.jpg

[05] https://neverhidealwaysseek.wordpress.com/2013/03/

[06] https://www.kiet.re.kr/kiet_web/main/

[07] https://www.gartner.com/en/marketing/insights/articles/top-5-trends-drive-gartner-hype-cycle-digital-marketing-2020

8장

[01] http://kostat.go.kr/portal/korea/index.action

[02] http://img.asiatoday.co.kr/file/2013y/03m/14d/780911_0-495329_43809.jpg

[03] https://primaryinzion.files.wordpress.com/2012/08/gaggle-of-children.jpg

[04] https://baliyans.com/daily-current-affairs/news/new-social-media-rules-by-the-centre

[05] https://www.kiet.re.kr/kiet_web/main/

[06] http://www.ddaily.co.kr/data/photos/20140206/art_1391527518.jpg

[07] http://content.bmwusa.com/microsite/bmw-g12-lp/images/poster_Gestures.jpg

[08] http://image.ajunews.com/content/image/2015/01/19/20150119235642137162.jpg

[09] https://www.liputan6.com/health/read/4377632/gejala-covid-19-semakin-jelas-ahli-pastikan-gangguan-neurologis-bisa-muncul-pada-pasien

[10] https://tokyosharehouse.com/

[11] https://www.technobuffalo.com/airbnb-party-reporting

[12] http://uberinlasvegas.com/what-is-uber-las-vegas/

[13] https://www.fietsen123.nl/fietsnieuws/fietsdeelsystemen-in-europa

[14] https://realestate.daum.net/news/detail/main/MD20141210045206197.daum

[15] https://www.ekn.kr/web/view.php?key=281490

[16] https://www.indiamart.com/proddetail/fancy-jute-bag-4946738555.html

[17] http://g02.a.alicdn.com/kf/HTB1f__CHVXXXXaIXFXXq6xXFXXX7/NONBEING-original-design-handcrafted-wooden-octagonal-vintage-plate-handmade-dish-engraving-plate-3-size-font-b.jpg

[18] https://www.freitag.ch/en/f14?v=992682

[19] https://www.houseofswitzerland.org/pt-br/node/619

[20] http://www.nexteconomy.co.kr/news/photo/201403/8257_14623_815.jpg

[21] http://www.motie.go.kr/www/main.do

[22] https://www.kiat.or.kr/site/main/main.jsp

[23] 2019 소비자 이용 행태 조사 분석 보고서(MCR), 한국방송광고진흥공사

[24] www.igaworks.com

[25] https://freshpeel.com/wp-content/uploads/2010/12/strategy-sweet-spot.pngpek160114_273

9장

[01] http://gozo.news/wp-content/uploads/2014/10/Survey.jpg

[02] https://ilumeo.com.br/todos-posts/2020/10/26/design-thinking-para-humanizar-a-ciencia-de-dados

[03] https://terms.naver.com/entry.nhn?docId=3532915&cid=58528&categoryId=58528

[04] https://www.20slab.org/archives/37654?listType=list&headerID=0&date=&query=&pageidx=1

참고문헌

10장

[01] https://www.lh.or.kr/index.do

[02] https://www.bbc.co.uk/gel

[03] https://www.20slab.org/archives/37622?listType=list&headerID=0&date=&query=&pageidx=1

[04] https://www.dimensions.com/element/apple-watch-series-6

[05] https://www.dimensions.com/element/samsung-galaxy-watch

[06] https://www.dimensions.com/element/apple-iphone-12-pro-14th-gen

[07] https://www.dimensions.com/element/samsung-galaxy-s20-plus-2020

[08] https://www.dimensions.com/element/apple-ipad-pro-12-9-inch-4th-gen-2020

[09] https://www.dimensions.com/element/microsoft-surface-pro-x

[10] https://screensiz.es/

[11] https://c1.staticflickr.com/7/6077/6061305202_6d0a935d67_b.jpg

[12] https://www.genesis.com/kr/ko/main.html

[13] https://m.lottecastle.co.kr

[14] http://www.i-award.or.kr

[15] https://www.flickr.com/photos/jeanlouis_zimmermann/3041505235

[16] https://www.deviantart.com/creativeinspiration/art/Travel-Checklist-Mind-Map-187866897

[17] 한국부잔센터(부잔센터코리아) (buzankorea.co.kr)

[18] Nielesn-Koreanclick Android & iOS Mobile Behavioral Data(2020.01)

[19] https://news.naver.com/main/read.nhn?oid=032&aid=0003023085

[20] http://www.futurekorea.co.kr

[21] https://blog.naver.com/nongshimblog/221700788953

[22] 국내 최대 라이프스타일 &패션 정보, 삼성디자인넷 (samsungdesign.net)

[23] NEXEN TIRE

11장

[01] https://www.weathershack.com/images/products/taylor/5135n-1d.jpg

[02] http://clipart-library.com/fall-leaf-cartoon.html

[03] https://images.app.goo.gl/Smh9mAsG74n86JcV7

[04] http://fm.cnbc.com/applications/cnbc.com/resources/img/editorial/2013/09/27/101069220-163488547r.530x298.jpg?v=1380302775

[05] https://upload.wikimedia.org/wikipedia/commons/1/1b/KoreanWarFallenSoldier1.jpg

[06] http://40.media.tumblr.com/tumblr_m78bb9PwmA1qin7uco1_1280.jpg

[07] http://2005to2007.fabrica.it/blog/aroundtheworld/

[08] http://media.idownloadblog.com/wp-content/uploads/2014/04/iPhone-6-mockup-Home-screen-Sam-Beckett-001.pngpek160114_273

[09] http://pictures.dealer.com/b/brownauto/0198/c314d5c5fd5bb91abe474f4ec79bcb90x.jpg

[10] http://famouslogos.net/images/coca-cola-logo.jpg

[11] https://www.pikrepo.com/fstfw/traffic-light-with-green-light

[12] 캡스톤디자인 롯데면세점 프로젝트_김주향, 나영아, 정재연

[13] https://hangeul.naver.com/2017/nanum

[14] http://www.fontclub.co.kr/?p=405

[15] https://dotwe.files.wordpress.com/2014/11/chuck_taylor_typography_vector_by_crackheadjimmy-d5ham3i.jpg

12장

[01] http://creationsnamale.com/

[02] https://www.quay.com.au/

[03] https://pablotheflamingo.com/

[04] http://www.tenslife.com/

[05] https://www.denkwerk.com/en/work/iot-how-telephone-and-eye-combine-into-teye

[06] http://www.qedgroup.cz/

[07] http://www.beoplay.com/

[08] http://2015.dconstruct.org/

[09] https://download.huihoo.com/google/gdgdevkit/DVD1/www.google.com/design/spec/material-design/introduction.html#introduction-principles

[10] https://dribbble.com/

참고문헌

[11] IRI 색채연구소_http://www.iricolor.com/

[12] http://dada-data.net/

[13] https://www.cssdesignawards.com/sites/out-monster-the-monster/27865/

[14] http://manifeste.hermes.com/en_WW/bespoke/

[15] http://www.fanta.com

[16] https://www.whatsong.org/tvshow/a-very-secret-service/season-2

[17] http://hlvticons.ch

[18] http://www.adidas.co.uk

[19] http://cyclemon.com

[20] http://www.linequality.com/#qvcmuppets

[21] https://www.awwwards.com/sites/for-better-coffee

[22] http://www.hyundaicard.com

[23] http://www.impossible-bureau.com

[24] https://www.awwwards.com/sites/sonikpass

[25] http://nikoskoulis.gr

[26] http://www.palzileri.com

[27] http://www.wove.com

[28] https://greensock.com/bose-dream-and-reach/

[29] https://www.bnostore.co.kr/

[30] http://www.iricolor.com

[31] https://color.adobe.com

[32] http://paletton.com

[33] http://www.colourlovers.com

[34] http://colrd.com

13장

[01] https://proofpronto.com/voice-recorders/long-duration-voice-recorders/1152-hour-voice-activated-recorder/

[02] http://www.niemanlab.org/images/0427_iphone-voice-memos.pngpek160114_273

[03] https://www.amazon.com/Panasonic-AG-HPX250-Camcorder-Condenser-Headphones/dp/B07S1Y9ZD9

[04] http://ovocontrol.com/wp-content/uploads/wp-checkout/images/camera-tripod-1354292086.jpg

14장

[01] http://word.tta.or.kr

[02] http://www.hanatour.com

[03] http://www.kma.go.kr

[04] http://land.naver.com

[05] http://www.naver.com

[06] http://www.hyundai.com

[07] http://www.twitter.com

[08] https://www.thecccoach.com/the-c3-blog/2015/3/31/whos-steering-your-future

[09] http://www.unicef.co.kr

[10] http://www.hanabank.com

[11] http://www.ssg.com

[12] http://www.seoul.go.kr

[13] http://www.samsungsdi.co.kr

[14] http://www.kccworld.co.kr

[15] https://ko.wikipedia.org

[16] http://www.kyobobook.co.kr

15장

[01] http://sketchsheets.com/

[02] http://tour.interpark.com/

[03] http://www.ssg.com/

[04] http://www.melon.com/index.htm

참고문헌

[05] https://www.posri.re.kr/

[06] http://www.fss.or.kr/

[07] http://www.dongbusteel.co.kr/

[08] http://www.unicef.or.kr/

[09] http://www.miniusa.com/

[10] http://www.cascadedesigns.com/msr

[11] http://www.hyundai-dvp.com

[12] https://developer.apple.com

[13] https://designcode.io/iosdesign-guidelines

[14] https://www.apple.com

[15] https://imageshawk.onrender.com/posts/football-game-on-tv-screen/

[16] https://pds.joins.com/news/component/htmlphoto_mmdata/201905/21/c694a84a-69ba-44e8-a15f-9d190eb7a815.jpg

[17] https://kbench.com/?q=node/218186

[18] https://material.io/archive/guidelines/patterns/gestures.html

[19] https://www.snitchseeker.com/harry-potter-news/video-james-and-oliver-phelps-test-deathly-hallows-part-i-video-game-with-kinect-tech-75830/

[20] http://www.carmagazine.co.uk/car-reviews/bmw/bmw-7-series-730d-2016-review/

[21] https://baltimorefishbowl.com/stories/thank-you-siri/

[22] http://www.lg.com/uk/images/tv-

17장

[01] https://discoverbigfish.com/blog/what-is-a-mobile-app-prototype.html

[02] https://99u.adobe.com/articles/20337/the-2013-99u-gift-guide-for-getting-things-done

[03] https://www.sitepoint.com/prototyping-with-adobe-xd/

[04] https://www.adobe.com

[05] https://www.sketch.com

[06] https://www.figma.com

[07] https://www.axure.com

[08] https://ovenapp.io

18장

[01] http://usabilitygeek.com/wp-content/uploads/2012/08/Introduction-Website-Usability-Testing-Paper-Laboratory-Lab.jpg

[02] https://blog.prototypr.io/low-fi-prototyping-what-why-and-how-24f77d9f4995

[03] https://www.nngroup.com

[04] https://www.learningsuccessblog.com/blog/dyslexia/dyslexia-assistive-tech-%E2%80%93-bett-2015-%E2%80%93-eye-gaze-video

[05] https://www.techsmith.com/video-editor.html

19장

[01] http://ebook.dkyobobook.co.kr/Kyobo_T3/Default.asp

2. 참고도서

01. 김진우, 『HUMAN COMPUTER INTERACTION 개론』, 안그라픽스, 2012

02. 러스 웅거, 캐롤린 챈들러, 『UX 디자인 프로젝트 가이드 2』, 위키북스, 2013

03. 댄 브라운, 『UX 디자인 커뮤니케이션 2』, 위키북스, 2012

04. 제이콥 닐슨, 라루카 부듀, 『제이콥 닐슨의 모바일 사용성 컨설팅 보고서』, 제이펍, 2013

05. 다음커뮤니케이션 UX랩, 마켓인사이트팀, 『스토리로 이해하는 UX 디자인 프로세스』, 로드북, 2012

06. 전민수, 『UI 사용성 테스트 실무』, 멘토르, 2012

찾아보기

ㅇ

ㅈ ㅊ

ㅋ ㅌ

찾아보기

찾아보기

S

T

U V

찾아보기

W X Y Z

숫자